낯선 원시의 아름다움 도마뱀

마니아를 위한 PET CARE 시리즈
08

낯선 **원시**의 **아름다움**

도마뱀
Lizard

문대승·정성곤 지음

씨밀레북스

Prologue

우리 삶 속에 찾아온 야생의 아름다운 이방인들을 위하여

어린 시절부터 살아 움직이는 동물을 유난히 좋아했습니다. 다른 아이들이 로봇장난감이나 블록쌓기놀이에 심취해 있을 때, 제 호주머니 속에는 늘 반쯤 기절한 메뚜기나 쥐며느리가 들어 있었습니다. 동물의 독특한 외모와 습성에 따라 나타나는 다양한 행동은 늘 새로웠고, 항상 호기심을 자극하는 대상이었습니다. 특히 낯가림이 심하고 내성적인 아이였던 저의 사춘기 시절, 동물은 타인과 소통할 수 있는 구실이자 사회를 체험할 수 있는 계기가 됐습니다. 기르고 싶은 동물이 있는 곳이라면 전국 어디든 달려갔고, 그러면서 혼자 처음 가보는 낯선 지역에 대한 두려움을 떨쳐낼 수 있는 담력도 기르게 되고, 사람들과 자연스럽게 소통하는 법도 배우게 됐습니다. 그때 맺어진 소중한 인연을 아직까지도 이어가고 있으며, 본서 또한 그때 인연을 맺은 분과 함께 작업했습니다. 살아 움직이는 생명체, 동물. 저에게는 여전히 설레는 존재이며, 지금까지도 많은 동물과 함께하고 있습니다.

이처럼 우리 인간은 동물을 통해 얻은 것이 참 많다는 생각이 듭니다. 하지만 한편으로는 늘 자신에게 반문하게 됩니다. "난 동물들과 살 수 있어서 행복한데, 나와 함께하는 동물들도 과연 나처럼 느낄까?" 반려동물이란 어쩌면 인간의 지독한 이기심의 산물이라고 할 수도 있겠습니다. 야생에서 자유롭게 살아가야 할 동물을 아름답고 신기하다는 이유로 억지로 우리 삶 속에 끌어들여 우리의 만족을 위해 이들에게 끊임없는 고통을 강요하는 것인지도 모르겠습니다. 살아오면서 '동물이 왜 좋냐?'는 질문을 수도 없이 받아봤지만, 그때마다 확실한 답을 할 수는 없었습니다. 우리가 아름다운 이성에 자연스레 끌리고 화려하고 아름다운 보석에 매혹되듯이, 동물은 어린 시절부터 저에게 무조건적인 끌림으로 다가왔으며, 이는 동물을 좋아하는 대다수의 사람들 또한 같을 것이라 생각됩니다.

이번에 〈씨밀레북스〉를 통해 도마뱀서적에 대한 집필 의뢰가 들어왔을 때도 참 많이 망설였습니다. 성인이 된 후에도 동물이 좋아서 동물 분야의 일을 하게 됐고 현재 동물에 대해 가르치는 일을 하고 있지만, 동물을 접할 때나 그들에 대해 말을 할 때면 늘 조심스럽습니다. 물론 우리는 파충류만을 연구해온 전문박사가 아닙니다. 우리가 알고 있는 지식의 수

준은 사실 굉장히 미비하다고 생각하며, 본서에 제시한 내용이 절대적인 정답이라고 생각하지 않습니다. 반려파충류에 관련된 지식이나 매체가 척박하던 시절, 사랑을 빙자한 이기심과 무지로 인해 무수히 많은 동물들이 우리 곁을 떠나갔기에 본서에서는 각자의 사육경험과 도움을 주신 다른 많은 마니아분들의 경험담을 토대로 초기사육 시 일어날 수 있는 여러 가지 경우의 상황을 제시하는 데 중점을 뒀습니다. 모쪼록 본서를 통해 도마뱀 혹은 파충류를 처음 접하거나 이미 접했더라도 사소한 실수나 간단한 노하우를 몰라 안타깝게 사랑하는 동물을 잃는 분들이 조금이나마 줄어들었으면 하는 마음 간절합니다.

보시는 분에 따라서 다소 미흡한 부분이 있거나, 자신의 경험상 달리 생각되는 부분이 있을 수 있습니다. 생물을 오래 사육하다 보면 각자의 사육노하우가 축적되며, 자신만의 스타일이 완성되기 때문에 생물사육에 사실 정답이라는 것은 없는 것 같습니다. 동물사육에 있어서는 항상 연구하는 자세로 늘 반복되는 상황에 지치지 않고, 사랑이 담긴 끊임없는 관찰과 적절한 관리를 할 수 있는 끈기야말로 가장 중요한 자세가 아닌가 하는 생각이 듭니다. 더불어 자그마한 바람이 있다면 본 사육서를 통해 우리와 같이 살게 된 이 멋진 생명체들이 좀 더 널리 이해되고, 보다 안락하게 살아갈 수 있는 환경이 제공됐으면 좋겠습니다.

이런 책을 쓸 수 있게끔 기회를 주신 〈씨밀레북스〉 김애경 편집장님과 게으른 저자 때문에 고생 많으셨을 편집자분들께 사과와 감사의 말씀을 드리며, 마지막으로 자신의 경험담이나 사진자료 등을 사용하도록 흔쾌히 허락해주셨던 많은 분들께 지면을 통해 다시 한번 감사의 말씀을 드립니다. 글을 쓰는 내내 '여전히 좋은 사람들 틈에서 살고 있구나!' 하는 생각이 들어서 많이 행복했고, 힘들었지만 즐거웠던 기억으로 남을 것 같습니다.

2011년 가을 즈음에
문대승

Special Thanks To   남들이 가지 않는 길을 가는 큰아들에게 무조건적인 지지와 지원을 아끼지 않으셨던 부모님과 늘 저를 자랑스러워해주는 세인과 형우 두 동생, 글 쓴다며 밤새 컴퓨터를 끄지 않아서 수면에 방해됐을 텐데도 잘 참아준 동거인 박병권 형님과 수의학적인 조언을 아끼지 않으셨던 서초동물병원 심용희 원장님께 감사말씀 드립니다.

contents

Prologue 4

Chapter 1 도마뱀의 생물학적 특성

section 1 도마뱀의 진화와 기원 10
파충류의 진화 | 파충류의 분류(무궁아강/단궁아강/쌍궁아강/광궁아강) | 도마뱀의 분포

section 2 도마뱀의 신체구조 18
골격계 | 피부 | 눈(시각) | 코(후각) | 입, 혀, 이빨(미각) | 귀(청각) | 다리 | 꼬리 | 호흡기계 | 순환기계 | 비뇨기계 | 생식기계 | 총배설강

section 3 도마뱀의 생태 28
도마뱀의 성장 | 도마뱀의 수명 | 도마뱀의 식성과 먹이활동 | 도마뱀의 번식

Chapter 2 도마뱀 사육의 역사

section 1 인간과 도마뱀 38
혐오와 숭배의 대상 | 이국적인 풍모로 인기 | 도마뱀의 경제적 이용 | 도마뱀의 보호 | CITES와 환경보전법

section 2 국내 도마뱀 사육의 역사와 현황 48
반려도마뱀의 국내 인식 | 도마뱀 사육문화의 전망

Chapter 3 도마뱀 분양받기

section 1 반려동물로서의 도마뱀 54
공룡을 닮은 이색적인 외모 | 행동양식이 독특하다 | 다른 동물에 비해 상대적으로 관리가 수월하다 | 현대인의 생활양식과 잘 맞는다

section 2 도마뱀 기르기 전 고려할 사항 60
사육주와의 친화도 | 사고의 발생 가능성 | 위생상의 문제 | 경제적인 여건 | 먹이공급의 어려움

section 3 도마뱀 사육 초기 주의할 점 68
사육환경을 철저히 준비하자 | 항상 죽음에 대해 마음의 준비를 하자 | 컬렉터, 애니멀 호더는 되지 말자 | 진정한 마니아가 되자

section 4 건강한 도마뱀의 선별법 76
건강상태 및 외형 확인 | 움직임 및 반응 확인 | CB, WC 여부 확인 | 수입일자 및 관리상태 확인 | 분양처 확인

section 5 자신과 맞는 도마뱀 고르기 84
입양 전 모든 조건을 따져본다 | 초식성인지 육식성인지 확인한다 | 성체가 됐을 때의 크기를 고려한다 | 자신의 라이프 스타일과 도마뱀의 습성을 고려한다

section 6 올바른 핸들링과 이동방법 92
핸들링 시 올바른 보정법(손안에 들어오는 작은 종의 보정/조금 예민하고 빠른 종의 보정/재빠르고 무는 종의 보정/카멜레온류의 보정/이구아나, 왕도마뱀류 등 대형종의 보정) | 이동 시 포장방법(소형종의 포장/중형종의 포장/대형종의 포장)

Chapter 4 도마뱀 사육장의 조성
section 1 서식환경과 기후에 대한 이해 102
야생의 환경에 대한 이해 | 사막기후 | 스텝기후 | 사바나기후 | 열대우림기후 | 온대기후

section 2 도마뱀 사육용품 110
안전이 보장되는 공간 사육장(사육장의 형태/사육장의 크기와 위치) | 바닥재의 종류와 특성(보습형 바닥재/건조형 바닥재/사용하면 안 되는 바닥재) | 조명과 UVB램프(UVA/비타민D3의 기능/UVB램프의 형태/UVB램프의 설치) | 열원(상부열원/하부열원) | 케이지 퍼니처(온·습도계/은신처/물그릇, 먹이그릇) | 케이지 데코(유목과 암석/장식조화/백스크린) | 기타 관리용품

section 3 파충류 사육의 형태 144
브리더 스타일 | 비바리움 스타일 | 사육 스타일의 선택

section 4 비바리움의 여러 가지 형태 150
사막형(주행성 도마뱀 사막형 비바리움/야행성 도마뱀 사막형 비바리움) | 열대우림형(열대교목형/열대바닥형/열대버로우형) | 반수생형 | 교목형+반수생형 | 기타 사육장의 형태(실내 대형사육장/야외방사장/일광욕장)

Chapter 5 도마뱀의 일반적인 관리
section 1 사육장 및 사육환경 관리 164
온도 및 습도 관리(최적의 온도/일광욕 시의 온도/최적의 습도) | 사육장 내 환기 | 사육장 청소

section 2 사육장의 유지 및 보수 174
온·습도계 점검 | 조명 및 UVB 관리 | 열원의 관리

section 3 먹이의 급여와 영양관리 178
먹이공급 시 발생하는 문제(먹이부족으로 인한 영양결핍/부적합한 식단으로 인한 영양소의 불균형/영양과잉으로 인한 비만) | 수분급여의 중요성 | 육식성 도마뱀의 먹이(귀뚜라미/슈퍼웜/밀웜/생쥐) | 초식성 도마뱀의 먹이 | 인공사료 | 칼슘영양제 | 식욕부진 및 거식의 원인과 대처

Chapter 6 도마뱀의 건강과 질병
section 1 질병의 징후와 예방 198
질병의 징후(식욕부진/무기력증/배변상태) | 질병의 예방

section 2 흔히 걸리는 질병 및 대책 202
호흡기질환(감기, 폐렴) | 내부기생충 | 외부기생충 | 영양성 질환(비타민A저하증/비타민B저하증/비타민E저하증/비타민D3저하증/인과 칼슘결핍) | 구내염(mouth rot) | 비뇨기계 질환(방광결석) | 소화기계 질환(장폐색증) | 설사 | 피부질환 | 패혈성 피부궤양 | 꼬리 손실 | 생식기계 이상(알막힘) | 비만

section 3 건강을 위한 일상적인 관리 218
도마뱀의 스트레스 관리 | 도마뱀과 사육자의 위생관리

Chapter 7 도마뱀의 번식
section 1 도마뱀의 성별구분법 224
암수의 크기 차이 | 특징적인 외형의 차이 | 외형적인 발달의 차이 | 고환의 유무 | 서혜인공의 발달 차이

section 2 도마뱀 번식의 과정 230
쿨링(쿨링 전 확인사항/쿨링 중 온도 관리/쿨링 끝내기) | 메이팅(mating, 교미) | 산란(산란장의 환경/산란) | 알의 수거 | 인공부화(인큐베이터 제작/알의 관리/온·습도 관리) | 부화 | 부화 이후 유체의 관리

Chapter 8 도마뱀의 주요 종
section 1 도마뱀의 분류 248
아가마과(Agamidae, Agama), 53속 300종 | 카멜레온과(Chamaeleonidae, Chameleon), 4속 85종 | 이구

아나과(Iguanidae, Iguana), 55속 650종 | 도마뱀부치과(Gekkonidae, Gecko), 85속 800종 | 뱀부치도마뱀과(Pygopodidae, Snake lizard), 8속 31종 | 경주도마뱀과/채찍꼬리도마뱀과(Teiidae, Racerunner/Whiptail), 39속 227종 | 장지뱀과(Lacertidae, Sand lizard), 25속 200종 | 밤도마뱀과(Xantusiidae, Night lizard), 4속 16종 | 갑옷도마뱀과(Cordylidae, Girdle-tailed lizard), 10속 50종 | 장님도마뱀과(Dibamidae, Blind lizard), 2속 4종 | 악어도마뱀과(Xenosauridae, Xenosaur), 2속 4종 | 무족도마뱀과(Anguidae, Anguid), 8속 75종 | 독도마뱀과(Helodermatidae, Gila monster), 1속 2종 | 귀머거리도마뱀과(Lanthanotidae, Bornean earless lizard), 1속 1종 | 왕도마뱀과(Varanidae, Monitor lizard), 1속 31종

section 2 주요 종의 소개 258
비어디드 드래곤 Bearded dragon 262
차이니스 워터 드래곤 Chinese water dragon 271
세일핀 리자드 Sailfin lizard 274
프릴드 리자드 Frilled lizard 278
유로매스틱스 Spiny-tailed lizard 282
랜킨스 드래곤 Rankin's dragon 287
레오파드 게코 Leopard gecko 290
아프리칸 팻테일 게코 African fat-tailed gecko 302
프로그 아이 게코 Frog eyed gecko 305
헬멧티드 게코 Helmeted gecko 308
납테일 게코 Knob-tailed gecko 311
크레스티드 게코 Crested gecko 314
토케이 게코 Tokay gecko 318
리프테일 게코 Common leaf-tailed gecko 322
사탄 리프테일 게코 Satanic leaf-tailed gecko 326
자이언트 데이 게코 Giant day gecko 329
일렉트릭 블루 데이 게코 Electric blue day gecko 332
뉴칼레도니안 자이언트 게코 New Caledonian giant gecko 335
그린 이구아나 Green iguana 337
그린 아놀 Green anole 343
나이트 아놀 Knight anole 346

블랙 스파이니테일 이구아나 Black spinytail iguana 349
그린 바실리스크 Green basilisk 352
칼라드 리자드 Collared lizard 356
데저트 이구아나 Desert iguana 360
데저트 혼 리자드 Desert horned lizard 362
라이노세로스 이구아나 Rhinoceros iguana 365
베일드 카멜레온 Veiled chameleon 368
팬서 카멜레온 Panther chameleon 373
파슨 카멜레온 Parson's chameleon 376
잭슨 카멜레온 Jackson's chameleon 380
비어디드 피그미 카멜레온 Bearded pygmy chameleon 384
그린 아메이바 Green ameiva 396
카이만 리자드 Caiman lizard 399
테구 Tegu 402
장지뱀 Lizard 406
아무르장지뱀 Long-tailed lizard 408
줄장지뱀 Wolter lizard 410
표범장지뱀 Korean tiger lizard 412
유러피안 아이드 리자드 European eyed lizard 415
블루텅 스킨크 Blue-tongued skink 418
레드 아이 아머드 스킨크 Red-eyed armored skink 423
파이어 스킨크 Fire skink 426
몽키테일 스킨크 Monkey-tailed skink 429
샌드피시 스킨크 Sandfish skink 432
싱글백 스킨크 Shingleback skink 434
수단 플레이티드 리자드 Sudan plated lizard 438
선게이저 Sungazer 441
유러피안 글라스 리자드 European glass lizard 444
차이니스 크로커다일 리자드 Chinese crocodile lizard 447
워터 모니터 Water monitor 451
화이트 스롯 모니터 White-throated monitor 455
그린 트리 모니터 Green tree monitor 458
크로커다일 모니터 Crocodile monitor 462
알거스 모니터 Argus monitor 466
사바나 모니터 Savannah monitor 470
힐라 몬스터 Gila monster 474

Chapter 01

도마뱀의 생물학적 특성

도마뱀의 진화적 기원과 역사에 대해 간략하게 살펴보고, 도마뱀의 신체구조 및 각각의 기능 그리고 생태에 대해 자세하게 알아본다.

01 section

도마뱀의 진화와 기원

도마뱀(lizard)은 척추동물 파충류강 유린목(有鱗目, Pholidota; 비늘이 있는 동물)에 속하는 동물로서, 생물학적으로 단일한 집단은 아니지만 유린목의 아목인 도마뱀아목(Lacertilia)으로 함께 묶어 분류된다. 일반적으로 '도마뱀' 하면 가장 먼저 '공룡의 후예?' 혹은 '꼬리를 자르고 도망가는 독특한 행동'이 떠오를 것이다. 도마뱀의 우리말 어원은 '도막 난 뱀' 이라는 뜻으로, 포식자에게 위협을 받을 때 자신을 보호하기 위해 포식자에게 꼬리를 잘라 내주고 도망가는 행동을 보고 붙여진 이름이다. 이번 섹션에서는 파충류의 진화와 생물학적인 분류, 도마뱀의 분포 현황에 대해 간략하게 살펴보도록 한다.

파충류의 진화

도마뱀의 진화과정을 알기 위해서는 일단 도마뱀 무리가 속해 있는 파충류에 대해 알아보는 것이 우선이다. 파충류는 약 3억만 년 전에 양서류로부터 진화했고, 딱딱한 갑옷과 같은 비늘 덮인 피부를 지님으로써 양서류와는 달리 물을 떠나 완벽하게 육상생활에 적응했으며, 진화상으로 지금의 조류와 포유류의 모체가 됐다. 석탄기(Carboniferous period; 석탄계

사바나 모니터(Savannah monitor, *Varanus exanthematicus*)

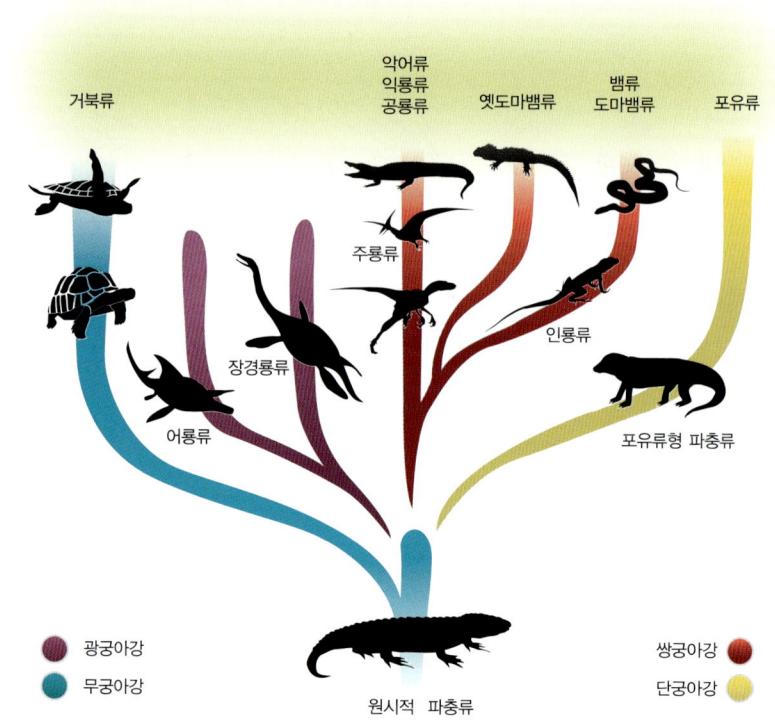

파충류의 진화도

암층이 형성되는 동안의 지질시대이며, 고생대의 다섯번째 기로 약 3억6천만 년 전에서 2억9900만 년 전 사이의 시기)에 출현한, 물을 떠난 최초의 파충류는 네 발이 달린 현생 도마뱀과 비슷한 형태를 띠고 있었으며, 양서류와 달리 건조한 각질의 비늘을 가지고 있어서 육상생활에 완벽하게 적응해 나갔다. 이후 현생 도마뱀의 선조는 쥐라기(Jurassic period; 중생대의 두 번째 지질시대. 트라이아스기와 백악기 사이에 위치하며, 약 2억1천만 년 전에서 1억4천만 년 전 사이의 시기) 시대에 등장했다.

파충류는 척추동물 분류체계에서 파충류강으로 분류되며, 파충류강은 악어목, 거북목, 유린목, 옛도마뱀이 속한 훼두목(喙頭目, Rhynchocephalia)으로 분류된다. 그중 뱀과 도마뱀은 유린목에 속하며, 포유류 중 유일하게 천산갑(穿山甲, Pangolin)이 유린목에 속한다. 유린목은 그 시절부터 현재까지 지구환경의 적응에 성공하고, 가장 번성한 파충류 무리로 자리 잡고 있다. 도마뱀과 비슷한 체형 때문에 악어와 옛도마뱀도 흔히 도마뱀으로 잘못 인식하곤 하지만, 진화역사상에서 엄밀히 따져보면 이들은 다르게 진화해온 동물이다. 특히 옛도마뱀은 주둥이 끝에 조류와 비슷한 특징적인 부리를 가지고 있어 훼두류로 분류된다.

양서류와 파충류는 얼핏 보면 비슷하게 느껴지지만 뚜렷한 차이점이 있는데, 가장 큰 차이점은 바로 피부라고 할 수 있다. 양서류인 개구리, 도롱뇽, 영원, 무족영원의 대부분은 끈적끈적한 점액질이 피부를 보호하고 있거나 피부에 분비샘을 가지고 있다. 또 대부분 유생 때 올챙이시절(변태과정)을 물에서 보내는 물과 굉장히 밀접한 동물이며, 그들의 번식에서 수분은 필수요소다. 반면, 파충류는 수분증발을 막을 수 있는 딱딱한 비늘이 몸을 보호하고 있어서 사막이나 양서류가 살 수 없는 바다에서도 생존할 수 있다. 알을 낳는 난생과 새끼를 낳는 난태생으로 번식이 이뤄지는데, 주로 땅속에 알을 낳거나 몸속에서 알을 부화시켜 완벽한 성체를 축소해놓은 듯한 새끼를 낳는다.

파충류의 분류

파충류의 분류는 크게 두개골의 형태에 따라 이뤄진다. 안와(眼窩; 머리뼈 속 안구가 들어가는 공간) 뒤쪽의 구멍, 즉 측두창(側頭窓; 눈의 뒤쪽에 있는 개구부)의 수와 위치를 기준으로 다음과 같이 무궁아강, 단궁아강, 쌍궁아강, 광궁아강의 4개 아강으로 분류된다.

■**무궁아강**(無弓亞綱, Anapsida) : 시조 파충류로서 가장 원시적인 파충류에 해당된다. 펜실베이니아기(Pennsylvanian period)에 출현해 현세까지 일부가 생존하고 있으며, 현존하는 파충류로는 거북이 무궁아강에 해당된다. 무궁아강에는 측두창이 없으며, 두개(頭蓋, cranium; 척추동물 특유의 머리골격)에 섭유개구(顳顬開口, temporal opening)가 없다. 두개에 길쭉한 주둥이가 없으며, 두정공(Parietal Foramen; 마루뼈구멍)이 있다. 이빨은 턱의 가장자리와 구개에 나 있다. 대부분 소형이고 도마뱀처럼 생겼다.
고두목(Cotylosauria)은 펜실베이니아기 전기(3억만~3억2500만 년 전)에서 트라이아스기 후기(1억9천만~2억1천만 년 전)까지 생존했다. 중룡목(Mesosauria)은 펜실베이니아기 후기(2억8천만~3억 년 전)에 출현해 페름기 전기(2억5천만~2억8천만 년 전)까지 남아프리카와 남아메리카에 생존했고, 작은 물고기나 고두류 같은 파충류를 먹었으며, 두정공은 거의 나타나지 않는다. 날씬한 몸매에 몸길이

도마뱀의 고대 화석

는 40~90cm다. 거북목(Chelonia)은 페름기 후기에 출현해 현세까지 생존하고 있다. 몸은 짧고 등딱지(carapace)와 배딱지(plastron)로 싸여 있다. 양턱은 각질을 이루며, 부리 모양을 하고 있고 이빨은 없다. 눈꺼풀이 있고 목에는 8개의 목등뼈가 있으며, 보통 껍데기 속을 드나들 수 있다. 거북의 많은 종이 측두부에 구멍이 뚫려 있지만, 이는 다른 아강의 측두창과는 해부학적으로 다르며, 바다거북과 같은 소수의 종은 두개골이 원시적인 무궁류와 유사하다.

■ **단궁아강**(單弓亞綱, Synapsida) : 측두창이 하나인 단궁아강은 포유류를 탄생시킨 아강으로, 파충류임에도 불구하고 현생 포유류의 여러 가지 특징을 지니고 있었다. 펜실베이니아기 초기에 출현해 페름기 중기(2억5천만 년 전)에 멸종했다. 두개골의 한쪽 옆에 1개의 섬유개구가 있으며, 상당히 크고 납작하지 않다. 보통 두정공이 있다. 송과체(pineal gland; 좌우 대뇌반구 사이 셋째 뇌실의 뒷부분에 있는 솔방울 모양의 내분비기관)가 있고 이빨은 여러 형태로 분화돼 있으며, 흉대에는 2개의 오훼돌기(Coracoid; 포유류를 제외한 척추동물 앞다리의 견대를 구성하는 뼈의 일부)가 있다.
반룡목(Pelycosauria)은 펜실베이니아기 초기에 출현해 페름기 중기에 멸종했는데, 특히 유럽과 북아메리카에서 번성했다. 원시적 단궁류로서 외비공이 옆에 있고, 서로 넓게 떨어져 있다. 신경궁(神經弓, neural arc; 수용체와 반응체를 이어주는 구심성신경과 원심성신경의 연결부)이 동시대의 고두목에 비해 다소 부풀어 있다. 수궁목(Oherapsida)은 페름기 중기에 출현해 쥐라기 중기에 멸종했는데, 주로 남아프리카에서 번성했다. 발달한 단궁류로서 외비공이 등 쪽에 있고, 주둥이 끝에서 가깝다. 또한, 섬유개구가 발달한 형태로 확장돼 있고, 2차 구개가 형성돼 있다.

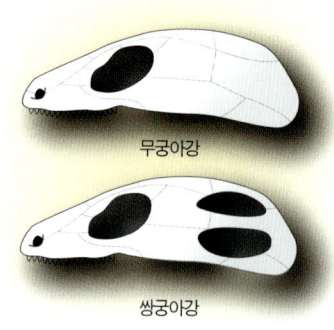
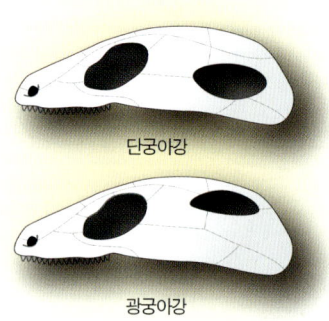

아강별로 살펴본 파충류의 두개골

일광욕을 즐기고 있는 그린 아메이바(Green ameiva, *Ameiva ameiva*) 암컷

■ **쌍궁아강**(雙弓亞綱, Diapsida) : 측두창이 두 개인 쌍궁아강은 공룡류, 익룡류 및 거북류를 제외한 현생 파충류가 포함된다. 파충강, 쌍궁아강, 주용형하강의 용반목(龍盤目, Saurischia)과 조반목(鳥盤目, Ornithischia)으로 이뤄진 화석동물 이구아노돈(*Iguanodon*)을 지칭하는 용어로서, 일찍이 이들을 종합한 목(目)의 학명으로 이용했지만 현재는 통속명으로 남아 있다. 이빨은 치조에 깊게 박혀 있고, 악골의 주변에만 있다. 척추골에는 양요(兩凹), 평요(平凹), 후요(後凹)의 각 타입이 있다. 종류에 따라서는 새와 유사하며, 뼈의 속은 비어 있다.

용반목과 조반목은 골반구조의 차이로 나누어지는데, 용반목은 치골이 장골의 밑쪽에서 전하방으로, 좌골이 후하방으로 뻗어서 측면에서 보면 세 방향으로 방사한 형태를 띤다. 육식2각보행의 수각류(鬚脚類, palpigradi)나 주로 초식4각보행의 용각형류(龍脚形類, sauropodomorph)를 포함한다. 조반목에서는 치골이 좌골과 평행한 위치를 차지하고, 전치골이 발달하기 때문에 전형적으로는 네 방향으로 방사한 형을 나타낸다. 2각 때로는 4각보행의 조각류(鳥脚類, Ornithopoda) 외에 4각의 검룡류, 각룡류, 곡룡류 등 초식성 공룡을 포함한다.

용반목과 조반목의 근연성에 관해서는 이론이 있다. 공룡은 트라이아스기(Triassic period)부터 백악기(Cretaceous period)에 걸쳐 크게 번영했고 백악기 말에 멸종했지만, 후예로서 조류를 현생에 남겼다. 화석은 약 350종에 이르고 모든 대륙에 걸쳐 분포했으며, 다양한

플레이티드 리자드(Plated lizard, Gerrhosauridae)

환경에 적응했다. 쥐라기 이후에는 거대한 것이 출현했는데, 아파토사우루스(*Apatosaurus*)는 체장이 30m 이상이고 체중은 약 50t이나 된다. 일반적으로 몸통이 거대함에도 불구하고 사지는 직립했다는 점에서 항온성을 획득하고 있었다는 견해가 제출됐다. 티라노사우루스(*Tyrannosaurus*), 브론토사우루스(이상 용반목), 이구아노돈, 스테고사우루스(*Apatosaurus*), 안킬로사우루스(*Ankylosaurus*), 트리케라톱스(이상 조반목) 등이 주된 속이다.

■**광궁아강**(廣弓亞網, Euryapsida) : 장경룡류(長頸龍類, Plesiosauria)를 말하며, 사경룡류(蛇頸龍類)라고도 한다. 트라이아스기 후기부터 백악기 말까지 번성한, 등딱지 없는 거북 모양의 광궁아강 기룡목의 한 아목이다. 몸은 등딱지가 없는 거북 모양이며, 크기는 5m 이상이고 15m에 이르는 것도 있다. 두개골은 비교적 작고 편평하며, 목이 길고 기각(鰭脚, 고래나 물개 등에서 볼 수 있는 지느러미 모양으로 된 다리)이 강대하다. 긴 악골 둘레에는 날카로운 이빨이 나 있다. 물속을 천천히 헤엄치면서 물고기를 잡아먹고 살았던 것으로 보인다. 트라이아스기 후기에서 백악기 말기까지 번성했으며, 머리가 크고 목이 짧은 플리오사우루스(*Pliosaurus*)와 머리가 작고 목이 긴 쥐라기의 플레시오사우루스(*Plesiosaurus*)가 대표적인 속이다.

도마뱀의 분포

도마뱀은 파충류 무리 중 공룡과 가장 흡사한 외모를 지니고 있으며, 그로 인해 가장 전형적인 파충류의 형태로 인식돼왔다. 하지만 도마뱀은 두개골의 형태에서 공룡 및 다른 파충류와는 다른 양상을 보이며, 그들만의 독특한 특징을 가지고 넓은 지역에 분포하며 발달해왔다. 현재 전 세계적으로 약 3800여 종이 서식하고 있고, 모양과 행동양식이 매우 다양하다.

일반적으로 도마뱀은 네 개의 다리가 잘 발달돼 있으며, 상당히 긴 꼬리와 움직일 수 있는 눈꺼풀 그리고 귓구멍이 있다. 하지만 무족도마뱀(Anguimorpha)이나 지렁이도마뱀(Worm lizard, Amphisbaenia)의 경우에는 이런 법칙을 무시하고 아예 다리가 퇴화돼 없거나 한 쌍만 남아 있는 종도 있고, 눈도 아예 퇴화됐거나 뱀처럼 눈꺼풀 없이 투명한 막으로 덮인 눈을 가진 종이 있다. 귀머거리도마뱀(Earless monitor lizard, Lanthanotus borneensis)의 경우 귓구멍이 없는 등 신체의 일부가 퇴화된 다양한 체형의 변화가 나타난다. 또한, 가슴뼈를 이용해 하늘을 활공할 수 있는 비막이 있는 날도마뱀(Flying lizard/Flying dragon, Draco)이 있는가 하면, 기분에 따라 체색을 변화시킬 수 있는 카멜레온(Chameleon, Chamaeleonidae)이 있으며, 미끄러운 유리면이나 벽면에 스파이더맨처럼 붙어 사는 도마뱀부치(Gecko)가 있다.

크기도 새끼손가락 한 마디 정도의 아주 작은 종부터 3m가 넘게 자라는 왕도마뱀(Monitor Lizard, Varanus)까지 다양하게 분포돼 있다. 생활방식 또한 사막에 서식하는 종, 열대우림에 서식하는 종, 물가에 서식하는 종, 바닷가에 서식하는 종, 나무 위에서 사는 종, 땅속에 사는 종 등을 볼 수 있고, 낮에 움직이는 주행성인 종과 밤에 움직이는 야행성인 종 등 매우 다양한 양상을 띤다. 이처럼 도마뱀 무리에는 체형을 비롯해 크기, 습성, 생활방식 등에 있어서 각각 다른 다양한 종들이 속해 있으며, 규모 또한 매우 큰 생물군이다.

날도마뱀(Flying lizard/Flying dragon, Draco)

02 section

도마뱀의 신체구조

도마뱀은 파충류 무리 중에서 가장 다양한 신체의 변화가 이뤄진 그룹으로서 서식지의 환경조건이나 생활습성에 따라 자신들의 신체를 완벽하게 변형시키며 진화해왔다. 이번 섹션에서는 도마뱀에서 볼 수 있는 이러한 특징적인 신체구조와 그 기능들에 대해 자세하게 살펴보도록 하겠다.

골격계
앞서도 언급했듯이, 악어와 옛도마뱀 또한 비슷한 외모 때문에 도마뱀으로 착각하기 쉽지만, 이들은 악어류와 훼두류(喙頭類, 부리가 있는 도마뱀)로서 두개골의 형태에서 도마뱀과는 다른 뚜렷한 차이점을 보인다. 도마뱀의 골격계는 두개골, 척추, 늑골, 골반, 앞다리, 뒷다리, 꼬리로 구성돼 있으며, 흉골(胸骨, 견갑대의 쇄골·늑골에 관절로 연결돼 있어 육상동물을 지지해주는 가슴 중앙에 있는 긴 뼈)은 없다. 보통 각 발마다 다섯 개의 발가락이 동일한 간격으로 배열돼 있고, 카멜레온은 나무에 오를 때 잡기 쉽도록 발가락이 두 개와 세 개로 나뉘어 배열된 대지족(對趾足; 발이 경첩 같은 구조를 이룬 형태)을 가지고 있는 것이 특징이다.

목 주변의 장식돌기가 발달한 비어디드 드래곤(Bearded dragon)

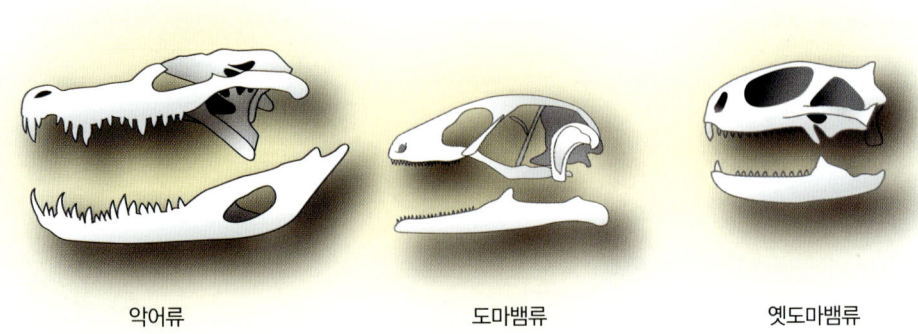

악어류   도마뱀류   옛도마뱀류

악어류, 옛도마뱀류, 도마뱀류 두개골의 차이점

피부

도마뱀의 피부는 다양한 기능을 갖추고 있는 조직이다. 외부의 여러 가지 환경으로부터 내부조직을 보호하는 장벽 역할을 하며 방어, 은폐, 번식, 이동 시 중요한 역할을 한다. 파충류의 피부는 양서류와 달리 호흡기능이 없는 비투과성 피부이고, 다른 척추동물과 마찬가지로 상피(上皮, epithelium)와 진피(眞皮, true skin) 2개의 층으로 이뤄져 있으며, 비늘은 사람의 손톱을 이루고 있는 케라틴이라는 섬유단백질(fibrous protein)로 구성돼 있다.

파충류의 비늘은 케라틴층이 부분적으로 두꺼워져서 생긴 것이며, 그것을 나머지 얇은 부분이 경첩처럼 서로 연결하고 있다. 하나하나 떨어져서 겹쳐진 물고기의 비늘과는 달리 도마뱀의 비늘은 한 장의 연속된 상피의 일부라고 할 수 있다. 상피의 케라틴층은 그 아래 세포층의 활동에 의해 주기적으로 벗겨지면서 새로운 것으로 교체되는데(탈피), 뱀의 경우 허물을 한 번에 벗는 것과는 달리 도마뱀은 부분부분 조각으로 탈피하게 된다.

파충류의 진피에는 대부분 색소포(色素胞, chromophore)가 있다. 색소포의 대부분은 흑색소포(melanophore)로 검은색을 포함하고 있으며, 그밖에 백색, 황색, 적색, 청색의 색소포도 가지고 있다. 흑색소포 안에서 일어나는 색소의 확산과 집중, 색소포를 통해 나타나는 광학적 효과로 인해 카멜레온이나 일부 아가마(Agama) 도마뱀에 있어서 잘 알려져 있는 체색 변화가 나타난다. 까만색의 멜라닌이 세포의 중앙에 있을 때는 빛이 다른 색소포를 통해 반사되기 때문에 여러 가지 밝은 색상을 나타낼 수 있게 되는 것이다.

또한, 파충류는 대부분의 어류, 양서류, 포유류와는 달리 피부샘(dermal gland; 동물의 표피에 분포하는 외분비샘을 통틀어 이르는 말)이 비교적 적으며, 사는 환경에 따라 다양한 형태의 피부를 가지고 있다. 반질반질한 비늘형태부터 거친 돌기로 뒤덮인 형태, 아스팔트 조각처럼 이어진 형태, 돌출된 과립형태 등 피부의 형태가 매우 다양한 것을 볼 수 있다.

도마뱀 피부의 유형 1. 토케이 게코 **2.** 레오파드 게코 **3.** 자이언트 데이 게코 **4.** 크로커다일 모니터 **5.** 그린 이구아나 **6.** 팬서 카멜레온 **7.** 블루텅 스킨크 **8.** 브로드 헤디드 스킨크 **9.** 힐라 몬스터 **10.** 싱글백 스킨크 **11.** 혼 리자드 **12.** 토 니 데빌 리자드

눈(시각)

주행성이나 야행성 모두 시력이 발달된 눈을 가지고 있다. 종에 따라서는 눈의 기능이 퇴화됐거나, 움직일 수 있는 일반적인 진성 눈꺼풀이 아니라 뱀처럼 눈꺼풀이 없고 투명한 막으로 덮인 경우도 있다. 게코(Gecko)의 많은 종과 뱀도마뱀(Legless snake lizard)의 경우 눈꺼풀이 없다. 눈꺼풀이 있는 종은 홍채의 형태가 둥근 것이 일반적이지만, 눈꺼풀이 없는 종이나 야행성 종의 경우 고양잇과 동물의 눈과 같이 빛에 따라 세로로 동공의 크기가 확대·축소된다. 특히 도마뱀 중에서 가장 독특하고 훌륭한 눈을 가진 카멜레온의 눈은 머리 양쪽에 튀어나와 있고, 안구 전체는 두꺼운 눈꺼풀에 완전히 덮여 있으며, 그 가운데에 조그마한 구멍이 뚫려 있다. 또한, 각각 따로 사물을 볼 수 있는 독특한 구조로 돼 있다.

코(후각)

대부분의 도마뱀은 후각이 잘 발달돼 있는데, 후각은 시각과 더불어 먹이활동을 할 때 가장 유용한 감각이다. 카멜레온처럼 거의 시각을 이용해서 사냥을 하는 종도 있지만 많은 도마뱀은 후각이 잘 발달돼 있으며, 이러한 후각을 이용해 적극적인 먹이활동을 하는 도마뱀도 많다. 후각은 코와 혀를 통해 기능하며, 입천장 부위에 있는 야콥슨기관(Jacobson's organ, 서골비기관 또는 보습코기관이라고도 함)을 통해 먹이, 교미상대, 세력권, 포식자 등을 감별한다. 특히 후각이 잘 발달한 종으로는 왕도마뱀류(Monitor lizards)를 들 수 있는데, 10km 밖에 있는 썩은 고기의 냄새도 맡을 수 있을 정도로 상당히 발달된 후각을 지니고 있다.

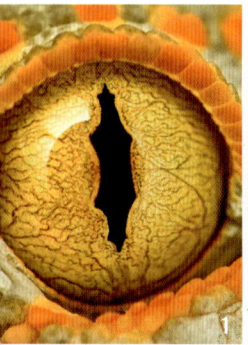

도마뱀 눈의 유형 - 토케이 게코와 자이언트 데이 게코는 눈꺼풀이 없는 눈이고, 팬서 카멜레온과 그린 이구아나는 진성 눈꺼풀이 있는 눈이다. 1. 토케이 게코 2. 자이언트 데이 게코 3. 팬서 카멜레온 4. 그린 이구아나

입, 혀, 이빨(미각)

도마뱀의 혀는 종에 따라 일반적으로 세 가지의 형태를 띠는 것을 볼 수 있다. 넓고 두툼한 형태, 뱀과 같이 갈라진 긴 형태, 카멜레온처럼 말린 양말과 같은 독특한 형태가 그것이다. 혀는 먹이의 맛을 느끼는 감각기관이지만, 눈꺼풀이 없는 도마뱀의 경우 혀를 이용해 눈을 청소하고, 블루텅 스킨크(Blue-tongued skink, *Tiliqua*)의 경우 입을 벌리고 혀를 보이는 위협행동을 하는 등 비단 먹는 역할뿐만 아니라 여러 가지 다른 역할도 수행하고 있다.

도마뱀은 다른 감각에 비해 미각은 그다지 발달돼 있지 않으며, 이빨을 가지고 있다. 대부분의 도마뱀 무리가 면생치(面生齒, 턱 안쪽 가장자리에 약하게 부착된 길쭉한 형태의 이빨)를 가지고 있지만, 카멜레온이나 모니터 리자드는 단생치(端生齒, 턱 가장자리에 가지런히 나고 대개 짧으며, 이빨의 밑부분이나 옆면, 양쪽이 매우 단단하게 턱에 부착된 이빨)를 가지고 있다.

귀(청각)

도마뱀의 청각은 종에 따라 발달상의 차이를 보인다. 조류, 포유류, 양서류에 비해 발성기관이 발달하지 않은 파충류의 특성상 다른 감각기관에 비해 청각은 발달하지 않았지만, 일부 게코의 경우 잘 발달된 듯하며 퇴화된 종도 볼 수 있다. 외이공(外耳孔, external acoustic pore)은 대개 밖에서 볼 수 있으며, 종에 따라서는 피부에 덮인 경우도 있다. 겉으로 드러난 외이는 없고 바로 고막이 보인다. 레오파드 게코(Leopard gecko, *Eublepharis macularius*)의 경우 뚫린 고막을 통해 건너편의 사물을 볼 수도 있다.

혀를 이용해 눈을 청소하는 크레스티드 게코(Crested gecko, *Correlophus ciliatus*)(좌). 레오파드 게코(Leopard gecko, *Eublepharis macularius*)(우)의 고막. 뚫려 있는 고막을 통해 건너편의 사물을 볼 수도 있다.

토케이 게코(Tokay gecko, *Gekko gecko*)의 다리와 발

다리

도마뱀과 뱀을 구분 지을 수 있는 가장 특징적인 신체구조는 바로 다리다. 도마뱀 중에는 아이러니하게도 무족도마뱀류(Anguimorpha)나 굼벵이도마뱀처럼 다리가 퇴화돼 없는 종도 있다. 그러나 외형상 뱀과 거의 흡사하게 보이는, 다리가 없는 도마뱀종이라도 꼬리의 길이를 측정해 뱀과 쉽게 구분할 수 있다. 총배설강을 기준으로 꼬리의 전체길이를 재보면 뱀은 꼬리가 짧고, 도마뱀은 몸에 비해 꼬리가 길다는 특징이 있다.

또한, 무족도마뱀류와 뱀의 가장 뚜렷한 차이점은 배비늘의 형태에서 볼 수 있다. 뱀은 조밀한 등비늘과 다른 가로로 긴 큰 비늘형태의 특징적인 배비늘을 가지고 있지만, 무족도마뱀류는 등비늘과 유사한 형태의 배비늘을 가지고 있다.

다리가 없는 몇 종의 도마뱀을 제외하고, 거의 모든 종의 도마뱀은 잘 발달된 다리를 가지고 있으며, 어떤 도마뱀은 다른 동물군에서 볼 수 없는 놀라운 능력을 보여주기도 한다. 가장 대표적인 것은 바로 도마뱀부치의 끈끈이발이다. 도마뱀부치의 발은 마치 발바닥에 접착제를 바른 것처럼 사물에 붙을 수가 있는데, 발바닥에는 각 비늘 사이에 현미경으로 관찰해야만 볼 수 있는 갈고리형태의 미세한 털과 같은 돌기들이 나 있고, 이 돌기를 이용해 미끄러운 표면에서도 활발하게 움직일 수 있다. 갈고리와 같은 이러한 돌기는 힘이 굉장해서 발가락 하나만으로도 몸 전체를 지탱할 수 있으며, 도마뱀이 죽은 후에도 벽에 붙어 있게 하는 능력이 있다. 이처럼 벽에 붙을 수 있는 도마뱀은 도마뱀부치류 외에도 이구아나류에 속하는 아놀(Aanole)을 들 수 있다.

도마뱀의 다리를 언급할 때 빼놓을 수 없는 것이 남미에 서식하는, 물위를 뛰어가는 도마뱀으로 잘 알려져 있는 바실리스크(Basilisk, *Basiliscus*)라는 도마뱀이다. 바실리스크는 긴 발가락과 강한 발의 힘을 이용해 물을 힘껏 걷어차서 깊은 구멍 모양의 공기주머니를 만들어 그 위에 순간적으로 서 있게 된다. 이러한 원리를 이용해 물에 빠지지 않고 발만 계속 물에 담근 채 물 위를 뛸 수 있는 것이다.

꼬리

도마뱀의 꼬리는 몸의 균형을 잡거나, 공격용으로 휘두르거나, 방어를 위해 스스로 자를 수도 있는 신체의 일부다. 도마뱀의 꼬리는 굉장히 민감한 신체부위 중 하나이며, 척박한 환경에 서식하는 많은 도마뱀종이 꼬리에 영양분을 저장하기도 한다. 또한, 게코류의 일부 종, 카멜레온류, 스킨크류(Skinks) 중에는 물건을 잡을 수 있는 꼬리(prehensile tail)를 가지고 있는 종류도 있다.

흔히 '도마뱀의 꼬리는 스스로 잘라낼 수 있다(자절-自切, atotomy)'고 알려져 있는데, 일부 도마뱀은 천적을 만나게 되면 물리적인 충격 없이도 스스로 꼬리를 자를 수 있다.

카멜레온(Chameleon)의 꼬리

도마뱀의 이러한 행위는 포식자의 주의를 산만하게 하는 것으로, 잘려진 채 움직이고 있는 꼬리에 포식자가 관심을 보이는 동안 꼬리가 잘린 도마뱀은 포식자로부터 멀리 도망칠 수 있게 된다. 스스로 꼬리를 자른 경우 척추혈관이 재빠르게 수축되기 때문에 출혈은 거의 없다. 자절할 수 있는 종 또는 많은 종의 경우 잘린 꼬리는 재생되지만, 색상이 더 어둡고 원래의 꼬리와는 다른 형태의 꼬리가 자라나오게 된다.

도마뱀의 여러 가지 특징 중 가장 일반적으로 알고 있는 자절현상은 종에 따라 가능한 종과 그렇지 않은 종으로 나뉘며, 꼬리가 잘리고 나서도 재생이 되는 종과 그렇지 않은 종으로 나뉜다. 도마뱀류 16개과 중 11개과의 일부 종은 꼬리를 스스로 자를 수 있지만 카멜레온류, 독도마뱀류, 왕도마뱀류, 귀머거리도마뱀류, 악어도마뱀류는 스스로 꼬리를 자를 수 없다. 즉 모든 도마뱀이 꼬리를 자르고 재생되는 능력을 지니고 있는 것은 아니며, 아가마류에 속하는 대부분의 종은 잘린 꼬리가 재생되지 않는다.

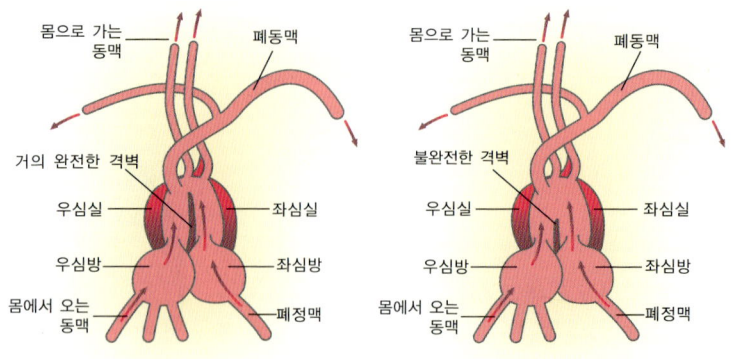

파충류의 심장(왼쪽이 악어류, 오른쪽이 도마뱀류)

호흡기계

도마뱀은 폐를 이용한 폐호흡을 하며, 1개의 폐를 가진 뱀과는 달리 대부분 1쌍의 허파를 가지고 있다. 성문(聲門, 후두부에 있는 발성장치. 후두 내벽의 갑상연골의 높이에서 볼 수 있는 상하 2쌍의 주름 중 아래쪽의 주름이 성대이고, 좌우 성대 사이에 있는 빈자리를 성문열이라고 하는데, 성대와 성문열을 합쳐 성문이라고 한다)은 혀 아래쪽에 위치하며, 기도는 두 갈래로 나뉘어져서 두 개의 폐에 같은 크기로 들어가는 주기관지로 이행한다. 폐의 말단 부위에는 가스교환이 이뤄지지 않는 낭과 같은 구조가 위치하고 있다.

순환기계

심장의 위치는 도마뱀의 종에 따라 다르다. 심장은 두 개의 심방, 왼쪽과 오른쪽의 심실 그리고 정맥동으로 구성돼 있다. 심실이 구분돼 있는 악어류와 달리 대부분의 도마뱀의 심실은 완전히 구분돼 있지 않지만, 동맥혈과 정맥혈은 거의 섞이지 않는다.

비뇨기계

한 쌍의 신장이 골반 안에 존재한다. 신장에서 방광 쪽으로 한 쌍의 요관을 통해 연결되며, 이후에 요도는 총배설강의 요동(urodeum)으로 연결된다. 방광은 크고 가득 찼을 경우 체강(동물의 체벽과 내장 사이에 있는 빈 곳)의 3/4 정도를 차지하게 된다.

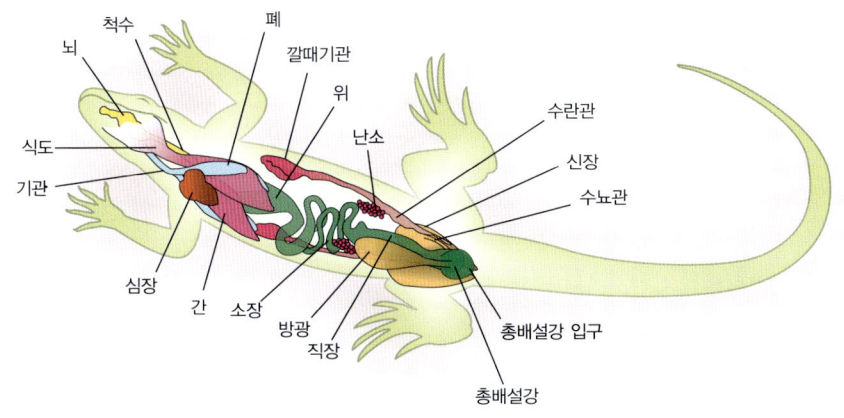

도마뱀의 신체구조

생식기계

도마뱀은 체강 내에 쌍으로 이뤄진 정소 혹은 난소 그리고 난관을 지니고 있다. 수컷 도마뱀은 쌍으로 된 반음경(hemipenes)을 가지고 있으며, 반음경은 항문의 측면과 꼬리 쪽으로 숨겨져 있다. 암컷과 수컷 모두 꼬리 앞쪽에 항문샘이 있다. 암컷 도마뱀은 포유류에서 볼 수 있는 실제 자궁은 없지만, 난태생 또는 태생성 생식을 한다. 난관은 포유류의 자궁과 유사한 기능을 가지고 있어서 성장하고 있는 배아에 영양분을 공급한다. 난각(알껍데기)은 난태생 파충류의 난관에서 분비돼 때때로 이곳을 난각선(shell gland)이라고 말하기도 한다. 많은 도마뱀의 난각은 거북이나 새의 것처럼 딱딱하지 않고 뱀과 같이 유연하다.

총배설강

총배설강이란 항문과 생식기능이 분리된 포유류에 비해 진화가 덜 된 조류나 양서류, 파충류, 연골어류인 상어류 및 단공류(單孔類, Monotremata; 알을 낳는 원시적인 포유류로 바늘두더지와 오리너구리가 속한다)에서 볼 수 있는 기관이다. 총배설강은 소화기관과 비뇨생식기계가 따로 분리되지 않고 외부로 드러나는 하나의 구멍이다. 총배설강 안에는 항문, 요도구, 생식기가 나눠져 있다. 파충류인 도마뱀은 이 총배설강으로 소화와 배설, 생식의 기능을 모두 수행한다. 파충류의 총배설강은 무리에 따라 형태의 차이를 보이는데, 악어와 거북은 세로 모양인 'I' 형태인 반면, 뱀과 도마뱀은 가로 모양인 '—' 형태의 총배설강을 가진다.

도마뱀의 생태

지금까지 도마뱀의 신체적인 특성과 기능에 대해 알아봤다. 이번 섹션에서는 도마뱀의 성장을 비롯해 수명, 식성과 먹이활동, 번식행위 등 전반적인 생태에 대해 알아보도록 하자.

도마뱀의 성장

모든 야생동물이 다 그렇듯이, 도마뱀의 삶 또한 태어나자마자 먹고 먹히는 먹이사슬 안에 놓이게 된다. 대부분의 갓 태어난 새끼도마뱀은 매우 연약하고 많은 포식자들에게 군침 도는 먹잇감이며, 간혹 같은 종의 성체도마뱀에게도 먹이로서 희생을 당하게 된다. 한 무리의 알에서 살아남는 새끼도마뱀은 5% 미만으로 생존확률이 지극히 낮은 편이다. 짧게는 태어나자마자 다른 동물의 먹잇감이 되거나, 운이 좋아 성체가 될 때까지 살아남는다 해도 내일의 안전을 장담할 수 없는 치열한 야생의 삶을 살아가고 있는 것이다.

도마뱀은 이처럼 치열하고 위험한 야생에서 각자 자신만의 독특한 안전장치를 개발해 스스로를 보호한다. 많은 도마뱀종이 자신을 지키기 위해 빠른 발을 갖고 있거나, 주위에 맞는 피부색을 갖고 있거나, 거친 돌기로 피부를 보호하기도 한다. 혹은 독이 있는 동물을 흉

내 내는 의태(擬態, mimicry)를 보이거나, 심지어는 자신이 그다지 먹음직스러운 먹이가 아니라는 것을 광고하듯 표현하는 등 다양한 방법을 이용해 천적으로부터 스스로를 보호한다. 천적으로부터 자신을 보호하는 것 외에 도마뱀의 생존을 위해 가장 중요한 부분은 바로 주변의 환경이다. 외부온도에 영향을 받는 변온동물(變溫動物, poikilotherm)인 도마뱀은 체온유지를 위해 적절한 온도와 습도가 필요하며, 대부분의 시간을 자신의 체온을 조절하는 데 할애한다. 태양열은 도마뱀이 움직일 수 있는 에너지를 체내에 만들어주며, 심지어 먹이를 소화시키는 일에도 온도의 영향을 많이 받기 때문에 그만큼 열은 도마뱀의 삶에서 가장 큰 부분을 차지한다고 볼 수 있다. 도마뱀은 주변 환경의 영향을 많이 받는 다른 파충류와 마찬가지로 적절한 온도와 빛, 습도가 유지돼야만 제대로 성장할 수 있다.

외온성 동물인 파충류는 대부분의 종이 고온의 장소와 저온의 장소를 번갈아가며 생활한다. 그러나 모든 파충류가 이러한 행동을 취하는 것은 아니다. 서식환경이 따뜻하고 안정돼 있는 저지대 열대파충류 중에는 절대 일광욕을 하지 않는 종도 있는데, 야행성 도마뱀

도마뱀은 대부분의 시간을 체온을 조절하는 데 할애한다. 사진은 야생의 브라운 바실리스크(Brown basilisk, *Basiliscus vittatus*) 성체

부치류가 대표적이다. 많은 뱀종도 야간의 비교적 균일한 기후 속에서 활동한다. 보통 도마뱀은 일광욕을 할 때 자세나 몸의 방향 그리고 피부의 멜라닌색소를 이용해 열 흡수율을 높이며, 체온이 위험수준으로 높아지는 것을 방지하기 위해 그늘이나 땅속으로 들어가 몸의 열을 식힌다. 하지만 코모도왕도마뱀(Komodo dragon, Varanus komodoensis)처럼 일정한 체온을 유지하는 도마뱀도 있다.

체온조절은 생리적인 반응속도를 조절함으로써 파충류의 성장이나 번식 또는 생존율에까지 영향을 미친다. 도마뱀은 체온이 가장 높은 상태에 있는 것을 좋아하며, 활동 시 어떤 종은 체온이 평균 42°C에 달하기도 하는데, 이는 도마뱀에 따라 그리고 서식환경

코모도왕도마뱀(Komodo dragon, Varanus komodoensis)은 체온을 일정하게 유지한다.

에 따라 다르다. 도마뱀류는 아니지만 옛도마뱀류에 속하는 투아타라(Tuatara, Sphenodon punctatus)의 경우 활동할 때의 체온이 약 6~16°C로 가장 낮은 종으로 알려져 있다. 외온성 동물은 내온성 동물인 포유류나 조류에 비해 열등해 보이지만 각각 장단점이 있다. 외온성 동물인 파충류는 태양열을 이용하기 때문에 에너지 효율이 경제적이기는 하지만, 태양열 없이 주위의 기온이 낮은 경우에는 그 효과가 떨어진다는 단점이 있다. 반면 내온성 동물인 포유류나 조류는 대사를 효율적으로 이용할 수 있지만, 같은 크기의 파충류에 비해 30~50배의 먹이를 필요로 한다. 이러한 이유로 파충류는 포유류나 조류가 충분한 먹이를 섭취할 수 없어 살기 힘든 사막과 같은 척박한 환경에서도 살아남을 수가 있었다.

도마뱀류 자체가 워낙 다양한 종들의 집합체이다 보니 새끼도마뱀이 성체까지 자라는 시간은 종에 따라 각각 차이를 보이지만, 야생상태의 일반적인 도마뱀은 약 1년에서 2년 사이에 성체 크기에 다다르게 된다. 이는 주변에 먹이가 풍부한 경우이며, 대형으로 자라는 종이나 척박한 환경에 서식하는 종들 중에는 성체가 되기까지 5년 이상 걸리는 경우도 있다.

도마뱀의 수명

도마뱀의 수명은 종마다 각각 다르다. 카멜레온류처럼 평균수명이 3~5년으로 비교적 짧은 종이 있는가 하면, 50년 이상 사는 코모도왕도마뱀(Komodo dragon, *Varanus komodoensis*)처럼 긴 수명을 자랑하는 종도 있다. 종에 따라 각각 다른 수명은 크기나 서식지, 환경의 영향을 받은 결과다. 대부분의 대형종의 경우 평균수명이 상대적으로 길고, 소형종의 경우 대형종에 비해 일반적으로 짧다. 이는 다양한 변수가 존재하는 야생상태에서가 아닌 인공사육 시의 수명으로, 비교적 일반적인 도마뱀의 평균수명은 10~20년 사이다.

사육 하의 레오파드 게코(Leopard gecko, *Eublepharis macularius*)의 경우 20년 이상 사는 개체도 있으며, 수명은 각 개체의 건강상태나 여러 가지 요인의 영향을 받으므로 정확히 구분하기 어려운 부분이 있다. 그러나 일반적으로 거북류에 비해 도마뱀류의 평균수명은 짧은 편이며, 뱀류와는 비슷하다.

도마뱀의 식성과 먹이활동

도마뱀의 식성은 각 종별로 다양한 서식지의 형태만큼이나 다양한 양상을 보인다. 도마뱀은 파충류 무리 중 가장 다양한 먹이를 섭취하는 무리로서 육식성 먹이만을 선호하는 종과 육식을 전혀 하지 않고 완전한 초식성을 나타내는 종, 혹은 육식과 초식 둘 다 취하는 잡식성인 종들로 나눌 수 있다. 잡식성인 경우도 초식에 가까운 잡식성이나 육식에 가까운 잡식성 등으로 세세하게 나눌 수 있다.

도마뱀의 일반적인 먹이는 곤충, 소형 포유류, 조류, 양서류, 파충류 등 육식성 먹이와 풀이나 나무의 잎사귀, 잘 익은 과실, 꽃의 꿀 등 초식성 먹이까지 모두 포함된다.

대형종은 상대적으로 평균수명이 길다. 사진은 샌드 모니터 (Sand monitor, *Varanus gouldii*)

바다이구아나(Marine iguana, *Amblyrhynchus cristatus*)는 다른 도마뱀과 달리 바닷물에 잠수해 먹이활동을 하는 것이 특징이다.

도마뱀은 먹이채집활동에 신체의 모든 부분을 적절히 활용하며 종에 따라 특이하게 신체를 발달시켜온 경우도 있는데, 그 대표적인 종이 바로 카멜레온이다. 이들은 후각보다는 시각을 이용해 대상물을 찾으며, 독특하게 발달된 눈을 이용해 먹잇감을 포착한 후 상대가 눈치 채지 못하게 다가가 몸길이만큼 긴 혀를 순식간에 뻗어 포획하는 방법을 사용한다.

많은 도마뱀 중 가장 독특한 식성을 지닌 종을 꼽자면, 갈라파고스섬에 서식하는 바다이구아나(Marine iguana, *Amblyrhynchus cristatus*)를 들 수 있다. 완전한 초식을 하는 도마뱀은 전체 도마뱀 무리에서 2% 정도를 차지하는 적은 수인데, 그중 바다이구아나는 지상이 아닌 바닷물에 잠수해 먹이를 구한다는 것이 다른 도마뱀에 비해 가장 특이하고 주목할 만한 점이다. 바다이구아나는 아침이 되면 태양열로 체온을 충분히 끌어올린 후, 차가운 바다에 잠수해 날카로운 발톱으로 바위를 단단히 붙들고 바위에 붙어 있는 해조류를 뜯어먹는다. 같은 곳에 서식하는 갈라파고스육지이구아나(Galápagos land iguana, *Conolophus*)는 해안가가 아닌 섬 중앙부에 서식하며, 주로 선인장 잎이나 꽃 등을 섭취한다. 이들 두 이구아나 무리는 파충류가 주변 환경에 어떻게 적응해왔는지 보여주는 대표적인 예라고 할 수 있다.

먹이를 사냥하고 있는 베일드 카멜레온(Veiled chameleon, *Chamaeleo calyptratus*)

많은 도마뱀이 잘 발달된 후각을 지니고 있는데, 특히 모니터 리자드(Monitor lizard, *Varanus varius*)는 다른 도마뱀류에 비해 발달된 후각을 이용해 적극적으로 먹이를 찾는 종이다. 완전한 육식동물인 모니터 리자드는 작은 동물부터 썩은 동물의 사체까지 먹음으로써 생태계에서 청소부 역할도 톡톡히 하고 있다. 소형 게코류와 스킨크류(Skinks) 중 꽃의 꿀을 먹이로 삼는 종도 있는데, 먹이활동을 하면서 꽃의 수분활동을 돕는 공생관계에 있는 도마뱀들도 있다. 이처럼 도마뱀은 지상은 물론 나무 위와 바닷속까지 다양한 환경에 적응하면서 적극적인 먹이활동을 하고 있다.

도마뱀의 번식

도마뱀의 번식은 다른 모든 파충류와 마찬가지로 수컷의 정자가 암컷의 총배설강으로 삽입돼 체내수정을 하는 방식으로 이뤄진다. 일반적으로 도마뱀 및 파충류의 번식은 온도나 습도, 낮의 길이 등 외부적인 요인의 영향을 받는다. 번식의 횟수 또한 온도의 영향을 받는

다. 따뜻한 열대지방에 서식하는 도마뱀 중에는 1년 내내 번식을 하는 종도 있지만, 대부분은 1년에 한 번 혹은 두 번 번식을 한다. 일반적인 종은 야생상태에서 번식이 가능한 성성숙에 도달하기까지 보통 1~2년 정도 걸리며, 종에 따라 5~7년이 걸리는 경우도 있다.

도마뱀의 번식은 체내수정이 이뤄진 후 알을 낳는 난생, 뱃속에서 알을 부화시켜 새끼로 출산하는 난태생의 두 가지 형태를 띤다. 이러한 번식방법은 주변 환경에 따라 영향을 받으며, 같은 종의 도마뱀인 경우에도 서식지의 온도차에 따라 난생이나 난태생으로 바뀌기도 한다는 것이 최근 밝혀졌다. 예를 들어 따뜻한 서식지에서는 알로 낳아 쉽게 부화시키는 반면, 고도가 높거나 추워서 알 형태의 부화가 어려운 상황에서는 뱃속에서 알을 부화시켜 새끼로 출산을 하는 경우가 발견되고 있다. 이 경우 어미가 부화 가능한 따뜻한 곳으로 이동해 자신의 체온을 높임으로써 이동 인큐베이터 역할을 하게 된다.

이외에도 특이한 번식법을 선택한 도마뱀들도 있는데, 몇몇 도마뱀의 경우 단성생식(單性生殖, parthenogenesis; 처녀생식)을 하는 종도 있다. 단성생식의 대표적인 도마뱀은 코카서스장지뱀이며, 북아메리카에 서식하는 채찍꼬리도마뱀류에서도 찾아볼 수 있다. 이들은 종의 모든 개체가 암컷으로 이뤄져 있으며, 암컷 혼자만으로도 번식이 진행된다. 본격적인 번식에 돌입하면 가짜교미를 하게 되는데, 두 마리의 암컷 중 한 마리가 수컷의 역할을 대신해 교미가 진행되며, 이러한 교미 자극을 통해 원활한 번식이 이뤄지게 된다. 이러한 방식은 굉장히 획기적이고, 새로운 지역에 정착하기에 유리한 번식방법으로 보인다. 그러나 사실 이러한 번식방법을 통해 번식된 개체는 다 같은 염색체로 이뤄진 복제 개체이기 때문에 새로운 병원균이나 질병에 노출될 경우 매우 취약하다는 치명적인 단점을 지니고 있다.

도마뱀의 성별은 온도에 의해 결정되는 경우가 많은데, 이를 온도의존성 성결정(temperature dependent sex determination, TDSD)이라고 한다. 저온에서 수컷이 태어나고 고온에서 암컷이 태

레오파드 게코 알비노 해츨링

1. 아무르장지뱀(Long-tailed lizard, *Latastia*)의 알 2. 알거스 모니터(Argus monitor, *Varanus panoptes*)의 알

어나는 형태를 띠거나, 저온에서 암컷이 태어나고 고온에서 수컷이 태어나는 경우, 일정한 온도에서만 수컷이 태어나고 나머지 온도에서는 암컷이 태어나는 형태가 있다. 이는 부화 초기에 온도의 영향을 받으며 난황 속의 성호르몬이 온도자극에 의해 남성호르몬 혹은 여성호르몬으로 변환됨으로써 발생되는 개체의 성별을 결정하게 된다.

온도에 의한 성별결정은 이렇듯 세 가지 형태를 띠며, 도마뱀의 종에 따라 각각 적용된다. 악어류의 경우 완벽하게 위의 방식에 의해 성별이 결정되지만, 모든 도마뱀이 이러한 방식으로 성별이 결정되는 것은 아니다. 일부 도마뱀의 경우에 해당되며, 부화온도와 상관없이 많은 종들이 유전자에 의해 성별이 결정된다. 이처럼 파충류의 번식이 특이하고 다양한 양상을 띠는 것은 뛰어난 환경적응력의 결과다. 또한, 번식요건에서 물이 꼭 필요한 양서류와는 달리 파충류는 난생인 경우 땅에서 산란이 이뤄지며, 알은 껍데기에 싸인 폐쇄란 형태를 띤다. 많은 이들이 파충류 하면 냉정하고 모성애가 없는 동물로 알고 있으나 일부 스킨크나 몇몇 비단구렁이(Python, *Python*)에서는 어미가 직접 알을 적극적으로 품고 보살피는 종류도 있으며, 부화한 새끼를 일정 기간 양육하는 종들도 있다.

도마뱀류의 알은 조류의 알보다 물을 더 많이 흡수하며, 특히 껍데기가 부드러울수록 수분을 잘 흡수한다. 파충류의 알은 종에 따라 만졌을 때 탄력이 있는 부드러운 껍데기 또는 석회화된 딱딱한 껍데기에 싸여 있고, 부화할 때 주둥이 앞쪽에 나와 있는 날카로운 난치(卵齒, egg tooth; 부화가 끝나면 서서히 퇴화되거나 탈락된다)를 이용해 알을 깨고 나온다.

Chapter 02

도마뱀 사육의 역사

인간과 도마뱀의 관계에 대해 역사적인 측면에서 간략하게 살펴보고, 도마뱀의 경제적인 이용과 보호 현황, 사육역사 등에 대해 알아본다.

01 section

인간과 도마뱀

도마뱀은 파충류 무리 중에서도 특히 호의적인 시선을 받지 못한 그룹이지만, '용의 신화'의 모티브가 되기도 했던 매력적인 파충류이며 우리 인간과 오랜 세월을 함께해온 친근한 동물이다. 이번 섹션에서는 역사적인 측면에서 인간과 도마뱀의 관계를 살펴보고, 그들이 우리에게 어떤 의미를 갖는지 알아보도록 하자.

혐오와 숭배의 대상

예로부터 인간과 파충류의 관계는 그다지 우호적인 것은 아니었다. 일반적으로 파충류 하면 일단 혐오스럽고, 위험하고, 아둔하며, 원시적인 동물이라는 생각이 지배적이다. 또한, 지구상에서 포유류인 우리 인간보다 더 긴 세월 동안 살아오고 있는 생명체인 파충류의 독특한 외모와 능력에 대해 두려워하거나 신성시했으며, 경외시하면서도 늘 경계를 해왔다. 인간은 파충류에 대해 이처럼 꾸준히 양면적인 입장을 취해왔는데, 이 상반된 두 입장은 잘 알지 못하는 것에 대한 두려움을 내포하고 있다. 그만큼 우리가 파충류에 대해 알지 못하고, 또 알려고 하지도 않았다는 것을 대변해준다.

반려도마뱀의 대명사가 된 비어디드 드래곤

도마뱀은 파충류 무리 중에서도 특히 호의적인 시선을 받지 못한 그룹이다. 그러나 동양과 유럽에서 도마뱀은 '용의 전설'에 용으로 등장해 신성한 동물로 추앙을 받았고, 식용으로 이용되기도 했다. 사진은 선게이저(Sungazer, *Smaug giganteus*)

뱀이나 거북은 인간에게 숭배와 경외의 대상인 반면, 알이나 고기 및 약재로 활용하기 위해 많은 수가 채집돼왔다. 도마뱀도 예외는 아니다. 예로부터 중국에서는 도마뱀을 석용자(石龍子)라고 부르며 용의 축소판이라 여겼다. 이처럼 동양이나 유럽에서는 도마뱀을 모티브로 한 '용의 전설'에 도마뱀이 용으로 둔갑해 등장하기도 했으며, 나라에 따라서 신성한 동물로 추앙하거나 반대로 식용으로 이용되기도 했다. 동남아시아에서는 해충을 잡아먹는 도마뱀부치류의 경우 사람에게 유익한 동물로 여겨지고 복을 상징하며 호의적인 시선을 받고 있지만, 다른 나라에서는 오히려 독이 있는 도마뱀으로 오해받기도 한다. 이처럼 이들에 대한 인상은 나라마다, 문화와 생활풍습에 따라 각각 다르게 받아들여졌다.

그렇다면 우리나라의 경우 도마뱀에 대한 인식은 어느 정도일까. 일반적으로 뱀에 비해 혐오하는 사람이 적은 것은 사실이다. 그러나 우리와 다른 차가운 피를 가진(변온동물) 동물이라는 생각 때문인지 여전히 호의적인 시선보다는 냉담한 시선이 지배적이다. 또한, 도마뱀에 대한 잘못된 지식이나 편견이 여전히 존재하고 있으며, 외국에 비해 상대적으로 개체 수가 적고 접할 기회가 별로 없기 때문에 도마뱀에 대한 관심도가 낮다고 볼 수 있다. 뱀의 경우 독이 있어 위험하다는 인상이 강하고, 거북의 경우 장수를 상징하며 민간설화를 통해 용왕의 아들이라고 신성시했으나, 도마뱀의 경우는 위험하지는 않지만 그렇다고 호의적이지도 않은, 뱀을 닮은 징그러운 파충류라는 정도의 인식에 그쳐 있는 실정이다. 이러한 이유로 뱀과 거북에 관한 설화나 이들이 등장하는 동화는 많지만, 유독 도마뱀을 주제로 한 내용은 찾아보기 힘들다. 이처럼 어린 시절부터 동화책이나 이야기를 통해 뱀이나 거북에 관한 내용을 많이 접하며 자라와서인지 뱀과 거북에 대한 인지도는 매우 높은 편이지만, 도마뱀의 경우에는 상대적으로 인식이 상당히 낮다고 볼 수 있겠다.

필자가 본서의 원고를 준비하면서 국내외의 설화자료를 수집해본 결과, 국내자료에서는 유독 도마뱀에 관한 이야기를 찾기가 힘들었다. 국내설화 중 파충류에 관한 설화나 민간신앙은 구렁이나 거북류가 대부분이며, 도마뱀에 대한 기록은 기우제를 지낼 때 거론되는 정도다. 조선전기의 문신이자 학자인 성현의 수필집 『용재총화(慵齋叢話)』에 따르면, 기우제 때 물을 채운 항아리에 도마뱀을 띄우고, 푸른 옷을 입은 동자 수십 명이 징을 울리면서 버드나무가지로 항아리를 치며 "도마뱀아, 도마뱀아, 구름을 일으키게 안개를 토하여라. 주룩주룩 비를 쏟아지게 하여라. 그러면 너를 놓아주마!" 하며 크게 소리쳤다고 한다. 용을 닮은 도마뱀을 독에 넣고 괴롭히며 놀리면, 용이 항복해 비를 내려줄 것이라는 다소 재미있는 내용의 기우제다.

이국적인 풍모로 인기

파충류의 사육역사를 살펴보면, 1700년대부터 외국에서는 반려파충류를 사육했다는 자료가 있으며, 영국의 경우 빅토리아시대 때 작은 유리용기에 식물을 기르는 테라리움(terrarium)과 더불어 소형 거북 및 도마뱀을 식물과 함께 기르는 비바리움(vivarium)이 등장했다고 한다. 테라리움과 비바리움은 주로 오랜 항해로 지친 선원들의 무료함을 달래거나 스트레스를 풀어주기 위한 것이었으

도마뱀은 이국적인 외모의 반려동물로 각광을 받고 있다. 사진은 크레스티드 게코(Crested gecko, *Correlophus ciliatus*)

며, 선원들의 심리적 안정 효과 및 선실 내부를 아름답게 꾸미는 장식 효과와 더불어 자국에서 볼 수 없는 희귀한 동·식물을 본국으로 들여와 반려동물의 다양성을 더하는 계기가 됐다. 이국적인 반려동물인 파충류는 유럽에서 선풍적인 인기를 끌었으며, 1960년대 말부터 미국과 일본 등지에서도 소위 선진국형 반려동물로 애호가들에게 각광을 받았다.

현재 국내에 서식하는 것으로 알려진 도마뱀은 장지뱀(Korean lizard, *Takydromus auroralis*), 줄장지뱀(Mountain grass lizard, *Takydromus wolteri*), 표범장지뱀(Mongolia racerunner, *Eremias argus*), 아무르장지뱀(Amur grass lizard, *Takydromus amurensis*), 도마뱀(*Scinella laterale laterale*), 미끈도마뱀(Korean skink, *Scincella vandenburghi*), 도마뱀부치(Schlegel's Japanese gecko, *Gecko japonicus*) 등의 7종이 있다. 하지만 국내에 서식하는 도마뱀류의 특징은 대부분 작고, 눈에 잘 띄지 않는 수수한 색상을 지니고 있다는 점이다. 이처럼 눈에 띄지 않는 색상과 뱀을 닮은 혐오스러운 외모로 인해 우리들의 관심 밖의 대상이었으며, 다른 파충류에 비해 일상에서 접할 기회가 적은 도마뱀은 우리나라에서는 인지도가 그다지 높지 않은 편이다.

아무르장지뱀(Amur grass lizard, *Takydromus amurensis*)

이들 중 장지뱀과 도마뱀은 비교적 흔하고 주로 산기슭이나 풀밭 등지에서 발견되지만, 무척 예민하고 소심해 작은 소리에도 금방 자취를 감추기 때문에 자주 접할 수 있는 동물은 아니었다. 시골에서 자란 필자의 경우도 야외로 소풍을 갔을 때 가끔 마주쳤던 기억이 있을 뿐, 도마뱀은 평소에 자주 접하지 못한 동물이었다. 초등학생일 무렵, 지구가 도마뱀 형상을 한 외계인의 침략을 받는다는 내용의 외화시리즈 'V'의 영향으로 도마뱀 하면 오히려 막연히 거부감이 드는 동물로 인식됐었다.

하지만 이렇게 무관심하고 냉담했던 시선이 점점 달라지고 있다. 다른 반려동물에 비해 보급화가 더딘 실정이기는 하지만, 반려동물로서의 파충류의 수요는 점점 늘

줄장지뱀(Mountain grass lizard, *Takydromus wolteri*)

어가고 있는 추세다. 기존의 애완동물의 개념은 외모가 귀엽거나, 애교가 많거나, 색이 화려해서 관상가치가 있는 동물을 뜻했다. 그러나 70년대 붉은귀거북(Red-eared slider, *Trachemys scripta elegans*) 수입을 필두로 90년대 그린 이구아나(Green iguana, *Iguana iguana*)가 애완동물로 수입되고, 2000년대 들어 본격적인 애완파충류가 수입되면서 애완동물(현재는 반려동물이라는 명칭을 주로 사용)로서 파충류를 집에서 기를 수 있다는 인식이 점점 자리를 잡았다.

도마뱀의 경제적 이용

외국에서는 도마뱀을 식용으로 이용하거나 가죽으로 장신구 또는 지갑 등을 만드는 등 다양하게 이용해왔으나, 국내에서 도마뱀을 경제적으로 이용한 사례는 한약재로 쓰인 것이 거의 전부다. 이것도 대부분 수입에 의한 것이었고, 최고의 보양식 재료로서 널리 이용되는 뱀에 비하면 도마뱀은 그다지 많이 쓰이지 않는 실정이다.

1. 말린 토케이 게코 2. 도마뱀 가죽으로 만든 가방

예로부터 말린 도마뱀은 남자들의 기를 북돋아 주는 보양식으로 이용됐다. 주로 중국 남쪽에 서식하는, 우리말로 왕수궁이라 불리는 토케이 게코(Tokay gecko, *Gekko gecko*)가 정력에 좋고 신경통과 관절염, 폐질환, 연주창, 척수염 등에 효과가 있다고 알려져 중국 남방 쪽에서는 요리를 하거나 술을 담가먹기도 한다.

또한, 도마뱀의 중국식 이름인 석용자(石龍子)를 말린 것을 약재로 이용하는데, 약재시장을 돌아다니다 보면 중국에서 수입된 말린 도마뱀을 쉽게 구할 수 있다. 지금도 중국 외에 인도, 남미에서는 도마뱀을 식용으로 이용하고 있다.

도마뱀의 보호

현재 많은 수의 양서파충류가 멸종위기에 처해 있다. 지구의 온난화와 서식지파괴, 환경오염 등 자신들의 영역을 우리 인간에 의해 침탈당함으로써 개체 수가 점점 감소하고 있는 것이다. 또 많은 동물이 식용이나 애완용으로 채집되는 상황도 종의 감소에 일조하고 있다. 필자 또한 동물을 기르는 한 사람으로서 불편한 마음이 드는 부분이다. '나도 여기에 한몫을 하고 있구나' 하는 생각에 늘 마음이 무겁다.

세계 각지에서 동물의 개체 수를 보호하기 위해 법률을 제정하고, 인공번식프로그램으로 번식 및 복원을 시켜 야생으로 돌려보내는 노력을 하고 있다. 그러나 가장 근본적인 해결책은 그들의 서식지를 보호하는 것이다. 애써 개체 수를 복원한다 해도, 야생이 망가지고 난 후에는 더 이상 그들이 살아갈 터전이 없기 때문이다. 예전에 국내에서 한국늑대를 복원하기 위한 프로젝트를 진행하고 있다는 소식을 접한 적이 있다. 그 소식을 듣고 '과연 복원이 된다 한들 어디에 방사를 할 것인가?'라는 생각이 가장 먼저 들었다.

인간의 손길이 닿지 않은 야생을 유지하고 있는, 그들이 서식할 만한 곳은 안타깝지만 이미 국내에는 없는 듯하다. 이미 개체가 멸종되고 난 후에 이를 복원하려는 노력을 하기보다는, 먼저 그들의 서식지를 철저하게 보호하는 것이 최우선적으로 해야 할 일이다.

CITES와 환경보전법

야생동물을 기를 때는 법률적인 문제도 따른다. 우리가 기르는 혹은 기르려는 종이 보호되는 종은 아닌지, 거래가 가능한 종인지, 정상적인 절차에 따라 수입된 종인지 반드시 확인을 해야 한다. 반려용이나 기타 여러 가지 목적으로 유통되는 동물들의 거래량을 규제하기 위해 국제적으로 협약을 맺은 것이 바로 '워싱턴 협약', 즉 '사이테스(CITES)'다.

CITES(Convention on International Trade in Endangered Species of Wild Fauna and Flora)는 1973년 3월 3일 미국 워싱턴에서 전 세계 81개국이 맺은 협약이며, 1975년에 정식으로 발효됐다. 2010년 현재 전 세계적으로 175개국이 가입돼 있으며, 우리나라는 1993년 7월 20일에 120번째로 가입했다. CITES란 '멸종위기 야생동·식물 국제거래에 관한 협약'으로서 과도한 국제거래로 인해 많은 야생동·식물이 포획되는 것을 방지하기 위한 국가 간의 협약이다.

세계적으로 보호되고 있는 아르마딜로(Armadillos)

그린 이구아나는 사이테스 부속서 II로 분류돼 수출입 시 반드시 허가를 받아야 한다.

CITES에 의해 규제되고 있는 야생동·식물은 약 3만 7000종이며, 이들은 보존의 시급성과 중요성에 따라 부속서 I, II, III으로 분류되고 있다. 부속서 I의 경우 멸종위험도가 가장 높은 종으로, 야생에서의 적극적인 보호가 시급하고 애완목적 등의 상업용 거래가 금지돼 있는 대상이다. 단, 연구목적의 학술용이나 동물원 전시용으로서의 거래는 이뤄지고 있다. 대표적인 종으로는 이구아나 무리인 라이노세로스 이구아나(Rhinoceros iguana, *Cyclura cornuta*; 코뿔소이구아나)와 피지 이구아나(Fiji iguana, *Brachylophus*)가 있다. 이들은 독특하고 아름다운 외모로 많은 수집가들에게 선망의 대상이 되는 종으로서, 법으로 엄격하게 관리하고 있지만 여전히 많은 수에 대한 수집용 밀거래가 빈번하게 이뤄지고 있는 실정이다.

부속서 II는 현재 멸종위기에 처한 것은 아니지만, 거래를 엄격하게 규제하지 않으면 멸종위기에 처할 가능성이 있는 종이다. 이들은 수입할 때 허가가 반드시 필요하며, 수출하는 국가에서도 한 해 수출할 수 있는 개체 수를 지정해 수출입 시 반드시 허가를 받아야 한다. 도마뱀류 중 대표적인 종이 바로 그린 이구아나(Green iguana, *Iguana iguana*)다.

부속서 III은 멸종위기종 국제거래협약의 당사국이 이용을 제한할 목적으로 자기 나라의 관할권 안에서 규제를 받아야 하는 것으로 확인하고, 국제거래규제를 위해 다른 당사국의 협력이 필요하다고 판단한 종이다. 대표적인 종으로는 뉴질랜드 그린 게코류(Green geckos, *Naultinus ssp.*)로 뉴질랜드 당국에서 수출입을 관리하고 있다. CITES에 적용되는 야생동·식물을 허가받지 않고 수출/반출, 수입/반입한 경우에는 환경보전법 또는 '조수 보호 및 수렵에 관한 법률 규정'에 의거해 3년 이하의 징역 또는 1000만원 이하의 벌금형을 받게 된다.

CITES는 이처럼 동물의 거래를 제약하는 규제인데, 우리나라에서 이를 제대로 인지한 것은 사실 그리 오래 되지 않았다. 심지어 CITES 관련 부처에서 CITES 동물을 환경유해동물로 오인해 CITES 부속서 II에 해당하는 거북종의 수입을 금한 시절이 있었다. 외래종인 붉은귀거북이 방사돼 국내의 하천에 넘쳐나자 환경유해동물로 지정하고는 생태계파괴범으로 몰았고, 그 여파로 CITES 부속서 II에 해당하는 육지거북을 붉은귀거북의 경우처럼 국내에 토착해 환경을 파괴할 우려가 있다는 명목으로 수입을 금지했던 것이다. 그 와중에도, 그들의 주장이 맞는다면 CITES가 아닌 제2의 붉은귀거북이 될 수 있는 수생거북들은 꾸준히 수입이 되고 있었으니 이 얼마나 아이러니한 일인가 말이다.

이때 반려동물시장에서 육지거북의 밀수 입량이 크게 늘었으며, 분양가는 평소의 2배 이상으로 뛰었다. 정식으로 법적 절차를 밟아 세금을 내고 수입이 가능한 동물의 반입을 막아놓으니, 오히려 동물의 안전이 보장되지 않고 비위생적인 상태로 암암리에 밀거래가 이뤄졌던 것이다. 단순히 공무원의 안일함을 비난하고자 언급하는 것이 아니다. 환경을 위한, 환경을 보전하기 위해 마련된 기관이라면 최소한 통용되는 용어의 개념이라도 이해하려는 프로 정신이 필요한 것이 아닌가 생각된다.

거북의 얼굴을 닮은 독특한 모습으로 잘 알려진 유로매스틱스 (Spiny-tailed lizard, *Uromastyx*)

국내 도마뱀 사육의 역사와 현황

90년대 그린 이구아나(Green iguana, *Iguana iguana*)를 시작으로, 2001년 이후부터 현재까지 약 10년간 다양한 도마뱀이 반려동물로 수입돼왔다. 그들이 어떻게 반려동물로 길러지게 됐는지, 반려동물로서의 도마뱀이 어떤 가치를 지니는지 알아보자.

반려도마뱀의 국내 인식
90년대 중반 국내에 최초로 소개됐던 그린 이구아나를 계기로 '애완용으로 도마뱀을 집에서 기를 수 있다'는 인식이 서서히 일기 시작했고, 이 시기부터 소수의 파충류 마니아들이 꾸준히 활동하기 시작했다. 간혹 적은 수가 수입되기는 했지만, 본격적인 반려파충류 수입이 시작된 시점은 2001년 '뱀의 해'를 맞으면서부터다. 반려파충류라는 카테고리 안에서 도마뱀이 차지하는 비율이 어느 정도인지 명확한 수치를 내기는 어렵지만, 도마뱀의 인기는 늘 꾸준하게 이어져오고 있다. 관세청 자료에 따르면, 반려견의 수입은 지난 2007년 9205마리에서 2008년 6002마리, 2009년 4233마리로 줄어들었고, 2010년 상반기에는 2501마리가 수입돼 2009년 상반기(2475마리)와 거의 비슷한 수준을 유지했다고 한다.

국내에 처음 수입된 그린 이구아나는 초식성 도마뱀으로서 먹이에 대한 걱정이 덜했기 때문에 급속도로 보급됐다.

반면에 희귀동물에 있어서 2010년 상반기 중 도마뱀 수입(2754마리)은 2009년 상반기(1472마리)보다 87%나 증가했고, 이구아나 수입 역시 같은 기간 4300마리에서 5500마리로 28% 늘어났으며, 반려파충류 인구도 점점 증가하는 추세다. 국내에 처음 수입된 그린 이구아나의 경우 초식성 종으로서 사육 시 먹이를 구하는 걱정을 덜어줌으로써 급속도로 보급됐지만, 도마뱀 무리 중에서도 완전한 초식성 도마뱀종은 2% 정도 밖에 안 되는 실정이기 때문에 정작 도마뱀보다는 도마뱀이 먹는 먹이에 거부감을 느끼는 사람이 많다.

그러나 좀 더 다양한 동물이 반려동물의 범주에 포함됨으로써 파충류에 대한 관심도 높아지고 있다. 반려파충류 중 가장 다양한 습성, 거북류와 뱀류에 비해 비교적 뛰어난 활동성, 다양한 서식환경 구현 등 다른 파충류에서 느낄 수 없는 소소한 재미를 주는 동물군이 바로 도마뱀류다. 현재 여러 가지 종들이 소개되고, 몇몇 종의 경우 꾸준히 사육됨으로써 수입에만 의존하던 도마뱀도 국내에서 번식되는 개체가 많아지고 있다. 최근에는 외국의 브리더들이 각 품종별로 다양한 모프(morph)를 개량해내면서 반려도마뱀의 인기는 꾸준히 지속되고 있다.

도마뱀 사육문화의 전망

이렇듯 파충류를 반려동물로 사육하는 인구가 점점 늘고 있다는 것은 필자 또한 파충류 마니아의 한 사람으로서 반갑고 기쁜 일이다. 하지만 그 이면에는 분명히 안타까운 현실도 존재한다. 바로 유기문제인데, 국내에서 한 해에 유기되는 동물의 수가 8만 마리에 육박한다고 한다. 현재는 주로 개나 고양이가 대부분이고 비록 적은 수에 불과하지만, 파충류도 그 안에 한 자리를 차지하고 있는 실정이다. 인간에게 가장 가까운 동물인 개를 예로 들어보자. 필자 또한 11년 동안 기른 개와 고양이가 있다. 길러본 사람은 다들 느끼겠지만, 그들은 단순한 애완동물이 아닌 가족 같은 느낌이다. 서로 커뮤니케이션이 가능하고 사람에게 위로를 주며, 동반자 개념이 강한 동물이 바로 개다. 그러나 이처럼 반려동물이라는 인식이 매우 강함에도 불구하고, 한 해에 8만 마리가 길거리에 버려지고 있다.

이러한 현상을 미뤄 짐작컨대 앞으로 사육 하의 파충류가 버려질 가능성은 개의 경우에 비해 더하면 더했지 덜하지는 않을 것 같다. 가족이라고 여기던 동물들도 버려지는 형국이니, 관상동물의 개념이 더 큰 파충류는 오죽할까 싶다. 파충류는 개나 고양이에 비해 번식이 쉽지 않고, 혹한이 있는 국내의 야생에서 살 수 있는 확률이 적기 때문에 유기는 곧 죽음을 뜻하겠지만, 개나 고양이에 비해 버려질 확률이 훨씬 높은 것 또한 사실이다. 직접 길거리에 갖다 버리는 것만이 유기가 아니다. 현재 많은 사람들이 파충류를 잠깐의 호기심으로 분양받아 기르고 있고, 금세 싫증을 내고 교환을 하거나 재분양하는 경우가 너무도 빈번하게 일어나고 있다.

사실 도마뱀이나 거북, 뱀류, 즉 반려파충류는 사육자에게 애교를 부린다거나 재주를 부리는 등의 커뮤니케이션이 가능한 동

우리나라에서 반려도마뱀의 인기는 점점 증가하고 있는 추세다.

입양받은 동물에 대해서는 끝까지 그들의 생명을 책임지려는 성숙한 자세가 필요하다. 사진은 위부터 크레스티드 게코(Crested gecko, *Correlophus ciliatus*), 레드아이 아머드 스킨크(Red-eyed armored skink, *Tribolonotus gracilis*)

물이 아니다. 이러한 이유로, 처음에는 독특한 모습에 매료돼 호기심을 가지다가도 그들의 일관된 행동양식에 쉽게 싫증을 내기도 한다. 필자가 파충류를 분양하는 숍을 운영했을 때의 경험을 떠올려보면, 아침이 되면 이구아나나 붉은귀거북, 햄스터나 토끼 등이 가게 앞에 종종 버려져 있곤 했다. 여름철이라면 그나마 다행이었지만, 심지어 한겨울에 이런 식으로 유기하는 경우도 있어서 상당히 당황했던 적이 있다.

현재 운영되고 있는 파충류 관련 인터넷 커뮤니티를 봐도 가장 활성화돼 있는 코너가 바로 분양과 입양란으로, 여전히 많은 수의 파충류가 사육주의 짧은 사랑을 끝으로 재분양되고 있는 안타까운 실정을 접할 수 있다. 이러한 현실을 볼 때마다 하나의 생명을 거둬들인 사람이라면 그에 따른 책임감도 가지고 있어야 되지 않을까 하는 생각이 든다.

필자는 본서를 통해 '반려도마뱀을 기르면 좋다, 누구나 손쉽게 기를 수 있는 동물이다'와 같은 막연한 이야기는 하지 않을 것이다. 직접 혹은 간접적으로 느꼈던, 도마뱀을 기르게 될 경우 발생할 수 있는 여러 가지 장단점을 제시할 것이다. 여러분이 반려도마뱀을 선택할 때 여기서 제시하는 긍정적·부정적 문제들에 유의해서 참고하길 바라며, 아울러 사전정보 없이 자신과 맞지 않는 반려도마뱀을 분양받은 결과로 죽거나 버려지는 개체가 조금이라도 줄었으면 하는 바람이다. 머나먼 아마존강 유역에서, 중동의 사막에서, 신비의 섬 마다가스카르 정글에서 자유롭게 살아가던 그들을 우리의 이기심으로 우리 곁으로 데려왔으면 좀 더 소중히 다루고, 그들의 생명을 끝까지 책임지려는 마음가짐이 필요하지 않을까 생각한다.

Chapter 03

도마뱀 분양받기

도마뱀을 기르기 전 기본적으로 알아둬야 할 것, 건강하고 좋은 도마뱀을 고르는 방법, 분양받기 전 준비해야 할 사항들에 대해 자세하게 알아본다.

/ **01**
section

반려동물로서의 도마뱀

반려동물로서의 파충류의 장점이라면 흔히 접할 수 없는 이색적인 외모와 독특한 행동양식, 야생의 밀림에 대한 막연한 동경 충족, 개나 고양이 그리고 관상조류와는 달리 조용하고 알레르기를 유발하는 털을 날리지 않는다는 점을 들 수 있다. 더욱이 지극히 개성을 중시하고 개인적인 것을 선호하는 현대적인 사회생활상과 맞아떨어져 반려동물로서의 도마뱀의 인기는 날로 치솟고 있는 중이다.

공룡을 닮은 이색적인 외모
그렇다면 파충류 무리 중에서 많은 이들을 사로잡은 도마뱀, 그들만이 지니고 있는 매력은 무엇일까. 일단 가장 큰 매력은 공룡을 닮은 외모라고 할 수 있겠다. 어린 시절 사내아이들이라면 누구나 한 번쯤 빠졌을 만한 공룡이라는 동물에 대한 환상을, 마치 공룡의 모습 그대로 축소해놓은 듯한 외모의 도마뱀류가 채워준다. 트리케라톱스(*Triceratops*)를 그대로 축소해놓은 듯한 세 개의 뿔이 달린 잭슨 카멜레온(Jackson's chameleon, *Trioceros jacksonii*)을 보고 있노라면, 아련한 선사시대의 향수가 느껴진다.

트리케라톱스를 축소해놓은 듯한 모습의 잭슨 카멜레온(Jackson's chameleon, *Trioceros jacksonii*)

카멜레온은 화려한 색상과 독특한 외모로 사람들의 관심과 호기심을 자극하는 아주 매력적인 반려도마뱀이다. 사진은 피셔 카멜레온(Fischer's chameleon, *Kinyongia fischeri*)으로 2008년에 별개의 종이라는 사실이 밝혀졌다.

이처럼 도마뱀류는 종에 따라 상이한 각양각색의 외형적 형태와 독특한 습성 및 생활방식으로 인해 반려파충류인 뱀, 거북에 비해 더욱 다양한 사육의 재미를 느낄 수 있다. 도마뱀류는 서식지 환경에 맞게끔 자신들의 외형을 변화시켜온 무리답게 굉장히 다양한 형태의 외형을 띤다. 온몸에 갑옷을 두른 듯한 강하고 와일드한 외모부터 고무찰흙으로 섬세하게 빚어놓은 듯 매끄럽고 감촉 또한 부드러운 피부를 가진 종류 등 한 무리의 동물이라고 생각하기 어려울 정도로 다양한 형태를 지닌 생물들의 집합체라고 할 수 있다.

야생의 와일드함을 고스란히 간직한 왕도마뱀류(Monitor lizards)나 선사시대 원시의 모습을 간직한 이구아나 무리, 화려한 색상과 독특한 외형으로 궁금증을 자아내게 하는 카멜레온류, 형형색색의 강렬한 색상을 자랑하는 소형 게코류(Geckos)나 스킨크류(Skinks)를 보고 있자면, 왜 이들이 애호가들로부터 꾸준히 사랑받고 있는지 그 이유를 알 수 있다.

행동양식이 독특하다

또한, 도마뱀 무리는 뱀류나 거북 무리보다 활동성이나 생활방식이 매우 다양해 자신과 맞는 종을 선택해 기를 수 있다는 장점도 가지고 있다. 건조한 사막에 사는 종도 있고, 고온다습한 열대우림에 사는 종, 야행성인 종이나 주행성인 종, 지상에서 생활하는 종이나 나무 위에서 생활하는 종, 땅속에 숨어 사는 종이나 물가에 서식하는 반수생종 등 자연에 존재하는 여러 환경에 맞는 생활습성 때문에 그 종이 요구하는 다양한 형태의 비바리움을 꾸며주는 즐거움 또한 도마뱀 사육의 큰 묘미라고 할 수 있다. 이처럼 각 도마뱀의 생활습성에 맞게 사육환경을 꾸며주고, 사육 및 나아가 번식의 기쁨까지도 누릴 수 있다는 매력이 있다.

다른 동물에 비해 상대적으로 관리가 수월하다

이는 비단 도마뱀만의 장점은 아니고 파충류라는 동물군이 가지는 장점 중 하나인데, 다른 포유류나 조류에 비해 잦은 관리를 필요로 하지 않는다는 점을 들 수 있다. 매일 정량의 식사를 제공해야 하는 포유류나 조류와는 달리, 척박한 환경에 적응해온 파충류 무리는 장기간 먹이를 먹지 않고도 체내에 축적된 영양분으로 오랜 배고픔을 참을 수 있도록 신체가 발달돼온 그룹이다. 따라서 일상적인 관리 면에서 다른 동물에 비해 크게 손이 가지 않는다는 장점이 있다. 하지만 이 장점이 맹점이 돼서 사육주를 게으르게 만들 수 있는 위험성 또한 내포하고 있으므로 주의해야 한다.

앞서도 언급했듯이, 알레르기를 유발시키는 포유류의 털이나 조류의 비듬 등이 날리지 않으므로 평소 규칙적으로 위생관리만 신경 쓴다면 늘 깨끗한 상태를 유지할 수 있으며, 크게 관리할 것이 없다는 것도 큰 장점이다. 이러한 장점들 때문에 대부분의 마니아들이 처음에는 한두 마리의 반려파충류를 기르다가 결국 여러 마리를 기르게 되는 경우가 많다.

도마뱀은 일상적인 관리 면에서 다른 동물에 비해 상대적으로 손이 덜 가고 수월한 편이다. 사진은 터키시 게코 (Turkish gecko, *Hemidactylus turcicus*)

현대인의 생활양식과 잘 맞는다

사회가 점점 발전하고 복잡해지며 경쟁적인 인간관계가 늘어남에 따라, 개인이 느끼는 고독감과 스트레스 또한 날로 높아지고 있다. 모든 면에서 타인과 비교당하고 경쟁하는 무한경쟁사회에서 자신의 모습 그대로를 보여도 비난하거나 평가하지 않을 존재를 필요로 하게 되면서 점점 반려동물을 기르는 인구가 늘고, 더불어 반려동물에게 집착하는 사람들이 늘어나고 있다. 반려동물은 보호자의 외모나 능력을 평가하지 않고 있는 그대로를 받아들이고 따른다는 점에서 무조건적인 애정을 주고받는 존재라 할 수 있겠다.

하지만 문제는 이처럼 보호자와의 친밀도나 의존도가 높은 반려동물일수록 고통을 받고 있는 경우도 많다는 사실이다. 특히 개나 고양이, 대형 앵무새 등 지능이 높고 보호자에 대한 의존도가 높은 동물일수록 좋은 반려동물이 될 자질을 충분히 갖췄지만, 반대로 보호자의 적절한 관심을 받지 못하거나 관리가 제대로 되지 않으면 최악의 반려동물이 될 가능성을 가지고 있다. 바쁜 일상 때문에 보호자가 잘 놀아주지 못하거나 돌보지 못하게 되면 동물들도 심한 스트레스에 시달리고 각종 정신질환이나 문제행동을 일으키기 쉽다. 이 때문에 일어나는 문제들로 오히려 보호자와 반려동물 서로가 불행해지는 경우가 적지 않다. 특히 반려동물의 소음으로 인해 이웃과 불화가 생기기도 하며, 이런 이유로 많은 반려동물이 유기되는 현상이 발생하고 있고 심각한 사회문제로까지 부각되고 있다.

이렇게 바쁜 현대인의 생활상을 비춰볼 때 보호자에게 의존적이지 않고 비교적 관리가 수월한 파충류가 최근 반려동물로 각광받는 이유라 할 수 있을 것이다. 이들은 소음이 거의 발생되지 않고, 보호자가 자주 놀아주지 않아도 외로워하지 않으며, 스트레스를 받지도 않는다. 심지어 며칠씩 집을 비울 일이 있어도 타이머로 시간을 정해 정확한 시간에 사육장의 조명을 켜고 끌 수 있도록 조치하고, 떠나기 전 충분히 먹이를 주는 등 간단한 준비만 한다면 아무런 문제가 없다. 이처럼 도마뱀은 다른 동물들에 비해 손이 덜 가고 감정적인 걱정도 덜어준다는 점에서 바쁜 현대인들에게 최적의 반려동물이 아닐까 싶다.

도마뱀은 개나 고양이처럼 보호자에게 감정을 요구하지 않기 때문에 늘 바쁜 현대인들에게 적합한 반려동물이라고 할 수 있다.

야생의 칼라드 리자드(Collared lizard, *Crotaphytus collaris*)

02 section

도마뱀 기르기 전 고려할 사항

도마뱀은 앞서 언급한 여러 가지 장점 외에도 단점 및 반려동물로서의 한계점도 분명히 가지고 있다. 이러한 점을 충분히 숙지하지 않은 상태에서 충동적으로 사육을 시작한다면 나중에 후회할 일이 생길지도 모른다. 따라서 도마뱀을 분양받기 전에 반려도마뱀 사육 시 접할 수 있는 여러 가지 문제점에 대해 잘 알아보고 입양 여부를 결정하도록 하자.

사육주와의 친화도

도마뱀을 기른다고 하면 받게 되는 공통적인 질문이 몇 가지 있다. '보호자를 알아보는가, 위험하지는 않은가, 냄새는 나지 않는가'다. 일단 많은 이들이 반려동물이라 하면 보호자와 교감을 나누고 보호자에게 반응하기를 바란다. 앞서도 언급했지만, 파충류의 경우 아쉽게도 개나 고양이처럼 보호자를 반갑게 맞이해주거나 애교를 떨지는 않는다. 하지만 도마뱀류 중 특히 대형종의 이구아나나 왕도마뱀은 보호자를 보고 반응을 하며, 다른 사람과 보호자를 구분하기도 한다. 그렇다고 해서 직접적인 애정표현을 하는 것은 아니며, 애정을 갖고 대하다 보면 보호자만이 느낄 수 있는 그들만의 소심한 애정표현법이 있다.

크레스티드 게코(Crested gecko, *Correlophus ciliatus*)

보호자에게서 먹이를 받아먹고 있는 이구아나(Iguana)

필자가 대학생 시절부터 6년간 길렀던 이구아나의 경우에는 필자뿐만 아니라 같이 기르던 개와 고양이도 구분을 했다. 당시 이구아나가 커지고 나서 마땅히 가둬 기를 만한 사육장이 없어 그냥 개, 고양이와 함께 방에 풀어놓고 사육했다. 사육장 밖에 있는 그 둘을 늘 봐와서인지 금방 익숙해져서 이구아나가 화났을 때의 행동인 '꼬리 휘두르기' 공격도 하지 않고 셋이서 사이좋게 밥을 먹는가 하면, 나중에는 개나 고양이가 자기 옆으로 다가오거나 바로 옆에 있어도 별 반응을 하지 않고 편안히 휴식을 취했다. 필자가 주방에서 이구아나에게 줄 채소를 썰고 있으면, 침대 밑이나 컴퓨터 위에서 자고 있다가도 칼질하는 소리를 듣고 주방까지 다가와 먹이를 달라고 보채기도 했다. 하지만 낯선 사람이나 낯선 동물들을 보면 180도 달라져 흉포하게 입을 벌려 겁을 주고, 꼬리 공격을 해댔다.

이렇게 보호자와 낯선 이를 명백하게 구분했는데, 개체 간의 차이가 있겠지만 이구아나가 사육주를 알아본다는 것은 필자만의 느낌이나 생각이 아니라 그린 이구아나(Green iguana, *Iguana iguana*)를 기르는 많은 사육주들이 공통적으로 느끼는 부분이다. 이구아나가 사람을 구별하고 반응한다는 것은 미국 세인트조셉대학의 스콧 맥 로버트(Scott Mac Robert) 박사의 연구결과로도 입증이 됐으며, 영국의 과학지 '사이언티스트(SCIENTIST)'에도 소개됐다. 그러나 대부분의 사람들이 이러한 소소한 반응에 만족하지 못하며, 파충류는 그저 꿈쩍하지 않는 조형물 같아서 기르는 재미가 없다는 이도 있다. 파충류 사육의 기본은 애정을 끊임없이 쏟고, 그들이 주는 작은 반응에 감사하며 인내하는 것이다.

사고의 발생 가능성

모든 도마뱀종이 사람에게 쉽게 길들여지는 것은 아니며, 사육되면서도 여전히 야생성을 가지고 있는 야생동물이기 때문에 사육 시에 크고 작은 불의의 사고를 당할 수 있다는 점을 항상 명심해야 한다. 도마뱀을 기르다 보면 도마뱀의 발톱에 피부가 긁히는 일은 다반사고, 심지어 물리는 경우도 종종 발생한다. 이러한 상황은 작은 도마뱀종의 경우 그다지 큰 문제가 되지 않지만, 덩치가 큰 종일 경우는 위험할 수 있으므로 늘 주의해야 한다.

필자의 지인 중에 크로커다일 모니터(Crocodile monitor, *Varanus salvadorii*)라는 대형종의 왕도마뱀을 기르는 분이 있는데, 사육장을 청소하다가 크로커다일 모니터에게 왼쪽 손을 물려 인대가 파열될 뻔한 큰 사고를 당한 적이 있다. 그나마 불행 중 다행으로 신경을 다치지 않고 12바늘을 꿰매는 데 그쳤지만, 그 사고는 당시 많은 마니아들이 불감하고 있던, 파충류를 사육할 때 발생할 수 있는 사고의 위험성을 다시금 깨우쳐주는 계기가 됐다.

이처럼 육식성의 커다란 몸을 가지고 있는 왕도마뱀류의 경우, 이들은 야생에서도 상위 포식자그룹에 속하는 동물로서 항상 사고의 위험성을 내재하고 있으므로 아이가 있는 가정이나 다른 반려동물을 기르고 있을 경우에는 사육을 재고해봐야 한다.

왕도마뱀류는 항상 사고의 위험성을 내포하고 있으므로 사육을 결정하기 전에 반드시 심사숙고해야 한다. 사진은 나일 모니터(Nile monitor, *Varanus niloticus*)

위생상의 문제

모든 동물의 배설물은 역한 냄새가 나는데, 파충류의 경우 배설물에서 독특한 비릿한 냄새가 난다. 이는 사육주가 청소를 자주 해주면 충분히 커버할 수 있는 부분이지만, 유독 파충류 배설물 특유의 냄새에 민감하게 반응하는 사람들이 있으며, 그로 인해 사육을 꺼려하는 경우도 있다. 그러므로 자신이 평소 관리가 용이한 종을 선택하는 것이 바람직하다.

특히 대형종 도마뱀일 경우 한번 배설하면 그 양이 생각보다 많으며, 냄새 또한 굉장히 역하다. 이는 육식성 도마뱀이나 초식성 도마뱀의 경우도 마찬가지이며, 배설물을 제때 말끔히 치우지 않으면 도마뱀의 피부에 묻는다거나 사육장 바닥에 스며들어 항상 악취에 시달릴 수 있기 때문에 꼼꼼하게 청소하고 자주 바닥재를 교체해줘야 한다.

영아나 유아가 있는 가정에서는 파충류 배설물에 있는 살모넬라균에 의한 감염을 주의해야 한다. 살모넬라균은 40℃ 이상의 뜨거운 물로 비누를 이용해 깨끗이 손을 씻는 것만으로도 충분히 예방할 수 있으므로 도마뱀을 만지고 나서는 꼭 손을 씻는 것을 습관화해야 한다. 도마뱀과 어린이가 직접적으로 접촉한 경우에는 어린이들에게 손을 깨끗하게 씻도록 철저히 교육을 시켜야 하며, 도마뱀의 배설물 등을 치울 때도 될 수 있으면 고무장갑 등을 착용하고 청소를 하는 것이 위생상 바람직하다.

경제적인 여건

외부환경에 영향을 받는 변온동물인 파충류를 기르고자 할 때는 생각보다 이것저것 준비할 장비가 많다. 본인이 분양받고자 하는 동물이 희귀한 종이거나 고가의 종인 경우 사육주는 그 도마뱀 사육에 대한 투자를 아끼지 않는다. 하지만 분양받는 동물의 분양가가 저렴한 경우 동물의 입양비용보다 기타 사육장비를 구매하는 비용이 훨씬 뛰어넘는 경우가 다반사이며, 보통 입양 금액의 몇 배에 달하는 사육장비를 구비하는 데 망설이는 사육

크레스티드 게코(Crested gecko, *Correlophus ciliatus*)

분양가가 낮은 종일지라도 요구되는 환경은 고가의 동물과 다르지 않다. 사진은 그린 바실리스크(Green basilisk, *Basiliscus plumifrons*) 암컷

자가 많다. 또한, 제대로 된 사육장비를 구비하는 것을 포기한 채 부적절한 환경에서 사육을 시작하는 경우도 많다. 필자가 반려파충류 숍을 운영하면서 가장 분양시키기 어려웠던 도마뱀은 바로 그린 이구아나다. 어찌 보면 반려도마뱀의 시초인 종이고 어디서든 분양되고 있으며, 일반인들도 가장 많이 알고 있는 도마뱀 종류가 이구아나인데 말이다.

이는 그린 이구아나의 분양가는 저렴한 데 비해 갖춰야 할 장비의 비용은 분양가를 훨씬 뛰어넘기 때문이다. 이구아나는 예전에 수족관이나 애완동물 숍에서 '작은 채집통에 햄스터용 나무 베딩을 깔아주면 된다, 채소만 주면 잘 큰다, 외로우니 1쌍으로 사 가라'고 권하면서 쉽게, 많은 수가 팔렸던 도마뱀이다. 사실 이구아나는 성체가 됐을 때의 크기가 1m를 훨씬 넘는 대형 도마뱀이며, 일광욕에 필요한 UVB등과 스폿 램프를 구비해야 하고, 알맞은 먹이와 적절한 미네랄 및 비타민을 섭취할 수 있게끔 해줘야 한다. 그러나 이러한 사실을 말하면 아마도 분양을 받으려고 하는 사람들이 매우 적었을 것이다.

파충류 사육을 준비하고 있는 사육주라면 자신이 분양받고자 하는 동물이 저렴한 종일지라도 그들이 요구하는 환경은 고가의 동물이 요구하는 환경과 다르지 않다는 걸 명심해야 하며, 환경조성에 필요한 투자에 차별을 두지 않아야 한다. 또 전열기구를 많이 사용할 수밖에 없는 파충류 사육의 특성상 전기세나 기타 먹이비용이 계속해서 발생하게 되므로 경제적으로 꾸준한 관리가 가능한지도 고려해야 할 사항이다.

먹이공급의 어려움

필자가 생각하기에는 위에서 언급한 여러 가지 제약사항 외에 도마뱀이 쉽게 보편화될 수 없는 가장 큰 한계점은 바로 먹이문제인 것 같다. 살아 있는 곤충을 주식으로 하는, 즉 생식을 하는 도마뱀종이 많기 때문이다. 거북류나 뱀류의 경우 대부분 죽은 먹이에 대해서도 거부감 없이 잘 먹지만, 유독 도마뱀 중에는 살아 있는 먹이에만 반응을 하는 종이 많아서 도마뱀 사육 시에는 먹이용 곤충을 같이 길러야 된다는 부담이 따른다.

다른 먹이곤충에 비해 문제가 되는 것은 귀뚜라미다. 특히 충식(蟲食)을 하는 도마뱀의 경우 가장 선호도가 높은 먹이로서 많은 마니아들이 귀뚜라미를 먹는 도마뱀을 기를 경우 귀뚜라미를 보관할 상자를 따로 마련해 같이 사육하게 된다. 하지만 귀뚜라미 관리도 만만치 않아서 귀뚜라미에 의해 냄새가 난다거나 탈출한 귀뚜라미 때문에 문제가 발생할 수 있다.

또 귀뚜라미는 너무 건조하거나 너무 과습한 환경에서 기르면 죽은 사체가 금방 부패해 굉장히 역한 냄새를 풍기게 되며, 위생상 좋지 않고 벌레가 꼬일 수 있다. 특히 다 자란 귀뚜라미들은 수컷이 시끄럽게 울어대는 경우가 있어 소음이 발생하는 단점이 있다. 이처럼 도마뱀보다는 정작 먹이로 삼는 곤충류에 대한 거부감과 사육의 부담을 느끼는 사람들도 많아서 아무래도 쉽게 대중화되기 힘든 점이 있다.

블루텅 스킨크(Blue-tongued skink)의 먹이사냥 모습

03 section

도마뱀 사육 초기 주의할 점

도마뱀을 사육하기로 마음을 먹었다면 어떤 일부터 시작해야 할까. '그냥 어린 새끼도마뱀 분양받아서 기르면 되는 것이 아닌가?'라고 쉽게 생각하는 사람들이 있겠지만, 절대 그렇지 않다는 점을 기억해야 한다. 이번 섹션에서는 도마뱀을 처음 기르려고 할 때 사육주로서 준비해야 할 사항들과 마음가짐에 대해 이야기하고자 한다.

사육환경을 철저히 준비하자

도마뱀의 입양을 결정했다면 도마뱀과 사육장을 한 번에 구입하지 말 것을 당부한다. 도마뱀을 사육하려면 기본적으로 사육장과 조명, 열원, 바닥재, 도마뱀이 쉴 수 있는 숨을 장소(은신처), 물과 먹이를 담아 급여할 수 있는 그릇 등 미리 준비해야 할 것들이 많다. 입양을 맘먹으면 도마뱀을 바로 집으로 데려오고 싶은 마음이 굴뚝같겠지만, 일단 꾹 참고 반드시 도마뱀 사육에 필요한 사육장비부터 장만해야 한다. 그런 다음 사육장을 설치하고 일주일 정도 시범가동을 해야 한다. 시범가동을 통해 온도가 적정하게 유지되는지, 습도가 충분히 올라가는지, 세심한 요소부터 사육장을 놓을 장소까지 꼼꼼하게 체크한 후 이상이

브라운 바실리스크(Brown basilisk, *Basiliscus vittatus*) 베이비

없다고 판단되면 그때 도마뱀을 데려오는 것이 안전하다. 만약 처음부터 사육장과 함께 도마뱀을 데려오게 되면 사육장의 초기 세팅 시 일어나는 자잘한 변화가 도마뱀에게 발생하는 스트레스를 가중시키게 된다. 너무 교과서적이고 누구나 다 아는 사실이겠지만, 실제 가장 지키기 어려운 부분이기도 하기 때문에 다시 한번 강조하고 싶다. 동물을 입양하기 전의 설렘은 동물을 기르는 마니아라면 누구나 다 경험하는 것이다. 대부분의 사람들이 동물의 입양을 결정하고 난 뒤 하루라도 빨리 집으로 데려오고 싶어 조급증이 발동하게 된다. 이는 필자 또한 마찬가지였으며, 동물 입양 전 철저하게 사전준비를 하게 된 것도 과거 충분한 준비 없이 시작한 사육에서 수차례 실패를 맛본 후에야 가능해졌다.

특히 경제적인 여유가 없는 학생은 용돈을 모아 동물을 입양하는 것에만 치중한 나머지 미리 사육장비를 구비하지 않고 급한 마음에 우선 동물부터 들이는 경우가 많은데, 이는 정말 잘못된 결과를 초래하게 된다. 분양받은 동물은 임시거처로 마련된 플라스틱 박스나 작은 수조에서 고통을 받게 되고, 대부분 초기의 환경적응에 실패할 확률이 높다. 그러므로 반드시 사육장부터 미리 구비한 다음 동물을 입양하는 것이 바람직하다. 사육장비를 하나씩 차근차근 준비하면서 기다림의 기쁨을 충분히 만끽하는 것 또한 동물사육을 즐기는 한 방법이라 볼 수 있겠다.

모든 것이 다 준비되고 도마뱀을 분양받은 후 취해야 할 가장 중요한 자세는 바로 적절한 무관심이다. 무관심이라니, 의아하게 생각할 수 있겠지만 중요한 것은 바로 '적절한'이다. 대부분의 사육주에게 있어 처음 반려동물을 분양받아 왔을 때가 가장 들뜰 시점이다. 새로 입양해온 동물이 바로 활발하게 활동을 하고 먹이를 먹어준다면야 아주 좋겠지만, 앞서도 말했듯이 그들에게도 새로운 환경에 적응할 시간이 필요하다.

도마뱀을 입양하기 전에 반드시 사육장을 미리 구비해야 안전하게 사육을 시작할 수 있다. 사진은 메디터레니언 하우스 게코(Mediterranean house gecko, *Hemidactylus turcicus*)

일단 입양 첫날은 수분만 충분하게 보충해 주도록 한다. 건조한 곳에 사는 사막형 도마뱀의 경우 쉽게 물을 먹을 수 있도록 낮은 물그릇에 깨끗한 물을 담아주고, 열대우림에 서식하는 종일 경우 일반적으로 미지근한 물을 몸에 직접 분무해주는 것이 좋다. 먹이도 하루 정도 지난 후에 급여해보고 반응이 없을 시에는 바로 빼주는 것이 좋다. 이렇게 입양 초기에 최소 일주일 동안은 기본적인 먹이와 물을 주는 행위 외에는, 만지거나 사육장 구조를 바꾸는 등 도마뱀을 귀찮게 하는 일은 절대 삼가는 것이 바람직하다. 적절한 무관심, 혹은 적절한 관심은 입양초기뿐만 아니라 사육기간 내내 쭉 가져야 할 평정심이다.

필자 또한 어려서부터 많은 동물을 죽음으로 내몰았는데, 그 원인은 바로 과도한 애정이었다. 다른 사람들과 마찬가지로 필자도 초등학교 2학년 때 입양한, 청거북으로 불리는 붉은귀거북

건조한 곳에 사는 사막형 도마뱀의 경우 쉽게 물을 먹을 수 있도록 낮은 물그릇에 깨끗한 물을 담아준다

(Red-eared slider, *Trachemys scripta elegans*)이 파충류 사육의 시작이었다. 밝은 초록빛의 앙증맞은 청거북은 어린 시절 필자의 첫사랑이었다. 밥을 먹을 때도, 잠을 잘 때도, 학교에 있을 때도 온통 머릿속은 거북 생각으로 꽉 차 있었다. 매일 집에 오면 어항물을 깨끗이 갈아주고, 냇가에 가서 신선한 먹이인 송사리와 물풀을 뜯어다주고, 사료도 듬뿍 주고, 나름 최선을 다한다고 했는데, 필자의 거북은 늘 병을 달고 있었고 시름시름 앓다가 죽어갔다. 반면, 친구가 기르던 거북은 어항물이 퍼렇게 녹조가 끼고 썩어서 거북이 잘 보이지 않는데도 무럭무럭 잘 크는 걸 보고 '뭐가 문제일까' 고민하며 늘 속상해했던 기억이 있다.

문제는 바로 지나친 관심이었다. 과유불급(過猶不及), '정도를 지나침은 미치지 못함과 같다'는 말처럼 사랑한다는 이유로 매일 환경을 바꿔주고 만지고 하는 행위 자체가 동물에게는 어마어마한 스트레스가 되는 것이다. 물론 심하게 방치하는 것 또한 동물사육자로서 자격

동물사육에 있어서 보호자가 반드시 염두에 둬야 할 기본 중의 기본은 넘치지도, 부족하지도 않은 적절한 관심이다.

이 없는 행위이며, 생명에 위협을 주는 가장 위험한 행위인 것은 두말할 필요가 없다. 이렇듯 넘치지도 부족하지도 않은 '적절한 관심'이야말로 동물사육에 있어서 보호자가 반드시 염두에 둬야 할 기본 중의 기본이라고 볼 수 있겠다.

항상 죽음에 대해 마음의 준비를 하자

많은 이들이 필자에게 어떻게 하면 동물을 잘 기를 수 있는지 묻곤 한다. 그때마다 이런저런 얘기를 해주지만, 사실 경험만큼 중요한 것은 없다. 초창기 애완파충류를 기르던 시절, 참고할 만한 변변한 서적이나 정보를 교류할 마니아들이 많이 없던 때 참 무수한 생명들이 필자의 실수로 곁을 떠나갔고, 그로 인해 상심했던 적이 많다. 지금 돌이켜보면 정말 사소한 것들이었는데, 그때 당시에는 관련된 노하우를 알 방법이 없었다. 이러한 사소한 경험이야말로 사육자 본인이나 다른 사육자 모두에게 정말 귀한 것이 아닐까 싶다.

우리가 다루고 있는 것은 바로 생명이 있는 동물이기에 잘 기르다 수명이 다해서 죽거나, 아니면 사육자의 실수 혹은 관리소홀로 죽거나, 언젠가는 여러분들의 곁을 떠나게 돼 있다. 취미로든지, 부업이나 본격적인 사업으로 삼든지 간에 동물을 기르다 보면 늘 그들의 죽음과 직면하게 된다. 필자 또한 어려서부터 동물을 좋아해 나중에는 결국 숍까지 운영하게 됐지만, 무던히도 많은 동물들이 필자의 무지와 관리소홀로 짧은 생을 마감했다. 이 책을 읽는 독자들은 모쪼록 책의 내용을 잘 숙지해서 시행착오를 최대한 줄일 수 있기를 바란다.

애지중지 기르던 동물의 죽음을 맞게 되면 필자는 늘 회의가 든다. '내가 과연 그들에게 좋은 보호자였을까?' 늘 이런 의문점과 죄책감이 들게 된다. 또 이런 생각도 든다. '왜 나는 살아 있는 동물이 좋을까?' 차라리 스포츠나 다른 취미생활에 열중했더라면, 삶의 활력을 찾기 위해 시작한 취미생활에서 굳이 이런 죄책감이 들지 않아도 될 텐데 말이다. 아무리 곰곰이 생각해봐도 별다른 이유는 없다. 그냥 아무 이유 없이 동물이 좋다. 그저 자석에 철이 끌리듯, 우리가 멋진 이성에게 자연스럽게 맘이 끌리듯, 여전히 살아 있는 다른 생물에게 매력을 느끼고 그들을 내 손으로 멋지게 길러보고 싶다는 욕구가 생긴다.

컬렉터, 애니멀 호더는 되지 말자

자, 그럼 여러분은 어떤 보호자가 될 것인가. 혹은 이미 동물을 기르고 있다면 당신은 어떤 보호자인가. 마니아(mania)인가, 컬렉터(collector)인가, 애니멀 호더(animal hoarder)인가. 무엇이 진정한 마니아이고, 컬렉터와 마니아의 차이는 무엇이며, 애니멀 호더는 또 무엇일까. 사실 파충류처럼 감정표현이 적은 동물을 기르다 보면 그들이 개나 고양이와 같은 동반자 개념이 아닌, 단순한 소유물이나 컬렉션의 한 부분으로 치부되는 경우가 많음을 느낀다. 사육주마다 자신이 기르는 동물에게 느끼는 감정이 다양하다는 것은 개개인이 지닌 개성이 다양한 것만큼이나 어쩌면 당연한 것이겠지만, 그들 또한 살아 있는 생명체이며 여러분이 아니면 그 생명을 유지할 수 없다는 사실을 꼭 명심해야 할 것이다.

사실 마니아와 컬렉터의 차이란 미묘하지만, 필자가 생각하는 가장 큰 차이점은 컬렉터는 그저 단순히 동물을 모으는 데만 치중한다는 것이다. 사들인 동물에 금방 싫증을 느끼게 되고, 오래 사육하지 못하고 곧 재분양하며, 이러한 상황이 계속 반복된다. 그리고 그들은 늘 '예전에 이런 동물도 길렀었다'고 말한다. 컬렉터의 일반적인 공통점은 기른 동물의 종류는 다양하지만, 사육기간이 대부분 1년을 넘지 못한다는 것이다. 혹은 희귀한 동물을 모으는 데만 급급하고, 그들에게 적절한 사육환경을 제공하거나 관리를 하지 않는다. 짧은 기간 동안 단순히 많은 동물을 길러봤다는 경험치가 과연 어떤 의미가 있을까 싶다.

물론 파충류라는 동물의 특수성 때문에 개체 수가 적고 구하기 힘든 희귀한 종류에 열광하고 기르고 싶어 하는 것은 어찌 보면 당연한 일이며, 필자를 포함한 모든 마니아들의 염원일 것이다. 하지만 컬렉터나 애니멀 호더에게서 볼 수 있는 전형적인 증상, 즉 남들이 가지고 있지 않은 희귀한 품종에만 집착하는 것, 그런 희귀종을 가졌다는 사실에만 뿌듯해하는 것, 한 동물을 오래 사육하지 못하고 금방 싫증을 낸다거나 자신이 관리할 수 있는 동물의 수를 초과해서 모으는 데만 열중하는 모습은 사육주로서 바람직하지 않다.

특히 애니멀 호더는 단순히 많은 동물을 기르는 것에만 집착해 그들의 환경이나 자신의 환경에 대해 전혀 신경을 쓰지 않으며, 일종의 정신질환으로 분류될 만큼 심각한 형태다. 자신의 관리능력을 훨씬 넘는 많은 수의 동물을 사육해 사람이 생활하는 곳에 동물이 같이 생활을 하는 것인지, 동물이 생활하는 곳에 사람이 얹혀 생활하는 것인지 구분이 모호할 정도다. 그런 상황은 동물과 사람 모두에게 매우 열악한 환경을 형성하게 되며, 자신은 동물을 사랑한다고 생각하지만 오히려 동물에게는 이러한 열악한 환경으로 인해 끔찍한 고통을 줌으로써 자신의 의도와는 달리 동물학대의 결과를 낳게 되는 것이다.

동물을 기르고자 할 때 그리고 동물을 기르는 중에도 동물과 더불어 살고 싶은 것인지, 아니면 동물처럼 살고 싶은 것인지 늘 스스로에게 묻고 그 답을 찾기 위해 노력하는 자세가 필요하다. 사실 필자 또한 스스로 마니아라고 생각해왔지만, 가만히 돌이켜보면 '혹 마니아와 애니멀 호더의 중간 어느 쯤이었던 것은 아닌가' 싶은 반성이 들기도 한다.

진정한 마니아가 되자

진정한 마니아란 어떤 사람들을 뜻할까. 마니아에 대한 각자의 기준이 있겠지만, 자신이 기르는 동물이 귀한 종이건 귀하지 않은 종이건 차별을 두지 않고 꾸준한 관심과 애정을 갖는 사람이야말로 바로 진정한 마니아라고 생각한다. 대단한 동물사랑이나 박애정신을 말하자는 것이 아니다. 필자 또한 아프리카 오지에서 일생을 바쳐 침팬지를 연구하는 제인 구달(Jane Goodall; 영국의 동물행동학자, 환경운동가) 같은 삶을 살 자신은 없기 때문이다.

불교에서는 옷깃만 스쳐도 인연이라고 한다. 필자는 그 말을 참 좋아하며, 이런 인연은 꼭 사람들 사이에만 존재하는 것이 아니라 동물과 사람 사이에도 존재한다고 생각한다. 우리가 가보지도 못했던 나라의 정글 밀림에서 살았던 동물들이 지금 우리와 한 공간에서 살아가고 있다. 정말 멋지고 특별한 인연이 아닌가. 우리는 이런 수많은 인연 속에서 살아가며, 순전히 우리의 욕심으로 자연에서 살아갈 동물이 우리의 곁에 오게 됐다면, 사육주인 우리가 그들에게 올바른 환경을 제공해주려는 최소한의 노력이라도 하자는 것이다.

이 책을 통해 필자의 경험과 더불어 숍을 운영하면서 만난 많은 파충류 마니아들의 직접적·간접적 경험을 토대로 삼아 여러분들이 처음 동물사육을 시작할 때 사소한 실수나 노하우를 몰라서 생명을 떠나 보낼 수도 있는 상황을 조금이나마 줄였으면 하는 바람이다.

필자는 파충류 사육을 늘 짝사랑에 비유하곤 한다. 파충류는 개나 고양이처럼 보호자를 알아보거나, 살갑게 애정을 표현한다거나, 충성을 약속하지 않기 때문이다. 간혹 대형 거북이나 왕도마뱀류 그리고 이구아나는 보호자를 알아보기는 하지만, 그 애정의 정도가 개나 고양이의 것과는 많이 다르다.

어떠한 동물을 기르건 차별없이 꾸준한 관심과 애정을 쏟는 사육자가 진정한 마니아라 할 수 있다. 사진은 프로그 아이 게코(Frog-eyed gecko, *Teratoscincus scincus*)

파충류에게 바랄 수 있는 애정의 정도는 보호자와 낯선 이를 구분해 보호자에게는 경계심을 보이지 않고 여유롭게 있다거나, 때가 되면 보호자에게 다가와서 밥을 달라고 조르는 것이 전부라고 볼 수 있다. 그들은 늘 보호자가 애정을 쏟아도 단지 묵묵히 일광욕을 하거나, 잠을 자거나, 먹이로 급여한 귀뚜라미를 맛있게 먹어댈 뿐이다. 그나마 아프지 않고 건강하게만 살아줘도 고마울 정도다. 이렇듯 파충류 사육은 사육주 본인의 관리 하에 건강하게 자라는 개체를 보며 늘 짝사랑하는 마음으로 자기만족을 하는 과정인 것 같다. 필자는 여러분의 파충류에 대한 이러한 짝사랑이 순간의 호기심에 그치지 않고 오래 지속되기를 희망한다.

04 section

건강한 도마뱀의 선별법

동물을 건강하게 사육하기 위한 가장 기본적인 요건은 바로 입양을 위해 선택할 때 건강한 개체를 고를 수 있는 안목을 기르는 것이다. '성공을 하려면 안목을 길러라' 라는 말이 있다. 좋은 것을 알아보는 능력, 이것처럼 중요한 능력 또한 없을 것이다. 당연한 말처럼 들리겠지만, 처음부터 건강한 도마뱀을 입양하는 것이야말로 도마뱀 사육에서 실패를 줄일 수 있는 가장 중요한 요인이라고 할 수 있다. 이번 섹션에서는 건강한 도마뱀을 선별하기 위해 확인해야 하는 것들에 대해 알아보도록 하자.

건강상태 및 외형 확인

한 자리에서 여러 마리의 도마뱀을 비교해보고 선택할 수 있다면 가장 좋겠지만, 단 한 마리의 개체만 가지고도 그 도마뱀의 건강상태가 양호한지 여부를 쉽게 알 수 있는 방법이 있다. 도마뱀의 경우 건강상태를 알 수 있게 해주는 부분은 꼬리와 뒷다리다. 미근(尾根; 몸체와 꼬리가 만나는 선단 부분. 꼬리시작 부분) 부위의 살이 통통하고, 뒷다리 허벅지 부분의 살이 팽팽하게 올라와 있다면 일단 건강상태가 양호하다고 볼 수 있다.

가장 간단하게 도마뱀의 건강상태를 확인할 수 있는 방법은 꼬리와 뒷다리 부분의 살이 통통한지 여부를 살펴보는 것이다.

눈이나 입 주변에 상처나 이물질이 없는지, 몸에 상처는 없는지, 발가락은 잘리거나 부러진 부위가 없는지 등을 꼼꼼하게 살펴야 한다. 또한, 눈두덩이가 푹 들어가 있지는 않은지도 확인해야 하는데, 눈두덩이가 푹 꺼져 있는 것은 탈수증상이므로 피해야 한다. 여러 개체 중 외적인 조건이 가장 좋거나 한 마리만 있는 경우에는 허물을 벗는 상황이 크게 문제될 것은 없으나, 허물이 제대로 탈피되지 않고 피부에 달라붙어 있는지 꼼꼼히 살펴보는 것이 좋다. 특히 꼬리 끝부분이나 발가락 등의 허물을 완전하게 벗지 못해 혈액공급이 원활하지 못하게 됨으로써 괴사되는 경우가 많으므로 세심하게 살펴봐야 한다.

한 조각으로 탈피하는 뱀과 달리 도마뱀은 조각조각 부분적으로 탈피가 이뤄지기 때문에 몸의 일부에서 허물이 벗겨지고 있는 것은 건강상 이상이 없는 상태지만, 허물을 벗는 과정에서 도마뱀은 스트레스를 받고 있는 상황이므로 분양돼 새로운 환경에 적응하는 스트레스까지 가중되면 좋지 않다. 그리고 가장 중요한 사항은 자신이 분양받고자 하는 종의 표준(standard) 외형을 여러 사진 등을 보고 미리 숙지하는 것이다.

움직임 및 반응확인

움직임이 활발한지, 몸을 만졌을 때 적절한 반응을 하는지도 살펴봐야 한다. 일반적으로 여러 마리가 있는 케이지에서 한 마리를 고를 경우 사육장 내에서 좋은 자리를 차지하고 일광욕을 적극적으로 하는 개체, 또는 먹이를 넣어줬을 때 적극적으로 먹이반응을 보이는 개체를 선택하는 것이 가장 좋다. 또한, 만져봤을 때의 반응도 체크해야 한다. 대부분 도마뱀은 사람이 자신의 몸을 만지는 상황을 그다지 좋아하지 않는다. 이때 경계하는 행동을 나타내는 것은 어쩌면 가장 일반적인 반응이며, 대부분의 도마뱀이 그렇다.

만졌을 때 너무 힘이 없이 무반응이거나 축 늘어져만 있다면 필시 문제가 있는 개체이므로 피하는 것이 좋으며, 과도한 공격성을 드러내는 개체 또한 좋지 않다. 이는 도마뱀의 종별로 반응이 각각 다르므로 자신이 기르고자 하는 도마뱀종의 기본성격 등을 미리 파악해야 한다. 예를 들면, 기본적으로 어린 이구아나는 겁이 많으며, 사람 손에 잡히게 되면 빠져나가기 위해 안간힘을 쓰게 된다. 대부분 어느 정도 지나면 포기하고 얌전히 있게 되지만, 간혹 적극적으로 사람 손을 물거나 끝까지 필사적으로 빠져나가려고 하는 개체도 있다. 후자의 경우 대부분 순치가 어려운 경우가 많으며, 끝까지 신경질적인 도마뱀으로 자랄 가능성이 크다. 또 사육 시 사람에 대한 과도한 경계심 때문에 적절한 먹이섭취를 거부하고 영양실조로 죽는 경우도 많으므로 이런 개체는 입양을 피하는 것이 좋다.

사람에게 순치가 잘되기로 유명한 비어디드 드래곤(Bearded dragon, *Pogona vitticeps*)이나 레오파드 게코(Leopard gecko, *Eublepharis macularius*)의 경우도 대부분 온순하게 사람의 손 위에서 자리를 잡지만, 개중에는 사람이 보이기만 해도 입을 벌리고 위협하며 소리를 내거나, 물기 위해 공중으로 점프를 하는 개체들도 있다. 따라서 과도한 공격성을 나타내거나 신경질적으로 반응하는 개체는 선택을 피하는 것이 바람직하다.

사람이 만졌을 때 도마뱀의 종류에 따라 반응이 다르므로 자신이 기르고자 하는 도마뱀종의 성격을 미리 파악하는 것이 좋다.

도마뱀은 규격화된 공산품이 아니라 생물이므로 각각의 개체에 따라 성격이 다르다. 신중히 살펴보고 정상적인 행동패턴인지 이상행동을 하는지 잘 관찰해보는 것이 중요하다.

CB, WC 여부 확인

인공번식된 개체인지 야생에서 채집된 개체인지 확인하는 것도 중요하다. 동호회 활동을 하다 보면 'CB'와 'WC'라는 용어를 마니아들이 자주 사용하는 걸 접하게 된다. CB는 'captive breed' 혹은 'captive born'의 약자로 '인공적으로 번식된 개체'를 의미하고, WC는 반대로 'wild caught'의 약자로 '야생에서 채집된 개체'를 의미한다. 일반적으로 CB와 WC를 비교했을 때 CB개체가 더 건강하며, 기생충이나 질병을 가지고 있을 확률이 낮아서 분양가가 높은 편이다. 종에 따라서는 인공번식이 되지 않고 현지에서 채집된 개체들만이 유통되는 경우도 많은데, 사육 하의 번식이 어려운 종이거나 굳이 번식을 시켜 유통시키기에는 야생에서의 개체 수가 비교적 많은 종일 경우 그냥 야생에서 채집된 개체들이 유통된다.

야생채집개체를 입양하면 반드시 구충을 해야 한다.

대부분의 야생채집개체는 기생충감염의 위험에 노출돼 있으며, 입양 시점에 이미 감염이 됐다고 봐도 무방하므로 입양 후 필히 구충을 해야 한다. 면역력이 높은 상태에서의 기생충은 숙주에게 치명적인 해를 주지 않으므로 눈에 띄는 병변을 보이지 않지만, 스트레스를 받아 면역력이 약해지면 기생충이 이상번식을 해서 바로 증상이 나타나기 때문이다.

수입일자 및 관리상태 확인

수입개체의 경우 언제 수입됐는지도 꼼꼼히 따져봐야 한다. 수입 직후는 스트레스가 가장 심할 시기이므로 입하된 지 얼마 지나지 않은 종은 조금 더 시간을 두고 적응과정을 지켜본 후 입양하는 것이 좋다. 적절한 시간

수입 직후는 스트레스가 가장 심할 시기이므로 입하된 지 얼마 지나지 않은 종은 어느 정도 시간을 두고 적응과정을 지켜본 후 입양하는 것이 안전하다. 사진은 차이니스 워터 드래곤(Chinese water dragon, *Physignathus cocincinus*)

이 흘러 충분히 적응을 한 개체인지, 먹이는 마지막으로 먹은 것이 언제인지, 분양하는 파충류 숍에서 구충을 했는지 여부도 꼼꼼히 체크해봐야 한다. 반대로 카멜레온(Chameleon, Chamaeleonidae)이나 데이 게코류(Day geckos, *Phelsuma spp.*)처럼, 영역성이 강하고 같은 종에 대한 공격성이 강한 종일 경우 수입 초기에 분양받는 것이 오히려 스트레스를 줄일 수 있는 방법이기도 하다. 카멜레온의 경우 성별이 다를지라도 번식기가 아닐 때 좁은 사육장에 같이 있게 되면 극심한 스트레스를 받으며, 이로 인해 폐사되기 쉽기 때문이다.

보통 파충류 숍의 여건상 동물수입에도 최소 주문량이 있다. 1회 수입 시 10마리 이상 들여오게 되면 동물의 가격과 항공운송료가 싸지기 때문에 고가의 종이 아닌 이상 1~2마리나 한 쌍으로 들여오는 경우보다는 한 번에 대량으로 수입되는 경우가 많고, 현실적인 여건상 각 케이지마다 한 마리씩 둘 수 없는 경우가 생기게 된다. 그렇게 되면 영역성이 강한 동물이나 동종끼리 투쟁본능이 강한 종들의 경우, 수입 초기의 스트레스와 더불어 한 케이지에 여러 마리가 있게 되는 스트레스까지 가중되기 때문이다.

데이 게코류는 영역성이 강하고, 같은 종에 대한 공격성이 강해 수입 초기에 분양받는 것이 오히려 스트레스를 줄일 수 있다.

필자 또한 예전에 파충류 숍을 운영했을 당시 카멜레온의 경우 위와 같은 이유로 실패한 경험이 있다. 또한, 친분이 있는 파충류 숍에서도 데이 게코들의 동종에 대한 공격적인 성향을 모르고 대량으로 수입해서 넓은 사육장에 다 함께 넣어놨는데, 어느 정도 시간이 흐르자 서로 싸워서 멀쩡한 개체가 한 마리도 안 남았다는 실패담을 들었다. 이처럼 많은 동물을 관리하다 보면 현실적인 여건상 파충류 숍에서도 실패를 많이 하게 된다.

분양처 확인

어디서 분양을 받을 것인지도 고려해야 한다. 일반적으로 전문 파충류 숍, 개인 분양, 개인 브리더 분양 등 여러 경로가 있는데, 각각 장단점이 있으므로 분양받고자 할 때 참고하면 좋을 듯싶다. 먼저 파충류 전문 숍의 경우 여러 개체를 비교해보고 마음에 드는 개체를 골라 입양할 수 있다는 장점이 있다. 또 도마뱀 사육 시 필요한 물품을 함께 구입할 수 있으며, 입양 후에도 여러 가지 애프터서비스를 받을 수 있다. 반면에 개인 분양에 비해 동물의 분양가가 높으며, 관리가 잘 되지 않는 숍일 경우 앞서 언급했듯이 좁은 사육장에 여러 마리 동물을 합사하고 꼼꼼하게 관리를 하지 않아 동물의 상태가 좋지 않을 수 있다는 단점이 있다. 여러 마리의 동물을 관리하는 숍 입장에서는 모든 개체에 대해 완벽하게 숙지하기가 어려우므로 숍 오너의 말만 믿지 말고, 입양자가 동물의 상태를 철저하게 확인해야 한다.

개인 분양의 경우에는 파충류 전문 숍과는 달리 이전 사육자가 자신이 기르던 개체의 세세한 부분까지 알고 있기 때문에 다음 보호자에게 다양한 조언을 해줄 수도 있다는 장점이 있고, 분양가도 일반적으로 유통되는 분양가 시세보다 낮은 편이다. 예전에 입하됐다가 현재 파충류 숍에서 분양되고 있지 않은 개체는 개인 분양을 이용하는 경우가 많다. 하지만 분양자가 단순히 해당 동물에 싫증을 느껴 재분양하는 것이라면 관리가 잘 돼 있지 않은 경우도 있으므로 동물의 건강상태를 좀 더 꼼꼼하게 점검해야 한다. 또한, 다른 개체와 비교할 수 없다는 단점이 있으므로 도마뱀에 처음 입문하는 사람은 개인 분양보다는 여러 가지를 비교 분석할 수 있는 파충류 전문 숍을 이용하는 것이 바람직하다.

가장 이상적인 것은 개인브리더에게 분양받는 방법인데, 아직 국내에는 파충류 전문 브리더가 많지 않은 상황이라 분양받을 수 있는 종이 한정돼 있는 실정이다. 주로 레오파드 게코나 비어디드 드래곤의 경우 사육 하에서 번식이 쉬워 많은 사람들이 번식해내고 있는 품종인데, 브리더를 직접 만나 부모도마뱀의 형태와 혈통을 확인해 건강한 도마뱀을 분양받을 수 있다는 장점이 있다. 하지만 브리딩되고 있는 품종이 극히 한정돼 있고, 계획적인 브리딩을 진행하는 브리더 자체가 많지 않으므로 브리더를 통한 입양은 그리 많지 않은 실정이다.

사소하지만 위와 같은 요령만 잘 기억한다면 도마뱀 입양 초기에 조기폐사라는, 결코 맛보고 싶지 않은 실패의 쓰라린 경험을 조금이나마 줄일 수 있으리라 생각된다.

개인브리더에게 분양받는 경우 부모도마뱀의 형태와 혈통을 확인해 건강한 도마뱀을 분양받을 수 있다는 것이 장점이다.

05 section

자신과 맞는 도마뱀 고르기

자신과 맞는 도마뱀을 선택하는 방법은 과연 무엇일까. 도마뱀 사육에 흥미를 느껴 관심을 갖고 알아보는 사람들 중 많은 수가 '그냥 평소에 봐왔던, 끌리는 종류의 도마뱀을 선택하거나 파충류 숍을 방문해서 직접 보고 맘에 드는 종을 고르면 되는 거 아닌가'라고 쉽게 생각할 수도 있다. 이번 섹션은 현재 도마뱀을 기르고 있는 마니아보다는 도마뱀을 길러봐야겠다고 처음 생각하는 사육자들에게 드리는 조언이라고 볼 수 있겠다.

입양 전 모든 조건을 따져본다

도마뱀은 물론 모든 반려동물을 입양하고자 할 때는 초기에 여러 가지 요건을 꼼꼼하게 따져봐야 한다. 자신이 분양받고자 하는 종의 특징은 무엇인지, 어떤 습성을 갖고 있는지, 단점은 없는지 등을 확인하고, 그 동물을 기를 때 일어날 수 있는 모든 상황을 미리 머릿속으로 그려봐야 한다. 도마뱀을 처음 접하는 사람들 대부분이 인터넷 동호회 등에서 남들이 기르니까 나도 한번 길러볼까라는 생각으로 접근하거나, 우연히 파충류 숍에 들렀다가 충동적으로 사육을 결정하는 경우가 많다. 필자의 경험에 의하면, 많은 사람들이 육지

대표적인 반려도마뱀인 레오파드 게코(Leopard gecko, *Eublepharis macularius*)

도마뱀을 비롯해 모든 반려동물을 입양하고자 할 때는 반드시 초기에 여러 가지 조건을 꼼꼼하게 따져봐야 한다.

거북처럼 귀여운 거북 종류를 접하면서 파충류 사육에 입문하게 되는데, 거북을 사육하다 보면 생각만큼 행동양식이 다양하지 않아 금세 싫증을 느끼게 된다. 거북 관련 용품들을 사러 파충류 숍에 다니면서 다양한 도마뱀종을 보고 익숙해져서 '어라 도마뱀도 꽤 귀엽네, 나도 한번 길러볼까?' 하고 가벼운 마음으로 접근하는 사육자도 적지 않다.

초기 파충류 마니아들의 패턴을 보면, 대부분 거부감이 적은 거북으로 사육을 시작하고, 거북을 기르다 보면 일정한 행동패턴에 지루한 감이 있어 활동성이 높고 다양한 서식지를 꾸밀 수 있는 도마뱀으로 서서히 관심이 이동한다. 그러다가 나중에는 거북과 도마뱀에 비해 사육도 간편하고 관리하기가 쉬운 뱀으로 옮겨가는 경우가 많다. 필자 또한 같은 과정을 거쳤다. 사실 도마뱀이 반려파충류인 거북과 뱀에 비해 손이 많이 가는 것은 부인할 수 없다. 하지만 그만큼 사육의 재미도 많다고 볼 수 있다.

초식성인지 육식성인지 확인한다

도마뱀을 기르고자 할 때 가장 먼저 고려해야 할 사항은 바로 자신이 기르고자 하는 도마뱀의 식성이다(초식성인지 육식성인지). 앞서도 언급했듯이, 파충류뿐만 아니라 먹이용으로 이용되는 귀뚜라미나 밀웜 등의 곤충류에게도 거부감을 가지고 있는 이들이 생각보다 많다. 파충류 사육 초창기에는 먹이용 곤충의 공급이 원활하지 않아서 도마뱀 사육에 대해 고심하는 어려움을 겪었다고 한다면, 근래에는 그런 걱정은 오히려 줄었지만 도마뱀 사육에 호기심을 보이다가도 먹이로 곤충을 먹여야 한다면 난색을 표하는 사람들이 많다.

많은 종의 도마뱀이 귀뚜라미 같은 곤충을 주식으로 하므로 본인이 꾸준히 귀뚜라미를 급여할 수 있는지, 혹은 가족 중에 도마뱀이나 곤충에 대해 거부감이 있는 사람은 없는지 고려해봐야 한다. 실제로 비어디드 드래곤을 정말 기르고 싶은데 귀뚜라미 같은 곤충이 너무 싫어서 못 기르는 지인도 있었고, 레오파드 게코를 분양받아 갔다가 귀뚜라미나 밀웜을 먹여야 된다는 걸 아신 어머니의 반대로 분양을 취소하는 학생들도 많이 봐왔다. 또한, 왕도마뱀류 같은 종을 사육하고자 할 경우 살아 있는 쥐나 다른 동물을 먹이로 줘야 하는 상황을 자신이 감당할 수 있는지도 차분하게 고려해봐야 한다.

성체가 됐을 때의 크기를 고려한다

도마뱀을 선택할 때는 자신이 기르고자 하는 종이 나중에 다 자라면 얼마나 커지는지도 고려해야 한다. 모든 동물이 새끼 때는 다 귀엽다. 그러나 그린 이구아나나 왕도마뱀류의 경우 성체가 됐을 때 2m 가까이 자라는 대형 도마뱀종이다. 이들이 커지게 되면 사육장 문제는 어떻게 할 것인지, 먹이급여는 어떻게 할 것인지, 관리는 꾸준히 해줄

먹이로 이용되는 곤충 자체에 거부감을 갖는 경우도 많으므로 입양하기 전에 자신이 기르고자 하는 도마뱀종의 식성을 파악해야 한다. 사진은 그린 리자드(Green lizard)

수 있는지 등 미래에 대한 사육계획을 세심하게 세워야 한다. 특히 파충류를 처음 기르는 경우라거나, 가족 중에 파충류를 혐오하는 구성원이 있다거나, 다른 소형 반려동물을 기르고 있는 상황이라면 크기도 크고 공격성이 있는 왕도마뱀류는 적합하지 않다. 또한, 대형 도마뱀의 배설물은 그 양도 많을 뿐더러 냄새도 매우 고약해서 제때 치우지 않거나 게으름을 피우면 비릿한 변 냄새가 곳곳에 스며들어 여러분을 괴롭히게 될 것이다.

대형 도마뱀종 중에는 어릴 때부터 사람 손에 익숙하도록 충분히 길들이지 않으면 사나워서 곤란해지는 경우가 많다. 특히 이구아나의 경우 평소에 순하다가도 번식기를 맞으면 사나워지는 경향이 있기 때문에 나중에는 반려동물을 기르는 건지, 맹수와 함께 사는 건지 헛갈릴 때가 있다. 본인이 자신의 반려동물을 충분히 제압하고 다룰 수 있는지 생각해야 하며, 그렇지 않으면 반려동물이라고 기르면서 자신의 반려동물을 두려워하게 되는 아이러니한 상황이 펼쳐질 수도 있다.

또 대형 도마뱀의 경우 다 자라게 되면 맞는 사육장이 없어서 거실이나 방에 풀어서 기르거나, 아예 방을 하나 내줘야 할 상황이 되기도 하기 때문에 이러한 문제에 가족들이 동의를 할 것인지 등도 고려해야 한다. 본인에게는 무척 귀여운 도마뱀이겠지만, 대부분의 가족에게는 그저 혐오스러운 파충류일 뿐일 수도 있다. 그로 인해 가족 간의 불화가 생길 수 있으므로 다른 가족의 입장도 배려하고, 충분히 상의한 후 입양을 결정해야 한다.

파충류 사육과 관련해 필자가 그동안 가장 많이 봐온 풍경이 바로 이 문제반려동물로 인한 가족 간의 불화였던 것 같다. 부모님 또는 배우자의 사전동의 없이 파충류를 덜컥 입양했다가 가족들의 반대로 결국에는 파양하는 경

대형 도마뱀을 기르고자 할 경우 사육공간의 문제도 있기 때문에 반드시 가족들의 사전동의가 필요하다. 사진은 페렌티 모니터(Perentie, *Varanus giganteus*)

대형 도마뱀을 기르고 싶은 경우, 만약 파충류 사육이 처음이라면 우선 소형 도마뱀으로 사육경험을 쌓아 어느 정도 사육에 대한 자신감이 붙은 다음에 입양하는 것이 바람직하다. 사진은 워터 모니터(Water monitor, *Varanus salvator*)

우들이 빈번하게 일어난다. 만약 가족들도 파충류를 처음 접하는 상황이라면, 많이 자라지 않고 외모 또한 거부감이 적은 소형 도마뱀류를 선택하는 것이 적합하다. 설령 본인은 크게 자라는 대형 도마뱀을 사육하고 싶더라도 관리가 수월한 소형 도마뱀을 기르면서 경험도 쌓고, 도마뱀이란 동물이 징그럽지만은 않고 위험하지도 않다는 인식을 가족이나 배우자에게 심어준 다음, 준비가 되면 다른 대형 도마뱀을 입양하는 것이 좋겠다.

동물을 좋아하는 애호가들 중에는 막연하게 대형의 동물에게 환상을 갖는 사람들이 있다. 대형 동물들은 그에 맞는 적절한 환경을 꾸며주는 것이 소형 동물에 비해 훨씬 힘들며, 여러분의 상상처럼 온순하거나 원하는 자세를 취해주지 않는다는 것을 명심하자. 단순히

도마뱀을 분양받기 전에 여러 가지 발생 가능한 상황을 예측하고 고민하는 자세가 필요하다. 사진은 그린 이구아나 베이비

'집 안에 커다란 도마뱀이 어슬렁거리고 돌아다니면 진짜 멋지겠다!'라는 환상은 버리도록 하자. 사실 대형 도마뱀의 경우 그들이 생을 마감할 때까지 사육주가 끝까지 기르는 경우가 매우 드물다. 대부분 여러 가지 사정으로 인해 재분양이 반복되면서 여기저기 떠돌다 결국에는 동물원이나 파충류 전시장에 기증되는 경우가 상당히 많은 실정이다.

물론 대형 도마뱀을 정말 좋아하고, 그들에 대해 공부를 해가며 끝까지 잘 기르는 마니아도 없지는 않다. 필자도 대형 이구아나를 오랫동안 길러왔고, 멋진 목주름과 곧게 잘 자란 등갈기를 가진 성체 이구아나를 볼 때면 여전히 마음이 설렌다. 필자의 지인 중에도 왕도마뱀(Monitor lizard, *Varanus spp.*) 마니아가 있는데, 다행히 그 집안은 가족 모두가 모니터에 대해 거부감이 없고, 아예 방 하나를 도마뱀 사육장으로 꾸며줬다. 이는 가족의 동의와 도움이 꼭 필요한 부분이므로 무턱대고 대형 도마뱀을 분양받는 일은 삼가야 한다.

이처럼 동물에 대한 선택은 본인 몫이지만, 그 동물을 선택해서 끝까지 책임감을 가지고 기를 수 있는지, 그 동물로 인해 고통을 받는 가족들은 없을지 등 여러 가지 일을 예측해보고 충분히 고민한 뒤에 여건이 적합하다면 도마뱀을 입양해야 할 것이다.

뉴칼레도니안 자이언트 게코(New Caledonian giant gecko, Leach's giant gecko, *Rhacodactylus leachianus*)

자신의 라이프 스타일과 도마뱀의 습성을 고려한다

다음은 기르고자 하는 도마뱀의 습성, 즉 주행성인지 야행성인지를 잘 살펴봐야 한다. 이 문제는 앞서 언급한 문제들처럼 심각한 상황을 초래하지는 않는다. 다만 본인이 낮에 직장에 다니는 직장인이거나 혹은 학교에 가야 하는 학생인데 주행성 도마뱀을 기를 경우, 야행성 도마뱀종보다 활동성이 뛰어나고 관찰하는 재미가 있지만, 저녁에 집에 도착해서 보면 그들은 자야 할 시간이므로 평상시 활동하는 모습을 관찰하기가 어렵고 주말 혹은 휴일에나 그 모습을 감상할 수 있다는 단점이 있다. 따라서 평소 관찰할 수 있는 시간이 부족하기 때문에 본인이 기르는 도마뱀의 상태에 대해 정확히 파악하기 어렵다.

그래서인지 요즘 인기가 많은 도마뱀종을 보면 주로 야행성인 종들이 많다. 야행성 종류의 장점은 저녁에 집에 돌아왔을 때 밤 시간에 활발히 움직인다는 것, 주행성 도마뱀일 경우에 필요한 UVB등이나 스폿 램프를 설치해주지 않아도 된다는 것, 매일 그들의 모습이나 건강을 체크할 수 있다는 것을 들 수 있다. 주행성이나 야행성 모두 각기 다른 매력이 있으므로 자신의 라이프 스타일을 충분히 고려해 선택하도록 하자.

06 section

올바른 핸들링과 이동방법

핸들링(handling)이란 말 그대로 동물을 손으로 집어 들고 다룬다는 뜻이다. 과도한 핸들링은 동물에게 스트레스를 주게 되는 행위이므로 자제하는 것이 좋지만, 동물을 사육하다 보면 사육장 밖으로 꺼내 핸들링을 해야 할 상황들이 필연적으로 발생하게 된다. 따라서 도마뱀을 처음 기르는 사람이라면 반드시 분양자에게서 해당 도마뱀종에 대한 핸들링 방법을 배워놓는 것이 좋다. 사실 필자는 과도한 핸들링 자체를 즐기지 않는다. 야생동물인 그들에게 사람의 손위에 올려진다는 것 자체가 그리 즐거울 리는 없을 테니 말이다.

하지만 사육을 하다 보면 핸들링을 해야 하는 경우가 늘 생기기 마련인데, 주로 사육장을 청소할 때나 도마뱀의 몸 상태를 체크하기 위해 사육장 밖으로 꺼내야 할 경우가 그렇다. 이런 경우 핸들링을 시도할 때는 도마뱀이 받는 스트레스를 최소한으로 줄이도록 조심해야 한다. 특히 도마뱀의 경우 거북이나 뱀에 비해 핸들링 자체가 어려운 편인데, 기본적으로 도마뱀은 굉장히 민첩하며 빠른 속도로 손에서 빠져나갈 수 있기 때문이다.

이때 거북류나 뱀류와는 달리 꼬리가 끊어지는 경우가 있으므로 다룰 때 더욱 조심해야 한다. 외부적인 충격이 없어도 스스로 꼬리를 끊을 수 있는 종도 있으며, 스스로 꼬리를 끊

빠르지 않고 온순한 어린 비어디드 드래곤의 보정 1. 배를 손바닥으로 감싸 살짝 올려놓는다. 2. 엄지손가락으로 머리부분을 지그시 누른다. 3. 나머지 손가락으로 몸 전체를 부드럽게 감싼다.

을 수 없는 종일지라도 대부분 꼬리에 충격이 가해지면 끊어질 수 있기 때문이다. 도마뱀류는 종류가 다양하고 종에 따른 성격도 각양각색이며, 같은 종일지라도 개체 간의 성격이 각각 다르기 때문에 자신이 기르는 도마뱀의 성격을 잘 파악하는 것이 무엇보다도 중요하다.

핸들링 시 올바른 보정법

핸들링을 시도할 때 도마뱀을 잘 보정해야 하는 이유는 탈출방지는 물론이고, 불의의 사고를 미연에 막기 위해서다. 사육주가 제대로 보정을 하지 않은 상태에서 도마뱀이 바닥으로 뛰어내릴 경우 대부분의 도마뱀은 착지를 잘한다. 그러나 간혹 작은 레오파드 게코나 크레스티드 게코 등 점프에 익숙하지 않은 종의 경우 배부터 떨어짐으로써 외형적으로는 멀쩡해도 내부장기에 충격을 받아 폐사할 수도 있다. 따라서 도마뱀이 사육주의 손위에서 빠져나가지 못하도록 잘 보정하는 것이 매우 중요하다.

■**손안에 들어오는 작은 종의 보정** : 배를 손바닥으로 감싸서 살짝 올려놓은 후, 움직이지 못하도록 엄지손가락으로 머리 부분을 지그시 누르고 나머지 손가락으로 몸 전체를 부드럽게 감싸도록 한다. 이때 점프력이 좋지 않은 도마뱀의 경우 손바닥에서 탈출해 바닥으로 떨어질 수가 있다. 따라서 될 수 있으면 선 상

태에서 핸들링을 시도하지 말고, 바닥과의 거리가 너무 떨어지지 않도록 바닥에 앉거나 쭈그려 앉은 자세로 핸들링하는 것이 바람직하다. 특히 행동이 별로 빠르지 않고 스스로 꼬리를 자를 수 있는 레오파드 게코나 크레스티드 게코, 리프 테일 게코류(Leaf-tailed geckos)는 꼬리 쪽을 손으로 잡아당긴다거나 꼬리 부분에 압박을 가하지 말고 살짝 떠올려서 자연스럽게 손바닥 위에 올려놓는 것이 좋다. 사람 손위에서도 별로 버둥대지 않는 비어디드 드래곤이나 블루텅 스킨크(Blue-tongued skink, *Tiliqua*) 같은 종 또한 가볍게 떠올리듯이 손바닥으로 배 부분을 받치고 엄지로 몸의 2/3 부분을 지그시 누르면 된다.

■ **조금 예민하고 빠른 종의 보정** : 주로 겁이 많은 종으로 그린 이구아나 어린 개체 또는 차이니스 워터 드래곤(Chinese water dragon, *Physignathus cocincinus*), 그린 바실리스크 (Green basilisk, *Basiliscus plumifrons*) 등 몸이 길쭉하고 꼬리가 몸에 비해 긴 종이 이에 속한다. 특히 어린 개체의 경우 더욱 예민하므로 다룰 때 주의를 요한다. 굉장히 민첩하며, 스스로 꼬리를 자를 수는 없으나 꼬리 쪽에 충격이 가해지면 쉽게 잘릴 수 있는 종이다.

필자의 경우 이들을 사육장에서 꺼낼 때는 손바닥 전체로 지그시 바닥에 누르고, 두 번째 손가락과 세 번째 손가락 사이를 벌려 머리 부분을 나오게 한 후 자연스럽게 감싸 쥔다. 이때 악력의 조절이 중요하다. 너무 힘을

예민하고 빠른 어린 바실리스크의 보정　**1.** 손바닥 전체로 지그시 누른다.　**2, 3.** 두 번째 손가락과 세 번째 손가락 사이를 벌려 머리 부분을 나오게 한 후 자연스럽게 감싸 쥔다.

안쥐 헐거울 경우 손가락 사이로 빠져나갈 수 있으며, 너무 세게 잡을 시에는 도마뱀이 충격을 받을 수 있으므로 잘 조절해야 한다. 악력을 조절하기 어려운 어린이에 비해 성인의 경우에는 잡아보면 대부분 본능적으로 어느 정도 힘을 줘야 하는지 느낄 것이다.

이들 종을 다룰 때 특히 주의해야 할 점은 굉장히 빠르다는 것이다. 만약 놓치게 되면 당황한 나머지 꼬리를 덥석 잡는 경우가 생기는데, 꼬리시작 부위는 괜찮지만 꼬리끝 쪽의 경우 쉽게 끊어지게 되므로 정말 조심해야 한다. 이런 도마뱀들을 다룰 때 옆에 잠자리채나 열대어용 뜰채를 준비해두면 손아귀에서 뛰쳐나가는 돌발상황이 발생할 때 포획이 용이하다.

■**재빠르고 무는 종의 보정** : 가장 다루기 어려운 도마뱀은 빠르고 사람을 무는 종이다. 대표적인 종이 토케이 게코(Tokay gecko, *Gekko gecko*)와 자이언트 데이 게코(Giant day gecko, *Phelsuma grandis*)다. 개체에 따라 온순한 경우도 있지만, 대체적으로 사납고 예민하다는 것을 명심하자. 이러한 종들은 굉장히 재빠르고, 벽이나 천장에 붙을 수도 있어서 한번 놓치게 되면 잡기가 어려우므로 최대한 조심히 다뤄야 하며, 성격도 포악한 편이라 물리면 꽤 아프기 때문에 주의해야 한다. 더욱이 꼬리도 잘릴 수 있어 최악의 조건을 모두 갖췄다고 볼 수 있다.

이와 같은 종들은 될 수 있으면 핸들링을 자제하는 것이 바람직하며, 사육장을 청소할 때나 이동을 위해서 잡아야 할 경우에는 위에서 말한 잠자리채나 뜰채 등을 이용하는 것이 바람직하다. 만약 뜰채가 없을 경우나 부득이하게 손으로 잡아야 할 경우에는 장갑을 착용하고 도마뱀의 진행방향으로 손을 뻗어 머리부터 몸통을 벽과 밀착시키듯 움직이지 못하도록 1차 보정을 한다. 그리고 꼬리 쪽은 최대한 건드리지 말고, 입을 벌리지 못하고 앞으로 뛰쳐나가는 것을 방지하기 위해 검지 부분에 턱을 대고 엄지로 머리의 앞부분 미간과 주둥이 부분을 지그시 누른 후 최대한 재빨리 옮기는 것이 바람직하다. 이와 같은 방법은 온순하더라도 재빠르고 꼬리가 끊기기 쉬운 도마뱀을 보정할 때 사용하는 방법이다.

재빠르고 무는 종인 토케이 게코의 보정

■**카멜레온류의 보정** : 사실 카멜레온류 (Chameleons, Chamaeleonidae)는 갑자기 뛰쳐나가거나 하는 일이 없고, 행동이 느리기 때문에 핸들링에 별 어려움이 없다. 단, 조심해야 할 것은 케이지에서 꺼낼 때 억지로 잡아 빼게 되면 철망이나 나뭇가지를 잡고 버티다가 발톱이 빠지거나 상할 수 있다는 점이다. 카멜레온의 진행방향으로 손을 막으면 자연스럽게 카멜레온이 손위로 올라오게 되므로 그때 옮기도록 한다. 카멜레온이 나뭇가지를 잡는 힘은 생각보다 세며, 손가락 피부에 박히는 날카로운 발톱 때문에 오히려 사육자가 놀라서 카멜레온을 바닥에 떨어뜨리는 경우가 있으므로 가죽장갑 등을 착용하고 다루는 것이 바람직하다.

행동이 느린 카멜레온류의 보정. 사진은 잭슨 카멜레온(Jackson's chameleon, *Trioceros jacksonii*)

■**이구아나, 왕도마뱀류 등 대형종의 보정** : 대형 이구아나 또는 왕도마뱀류 같은 대형 도마뱀을 옮길 때 사용하는 방법은 두 가지가 있다. 기르는 도마뱀이 사람의 손에 익숙한 경우 도마뱀의 앞다리 사이에 손바닥을 넣고, 몸통은 팔뚝으로 떠받치는 형태로 들어 올리면 안정감 있게 핸들링하는 것이 가능하다. 단, 온순하더라도 날카로운 발톱 때문에 피부에 상처를 입기 쉬우므로 장갑과 긴팔 옷을 착용하고 옮기도록 한다. 사람 손에 전혀 길들여지지 않은, 야생성이 강한 대형 도마뱀의 경우는 도마뱀 자체를 제압해야 하는데, 이는 평소 도마뱀을 다룬 경험이 많은 전문가가 시도해야 하며, 초보자의 경우는 섣불리 시도하지 않는 것이 좋다. 이러한 대형 도마뱀의 핸들링은 대범함과 굉장한 순발력을 요구하며, 일단 그 동물에 대해 두려움을 갖지 않는 마음가짐이 필요하다.

1, 2. 사람 손에 익숙한 대형 도마뱀의 보정 - 도마뱀의 앞다리 사이에 손바닥을 넣고, 몸통은 팔뚝으로 떠받치는 형태로 들어 올리면 된다. 핸들링을 시도할 때는 날카로운 발톱에 상처를 입지 않도록 장갑과 긴팔 옷을 착용하는 것이 좋다.

도마뱀의 진행방향 뒤쪽에 서서 수건 등을 이용해 도마뱀의 머리 쪽에 덮어 눈을 가린 후에 재빨리 목을 잡고, 체중을 실어 지그시 바닥에 눌러서 도마뱀이 몸을 돌려 공격하지 못하게 해야 한다. 그리고 머리를 돌리지 못하도록 오른손으로 머리에서 목이 바로 시작하는 부분을 단단히 그러나 너무 세지 않게 잡은 후, 왼손으로는 뒷다리와 꼬리시작 부위를 한꺼번에 잡고 몸을 쭉 편 상태로 도마뱀을 옮기도록 한다. 이 방법은 다루는 사람의 안전을 위해 시행하는 방법이지만, 도마뱀이 스트레스를 받는 상태이므로 최대한 빠른 시간에 도마뱀을 이동시키는 것이 좋다.

이동 시 포장방법

다음은 도마뱀을 장거리로 이동시킬 때 안전하게 포장하는 방법을 알아보도록 하자. 앞서 언급한 내용이 사육장에서 사육장으로 옮기는 단거리 핸들링 방법이었다면, 여기서 소개하는 방법은 분양받아서 대중교통을 이용해 이동할 때 도마뱀을 포장하는 방법이다.

■**소형종의 포장** : 소형 게코류의 경우 작은 플라스틱 채집통에 키친타월 등을 두껍게 깔고 도마뱀을 넣은 후, 안정감을 느낄 수 있도록 키친타월을 구겨서 위에 덮어주는 것이 좋다. 마른 수태(水苔; 이끼) 또는 종에 따라서 물에 적신 수태를 이용해 도마뱀이 이동 시 느낄 수 있는 충격을 완화시켜주는 완충제 역할을 할 수 있도록 해준다. 또한, 고속버스를 이용해

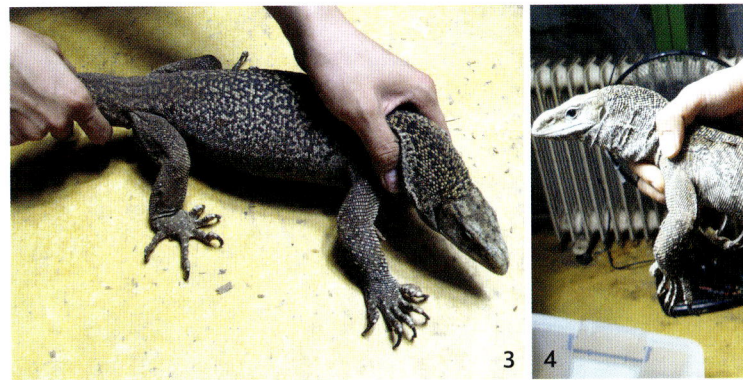

3, 4. 사람 손에 길들여지지 않은 대형 도마뱀의 보정 - 물리지 않도록 바닥에서 손으로 눌러 자세를 잡은 뒤 들어 올린다. 대부분 도마뱀은 강제로 보정된 채 들리면 배설을 하게 되므로 핸들링을 할 때는 짧은 시간에 끝내도록 해야 한다.

장거리 배송을 하는 경우에는 도마뱀을 넣은 델리컵을 상자에 담고, 움직이지 않도록 테이프로 고정한 다음 신문지 등을 구겨서 델리컵 주변에 충분히 넣어주도록 한다.

■**중형종의 포장** : 중형 도마뱀을 이동시킬 때는 흔히 구멍을 뚫은 종이박스에 도마뱀만 넣고 옮기는 경우가 많다. 이 경우 이동 시의 움직임으로 인해 도마뱀이 스트레스를 받게 되며, 한 상자에 두 마리 이상 여러 마리를 넣으면 서로 발톱으로 피부나 눈에 상처를 낼 수 있으므로 주의가 필요하다. 가장 좋은 방법은 천이나 양파망, 모기장으로 만든 자루에 잘게 찢은 신문지를 함께 넣고 다시 박스에 넣어 이동하는 것이다. 만약 천으로 만든 자루가 없다면 신문지를 잘게 찢어 충분히 넣어주면 좋다.

■**대형종의 포장** : 이구아나 또는 대형종 도마뱀의 경우 종이상자보다는 커다란 쌀자루 등에 신문지를 충분히 찢어 넣고, 주둥이를 잘 봉한 후 이동시키는 것이 좋다. 특히 발의 구조가 특이한 카멜레온류 같은 경우 매끄러운 바닥에서는 광장히 불안해하므로 개체 크기의 약 2배 정도 되는 종이박스에 나뭇가지나 나무젓가락을 통과시켜 고정한 후, 카멜레온이 단단히 잡을 수 있도록 해줘야 한다. 추운 겨울철에 이동할 때는 종이박스 대신 스티로폼 박스를 이용해 온도차에 의한 쇼크를 예방해야 하며, 1시간 이상의 거리를 이동하는 경우 발열팩을 스티로폼 박스에 같이 넣어서 박스 안의 온도가 떨어지지 않도록 주의해야 한다.

소형종의 포장   중형종의 포장

발열팩은 약국이나 편의점에서 손쉽게 구할 수 있으며, 흔히 손난로나 찜질팩으로 판매되고 있다. 발열팩은 최고온도가 40℃ 정도까지 올라가는 제품도 있는데, 발열팩이 바로 동물의 몸에 닿게 되면 화상을 입을 수도 있으므로 사용 시에는 직접 닿지 않도록 스티로폼 박스의 천장 부위나 구석에 테이프로 단단히 고정해야 한다. 이때 스티로폼 박스가 완전히 밀폐되지 않도록 볼펜 구멍 정도의 공기구멍을 뚫어줘야 하고, 차가운 공기가 바로 닿지 않도록 하기 위해 잘게 찢은 신문지를 나머지 부분에 채워주는 것이 좋다.

필자도 발열팩에 관련된 사고를 목격한 경험이 있는데, 예전에 지인이 뱀의 상태를 봐달라며 스티로폼 박스에다 허리찜질용으로 판매되는 '쑥 한방 찜질팩'을 바닥에 놓고, 그 위에 그대로 뱀을 넣어 담아온 적이 있었다. 도착해서 뚜껑을 열자 후끈한 열기가 돌아 확인해봤더니 스티로폼 박스에 구멍도 뚫지 않은 채 발열팩을 넣고, 그 위에 별다른 조치 없이 그냥 뱀을 넣는 바람에 발열팩 온도가 너무 뜨거워져 뱀이 죽어 있었다.

그때 그 지인이 필자의 집까지 오는 데 걸린 시간은 약 40분 정도였는데, 순간의 실수로 아끼던 뱀이 죽어버린 쓰라린 경험을 하게 된 것이다. 문제의 그 발열팩은 가격도 다른 발열팩보다 비쌌고, 다른 제품에 비해 발열효과도 뛰어나서 필자도 자주 쓰는 제품이었다. 이전에는 필자 또한 그런 위험성을 지각하지 못한 채 사용했으나 그 일을 눈앞에서 목격한 후부터는 늘 주의하며 사용하게 됐다. 이처럼 어찌 보면 굉장히 사소한 것 같지만 이 사소함의 차이가 소중한 한 생명을 살릴 수도, 죽일 수도 있다는 것을 명심하자.

Chapter 04

도마뱀 사육장의 조성

도마뱀을 기르는 데 꼭 필요한 용품 및 장비에 대해 자세히 살펴보고, 도마뱀종의 서식환경별로 사육장 환경을 조성하는 방법에 대해 알아본다.

서식환경과 기후에 대한 이해

현재 시중에 유통되고 있는 반려파충류는 호주나 아프리카, 동남아시아, 남미의 열대지역이나 사막지역에서 서식하는 종들이 거의 대부분이다. 그들은 각 서식지역의 기후나 환경에 맞게 발달된 독특한 외모와 습성으로 많은 이들을 매료시키고 있다.

야생의 환경에 대한 이해
각 종의 사육법을 익히기 전에 그들이 살고 있는 야생의 환경과 기후에 대해 이해하는 것이 먼저일 것이다. 파충류는 외부환경에 영향을 많이 받는 동물이기 때문에 그들이 원하는 온도와 습도를 잘 유지해주는 것이야말로 반려파충류 사육의 핵심이라고 할 수 있다. 이렇게 그들이 원하는, 즉 생명을 유지할 수 있는 환경을 꾸며주기 위해서는 서식지의 기후나 서식환경의 생태에 대해 공부를 해야 한다. 만약 여러분이 이러한 환경적 차이점을 충분히 이해한다면, 파충류 사육의 노하우를 절반 이상 터득했다고 볼 수 있겠다.
도마뱀 사육과 관련한 환경적 요인을 크게 분류해 보자면 약 11가지 항목으로 나눌 수 있다. 사막에 사는 종인지 열대우림에 사는 종인지, 주행성인지 야행성인지, 고온을 요구하

프릴드 리자드(Frilled lizard, *Chlamydosaurus kingii*)

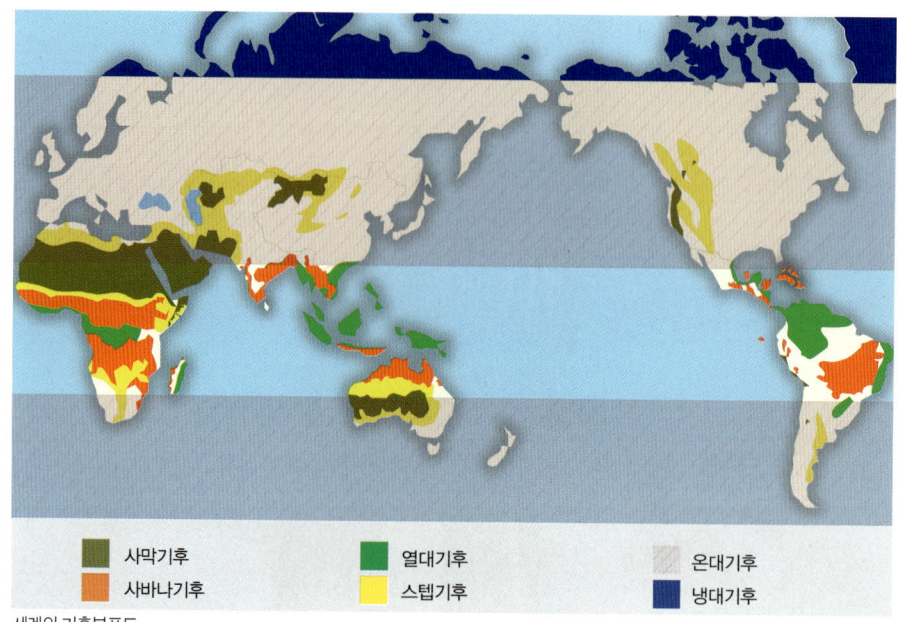

세계의 기후분포도

는지 저온을 요구하는지, 나무 위에 사는 종인지 지상에 사는 종인지 혹은 땅속에 사는 종인지, 단독생활을 하는 종인지 집단생활을 하는 종인지로 나눠볼 수 있겠다. 이 부분에 대해서는 각각의 종의 사육법에서 자세히 다루기로 하고, 여기서는 일단 그들이 사는 기후대에 대해 간략하게 알아보도록 하자.

사막기후(desert climate)

사막이 형성되는 원인은 다양하다. 인간에 의한 지나친 산림훼손이 사막을 만들기도 하고, 고압대에 위치해 강우량이 낮아 생기는 경우, 높은 산간지대를 구름이 넘지 못해 생기는 경우도 있다. 대부분의 사람들이 '사막' 하면 떠올리는 이미지는 아마도 '끝없이 펼쳐진 황량한 모래밭'과 '찌는 듯한 더위'일 것이다. 도저히 생물이 살아갈 수 없을 것 같은 이곳에도 많은 생물들이 삶의 터전으로 삼아 살아가고 있으며, 특히 파충류는 다른 동물군에 비해 훌륭히 적응해서 여러 종들이 살아가고 있다. 건조지역은 지구의 40%를 차지하고 있으며, 건조지역의 10~20%는 사막화되고 있다. 연강우량이 250mm 이하인 지역을 사막이라 부르며, 사막은 구성물질에 따라 암석사막, 모래사막, 자갈사막으로 나뉜다. 사막은 일사(日射: 태양의 복사에너지가 땅에 닿았을 때의 세기)가 강하고, 지표가 노출돼 있다. 대기 중 수증기의 양이 적기 때문에 낮 동안은 50℃에 육박하는 더위가 맹위를 떨치다가, 밤이 되면 기온이 영하로 급감해 일교차의 폭이 수십 ℃에 이르는 혹독한 환경이다. 하루에 일어나는 일교차(1일 온도편차)가 연교차(1년 온도편차)보다 크다. 한마디로 습도가 낮고 다양한 온도대가 공존하는 사막은 그곳에서 사는 동물에게 고온과 저온을 모두 경험할 수 있게 한다.

이러한 이유로 사막에 사는 종은 고온과 저온에 강한 체질을 지닌 경우가 많다. 그러나 다습한 환경에는 취약하기 때문에 사육 시 사육장 전체 습도가 높은 상태로 유지될 경우 피부질환이나 호흡기질환으로 폐사에 이르게 된다. 대표적인 종으로는 야행성인 레오파드 게코(Leopard gecko, *Eublepharis macularius*)와 주행성인 유로매스틱스(Spiny-tailed lizard, *Uromastyx*)를 들 수 있다. 사막에 서식하는 종이라도 종에 따라 요구하는 환경이 약간씩 다를 수 있으며, 주행성과 야행성 종의 경우 큰 차이를 보인다.

습도가 낮고 다양한 온도대가 공존하는 사막은 서식동물에게 고온과 저온을 모두 경험할 수 있게 해준다.

대부분 주행성 도마뱀은 더 건조한 환경을 선호하고, 야행성 도마뱀은 사막에 서식하더라도 낮 동안은 서늘한 그늘이나 습기가 있는 지하동굴 등에서 머무르게 되므로 야행성 레오파드 게코의 경우 은신처에는 약간의 습기가 머물 수 있도록 해주는 것이 좋다.
주행성인 유로매스틱스의 경우 사육장 안이 과습해지면 피부에 농이 차거나 폐에 물이 차서 폐사하기 쉬우므로 이 좋은 기본적으로 건조하고 환기가 용이한 환경에서 사육해야 한다.

스텝기후(steppe climate)

쾨펜의 기후구분에 의하면 건조기후에 속하며, 초원기후라고도 한다. 사막기후 다음으로 건조하며, 사하라사막과 호주사막 같은 사막기후지역을 둘

마른 선인장 속에서 휴식을 취하고 있는 레오파드 게코

러싸며 분포한다. 주로 아열대 고기압대에 위치하고 연강우량은 250~500mm 미만이며, 연교차는 25~30℃ 정도 된다. 비는 매우 일시적으로 오기 때문에 큰 나무가 자라는 경우는 거의 없고, 짧은 풀이 많이 자란다. 주로 중위도 지방에서 나타나며, 넓게 펼쳐진 온대초원이다. 반건조기후에 건기와 우기가 뚜렷하며, 대체로 건기가 우기보다 길다.
쾨펜은 식생의 형태에 따라서도 기후를 구분했는데, 숲이 있고 없음에 따라 수목기후(tree climate)와 무수목기후(treeless climate)로 구분했다. 스텝기후는 온대성 건조기후로서 사막기후와 마찬가지로 일교차가 큰 편이다. 우크라이나 팜파스초원(Pampas), 사하라사막 주변 몽골의 수도인 울란바토르(Ulan Bator) 지역과 우즈베키스탄 수도인 타슈켄트(Ulan Bator) 등이 대표적인 스텝기후에 속하는 지역이다.

사바나기후(savanna climate)

사바나기후는 열대원야기후라고도 한다. 같은 열대기후인 열대우림기후와 몬순기후 주변에 나타나며, 열대우림기후와는 달리 건기와 우기가 매우 뚜렷하다. 평균기온이 약 27℃로 매우 더운 편이며, 가장 추운 달도 18℃보다 낮지 않다. 기온의 연교차는 크지 않으며, 태양이 높게 뜨는 여름에는 적도 부근의 기압골인 적도저압대 때문에 우기가, 태양이 낮게 뜨는 겨울에는 남·북위 위도 30° 부근에 위치한 아열대고압대의 영향으로 건기가 나타난다. 열대우림기후를 둘러싸며 분포하고, 토양은 주로 라테라이트토(Laterite soil; 영국의 지질학자 뷰캐넌-Buchanan-이 습윤열대의 적색토에 붙인 이름)로 염기와 규산 등이 용탈돼 완전한 적색을 띤다. 박테리아가 많이 서식하고 있으며, 유기질 대부분이 분해돼 배수가 매우 잘 된다.

아프리카와 남아메리카에서는 태양이 높은 계절에는 적도저압대의 영향으로 우기가 생기고, 태양이 낮은 계절에는 아열대고압대의 지배를 받아 건기가 생긴다. 아시아의 인도차이나반도와 인도의 데칸고원에서는 계절풍의 교체에 의해 우기와 건기가 생긴다. 건기에는 토지가 매우 건조하므로 낙엽이 지고 건면하며 풀이 말라버리지만, 우기가 되면 식

사바나기후는 건기와 우기에 따라 극적으로 상반된 경관이 펼쳐지며, 다양한 생물군이 서식하는 기후다.

사바나기후에 서식하는 도마뱀은 건기와 우기에 따른 온도변화에 대한 적응력이 뛰어나다.

물이 활동을 재개한다. 적도를 사이에 둔 남북회귀선 사이에 분포하며 브라질고원(Brazil Plateau; 캄푸스가 무성), 오리노코강 유역(야노스평원), 중앙아메리카 서안, 오스트레일리아 북부, 인도차이나반도, 데칸고원(레구르 토양이 분포), 콩고분지 등이 중요 사바나기후로 알려져 있다. 그중에서 아프리카에 가장 널리 분포하는 아프리카 동부의 고원이 한 예다.

이처럼 사바나기후는 건기와 우기에 따라 극적으로 상반된 경관이 펼쳐지는데, 그곳에 서식하는 동물들 또한 건기와 우기에 따라 발생하는 온도변화에 대한 적응력이 뛰어나다는 특성을 지니고 있고, 다양한 생물군이 서식하고 있는 기후다.

열대우림기후(tropical rainforest climate)

열대우림기후는 적도를 포함해 남·북위 5~10° 이내의 큰 밀림지역의 기후를 일컫는다. 더운 날씨가 지속되고 강우량이 많은 까닭에 상록활엽수 위주의 밀림이 나타난다. 해안가에는 주로 열대와 아열대에서 바닷물이 주기적으로 잠겨 소금기가 많은 지대에서 자라는 상록수림인 홍수림(紅樹林, mangrove forest)이 나타난다. 생물이 살기 좋은 환경으로 다양한 종류의 동물들이 서식하며, 많은 파충류도 열대우림을 고향으로 삼고 번성하고 있다.

가장 추운 달의 평균기온이 18℃를 넘는 지역이며, 일교차가 연교차보다도 더 크다. 열대우림은 사바나기후와 자주 비교된다. 둘 다 열대기후라는 공통점이 있지만, 열대우림은 1년 내내 덥고 습윤하며 강우량이 많은 데 반해 사바나기후는 비가 많이 내리는 우기와 비가 적게 내리는 건기가 뚜렷하다는 차이가 있다. 열대우림기후는 지형적 영향이 크며, 열대우림은 연중 태양 에너지를 많이 받는 적도 주변에 분포한다. 아프리카의 콩고 강 일대, 남아메리카의 아마존강 일대, 동남아시아의 인도네시아를 비롯한 여러 섬 등이 열대우림

열대우림기후는 생물이 살기 좋은 환경으로 도마뱀을 비롯해 다양한 종류의 동물들이 서식하고 있다.

지역인데, 이들은 병풍처럼 둘러진 안데스산맥(Andes Mts.)의 영향으로 습윤한 해양풍이 머물러 고온다습한 환경이 형성되기 때문에 수목이 풍성하고 다양한 생물군이 서식한다.

온대기후(temperate climate)

우리나라처럼 사계절의 변화가 뚜렷한 온대지방의 기후다. 중위도에 위치하기 때문에 여름에는 저위도의 열대지방과 비슷한 고온이 이어지고, 겨울에는 고위도의 한대지방과 차이가 없을 정도로 저온현상이 나타난다. 강수(降水)의 분포 특성에 따라 온대습윤기후, 온대하계다우기후, 지중해성기후로 구분된다. 온대기후에 서식하는 종의 경우 겨울에는 동면에 들어간다. 하지만 사육 시 계획적인 동면계획을 세우지 않고 동면을 시키는 경우 도마뱀이 폐사할 수도 있기 때문에 신중히 고려해야 한다. 동면은 번식과도 밀접한 관계가 있으므로 동면을 시킬 계획이라면 사전에 충분히 공부를 한 다음 진행해야 하며, 특별히 번식을 시킬 계획이 없다면 동면을 시키지 않아도 된다.

02 section

도마뱀 사육용품

도마뱀과 같은 파충류를 가정에서 기르려면 기본적으로 준비해야 될 것들이 있다. 파충류는 주변 온도에 영향을 받는 변온동물이므로 안전하게 기르기 위해서는 그들이 원하는 온도와 습도가 유지될 수 있도록 적절한 환경을 조성해줘야 한다. 이런 장치를 생명유지 시설이라 하며, 건강하게 도마뱀을 기르기 위해서는 안전한 사육장을 비롯해 조명과 열원, 바닥재와 습도를 유지할 수 있는 다양한 용품들이 필요하다.

안전이 보장되는 공간, 사육장

도마뱀을 사육할 때 기본이 되는 필수용품은 사육장이다. 도마뱀을 건강하게 기르기 위해서는 그들이 원하는 환경을 조성해줘야 하는데, 여러 조건 중 가장 바탕이 되는 부분이 바로 이 사육장이라고 할 수 있겠다. 사육장의 역할은 일단 도마뱀의 안전을 보장해주는 것이다. 외부로부터 유입되는 찬바람을 차단함과 동시에 내부의 열기 혹은 습기가 외부로 유출되는 것을 막아주며, 야생과 같은 일정한 환경을 제공함으로써 도마뱀이 건강하게 생활할 수 있도록 해준다. 무엇보다도 도마뱀이 탈출함으로써 발생할 수 있는 사고를 미연에 방지한다.

각각 다른 곳을 볼 수 있는 독특한 카멜레온의 눈

따라서 사육장은 온·습도유지 및 통풍이 용이해야 하며, 도마뱀이 쉽게 빠져나올 수 없는 구조로 돼 있어야 한다. 필자가 여러 동물을 길러오면서 가장 신경 쓰고 비용투자를 아끼지 않는 용품이 사육장이다. 사육장의 기본조건은 동물이 쾌적하게 살 수 있는 환경을 조성해줄 수 있는 구조를 가져야 하며, 사육주 본인의 집 안 구조나 인테리어와의 어울림이 어떨지도 고려해봐야 한다. 동물이나 사람이나 둘 다 만족할 만한 사육장을 찾기란 참 어려운 일일 것이다. 이구아나가 수입되던 초창기, 반려파충류 시장이 활성화돼 있지 않았을 때는 정작 이구아나를 기를 만한 적당한 사육장이 없어서 주로 열대어용 수조에서 기르거나 직접 제작해 사용했으나, 현재는 다양한 형태의 파충류 사육장이 시판되고 있다.

■**사육장의 형태** : 기본적인 사육장의 형태는 통풍을 용이하게 하기 위해 위는 철망으로 덮여 있고, 앞쪽은 청소나 먹이급여가 용이하도록 미닫이나 여닫이문으로 이뤄져 있다. 최근에는 옆면에 통풍창이 크게 구성된 제품도 선보이고 있는데, 이러한 유형의 사육장은 통풍이 잘되는 환경을 요구하는 카멜레온이나 뱀류, 사막형 도마뱀에게 유용하다.
주로 시판되는 제품은 유리로 된 것이 많으며, 일반적으로 프레임이 플라스틱이지만 최근 원목프레임으로 제작된 사육장도 선보이고 있다. 사육장은 기본 수조형태인 사각 모양이 대부분이며, 이런 형태는 공간분할이나 여러 가지 용품을 배치하는 데 편리하다.

시판되고 있는 사육장의 형태

열대우림형으로 세팅한 비바리움

■**사육장의 크기와 위치** : 도마뱀 사육장의 크기는 종류에 따라 다르기는 하지만, 가능한 한 크면 클수록 좋다. 적정 크기는 가로의 경우 성체 몸길이의 2배, 세로는 몸길이 정도가 돼야만 도마뱀이 살아갈 수 있는 공간이 확보되며, 주행성 도마뱀이나 건조지대에 사는 종의 경우 조명과 열원을 설치해야 하므로 최소면적은 이보다 더 넓어져야 한다.

크게 자라는 대형종의 경우 이와 같은 조건을 충족시켜주기란 현실적으로 어려운 것이 사실이지만, 최소한 온몸을 쭉 펼 수 있는 공간이 마련돼야 한다. 예를 들어 도마뱀의 성체길이가 50cm인 경우 90x50x50(가로x세로x높이, cm) 정도의 사육장에 두 마리가 적당하며, 사육장이 넓을수록 사육장 안에 다양한 온도대가 형성되고 도마뱀이 원하는 온도대에 머무를 수 있는 이상적인 환경이 된다. 또한, 나무 위에 서식하는 종인지, 바닥에 서식하는 종인지에 따라 사육장의 형태도 달라져야 한다. 일반적으로 나무 위에 서식하는 종류는 위로 높은 형태의 사육장을, 밑에서 서식하는 종일 경우 높이는 낮고 면적이 넓은 사육장을 택해야 한다.

사육장의 설치위치도 중요하다. 기본적으로 시끄럽거나 사람들의 왕래가 잦은 곳 등 도마뱀이 불안을 느낄 만한 요소가 있는 곳은 피해야 한다. 또한, 나무 위에 서식하는 수상성(樹上性) 종들은 사육장의 위치가 높아야만 안정감을 느끼며, 통풍이 잘되는 환경을 요구하

모기장 타입의 카멜레온 사육장

는 종의 경우 통풍이 용이한 새장 등을 이용해 사육하기도 한다. 대형종의 이구아나나 왕도마뱀의 경우 나중에 자랄 크기를 고려해 직접 제작하는 것이 유리하다. 목재나 ABS수지로 불리는 활어 탱크용 플라스틱수지, 포맥스, 아크릴로 제작이 가능하다. 대형종의 사육장을 제작할 때는 꼬리까지의 길이가 1.5m의 도마뱀이라면 가로길이가 최소한 2m는 되도록 설계해야 한다.

뱀류의 경우 유연한 신체구조상 몸길이의 절반 정도 되는 사육장도 가능하지만, 도마뱀의 경우는 자신의 몸을 쭉 펼 수 있는 최소한의 공간이 필요하다. 좁은 사육장에서 기를 경우 운동부족으로 쉽게 비만이 되거나, 자신의 배설물에 의한 피부오염으로 피부병이 생기기 쉬우므로 기르고자 하는 도마뱀의 성체크기를 고려해 사육장을 준비하는 것이 바람직하다.

바닥재의 종류와 특성

대부분의 마니아들이 파충류 사육 시 가장 고민을 많이 하는 용품은 조명도, 열원도 아닌 바닥재. 외국에서도 많은 마니아나 브리더들이 바닥재가 사육의 성패를 좌우한다고 말할 만큼 파충류 사육에 있어서 바닥재의 중요성은 매우 크다. 바닥재는 사육장에 자연스러운 분위기를 연출하는 심미적인 역할도 하지만, 도마뱀의 특성에 따라 숨을 장소가 되기도 하고 땅을 파헤치는 등 야생의 습성을 유지할 수 있도록 돕는 역할을 한다.

또 바닥재는 종류에 따라 습도를 머금어 사육장의 습도유지에 도움이 되기도 하며, 도마뱀의 배설물 냄새도 흡수해주는 역할을 한다. 마니아들끼리 모여서 파충류에 관한 이야기를 할라 치면 늘 바닥재에 대한 고민이 주제가 되곤 했다. 바닥재는 아무래도 도마뱀의 피부에 직접 닿는 용품이고, 혹은 사육하는 도마뱀이 먹을 수도 있는 재료이기 때문에 선택 시 신중을 기해야 한다. 바닥재의 종류는 다음과 같이 습도를 유지할 수 있는 형태와 건조한 상태를 유지하는 형태의 두 가지로 나뉠 수 있다.

이상적인 바닥재

필자가 도마뱀을 기르면서 사육용품 중에 가장 투자를 많이 했던 것이 바로 바닥재가 아닌가 싶다. 파충류 숍을 운영하면서도 새로운 바닥재가 들어오면 일단 무조건 써봤다. 여러 가지 바닥재를 써보면서 내린 결론은 '모래+흙'이 가장 이상적이다라는 것이었고, 이 조합의 바닥재가 도마뱀 사육 시 바닥재로 발생하는 문제가 적었다. 사막형의 경우 깨끗하고 순수한 사막모래에 피트모스를 7대 3의 비율로, 열대우림형의 경우 5대 5의 비율로 섞어준다. 열대우림형의 경우 윗부분에 낙엽이나 이끼, 바크 등을 깔아주니 습도유지에 효과적이었다. 사막형 사육장의 경우 이렇게 깔아주면 모래만 사용했을 때 열전도율이 높은 모래로 인해 발생할 수 있는, 사육장 바닥 전체의 온도가 상승하는 것을 예방해준다.

■ **보습형 바닥재** : 보습형 바닥재란 바닥재 자체가 습기를 머금을 수 있는 형태의 제품을 말한다. 보습형 바닥재는 주로 열대우림에 서식하는, 70% 이상의 높은 습도를 요구하는 도마뱀을 위한 바닥재로 이용된다.

바크(bark) 나무껍질로 제작된 바닥재로서 파충류 전용으로 시판되는 제품부터 꽃집에서 화훼용으로 사용하는 것까지 종류가 매우 다양하다. 입자가 작을수록 보습효과가 높으며, 반대로 입자가 굵을수록 보습효과는 떨어진다. 화훼용으로 판매되는 바크의 경우 일단 가격이 저렴하고, 일정 기간 사용하고 나서 뜨거운 물에 삶거나 락스를 푼 물에 담가 소독하고 헹군 다음 햇빛에 말리는 방법으로 몇 번이고 재사용이 가능하다는 장점이 있다. 단점은 충분히 물에 적셔지지 않은 바크는 오히려 사육장 내의 습도를 더 떨어뜨릴 수 있고, 분진이 많이 날려 파충류 호흡기에 염증을 유발할 수 있다는 것이다. 너무 습하게 유지되거나 장기간 세척하지 않고 사용할 경우에는 응애나 날벌레들이 꼬이기 쉽고, 외부기생충들의 번식처가 될 수 있으므로 열탕소독을 자주 해서 사용해야 한다.

피트모스(peat moss) 피트모스는 토탄이끼라고도 불린다. 유기질 재료로서 습지의 이끼층이 퇴적돼 지질층에서 압력과 가스로 인해 흙처럼 분말형태로 변한 것을 말하며, 흔히 원예용으로 많이 쓰인다. 얼핏 보면 원두커피를 갈아놓은 듯한 고운 입자를 띠고 있지만, 수분을 머금지 않으면 가벼워서 먼지를 일으킬 수 있으므로 물을 부어 반죽해서 사용하도록 한다. 이때 물을 너무 많이 부으면 질척해져서 좋지 않고, 손으로 만졌을 때 너무 많이 묻

> **바크 세척하는 방법**
>
> 1. 먼저 커다란 플라스틱망 바구니, 바구니와 같은 크기의 대야를 준비한다.
> 2. 대야에 플라스틱망을 겹친 후, 그 안에 씻을 바크를 넣는다.
> 3. 끓는 물을 바크에 붓고, 락스 뚜껑으로 한 개 정도 분량의 락스를 넣은 후 20분이 경과하면 차가운 물로 여러 번 헹궈준다.
> 4. 물을 틀어놓고 플라스틱망 바구니를 물에 담가 손으로 비비고 들어 올리는 과정을 반복하면 미세한 분진들이 제거된다. 점차 맑은 물이 나오면 튼튼한 천으로 된 커다란 자루에 씻은 바크를 담고 세탁기에 넣어 헹굼 1번에 탈수를 시키면 깨끗하게 세척된다. 이때 자루가 약하면 터질 수 있으므로 꼭 튼튼한 자루를 사용하도록 한다. 드럼세탁기가 아닌 일반세탁기로 해야 하며, 탈수는 약하게 하는 것이 좋다.

어나지 않을 정도가 적당하다. 파고들기 좋아하는 스킨크류(skinks)에 많이 사용되며, 단독으로 사용하는 것보다 입자가 고운 깨끗한 모래와 혼합해서 사용하는 것이 좋다.

코코넛분말 베딩(bedding) 대부분 블록형태로 판매되고 있는데, 물에 넣으면 풀어지면서 부드러운 흙과 같은 형태로 된다. 코코넛껍질을 분쇄해 만든 바닥재로서 수분흡수율이 높고, 잘 썩지 않는다는 장점이 있다. 제조사에 따라 형태가 약간씩 다르지만 기능은 동일하다. 피트모스와 비슷한 형태를 띠고 있으나, 코코넛분말 베딩은 거친 섬유질의 입자가 섞여 있다는 점이 다르다. 일반적으로 가장 많이 사용하는 습계형 바닥재다.

상토(床土, bed soil) 원예용 토양으로서 여러 가지 종류가 있다. 비료성분이 첨가되지 않은 무균토를 이용하면 미관상은 좋지 않지만 기능적으로는 파충류에게 훌륭한 바닥재가 된다. 무균토는 원예용품점에서 손쉽게 구할 수 있는 재료이며, 양에 비해 가격이 싸다. 구입할 때는 꼭 무균배양토인지 확인해야 한다. 거름성분이 들어간 것은 냄새가 날 수 있으므로 잘 확인하고, 다른 화학비료가 첨가된 것은 아닌지 꼼꼼하게 살펴봐야 한다. 가격이 저렴해서 바닥재 용도 외에 주로 중형 도마뱀의 산란상자를 만드는 데도 사용된다.

이끼(moss) 이끼는 여러 가지 종류가 있는데, 일반적으로 원예용품점에서 판매되고 있는 생이끼를 많이 사용한다. 주로 화분을 심을 때 위에 마감으로 깔아주는 이끼로, 인공적으로 색상을 입히지 않은 자연산이다. 장점은 가격이 저렴하고 자연스러운 분위기 연출이 가능하며, 보습력이 뛰어나다는 것이다. 고온에 약하므로 보름 정도 지나면 시들고 색이 변한다는 단점이 있고, 재활용이 안 되기 때문에 어찌 보면 소모성이 큰 바닥재라고 할 수 있다. 단독으로 사용할 경우 힘이 없어 많이 움직이므로 상토를 깔고 마감재로 위에 덮어주는 것이 좋다. 인터넷 대형쇼핑몰에서 생이끼로 검색하면 손쉽게 구할 수 있다.

낙엽 자연에서 흔하게 얻을 수 있는 재료 중 하나인데, 의외로 효과가 좋다. 자연스러운 분위기 연출이 가능하고, 도마뱀에게 숨을 장소 제공 및 심리적인 안정감을 주는 역할을 한다. 주의할 것은 도시근교의 낙엽이 아닌 산에서 주은 낙엽을 한 번 삶아서 소독한 후 사용해야 한다는 것이다. 낙엽만 사용하는 것이 아니라 상토나 피트모스로 베이스를 마련한 후 상단에 덮어주는 형태로 세팅한다. 단점은 도마뱀이 숨어서 잘 보이지 않게 되거나, 아무래도 자연재료이다 보니 과습해지면 곰팡이나 벌레가 꼬일 수 있다는 것이다.

수태(sphagnum moss) 스패그넘 모스라고 불리는 물이끼를 말한다. 피트모스가 거의 흙과 같

1. 바크 2. 피트모스 3. 코코넛분말 베딩 4. 상토 5. 이끼 6. 수태

여러 가지 재료를 바닥재로 사용한 모습. 사진 위부터 바크, 낙엽, 모래, 아스펜 베딩

은 고운 입자라면, 수태는 이끼의 형태를 가지고 있고 연한 베이지색을 띤다. 원래는 원예용으로 사용되던 제품이지만, 양서류나 높은 습도를 요구하는 파충류의 바닥재로 많이 사용되며, 여러 번 재활용이 가능하다는 장점이 있다.

■**건조형 바닥재** : 주로 사막에 서식하는 도마뱀류를 위한 바닥재로, 습도가 40% 이하인 건조한 환경을 유지하기 위해 사용하는 제품이다.

모래 사막형 도마뱀의 사육장을 세팅할 때 가장 흔하게 쓰이는 재료다. 파충류용품 브랜드별로 다양한 모래들이 제조되고 있으며, 입자가 밀가루처럼 아주 고운 것부터 일반 바다모래 정도로 고운 것, 약간 거친 것 등이 있다. 색깔도 다양해서 검은색, 흰색, 적갈색 등이 있고, 자연에서 직접 채취한 제품과 인공적으로 제조한 제품이 있다. 사막마다 컬러가 다른 모래를 각각 채취해 파충류용으로 시판되고 있으며, 다양한 분위기 연출이 가능하다.

모래의 입자에 따라 수분을 머금으면 굳는 형도 있다. JBL사에서 나온 붉은 계열의 고운 입자 모래가 이러한 형태를 띠며, 이 성질을 이용해 버로우형 도마뱀이 굴을 파고 생활하기도 한다. 너무 어린 개체의 도마뱀은 먹었을 경우 장이 막혀버리는 장폐색증(Impaction)을 유발할 수 있으므로 피하는 것이 좋다.

칼슘모래 파충류가 바닥재를 먹을 경우 일어날 장폐색증을 예방하기 위해 소화가 되는 바닥재의 개념으로 제작된 모래다. 산호사를 곱게 갈아 만든 제품인데, 입자가 고르지 않고 뾰족하고 거칠다는 문제점이 있다. 만약 입자가 뾰족하고 거칠 경우 장에 들어갔을 때 장의 연동운동으로 오히려 도마뱀에게 고통을 줄 수 있다. 많은 위험성이 내재된 바닥재로 보이므로 주의를 요한다.

아스펜 베딩(Aspen bedding) 아스펜은 버드나무과(Salicaceae) 사시나무속(*Populus*)에 속하는 나무를 잘게 켜서 만든 바닥재다. 다른 침엽수로 만든 바닥재와는 달리 향이 옅고 먼지가 적으며, 수분을 머금으면 부드러워진다. 먼지가 많으면 안 되는 실험실의 실험동물용 베딩이나 파충류의 베딩으로 쓰인다. 자잘한 사각형 나뭇조각처럼 생긴 형태나 닭가슴살을 찢어놓은 듯한 형태 등 다양한 제품을 볼 수 있는데, 주로 찢어놓은 듯한 형태가 냄새흡수율도 좋다. 사육하는 동물이 먹이와 같이 먹었을 때 배출이 용이하다는 장점 때문에 주로 파충류를 대량으로 번식하는 브리더들이 많이 사용하는 바닥재다.

세라믹 소일(ceramic soil) 일반적으로 화분가게에서 파는 난석과 같은 형태인데, 진흙을 동그랗게 굳혀 열을 가해 한 번 구워낸 바닥재다. 열대어 수초용 바닥재이기는 하지만, 비료성분이 들어 있지 않은 소일은 건계형 바닥재로

1. 밝은색 모래 **2.** 붉은 타입 모래
3. 아스펜 베딩 **4.** 부직포

많이 쓰인다. 일본의 파충류잡지를 보면 많은 마니아들이 이 바닥재를 사용하고 있다. 필자도 사용해봤는데, 뱀류에게 괜찮은 바닥재이기는 하지만 작은 도마뱀에게는 위험성이 있는 듯 보인다. 먹게 되더라도 배출이 가능한 크기의 동물에게는 유용한 바닥재다.

도마뱀 사육장의 여러 가지 세팅 예

부직포 어린 레오파드 게코, 비어디드 드래곤의 갓 부화한 해츨링(hatchling; 유체. 갓 태어났거나 자그마한 새끼 개체를 말한다) 개체나 약한 개체의 경우 장폐색증을 예방하기 위해 이용하는 바닥재다. 일반적으로 문구점에서 쉽게 구할 수 있는 재료로서 값이 싸다. 여러 장 구입해서 어항 크기에 맞게 잘라 사용하다가 오염됐을 때는 새것으로 바로 교체해주면 된다. 오염된 것은 세탁해서 재사용할 수 있다는 장점이 있다.

■**사용하면 안 되는 바닥재** : 호두껍데기 베딩, 옥수수속대 베딩, 컬러모래는 파충류용 바닥재로서 적합하지 않으므로 피해야 한다. 파충류 사육 초창기에는 사육주들이 호두껍데기 베딩을 사용함으로써 수많은 파충류가 바닥재 섭취로 인한 장폐색증으로 죽어갔다. 호두껍데기 베딩은 단면이 거칠고 먼지를 유발시킨다는 단점이 있다. 옥수수속대 베딩 또한 호두껍데기 베딩과 마찬가지로 장폐색을 일으키고 분진이 많기 때문에 외국의 수의학 서적에도 호두껍데기 베딩과 더불어 파충류용으로 사용하는 것을 금지할 정도로 파충류에게 좋지 않은 바닥재다. 컬러모래는 인공적인 색상을 입힌 모래로서 도마뱀의 피부가 모래의 컬러로 물드는 경우가 있으며, 화학성분이 도마뱀에게 미치는 영향은 두말할 것도 없이 좋지 않으므로 사용하지 않도록 한다.

조명과 UVB램프

빛은 단순히 사육장을 아름답게 비추는 것뿐만 아니라 파충류의 생명과 관련된 중요한 요소 중 하나다. 많은 파충류가 빛을 통해 열을 얻으며, 칼슘을 합성하고 호르몬 대사를 완성한다. 일반적으로 빛의 파장을 통해 우리 눈으로 볼 수 있는 색은 빨주노초파남보 7가지다. 각 색깔마다 빛의 파장이 달라 굴절각도도 달라지는데, 파장이 길수록 굴절각도는 커지게 되며, 7가지 색 중 빨강색이 파장이 가장 길고 보라색의 파장이 가장 짧다.

사람 눈에는 보이지 않지만 빨강색보다 더 긴 파장과 보라색보다 더 짧은 파장들이 있는데, 빨강색보다 긴 파장을 적외선 그리고 보라색보다 더 짧은 파장을 자외선이라고 한다. 일반적으로 파충류 사육에 사용하는 UVB등의 기능은 파장 280~320nm에 해당하는 자외선을 발생시키는 것이다. 자외선은 파장길이별로 UVA, UVB, UVC로 나뉜다.

■**UVA** : 장파장 자외선이라 불리는 UVA는 일반적인 형광등이나 백열등에서도 방출되며, 흔히 체온을 높이고 식욕을 돋우는 기능을 한다. 파충류 사육 시에는 사육장 내에 지역적으로 온도의 편차를 주고, 일광욕장소를 만들어주기 위해 부분적인 장소에 빛과 열을 집

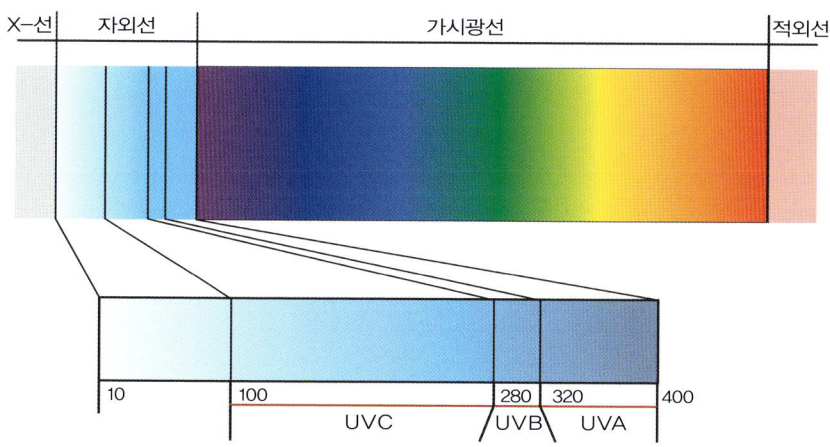

- UVA(320~400nm) : 오존층에 흡수되지 않음 / 사진의 감광작용
- UVB(280~320nm) : 대부분은 오존층에 흡수, 일부는 지표면에 도달 / 비타민D2, 비타민D3 생성
- UVC(100~280nm) : 오존층에 완전히 흡수 / 살균능력(250nm)

자외선의 파장

다양한 UVA램프

중시키는 스폿 램프(spot lamp)라는 등을 이용한다. 스폿 램프는 원래 전시장이나 장식물에 집중적으로 조명을 비출 때 사용하는 기기인데, 파충류 사육 시에 한 곳을 집중 조사해 핫 스폿(hot spot)으로 설정함으로써 도마뱀이 체온을 끌어올릴 수 있는 일광욕장소를 만들어주는 데 이용한다. 스폿 램프의 형태는 제조회사마다 조금씩 다르다. 각 제조업체별로 파충류전용등이라고 시판하고 있으나, 이는 일반조명가게나 대형마트에서도 쉽게 구할 수 있는 등이다. 초기에 많은 마니아들이 일반조명등 가격보다 4배 정도 비싼 파충류전용등을 구매해 사용했지만, 사실상 기능은 똑같아 허탈해했던 웃지 못할 일화도 있다.

스폿 램프를 선택할 때 고려해야 할 것은 와트(W) 수다. 스폿 램프마다 40W, 60W, 100W 등 숫자로 표시된 부분이 있는데, 이것이 바로 램프의 와트(출력)를 나타내는 숫자다. 빛과 열이 셀수록 와트 수는 높아진다. 와트 수의 선택은 사육장의 크기와 사육하고자 하는 생물이 원하는 온도에 따라 달라진다. 만약 사막의 높은 온도를 요구하고 일광욕장소가 40℃ 이상의 높은 온도를 요구할 경우, 높은 와트 수의 전구를 더 가까이 조사해야 한다. 반대로 약한 온도대의 일광욕장소를 원하는 종의 경우 낮은 와트 수의 전구를 이용하거나 조사거리를 일광욕장소에서 멀리 떨어뜨려주는 방식으로 온도를 조절해줄 수 있다.

■비타민D₃의 기능 : 비타민D₃는 칼슘을 분해해 흡수시키는 역할을 수행한다. 파충류의 체내에는 7-디하이드로콜레스테롤(7-dehydrocholesterol)이라는 비타민D₃ 전구물질이 있는데, 자외선을 충분히 조사하면 이 물질이 콜레칼시페롤(Cholecalciferol), 즉 비타민D₃로 전환된다. 비타민D₃는 칼슘흡수에 필요한 칼슘결합단백질(CaBP)의 합성을 자극함으로써 소화관

의 칼슘과 인의 흡수율을 증가시키는데, 혈액 중의 칼슘과 인의 농도가 높아지면 조직 중의 칼슘과 인을 결합시켜 골격을 단단하게 석회화할 수 있게 한다. 비타민D3가 부족하면 칼슘흡수를 제대로 할 수 없어 뼈가 휘는 대사성 골질환(MBD, metabolic bone disease)에 걸리게 된다. 따라서 사육 시에 야생에서처럼 일광욕을 할 수 없는 도마뱀에게 UVB등을 켜줌으로써 체내에서 칼슘을 분해·흡수할 수 있도록 해준다.

■**UVB램프의 형태** : UVB램프의 형태는 일반적인 형광등형태, 소켓에 끼우는 벌브형태, UVA와 UVB가 동시에 나오는 형태 등 크게 3가지로 나눠볼 수 있다. 형광등 형태의 경우 UVB 방출량이 일정하게 조사된다는 장점이 있는 반면, 형광등을 조사할 수 있는 등갓도 함께 구매해야 한다는 단점이 있다. 등갓 가격이 소켓보다 더 비싼 편이고 부피감이 있어 사육장 위에 설치할 경우 환기창인 철망 부분을 많이 차지한다. 소켓에 끼우는 벌브형태는 설치가 간편하고 자리를 많이 차지하지는 않지만, UVB조사량이 형광등형태보다 떨어지는 편이다.
UVA와 UVB가 합쳐진 형태는 설치를 비롯해 모든 면에서 편리하지만, 현재 시판되는 제품의 소비전력 와트 수가 높아 주로 넓은 사육장에 쓰이며 제품 가격대가 높은 편이다. UVB의 수명은 제조사에 따라 조금씩 다르기는 하지만, 일반적으로 약 6개월 정도라고 생각하면 된다. 6개월이 지나면 UVB 방출량이 현저히 감소되기 때문에 램프가 점등되고 작동이 여전히 되는 것 같아도 과감하게 교체해주는 것이 바람직하다.

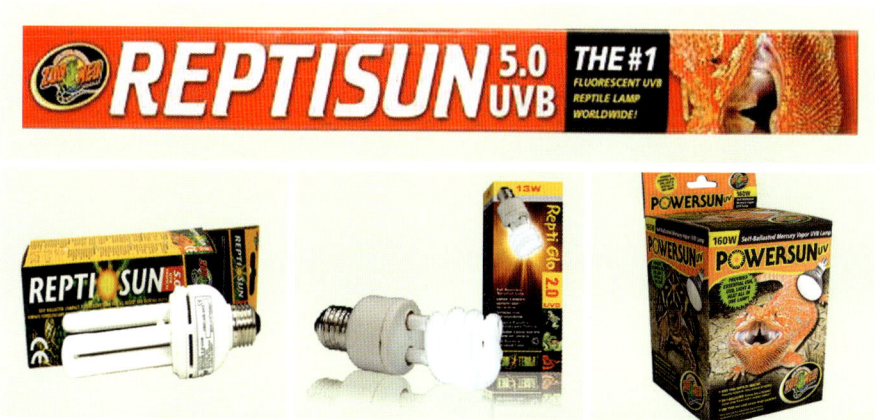

다양한 UVB램프

 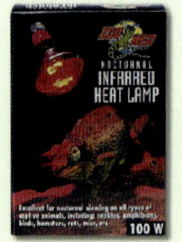 

보온을 위한 야간용 히팅 램프

■**UVB램프의 설치** : 일반적으로 UVB가 필요한 동물은 낮에 활동을 하는 주행성 동물이며, 이들은 자외선을 받아 비타민D3를 합성하거나 다른 동물을 포식함으로써 비타민D3를 섭취한다. 하지만 모든 동물이 이와 같은 자외선을 필요로 하는 것은 아니며, 야행성 동물은 자외선 없이 체내에서 자체적으로 비타민D3를 합성할 수 있다. 이러한 이유로 주행성 도마뱀을 사육할 때는 UVB램프가 꼭 필요하다고 할 수 있으며, 특히 성장기에 있는 어린 개체들에게 UVB램프를 통해 UVB를 조사해주는 것은 매우 중요하다고 볼 수 있다.

현재 시판되고 있는 UVB램프의 자외선 세기는 자연광에 비할 때 수십 분의 일에 해당할 정도로 약하다. 그렇기 때문에 종종 날씨가 좋은 날을 택해 사육주가 직접 야외에서 일광욕을 시켜주거나 비타민D3가 포함된 칼슘제를 먹여서 보충해주기도 한다. 자연에서 일광욕을 시킬 때는 일반적으로 30분에서 1시간 정도면 충분하다. UVB램프를 사용할 경우는 10시간 정도 조사해줘야만 자연광에서 1시간 정도 일광욕을 실시한 효과를 볼 수 있으므로 아침부터 저녁까지 12시간씩 스폿 램프와 UVB램프를 가동시켜야 한다. 특히 야외에서의 일광욕이 불가능한 겨울철에는 반드시 UVB램프를 설치해줘야 한다.

등에서 발산되는 인공적인 자외선은 약하기 때문에 UVB램프와 도마뱀 사이에 위치한 유리나 플라스틱, 심지어 고운 철망까지도 자외선을 반사시켜 효과를 떨어뜨린다. 따라서 사육장 설치 시 모기장처럼 입자가 가는 철망은 피해야 하며, 통과가 가능한 굵은 간격의 철망을 사용하는 것이 좋다. 또한, UVB등과 도마뱀의 거리가 30cm 이상 떨어지면 램프의 자외선 효과는 거의 없으므로 이 점을 고려해 사육장 내 설치위치를 정해야 한다. 이런 조명기기는 타이머를 장착해 정해놓은 일정 시간 동안만 작동하게 함으로써 외출 시나 집에 늦게 귀가하는 경우에도 자동으로 불이 켜지고 꺼지도록 하는 것이 좋다.

일광욕을 즐기고 있는 유로매스틱스

열원

변온동물인 도마뱀의 성장에 필요한 여러 가지 요건 중에서도 특히 온도는 성장과 대사의 촉진, 활동 및 생존에 큰 영향을 끼치는 중요한 요소다. 열원의 종류는 상부열원과 하부저면열원으로 나눌 수 있으며, 도마뱀의 생활방식에 맞게 설치해줘야 한다. 주로 나무 위에서 생활하는 수상성 도마뱀에게는 상부열원을 설치해주고, 주로 바닥에서 생활하는 도마뱀류에게는 하부열원이 알맞다.

■**상부열원** : 상부열원으로는 주로 스폿 램프를 이용한다. 스폿 램프를 사육장에 설치할 경우 특별히 유의해야 할 점은 온도가 높은 곳과 낮은 곳을 형성해주기 위해 사육장 가장자리 한 부분에 설치해야 한다는 것이다. 스폿 램프는 조명의 역할뿐만 아니라 UVA를 방출하고 체온을 끌어올리며, 방출되는 노란빛은 식욕을 자극하는 역할을 한다.

스폿 램프 이외에 야간에 켜주는 적외선램프에 대해 알아보자. 적외선램프는 붉은색 유리로 제작돼 가시광선이 방출되지 않기 때문에 동물의 수면에 방해되지 않는 야간용 등이다. 일반적으로 우리가 물리치료를 받을 때 쏘이는 적외선등이며, 주로 겨울철 야간에 보

  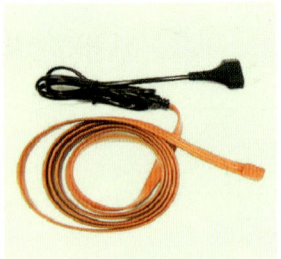

저면 발열기기들

온이 필요할 때 사용한다. 적외선램프 외에 사기재질로 만들어진 세라믹등의 경우 빛은 방출하지 않고 열만을 방출하는 보온등이며 주로 야간에 사용된다.

■하부열원 : 하부열원은 우리나라처럼 계절의 변화가 뚜렷한 곳에서 겨울철 보온을 위해 사용하는 제품군으로 히팅 패드(heating pad)나 전기방석, 락 히터(rock heater; 시멘트를 굳힌 돌 형태로 열선 안에서 열을 냄) 등을 들 수 있으며, 흔히 동파방지선이라 부르는 열선도 이용된다. 겨울철이라고 해서 하부열원을 반드시 설치해줘야 하는 것은 아니며, 아파트의 경우처럼 밤에 23~25℃ 정도로 집 안 온도가 유지된다면 굳이 설치하지 않아도 무방하다.

하부열원이나 조명기기를 사용할 때 가장 주의해야 할 점은 오버 히팅(over heating)에 의한 피해다. 파충류는 항상 고온을 유지해줘야 하는 것으로 잘못 알고 있는 사육주들이 많은데, 도마뱀의 서식지인 사막이나 열대우림 모두 일교차가 있는 환경이므로 사육 시에도 낮과 밤의 온도차를 형성해줘야 한다. 그렇지 않고 항상 일정한 온도에서 사육하게 되면 면역력이 저하되고, 혹 발생될지도 모를 온도차로 인한 쇼크에 민감하게 반응하게 되며, 쉽게 폐사에 이를 수 있다. 따라서 꼭 밤낮의 온도차를 형성해주는 것이 바람직하다.

또한, 한겨울이라 할지라도 위와 같은 사육장비가 모두 반드시 필요한 것은 아니며, 주변 환경을 체크하고 그에 맞게 선택해야 한다. 사육장 내 온도가 너무 높이 치솟아 폐사에 이르는 오버 히팅 사고를 방지할 수 있도록 사육장 내 온도가 설정된 최고온도 이상 올라가면 열원의 전원을 차단시켜주는 자동온도조절기를 설치하는 것이 바람직하다. 자동온도조절기는 일정한 온도가 넘어가면 전원을 차단시켜 열기구나 조명을 꺼주므로 외출 시나 장기간 집을 비우게 되는 경우는 물론 평소에도 아주 유용하다.

조명, 상부열원 설치 시 주의할 점

상부열원용이나 조명용 전구를 사용할 경우 사육장 내부에 설치하면 절대 안 된다. 뜨겁게 달궈진 전구로 인해 도마뱀이 화상을 입을 위험이 있으며, 그로 인해 피부에 물집이 잡히거나 괴사됨으로써 탈피 시 어려움을 겪게 되는 상황이 발생할 수 있다. 또 분무를 해줄 때 달궈진 전구에 물이 튀어 전구가 폭발할 위험이 있으므로 스폿 램프나 적외선 히팅 램프, 세라믹열등 등은 사육장 외부에 설치해 상단의 철망을 통해 빛과 열이 전달되도록 해줘야 한다.

도마뱀 사육 시의 적정온도

도마뱀의 종류에 따라 각각 원하는 온도대는 다르다. 이해를 돕기 위해 '제8장 도마뱀의 주요 종'에서 적정온도를 수치로 표기해뒀지만, 가장 확실한 방법은 사육하는 도마뱀의 행동을 틈틈이 잘 관찰하면서 온도를 점검하는 것이다. 만약 사육하는 도마뱀이 거의 종일 스폿 램프 밑에서 떠나지 않고 일광욕을 하고 있다면, 이는 사육장 내 온도가 너무 낮은 것이다. 반대로 항상 일광욕장소 반대편에 가 있고 움직이지 않으며, 사육장 벽면을 자꾸 긁어대면서 사육장 밖으로 나가려는 행동을 보인다면 이는 사육장 내 온도가 너무 높은 것이므로 환기를 시켜주고 바로 온도를 낮춰줘야 한다. 사용하는 램프의 와트 수를 높거나 낮은 것을 이용함으로써 온도를 조절하거나, 램프의 조사거리를 가깝거나 멀게 떨어뜨려서 원하는 온도를 적절하게 조절할 수 있다. 온도 관리를 수월하게 하기 위해서는 무엇보다 중요한 것이 바로 사육장의 크기이며, 다양한 온도대가 형성될 수 있는 충분한 크기의 사육장이 필요하다. 너무 좁은 사육장에서 스폿 램프를 사용할 경우 사육장 전체의 온도가 너무 높게 올라가서 도마뱀에게 오히려 악영향을 끼치므로 주의해야 한다.

약 2년 전 필자가 파충류 숍을 운영할 때 오버 히팅과 관련된 경험을 한 적이 있다. 어느 날 자정이 다 된 늦은 시간에 한 중학생에게서 전화가 걸려왔는데, 다짜고짜 '이구아나가 밥을 안 먹는데 어떻게 하냐'는 것이었다. 당시 필자의 숍에서는 이구아나를 분양하지 않았기 때문에 어디서 분양받았냐고 했더니 인터넷에서 개인 분양을 받아왔는데 이틀 전부터 밥을 안 먹는다는 것이다. 이어서 들은 설명에 의하면 사육장 환경 자체는 별 문제가 없었는데, 통화를 계속하다 보니 사육장의 크기가 1자반(45cm)짜리 작은 열대어 수조였다. 그 학생은 이전 사육주가 사용하던 사육기기를 다 설치해줬다고 했다. 낮에는 스폿 램프를 켜주고, 밤에는 야간등을 꼭 켜줘야 되는 줄 알고 또 적외선등을 틀어줬던 것이다. 그러니 어린 이구아나는 이틀 동안 밤낮으로 고온에 시달리다가 전화를 할 때쯤에는 이미 탈수로 가망이 없는 상황이 돼 있었다. 그래서 빨리 야간 적외선등을 꺼주고 사육장의 온도를 서서히 낮춰주라고 조언을 했지만, 1시간 후 그 학생으로부터 이구아나가 죽었다며 울먹이는 목소리의 전화를 받았다.

많은 파충류가 온도차에 의한 쇼크로 병에 걸리고 심하면 폐사에 이르게 되는데, 저온에 의한 피해보다는 오히려 고온에 의한 피해가 심각하고 돌이킬 수 없는 경우가 많다. 저온에 노출된 도마뱀의 경우 재빨리 조치를 취해 체온을 회복시켜주면 감기나 기타 질병에 걸릴지언정 정상적으로 소생하는 경우가 많은데, 반대로 고온에 장기간 노출되면 회생이 되더라도 신경마비에 걸리는 등 정상적으로 돌아오지 못하는 경우가 대부분이다. 이처럼 파충류의 오버 히팅은 저온에 의한 피해보다 훨씬 심각한 영향을 끼칠 수 있으므로 항상 사육장 내 온도 관리에 세심한 주의를 기울여야 한다.

케이지 퍼니처

케이지 퍼니처(cage furniture)는 사육장과 바닥재 및 조명과 열원을 제외한 나머지 온도계와 습도계, 은신처, 물그릇, 먹이그릇 등 케이지 내부에 설치되는 여러 가지 사육용품을 말한다.

■**온도계/습도계** : 파충류 사육에 있어서 가장 기본적이고 핵심적인 부분은 바로 그들이 원하는 온도와 습도를 적절하게 조성해주는 것이며, 사육장의 내부온도와 습도를 한눈에 체크할 수 있는 온·습도계는 파충류 사육 시 꼭 구비해야 할 필수 아이템이다. 온·습도계는 온도와 습도의 차이를 눈으로 확인할 수 있도록 2개 정도 구비해서 열원이 설치돼 있는 곳과 설치돼 있지 않은 곳 등 두 군데에 비치하는 것이 관리 면에서 유용하다.

온·습도계는 필름형부터 유리막대형(수은온도계), 아날로그 방식과 디지털 방식 등 형태와 기능 면에서 매우 다양한 제품이 시판되고 있는데, 온도는 파충류에게 있어서는 생존과 직결되는 민감한 부분이므로 저가의 제품보다는 정확하고 믿을 수 있는 제품을 사용하는 것이 바람직하다. 또 온도계와 습도계가 함께 붙어 있는 제품도 있고, 각각 따로 분리된 제품도 있으나 효율적인 측면에서는 함께 붙어 있는 제품을 구입하는 것이 좋다. 아울러 사육장에 설치하는 온도계 외에 최근 많이 사용되고 있는 레이저형 디지털 온도계를 구비해 수시로 온도를 체크해주는 것이 좋다. 레이저형 온도계는 특정 부분에 레이저를 쏴서 온도를 확인하는 제품으로 동물의 피부온도 점검에도 아주 유용하다.

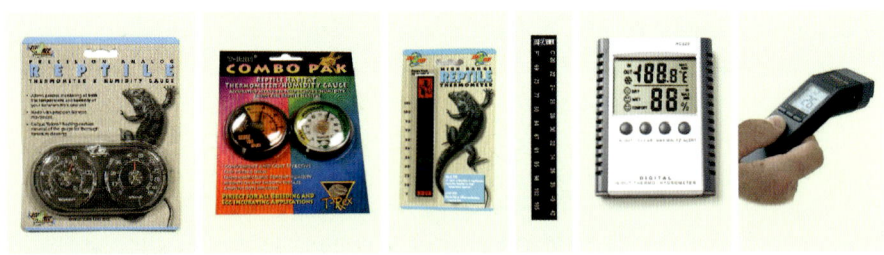

다양한 온·습도계

■**은신처** : 자연상태에서의 은신처는 주간에는 직사광선과 천적으로부터 공격을 피할 수 있게 해주고, 야간에는 열의 손실을 막아주는 역할을 한다. 또 여러 가지 악조건을 내포한 자연환경에서 동물의 몸을 보호해주는 역할도 한다.

돌무덤으로 은신처를 꾸며준 모습

사육장을 꾸밀 때 은신처의 유무는 종에 따라 달라지거나 데코레이션을 하면서 암석 또는 유목 등으로 은신처를 대신할 수 있지만, 지상에 사는 야행성 소형 도마뱀에게는 빛을 완벽하게 차단해주는 은신처가 반드시 필요하다. 은신처는 일반적으로 하이드, 하이드 박스(hide box)라 부르는데, 자연스러운 동굴 모양의 제품들이 시판되고 있으므로 원하는 형태의 것을 선택하면 된다. 또 사육주가 직접 만들어 사용할 수도 있다. 아크릴이나 포맥스, 나무판, 두꺼운 종이 등으로 제작 가능하며, 깨진 화분 등도 훌륭한 은신처가 될 수 있다.

■**물그릇, 먹이그릇** : 물그릇은 도마뱀에게 수분을 제공하는 기본적인 역할뿐만 아니라 사육장의 습도를 올려주는 역할도 한다. 물그릇에 들어가 목욕을 즐기는 종도 있으므로 도마뱀의 서식지에 따라 물그릇의 크기도 달라져야 한다. 물그릇과 먹이그릇은 사육개체가 뒤집지 못하도록 될 수 있으면 무거운 재질의 제품을 사용하는 것이 바람직하다.

일반적으로 사막에 서식하는 종일 경우 높이가 낮고 쉽게 물을 섭취할 수 있는 형태가 적당한데, 그릇에 담기는 물의 양이 많을 경우 사육장의 습도가 적정습도보다 높아질 수 있으므로 낮은 형태의 것을 이용하는 것이 좋다. 열대에 서식하는 도마뱀의 경우 사육장 내의 습도를 높이기 위해 분무를 해주는데, 물그릇의 크기도 크면 클수록 좋다. 대형 도마뱀의 경우 일반적으로 채집통을 물그릇으로 사용하기도 한다.

다양한 형태의 은신처

다양한 형태의 물그릇과 먹이그릇

시판되고 있는 암석 모양의 물그릇을 구매하는 것도 괜찮지만, 유리 볼이나 사기그릇, 플라스틱 접시, 뚝배기 등 가격도 저렴하고 생활 주변에서 손쉽게 구할 수 있는 용기들이 많으므로 각자의 취향에 따라 선택하는 것도 좋다. 굳이 추천하자면 깔끔한 투명유리 재질로 된 사각 반찬그릇이나 검은색의 작은 뚝배기를 권한다. 또 화분가게에서 판매되는 사각의 검정색 수반도 좋다. 각자의 취향이겠지만 아기자기한 색깔이 들어 있는 그릇이나 과일 모양 등 특정한 모양을 가진 그릇의 경우 비바리움을 조성할 때 튀는 요소가 됨으로써 최대한 자연스러움을 지향해야 하는 비바리움의 완성도를 떨어뜨리게 된다. 따라서 특별히 튀지 않고 자연스러운 검정색이나 투명한 색상의 그릇을 선택하는 것이 좋겠다.

먹이그릇은 주로 잡식성이나 초식성 도마뱀에게 채소를 급여할 때 바닥재에 오염되는 것을 방지하기 위해 낮고 넓은 형태의 제품을 이용한다. 또한, 밀웜이나 슈퍼웜을 급여할 때도 바닥재가 깔려 있으면 바닥재 사이로 파고들어가 버리므로 밀웜이나 슈퍼웜이 기어올라 탈출할 수 없도록 낮고 넓은 형태의 미끄러운 유리그릇을 이용하는 것이 좋다. 게코류처럼 직접 핥아서 칼슘을 보충하는 종류의 도마뱀을 위해 칼슘을 넣어두는 그릇도 필요한데, 간장종지 크기의 작고 낮은 그릇을 이용하면 된다.

케이지 데코

케이지 데코(cage deco)란 다양한 재료를 이용해 야생과 비슷한 환경으로 사육장 내부를 꾸미는 것을 의미한다. 이는 사육주의 심미적인 만족뿐만 아니라 사육동물의 스트레스 감소와 야생의 습성을 유지시켜줄 수 있는 매우 중요한 부분이다. 이러한 목적으로 사용되는 케이지 데코용 자재들은 사육장을 아름답고 실용적으로 꾸미기 위한 백스크린(back screen), 유목(나무)과 암석(돌), 인공식물인 조화나 살아 있는 식물 및 기타 장식품들을 포함한다.

■**유목과 암석** : 유목과 암석은 비바리움 구성 시 매우 중요한 역할을 한다. 유목은 고사목, 즉 죽은 나무의 뿌리나 가지 부분을 말하며, 일반적으로 땅속에 오랜 동안 묻혀서 광물질을 흡수해 석탄이 되기 직전의 나무를 의미한다. 유목과 암석은 보다 자연스러운 사육환경을 조성하는 데 도움이 되며, 단순히 장식적인 효과뿐만 아니라 사육하는 도마뱀이 다양한 활동을 할 수 있도록 해준다. 유목과 암석은 도마뱀이 기어오르고 쉴 수 있는 장소를

시중에서 판매되고 있는 다양한 유목(좌)과 암석(우)

유목 및 암석의 레이아웃

레이아웃이란 시각적으로 아름답게 보이도록 암석이나 유목을 적절한 장소에 배치하는 것을 말한다. 레이아웃의 기술은 여러 번 반복하다 보면 자연히 터득하게 되며, 사실 특별히 기술을 요하거나 어려운 일은 아니다. 각자의 개성과 취향에 맞게 배치해도 되지만, 보다 시각적인 안정감과 안정된 구도를 만들기 위해서 다음과 같이 기본적으로 지켜야 할 법칙이 몇 가지 있다.

우선 덩어리가 큰 것들은 뒤쪽이나 구석에 배치하고, 유목이나 암석의 색상은 바닥재 색상과 비슷한 계열을 선택하는 것이 좋다. 예를 들어 사막형 사육장을 꾸밀 때 바닥재로 밝은 계열의 모래를 깔았는데 진한 갈색의 유목이나 검은 계열의 돌을 배치할 경우, 전체적으로 묻히는 느낌이 아니라 장식물들이 각각 튀는 느낌을 줌으로써 비바리움 자체가 산만해 보이게 된다. 이럴 때는 연한 계열의 암석이나 유목을 사용하고, 유목이나 암석 위에 바닥재를 한 움큼 집어 살짝 뿌려주면 전체적으로 튀지 않고 자연스러운 분위기가 연출될 수 있다.

제공해주고, 숨을 곳이나 일광욕자리를 마련해주게 된다. 일반적으로 도마뱀은 지면보다 높이 솟아 있는 바위 또는 나무 위에 올라가서 일광욕을 하는 습성이 있다. 이는 태양에 좀 더 가까이 다가감으로써 열을 더 많이 받기 위한 본능적인 습성인데, 사육 시에도 스폿 램프 밑에 암석이나 유목을 배치해 일광욕을 할 수 있는 장소를 마련해줘야 한다.

유목이나 암석은 수족관이나 파충류 숍에서 쉽게 구할 수도 있지만, 야생에서 채취할 수도 있다. 산에서 죽은 나무뿌리를 직접 캐서 씻은 후 잘 말려 유목으로 활용하거나, 잘 마른 나뭇가지들이나 간혹 집의 정원수를 가지치기하고 버려진 가지들도 유목대용으로 쓸 수 있는 훌륭한 재료들이다. 멋들어진 유목 하나만으로도 비바리움의 분위기가 확 살아나는 경우가 많기 때문에 대부분의 마니아들이 멋진 유목에 대한 욕심이 많고 필자도 마찬가지다. 사실 유목도 돈을 주고 구입하려면 꽤 비싼 편이어서 필자는 길을 걸을 때 항상 버려진 나뭇가지나 돌 등을 유심히 보고 쓸 수 있겠다 싶으면 주워오는 버릇이 생겼다.

숍을 오픈할 당시 우연히 친구와 차를 타고 가는 도중 길거리에 가지치기를 하고 버려진 나무무더기를 보고 지나치는데, 순간이었지만 나뭇가지의 꼬임이 자연스럽고 멋져 보여 투덜거리는 친구를 달래서 차를 돌려 주우러 갔던 기억이 있다. 이후 그 나무는 숍 천장에 매달려서 파충류 전문 숍의 독특한 분위기를 연출하는 데 한몫을 해줬다.

유목이나 돌을 채집할 겸 여행 삼아서 인근의 산이나 강가를 다녀보는 것도 재미있는 경험이 될 것이다. 여름철에 태풍이 지나간 후 강가나 바닷가에 죽은 나무들이 많이 떠내려

오게 되는데, 이때 유목을 채집하면 좋다. 예전에 파충류를 기르는 지인과 함께 울진의 바다로 놀러간 적이 있었는데, 마침 태풍이 휩쓸고 지나간 지 얼마 되지 않은 때라서 도처에 떠내려온 죽은 나무들을 보고 '이게 웬 횡잰가' 싶어 한차 가득 실어온 기억이 난다. 이처럼 파충류를 사육하다 보면 세상을 바라보는 시각이 달라지는 경험을 하곤 한다. 우리가 흥분에 겨워 주워 담던 썩은 나뭇조각은 일반인들의 눈에는 그저 치워야 되는 귀찮은 쓰레기였을 테지만, 우리는 그게 다 돈으로 보였으니 말이다.

■ **장식조화**(artifical plant) : 유목과 암석으로 기본 틀을 잡았다면, 보다 자연에 가까운 느낌을 살리기 위해 초록색의 싱그러움이 가미돼야 한다. 살아 있는 식물을 이용한 비바리움은 크기가 작고 상대적으로 높은 습도와 낮은 온도를 요구하는 종의 도마뱀일 경우에는 가능하다. 그러나 일반적으로 평균 27℃가 넘는 도마뱀 사육장에 살아 있는 식물을 같이 기른다는 것

사막형 조화

우림형 조화

필름형 백스크린과 조화를 이용한 잭슨 카멜레온(Jackson's chameleon, *Trioceros jacksonii*)의 비바리움

은 어려운 일이다. 특히 도마뱀의 일광욕을 위해 켜주는 스폿 램프 때문에 금세 시들어버리거나, 심어놓은 식물을 도마뱀이 꺾거나 파헤쳐 오래가지 못하고 죽는 경우가 대부분이다. 그래서 고안된 것이 조화를 이용한 비바리움이다. 조화는 죽거나 시들지 않고 성장하지 않으므로 트리밍이 필요 없고, 항상 같은 상태를 유지해 비바리움형태에 변화를 주지 않으며, 원하는 곳에 배치가 용이하다는 장점이 있다. 조화를 이용한 비바리움은 사육주에게는 심미적인 만족감을 주고, 도마뱀에게는 심리적인 안정감과 숨을 장소를 제공해준다. 많은 도마뱀이 야생에서 바닥에 고여 있는 물을 먹기보다는 식물의 잎에 맺혀 있는 물을 핥아먹는 습성이 있는데, 조화를 이용한 비바리움은 이러한 습성을 잘 살려줄 수 있다.

조화는 파충류를 분양하는 숍에서도 판매하고 있지만, 그 종류가 다양하지 않고 한정된 경우가 많으므로 양재동 꽃시장이나 고속버스터미널 화훼상가, 서서울 화훼공판장을 직접 방문해 필요한 제품을 구입하는 것이 좋다. 이와 같은 화훼전문점들의 장점은 일단 가격이 싸고, 실제와 차이가 거의 없을 정도로 높은 수준의 조화들이 판매되고 있다는 것이다. 조화 외에도 비바리움을 꾸미는 데 필요한 작은 수반이나 바크보드, 여러 가지 넝쿨 등 장식재료가 넘치는 곳이라 레이아웃과 관련해 다양한 아이디어도 얻을 수 있다.

입체형 백스크린을 이용해 세팅한 사막형 비바리움

■**백스크린** : 비바리움을 꾸밀 때 유목과 암석, 조화로 멋지게 레이아웃을 완성했지만 백스크린 없이 마무리가 되면 완벽한 비바리움이라고 할 수 없겠다. 백스크린은 심미적인 역할뿐만 아니라 도마뱀을 안정시키는 중요한 역할도 한다. 백스크린의 형태는 일반적으로 수조 뒷면에 붙이는 필름형태와 수조 안에 입체적인 보드를 세워 붙이는 입체형이 있다.

현재 우리가 사용하고 있는 사육장은 대부분 유리재질이며, 사방이 투명해서 안을 들여다볼 수 있는 구조로 제작돼 있다. 그러나 이러한 유형의 사육장은 도마뱀에게 굉장한 스트레스를 주게 되므로 최소한 한쪽 면만이라도 가려서 사방이 뚫려 있는 듯한 상황에서 벗어날 수 있도록 해주는 것이 도마뱀의 스트레스를 완화시키는 데 크게 도움이 된다.

특히 겁이 많고 순간 스피드가 빠른 도마뱀의 경우에는 사방이 투명한 사육장에서는 극도로 불안해하며, 놀라서 뛰쳐나가려고 점프를 하다 사육장 유리벽에 주둥이를 받쳐 상처를 입는 경우가 많다. 이렇게 예민한 종을 사육할 때는 관상을 위해 사육장 정면유리를 제외하고, 나머지 3면을 모두 백스크린으로 가려주는 것이 바람직하다. 백스크린은 다양한 스타일의 제품들이 시판되고 있으므로 사육하는 종에 따라 사막형, 열대우림형 등 원하는 분위기의 알맞은 것을 구입해 사용하거나 직접 제작해 사용할 수도 있다.

입체형 백스크린 만드는 법

백스크린을 직접 제작하는 것은 사실 손이 많이 가고 번거로운 일이지만, 재미도 느낄 수 있고 보람도 있는 작업이므로 기회가 될 때 한번 만들어보는 것도 나쁘지 않을 것이다. 백스크린 제작에 사용되는 재료는 여러 가지가 있는데, 여기서는 일반적으로 많이 사용되는 압축 스티로폼을 이용한 방법을 예로 든다.

• 일단 철물점에 가서 '아이소핑크'라 불리는 단열스티로폼을 구입해 사육장 안에 들어갈 크기로 재단한다. 커터칼로 암벽분위기가 나게끔 대충 잘라낸 후, 보다 자연스러운 암벽분위기 연출을 위해 라이터나 토치버너로 표면을 잘 그을린다. 연기와 냄새가 심하고, 화재의 위험이 있으므로 마당이나 집 밖의 공터 등에서 작업하는 것이 좋겠다. 기본 틀이 완성됐으면 아크릴물감으로 칠한다. 회색과 검정, 갈색 등을 조합해 자연스러운 암벽분위기를 연출한다. 이 작업은 약간의 미적 감각과 센스가 요구되며, 실패 시 안한 것만 못한 졸작이 될 가능성이 있다는 점을 염두에 두자.

• 더 쉽고 자연스러운 방법은 앞서 제작했던 기본 틀에 실리콘을 잘 펴 바르는 것이다. 실리콘은 갈색이나 검정색 등이 좋으며, 냄새가 강하지 않은 무초산을 사용한다. 실리콘은 옷에 묻으면 지워지지 않으므로 조심해서 작업해야 하며, 손에 묻는 것을 방지하기 위해 수술용 고무장갑을 착용하는 것이 좋다. 실리콘이 골고루 잘 발라졌으면 사막형의 경우 바닥에 깐 모래와 동일한 모래를, 열대우림형의 경우 피트모스를 실리콘 위에 잘 뿌려준다. 이 과정을 몇 번 반복해 바닥재가 꼼꼼하게 붙으면 실리콘이 잘 마르도록 하루 정도 뒀다가 사용한다. 미처 다 붙지 못한 부분은 아이소핑크 접착제를 이용해 틈을 메우고, 다시 바닥재를 뿌려주면 완성된다. 완성된 백스크린은 수조에 꼭 맞도록 불필요한 부분을 자른 다음 끼워 넣으면 된다.

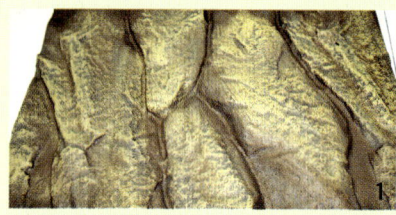 

1. 시중에서 판매되고 있는 백스크린
2. 보다 입체적인 느낌을 원한다면 우레탄폼을 이용해 자연스러운 볼륨감을 줄 수 있다.

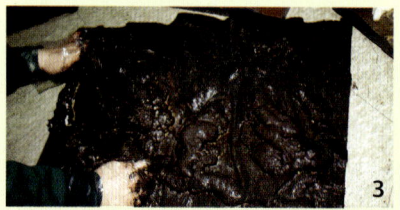 

3. 검은색이나 갈색 같은 어두운색의 실리콘을 꼼꼼하게 펴 바른다.
4. 실리콘을 전체적으로 바른 상태

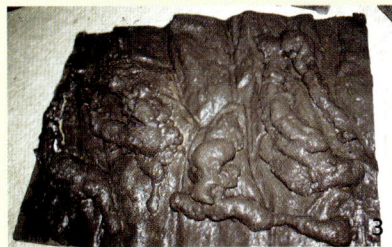

5. 실리콘이 마르기 전에 잘 건조된 피트모스나 코코넛분말 바닥재를 뿌린다.
6. 같은 작업을 반복해 전체적으로 잘 붙게 한다. 이와 같은 형태는 습계형 사육장의 백스크린으로 이끼나 살아 있는 식물들을 활착시킬 수 있다.

- 백스크린을 제작하는 또 다른 방법은 **코르크보드**(나무껍질)를 이용하는 것이다. 넓적한 판으로 된 코르크보드를 실리콘을 이용해 포맥스나 아크릴판에 붙인 다음, 위와 같이 사용하는 방법도 있다. 주로 열대우림형의 비바리움에 사용하는 백스크린으로서 자연스러운 분위기를 연출하게 된다. 또한, 수조 한쪽 벽면에 우레탄폼을 발라서 자연스러운 암벽과 같은 분위기를 연출할 수 있는데, 마찬 가지로 우레탄폼으로 기본 틀을 만든 후, 그 위에 모래나 피트모스를 뿌려 분위기를 연출하는 방법이다. 하지만 이 방법은 수조에 우레탄폼이 밀착돼 분리되지 않기 때문에 만약 사육장 내에 외부기생충이 생길 경우 틈이 많고 분리가 되지 않아서 완벽하게 소독하기 어렵다는 단점이 있다.

1. 시중에서 판매되고 있는 입체감이 적은 수족관용 백스크린
2. 우레탄폼을 이용해 자연스러운 입체감을 준다.

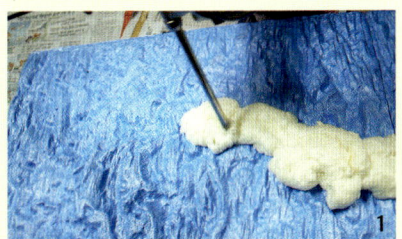

3. 실리콘을 전체적으로 꼼꼼하게 펴 바른다.
4. 건조한 사막을 연출하기 위해 깨끗하고 건조한 모래를 뿌려 잘 붙을 수 있게 한다. 실리콘만으로는 구석구석 잘 붙지 않으므로 잘 붙지 않은 부분은 스티로폼 본드를 발라서 모래를 뿌려 붙인다

제4장 도마뱀 사육장의 조성

기타 관리용품

사육하는 도마뱀의 생명유지와 직접적으로 관련이 있는 장비는 아니지만, 도마뱀을 사육할 때 유용한 제품들로서 구비해두면 여러모로 편리한 다양한 기기들을 소개하고자 한다.

■**분무기, 미스팅 시스템** : 분무기는 도마뱀 사육 시 꼭 필요한 아이템이다. 그릇에 담겨 있는 물을 먹기보다는 식물의 잎에 맺힌 물을 먹는 것을 선호하는 도마뱀의 습성상 열대우림에 서식하는 종의 경우 하루에 2~3차례 이상 분무를 해줘야 한다. 이 때문에 분무기는 도마뱀에게 수분을 공급할 때 아주 유용하게 사용되며, 사육장 내의 습도를 높여줄 때도 편리하다.

분무기는 일반적으로 실생활에서 흔히 사용하는 작은 분무기와 공기를 압축해 분사하는 형식의 원예용 분무기 등 2가지 스타일을 볼 수 있다. 가격은 압축분사형의 분무기가 일반 분무기보다 더 비싸지만, 사용 면에서 훨씬 간편하다는 장점이 있다. 될 수 있으면 두 가지 분무기를 다 구비하는 것이 좋은데, 압축분사형 분무기는 도마뱀에게 물을 줄 때 사용하고, 일반적인 소형분무기는 사육장을 소독할 때 약품을 타서 사용하면 편리하다.

또한, 사육주가 직접 분사하는 분무기 외에도 미스팅 시스템(misting system)이란 것이 있다. 미스팅 시스템이란 안개를 발생시키는 장비로서 분무기와 원리는 비슷하지만, 순간적

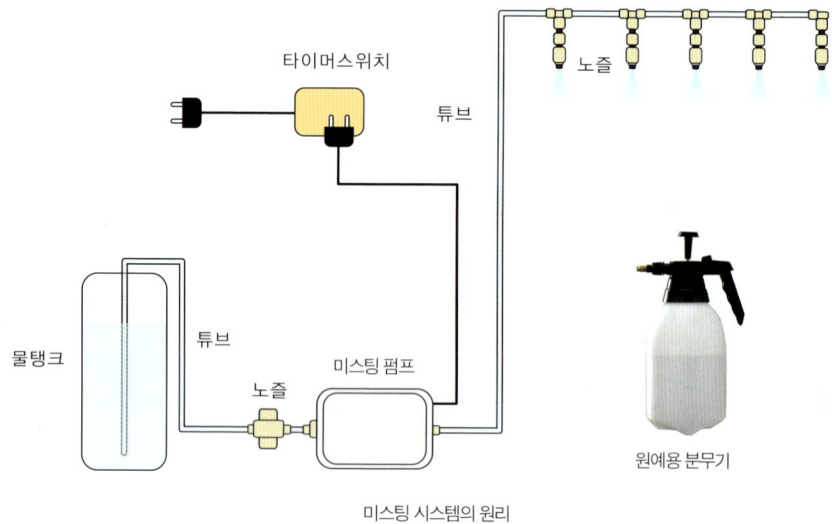

미스팅 시스템의 원리

물의 입자가 안개처럼 곱게 분사되는 미스팅 시스템

으로 물을 분사해 물의 입자가 안개처럼 고우며 많은 양이 배출된다. 미스팅 시스템은 예전에는 대형용량으로 주로 원예용으로 많이 사용했으나, 최근에는 가정용 소형제품도 시판돼 살아 있는 식물 비바리움에 많이 이용된다. 미스팅 시스템은 타이머가 장착돼 있어서 사육주가 설정해놓은 시간에 맞춰 설정된 시간만큼 분사해주는 시스템으로 집에 사람이 없어도 정확한 시간에 물이 분사되는 편리한 제품이지만, 제품 가격만 약 13~20만원 정도 하기 때문에 경제적인 부담이 크다는 단점이 있다. 하지만 관리하는 사육장이 많을 경우에는 노즐만 추가해 더 연결하면 되므로 여러모로 편리한 제품이다.

■**자동온도조절기** : 자동온도조절기는 사육장 내의 온도를 설정값대로 유지하기 위해 사용하며, 흔히 사육장 내 온도가 적정온도 이상으로 올라가는 것을 방지하기 위해 이용된다. 사용시 열원이나 조명을 자동온도조절장치에 연결하고 조절장치의 센서를 사육장 내에 설치하면, 사육장 내의 온도가 적정온도 이상 올라갈 경우 전원을 차단함으로써 온도상승을 방지해준다. 장기간 집을 비울 때나 열원을 많이 사용하게 되는 겨울철에 매우 유용한 제품이다.

물과 밀접한 반수생 도마뱀종. 사진은 카이만 리자드(Caiman lizard or Water tegu, *Dracaena*)(좌)와 차이니스 크로커다일 리자드(Chinese crocodile lizard, *Shinisaurus crocodilurus*)(우)

■**타이머** : 타이머는 원하는 시간에 자동으로 전원을 on/off해주는 제품이다. 조명이나 열원을 사용할 때 원하는 시간을 설정해놓으면 사육장의 전기제품을 설정해놓은 시간 동안 저절로 켜지고 꺼지게 조절해주는 기기로, 평상시는 물론이고 특히 사육주가 장기간 집을 비울 때 아주 유용하게 사용할 수 있다.

■**쿨링팬, 냉각기** : 쿨링팬은 사육장의 온도를 낮춰주고 환기를 시켜주는 역할을 한다. 일반적으로 저온을 요구하는 종류의 파충류를 기를 때 사용하는 기기다. 열대에 서식하는 종일지라도 주로 고산지대에 서식하는 파충류의 경우 저온을 요구하는 종류가 많은데, 그들이 요구하는 저온의 환경을 맞춰주는 것은 고온을 요구하는 파충류를 기를 때보다 상당히 까다롭다고 볼 수 있다. 저온을 요구하는 파충류의 경우 특히 여름철에는, 다른 종은 충분히 견딜 수 있는 온도인데도 불구하고 시름시름 앓다가 죽는 경우를 많이 볼 수 있다. 이때 이용할 수 있는 기기가 바로 쿨링팬으로 대부분 컴퓨터용으로 시판되는 작은 제품을 사용한다. 사실 쿨링팬만으로는 극적인 냉각효과는 기대하기 힘들며, 1~2℃ 정도 낮춰주는 데 그치기 때문에 대부분 에어컨과 병행해 사용한다.

물에 사는 종의 경우 냉각기를 이용하기도 하는데, 냉각기는 말 그대로 물의 온도를 낮게 식혀주는 기기로서 주로 해수어를 사육할 때 이용하며, 도마뱀의 경우 물에서 서식하는 종이 아닐 때는 의미가 없다. 냉각기 또한 가격이 비싸서 사실 도마뱀 사육 시에는 거의 이용되고 있지는 않은 실정이다. 한여름에 사육장의 온도를 낮추기 위해 가장 흔하게 사용하는 방법은 얼음을 사육장 위에 올려놓고 쿨링팬을 같이 틀어주거나, 사육하는 도마뱀이 반수생종인 경우 수조의 물속에 얼음을 띄워주고 쿨링팬을 함께 틀어주는 것이다.

■**저울**(미세저울) : 저울은 사육주가 사육하는 도마뱀의 평소 몸무게를 체크해 건강상태를 인지하는 데 도움이 되며, 특히 쿨링(cooling, 동면을 위한 준비) 전 도마뱀의 건강상태나 쿨링 중 몸무게의 변화 등을 체크할 때 유용하므로 하나쯤 구비해두면 좋다.

■**핀셋** : 핀셋은 작고 끝이 뾰족해 미세한 작업이 가능한 타입과 길이가 30cm 정도 되는 대형 타입 등 두 가지를 구비해놓는 것이 좋다. 작은 핀셋의 경우 도마뱀이 허물을 채 벗지 못한 부분이나 외부기생충 등의 이물질을 떼어낼 때 사용하면 편리하며, 대형 핀셋은 먹이를 주거나 사육장 내 배설물 또는 오염물질을 집어낼 때 사용하면 편리하다.

■**뜰채, 잠자리채** : 뜰채와 잠자리채는 앞서 언급했던 예민하고 빠른 도마뱀을 잡을 때나 탈출한 도마뱀을 포획할 때 사용하면 편리하다. 열대어용 소형 뜰채와 잠자리채는 둘 다 구비해두는 것이 좋은데, 작은 뜰채는 평소에 도마뱀을 사육장 밖으로 옮겨야 할 때 이용하

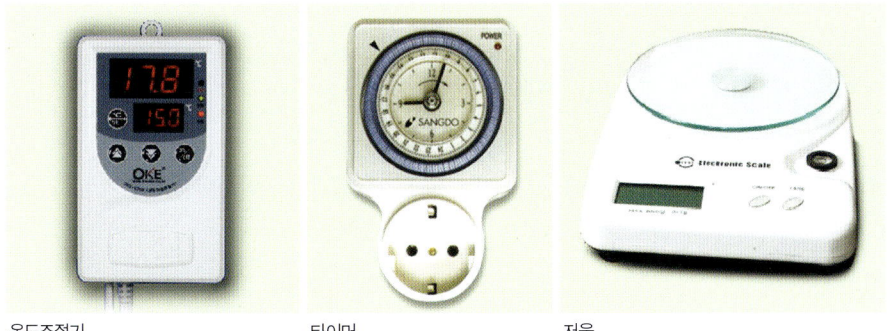

온도조절기　　　　　　　타이머　　　　　　　저울

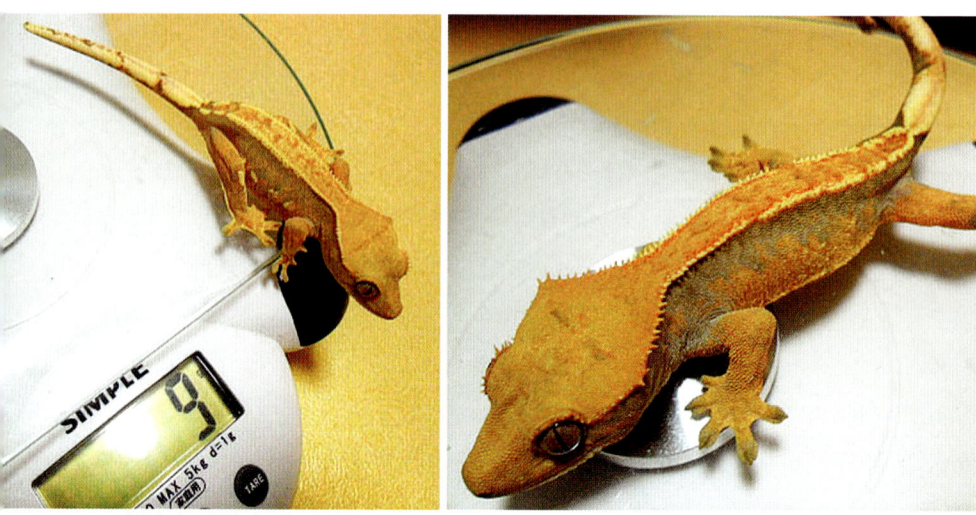

도마뱀의 평소체중을 체크해두면 건강상태를 인지하는 데 도움이 된다.

고, 잠자리채는 도마뱀이 탈출했을 경우 이용하면 좋다. 특히 벽에 붙을 수 있는 도마뱀부 치류의 경우에는 손으로 무리하게 잡다가 꼬리가 끊어지는 사고가 발생할 수 있기 때문에 잠자리채를 이용하면 탈출했을 때 안전하게 포획하는 것이 가능하다.

■채, 망 : 스테인리스 재질의 튼튼한 망으로 된 소형 바구니나, 일반적으로 튀김요리를 할 때 튀김을 건져내는 데 사용하는 소형망을 구비해둔다. 바닥재로 고운 모래를 깔아놓은 사막형 도마뱀 사육장을 청소할 때 배설물만 떠낼 경우 사용하면 편리하다. 단, 체가 너무 고운 경우 모래가 빠져나가지 않으므로 모래는 배출시키고 배설물만 남길 수 있는 구멍의 크기를 염두에 둬야 한다. 조금 더 큰 크기의 것도 준비해서 사육장 전체를 청소할 때 바닥 의 이물질을 걸러내는 데 이용하면 좋다.

■용접용 가죽장갑 : 대형 도마뱀종을 핸들링해야 할 때 있으면 편리하다. 주로 사나운 뱀이 나 도마뱀을 다룰 때 이용하는데, 철물점 등에서 판매되고 있으므로 대형종의 도마뱀을 기를 경우 하나쯤 구비해놓으면 좋다. 자신이 기르는 도마뱀이 사납지는 않더라도 긴 발 톱에 의해 상처가 나기 쉬우므로 도마뱀을 옮길 때 사용하는 것이 좋다.

■**사이펀, 호스** : 물에 서식하는 도마뱀을 사육할 경우 수조의 물을 갈 때 필요한 기기다. 물에 서식하지 않는 도마뱀이라면 필요 없는 물품이다.

■**염소제거제** : 주로 열대어를 사육할 때 사용되는 약품으로, 수돗물에 함유된 염소와 중금속을 제거해준다. 사실 도마뱀은 일반 수돗물에 포함된 염소에 크게 자극을 받지 않는 듯하지만, 소형 도마뱀부치류나 소형 카멜레온종의 경우 수돗물에 포함된 소량의 염소에도 민감하게 반응하는 경우도 있다. 따라서 분무기에 사용하는 물이나 일반적으로 급여하는 물에 섞어서 수돗물의 염소를 제거한 후에 이용하는 것이 좋다.

■**여과기** : 역시 반수생종을 사육할 때 이용하는 기기로서 수질안정을 위해 꼭 필요하다. 여과방식과 여과기의 형태는 여러 가지가 있는데 저면여과, 측면여과, 상면여과, 외부여과방식이 있으나 도마뱀 사육 시에는 물고기와 달리 수조 내의 수위가 높지 않으므로 저면여과와 측면여과방식이 적당하다. 물의 양이 적고 상대적으로 배설량이 많은 도마뱀의 경우 물이 더 빨리 오염되므로 저면여과기와 측면여과기를 같이 사용해주는 것이 좋다.

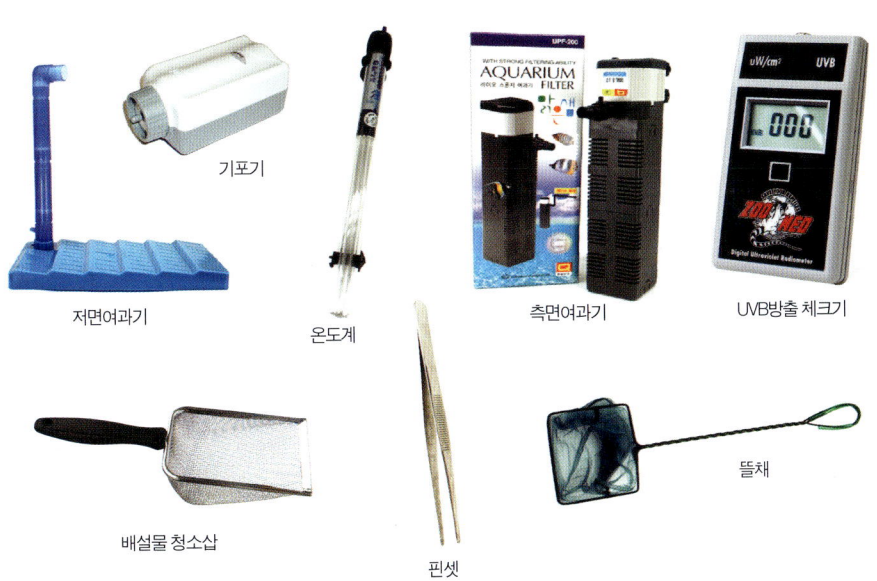

03 section

파충류 사육의 형태

파충류 사육의 형태는 크게 비바리움 스타일(vivarium style)과 브리더 스타일(breeder style) 등 두 가지 스타일로 나눌 수 있다. 비바리움 스타일과 브리더 스타일 모두 각각의 장단점이 있으므로 이를 잘 알아두고 본인의 상황에 맞는 스타일을 적절하게 선택하면 되겠다.

브리더 스타일

브리더(breeder)란 말 그대로 번식목적으로 동물을 사육하는 이들을 칭한다. 새로운 품종을 만들어내거나 번식을 통해 금전적 이익을 창출하는, 소위 부업이나 전업의 동물사육 개념이다. 브리더 스타일은 사육하는 동물의 마릿수가 많고, 효율적인 관리를 위해 관상의 개념이 아닌 사육과 번식의 개념에 크게 치중한 스타일이라고 볼 수 있겠다.

따라서 세팅은 최소한 간결하게 하며, 공간효율을 위해 대부분 사육장을 서랍식으로 차곡차곡 쌓는 랙 시스템(rack system)을 이용한다. 랙 시스템은 주로 뱀류, 많은 기기가 필요하지 않은 지상성 도마뱀부치류를 기르는 데 사용한다. 수납형태의 랙 시스템은 좁은 공간에서도 많은 수의 동물을 효율적으로 사육하는 것이 가능하고, 잘못된 비바리움을 꾸며줬

야생에서 위장하고 있는 차이니즈 워터 드래곤(Chinese water dragon, *Physignathus cocincinus*)

브리더 스타일(랙 시스템). 사진 속의 작은 사진은 랙 시스템 내부를 촬영한 것이다.

을 때 발생할 수 있는 여러 가지 위험요소가 줄게 된다. 그러나 관상적인 측면에서는 그다지 효과적이지 못하며, 배설물의 청소가 용이하지만 제때 치워주지 못하면 악취가 쉽게 발생하고 오히려 손이 더 많이 가는 경향이 있다. 랙 시스템이나 바닥재를 깔지 않은 사육장의 경우 제때 청소를 하지 않으면 배설물이 사육하는 동물의 몸에 묻는다거나 배설물의 냄새가 바로 올라오게 되므로 오히려 더욱 규칙적인 관리가 필요하다.

비바리움 스타일

비바리움 스타일의 경우 높은 시각적 관상효과와 더불어 파충류에게 거부감을 가진 이들에게도 파충류 사육의 아름다움을 알릴 수 있는 긍정적인 효과가 있고, 청소가 늦더라도 바닥재가 배설물의 냄새를 흡수함으로써 악취가 심하게 나지 않는다는 장점이 있다. 그러나 세팅이 부적절한 경우 오히려 파충류에게 큰 스트레스를 줄 수 있다는 단점이 있다.

비바리움 스타일의 또 다른 장점은 바로 설득력이다. 아직도 파충류를 친근하게 느끼기보다는 혐오하는 사람들이 많은 것이 사실이다. 그들은 반려동물로 파충류를 집에서 기른다고 하면 '도대체 그런 걸 왜 기르냐?'고 반문한다. 이때 밀림이나 사막을 재현해놓은, 잘 세

시각적 관상효과가 높은 비바리움 스타일

팅된 비바리움은 그 질문에 대한 답으로서 충분한 설득력을 가지게 된다. 중국어를 배우기 위해 중국에서 1년간 유학생활을 한 적이 있다. 지금은 상해의 물가가 서울의 물가를 앞질렀다고 하지만 그때 당시의 중국은 모든 것이 국내보다 저렴했으며, 반려동물 분양가도 마찬가지였다. 국내에서는 어마어마한 가격대로 분양되던 희귀한 동물들도 당시 중국에서는 상상 이하로 저렴해서 필자에게는 그야말로 천국이 따로 없었다.

예를 들면, 1999년에 처음 국내에 수입돼 많은 마니아들을 사로잡았던 별거북(Star tortoise, Geochelone)의 국내 분양가가 마리 당 25만원이었을 때 중국에서는 마리 당 한국 돈으로 3만원이면 구할 수 있었다. 심지어 자국에서 서식하는 거북이나 도마뱀 종류는 모두 1만원 미만이었고, 동물뿐만 아니라 동물을 기를 때 이용되는 모든 제품, 심지어 데코레이션의 완성도를 높여주는 갖가지 종류의 돌과 유목의 가격도 국내가격의 1/10 수준이었다.

그때 집에서 보내준 용돈의 대부분을 동물시장을 매일 돌아다니며 동물용품을 사는 데 사용했다. 정말 적은 비용으로 다양한 제품과 데코레이션에 필요한 물품들을 살 수 있었고, 이를 이용해 최대한 자연과 비슷하게 꾸미기 위해 여러 번의 시행착오를 거치면서 비바리움 꾸미는 데 푹 빠져 있었다. 그러다 보니 집 안이 온통 동물사육장으로 꽉 차게 됐고, 동

자연과 흡사한 환경을 조성해준 비바리움 스타일의 사육장

물이 하나둘씩 늘어나면서 당시 기숙사에서 생활하는 것이 불편해져 자취를 결심하게 됐다. 생활비를 아끼기 위해 친구 세 명과 함께 생활하게 됐는데, 오히려 각자 내는 기숙사 비용보다 넷이서 아파트를 빌리는 것이 훨씬 절약이 됐다. 그런데 문제는 바로 같은 집에서 살던 친구들이었다. 동물에 전혀 관심이 없었던 사람들이었고, 더욱이 같이 살던 누나 그리고 동갑이었던 여자 동기는 파충류라면 쳐다보는 것조차 괴로워하는 수준이었다.

하지만 '가랑비에 옷 젖는다'고 했던가. 처음에는 귀여운 육지거북으로 그들을 유혹했고, 거북에 익숙해지자 도마뱀을 들여서 예방주사를 놨으며, 도마뱀에게 무덤덤해지자 마지막으로 뱀까지 들여 기를 수 있게 됐다. 같이 살던 친구들도 파충류를 자주 접하게 되고, 자연과 비슷하게 꾸며진 사육장 안에서 자연의 일부분처럼 자연스럽게 노니는 거북이나 도마뱀을 자꾸 보다 보니, 심지어 나중에는 뱀을 보고도 예쁘다고 말할 정도가 됐다.

중국에서 공부를 마치고 귀국할 때쯤 처음에는 동물이라면 종류를 불문하고 질색하고, 집에서 기르던 강아지도 무서워 소파에서 내려오지 못하던 누나는 나중에는 도마뱀을 만지거나, 심지어 자신도 한국에 돌아가서 기를 거라며 별거북을 구해 돌아가게 됐다. 이렇게 필자가 전도한 제1호 파충류 마니아가 탄생한 것이다. 만약 필자가 동물을 좋아한다고 그저 사육장 바닥에 덩그러니 신문지만 깔고 기르면서 '저 도마뱀 예쁘다'고 계속해서 말한들 그들 눈에도 과연 예쁘게 보였을까? 일반인들 눈에는 그냥 징그러운 동물에 불과했을 것이다. 하지만 집 안에서 파충류를 기르도록 합의해준 친구들에게 필자 입장에서 취할 수 있는 최선의 배려가 바로 자신들이 혐오스럽고 냄새 나는 동물과 한 공간에 있는 것이 아니라는 것을 느끼게 해주고 동물들이 아름답게 보일 수 있도록, 사육장을 잘 꾸미고 정말 열심히 청소하고 관리하는 것이었다. 만약 사육장을 제대로 관리하지 않고 방치해서 심한 냄새까지 피웠다면 그들이 과연 필자의 취미를 이해하고 지지해줬을까?

사육 스타일의 선택

비바리움 스타일이든 깔끔한 브리더 스타일이든 상황에 알맞게 선택할 사항이며, 본인의 사정과 취향에 맞게 선택하면 된다. 만약 여러분이 사육하는 도마뱀의 마릿수가 많지 않다면 필자는 두 가지 스타일 중 비바리움 스타일을 추천한다. 개인의 취향이므로 어떤 것이 옳다고 단정적으로 말할 수는 없지만, 필자의 개인적인 견해는 일단 관상동물은 관상의 가치가 높아야 된다는 것이다. 덧붙여 강조하고 싶은 것은 우리가 기르는 파충류가 혹은 도마뱀이 나에게는 귀여운 반려동물이지만, 남에게는 혐오스럽고 심지어 공포의 대상이 될 수도 있다는 점을 항상 잊지 말아야 한다는 것이다. 더구나 우리에게 길러지는 도마뱀들에게도 그들이 원래 살던 야생에서는 어떤 환경에서 살았는지 이해하고, 최대한 비슷한 환경을 만들어주도록 노력하는 것이 동물에 대한 최소한의 배려일 것이다.

이처럼 본인이 기르는 파충류가 더 아름답게 보이도록 하는 것, 자신의 취미가 타인에게 이해되도록 하는 것 또한 중요한 사항이다. 내가 사랑하는 대상인 파충류가 더 이상 끔찍하거나 공포의 대상이 아닌, 아름다울 수도 있는 동물이란 것을 확인시켜주자. 필자는 이런 작은 시도들이 반려파충류 사육의 저변확대에도 도움이 되지 않을까 생각해본다. 그리고 만약 그들에게도 자신이 살 환경을 선택할 선택권이 있다면 기왕이면 자신들이 살던 환경과 비슷한 환경이 더 좋을 것이다. 예를 들어 양계장의 닭과 마당에 일정 공간에 울타리를 쳐서 방목해 기르는 닭을 보자. 두 곳의 환경 모두 닭들이 생명을 유지하는 것에는 별 문제가 없어 보인다. 하지만 아무래도 흙을 밟고, 파헤치기도 하고, 횟대에도 오르며 사는 닭들이 더 행복하지 않을까? 어차피 둘 다 죽을 운명이기는 하지만 말이다.

비바리움의 여러 가지 형태

장식물 및 식물 등을 이용해 도마뱀의 원서식지 환경과 흡사하게 사육장 내부를 꾸며주는 것을 비바리움(vivarium)이라 한다. 비바리움은 단순히 자연과 비슷하게 꾸미고 사육주 혼자 감상하며 심미적인 만족에 그치는 것이 아니라, 도마뱀에게도 심리적으로나 행동학적으로 도움이 되도록 만들어줘야 한다. 자신이 기르고자 하는 도마뱀의 서식환경을 잘 이해하고 연구해서, 실제로 요구되는 환경과 자신의 취향에 맞는 스타일이 조화를 이루도록 비바리움을 연출하는 일이야말로 반려파충류 사육의 묘미라고 할 수 있겠다.

비바리움의 제작은 사육주의 아이디어가 많이 적용되는 부분이며, 보다 자연스럽게 꾸미고 도마뱀에게 안락한 환경을 제공하기 위해서는 사육주의 끊임없는 노력이 필요하다. 유목의 형태, 돌의 형태나 배치방법, 조화(인공식물)나 식재하는 식물군에 따라 비바리움의 전체적인 분위기가 달라지게 된다. 따라서 선배 사육자들의 사육장 세팅법이나 실제 동물들이 서식하는 열대우림 및 사막에 관한 다큐멘터리 등을 통해 아이디어를 얻음으로써 자신만의 개성 있는 스타일로 세팅해 보도록 하자.

비바리움의 형태는 사막형(사막, 바위지대 재현), 열대우림형(나무 위, 숲속 바닥, 땅속 재현), 반수생형(물가, 습지 재현) 등 크게 세 가지로 나눠볼 수 있다. 이러한 구분은 단지 도마뱀의 사육환경에 대한 구분일 뿐, 생태학적인 구분은 아니라는 점을 염두에 두도록 하자.

사막형 비바리움(desert vivarium)

사막이나 건기의 사바나와 같은 건조한 환경을 요구하는 종을 위한 비바리움 형태이며, 주로 건조한 바닥재인 모래 등을 이용해 사육장 내의 대기습도가 30% 이상으로 올라가는 것을 예방한다. 같은 사막형 비바리움이라 할지라도 사육하는 도마뱀이 주행성 도마뱀인 경우와 야행성 도마뱀인 경우에 따라 환경조성방법이 달라진다.

■**주행성 도마뱀 사막형 비바리움** : 이런 형태의 비바리움은 모래나 가는 자갈과 같이 수분함량이 적은 재료로 건조한 바닥을 형성해주고, 스포트라이트를 이용한 한 곳 혹은 두 곳의 뜨거운 일광욕장소와 최소 두 군데의 숨을 수 있는 안전지대로 이뤄져야 한다. 좁은 사육장인 만큼 바닥재를 모래로만 채우게 되면 모래의 높은 열전도율 때문에 바닥 전체가 쉽게 데워지므로 살균된 깨끗한 흙(상토, 리치 소일, 피트모스)을 7대 3 정도의 비율로 섞어주는 것이 좋다.

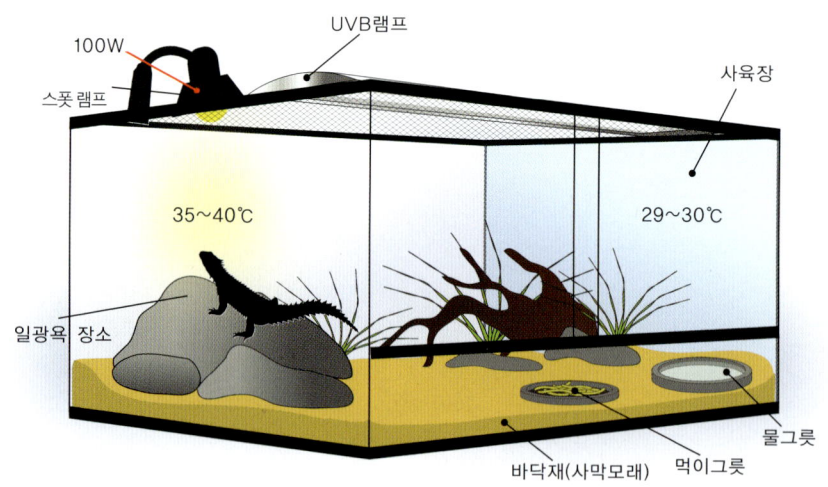

주행성 사막형 도마뱀 비바리움

주간의 사육장 온도는 특별히 고온을 요구하는 유로매스틱스 같은 종의 경우 일광욕장소는 스폿 램프를 설치해 35~40℃ 정도, 사육장 내부온도는 29~30℃ 정도로 높게 유지하며, 비어디드 드래곤이나 일반적인 사막형 도마뱀종의 경우 사육장 내부온도는 27~29℃, 일광욕장소는 30~35℃ 정도를 유지해 주도록 한다. 일반적으로 수분함유가 적은 모래 등의 바닥재를 이용하고, 스포트라이트로 수분증발률을 높임으로써 고온저습한 환경을 형성해준다. 물그릇은 낮은 것을 비치해 주도록 한다. 낮은 습도를 요구하는 종이나 열대건조 산림지역에 서식하는 종류의 도마뱀에게 알맞다.

■**야행성 도마뱀 사막형 비바리움** : 같은 사막에 서식하는 도마뱀일지라도 활동하는 시간대가 주간인지 야간인지에 따라 사육장의 세팅방법이 달라진다. 야행성 사막형 도마뱀의 대표적인 종은 레오파드 게코로, 이들은 밝은 빛에 노출되는 것 자체가 스트레스이므로 사육장을 설치할 때 일광욕장소를 따로 만들지 않고, 저면히팅방식으로 히팅 패드를 사육장의 1/3 정도 깔아서 온도편차를 주도록 세팅한다. 히팅 패드가 깔린 곳의 온도는 29~32℃ 정도 돼야 하며, 반대편의 가장 시원한 장소는 약 25~26℃ 정도가 적당하다. 또한, 야행성 도마뱀에게는 하이드 박스 같은 숨을 장소를 제공해줘야 한다. 하이드 박스 안에는 탈피 시기에 수월하게 탈피가 이뤄질 수 있도록 습기가 있는 수태나 피트모스 등을 넣어준다.

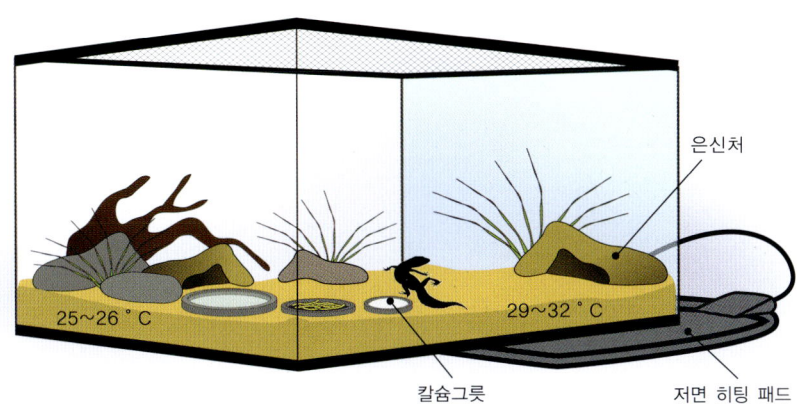

야행성 사막형 도마뱀 비바리움

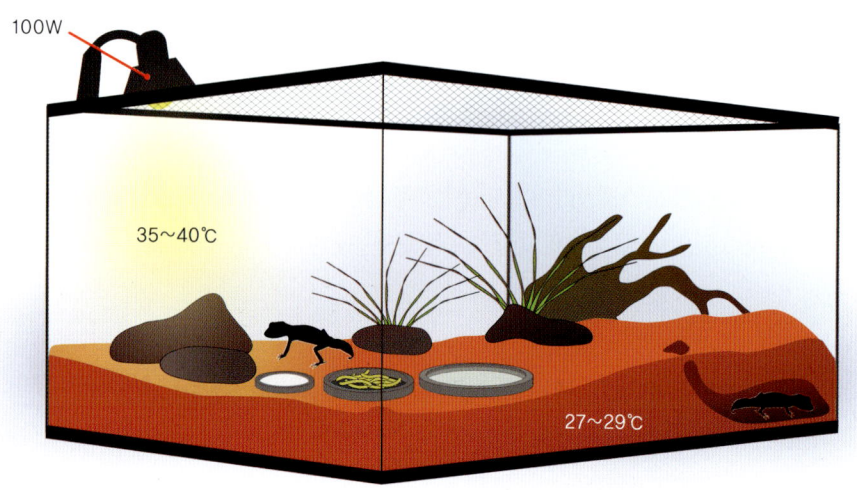

버로우형 야행성 사막형 도마뱀 비바리움

야간에 활동하는 도마뱀의 모습을 관찰하기 위한 용도의 붉은색이나 푸른색의 취침등으로 전력 와트 수 10W 미만으로 낮다.

먹이그릇은 지면에서 띄워주는 것이 좋으며, 작은 유목 등을 이용해 자연스러운 먹이그릇 받침을 만들 수 있다.

야행성 벽에 붙는 게코류 비바리움

열대우림형 비바리움(rainforest vivarium)

1년 내내 고온다습한 환경을 요구하는 도마뱀을 위한 비바리움형태로 습도가 70% 이상 유지될 수 있도록 습기를 머금을 수 있는 다양한 바닥재를 사용해 환경을 조성해준다. 나무 위에 서식하는 종과 바닥에 서식하는 종, 땅을 파고 서식하는 종 등 도마뱀의 특성에 따라 열대교목형(수상형), 열대바닥형(지상형), 열대버로우형(지하형)으로 나뉜다.

■**열대교목형** : 열대교목형의 사육장은 주로 열대의 나무 위에서 생활하는 도마뱀을 사육할 때 꾸며주는 형태다. 습한 부엽토나 상토, 나무껍질 바크나 축축한 이끼 등 수분을 잘 머금을 수 있는 재료를 바닥재로 이용한다. 또한, 무균의 소독된 흙(상토, 리치 소일, 피트모스)과 모래를 7:3의 비율로 섞어서 깔아주거나, 바크를 같이 섞어서 깔아주는 것도 좋다.

이렇게 수분유지가 용이한 바닥재를 이용해 사육장 내 습도를 평균 70~80% 이상 되도록 유지할 수 있으며, 물그릇과 분무로 습도를 쉽게 끌어 올릴 수 있어 고온다습한 환경을 요구하는 도마뱀종에게 적당하다. 주로 열대 숲속의 나무 위에 서식하는 종을 위한 조경으로 도마뱀이 쉴 수 있는 유목이나 식물, 암석 등을 배치해주며, 유목 위 한 부분을 스폿 램프로 비춰 일광욕장소를 만들어준다. 주간 온도는 27~30℃를 유지해주며, 일광욕장소는

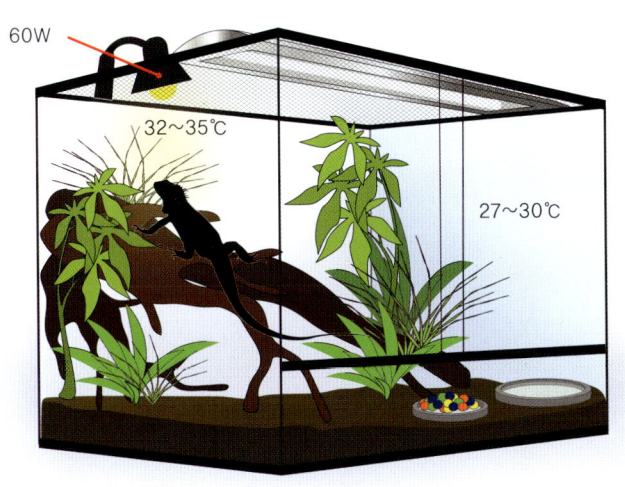

열대우림 교목형 도마뱀 비바리움

32~35℃ 정도로 유지해준다. 밤에는 25℃ 정도로 약 5℃ 정도의 온도편차를 주도록 한다. 유목과 적당량의 돌, 식물로 조경을 할 수 있는데, 앞서도 언급했지만 사육장이 크거나 사육하는 도마뱀이 소형인 경우는 가능하지만 사실 도마뱀의 비바리움 안에 살아 있는 식물을 기르는 것은 매우 어렵다. 살아 있는 식물로 조경을 할 경우에는 도마뱀이 숨거나 기어오르는 과정에서 식물이 파헤쳐지거나, 이파리가 상처를 입거나, 뿌리가 공기 중에 드러나는 경우가 많기 때문이다. 만약 초식성이나 잡식성 도마뱀일 경우 식물을 먹을 수도 있으므로 사육장에 들어가는 관상식물의 독성 유무를 반드시 확인해야 하며, 이러한 사고를 방지하기 위해서는 가능한 한 인공조화를 이용하는 것이 편리하다. 살아 있는 식물이나 이끼를 이용한 비바리움은 보통 양서류 비바리움으로 많이 제작된다.

열대우림에 서식하는 수상성 도마뱀 중 야행성 게코류의 경우처럼 일반적인 열대우림형태의 사육장보다 23~25℃ 정도로 온도를 낮게 설정해줘야 하는 종들이 있다. 이와 비슷하지만 주행성인 데이 게코류(Day geckos, Phelsuma)의 경우에는 일반적인 열대우림형의 사육 스타일과 동일한 사육환경을 조성해 주도록 한다.

■**열대바닥형** : 일반적으로 열대교목형과 거의 같으나 나무 위에서 서식하는 종이 아닌, 숲 속의 아래쪽 영역에서 주로 땅위에 서식하는 도마뱀종을 위한 환경이다. 바닥재를 두껍게 깔아서 도마뱀이 충분히 파고들 수 있는 깊이를 만들어주는 것이 좋으며, 바닥재로는 충분히 수분을 머금을 수 있는 모래흙(모래 3, 피트모스 7의 비율)을 만들어 사용하도록 한다. 열대교목형과 마찬가지로, 수분유지가 용이한 바닥재를 이용해 사육장 내 평균습도가 70~80% 이상 유지되도록 해준다. 물그릇과 분무로 습도를 쉽게 끌어올릴 수 있다.

거의 열대우림의 교목형과 같으나 일광욕장소를 땅 위에 마련해주며, 땅에 서식하는 종의 대부분이 몸을 숨길 수 있는 은신처가 필요하다. 이들은 수직활동, 즉 나무를 기어오른다거나 하지는 않으므로 사육장은 위로 넓은 것보다는 면적이 넓은 스타일이 좋다. 이들도 주간온도는 26~28℃를 유지해주며, 일광욕장소는 32~35℃ 정도로 유지해준다. 밤에는 25℃로 약 5℃ 정도의 온도편차를 주도록 한다.

■**열대버로우형** : 일반적으로 열대바닥형과 거의 같으나 주로 땅속에 파고들기(burrow) 좋

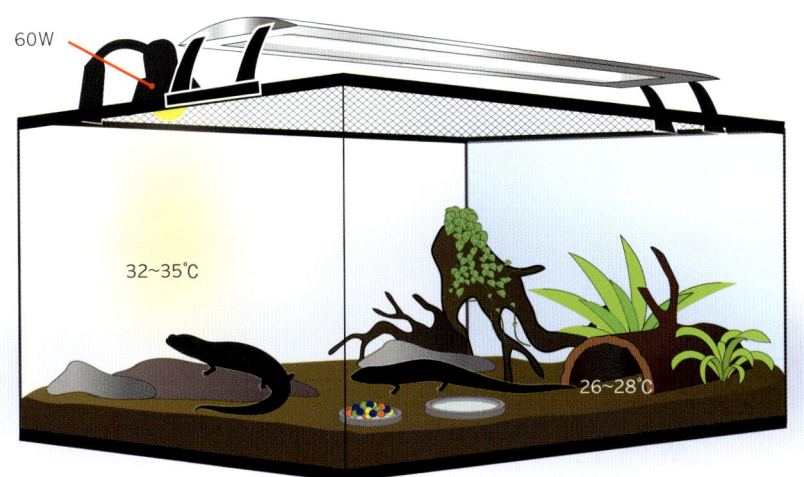

열대우림 바닥형 도마뱀 비바리움

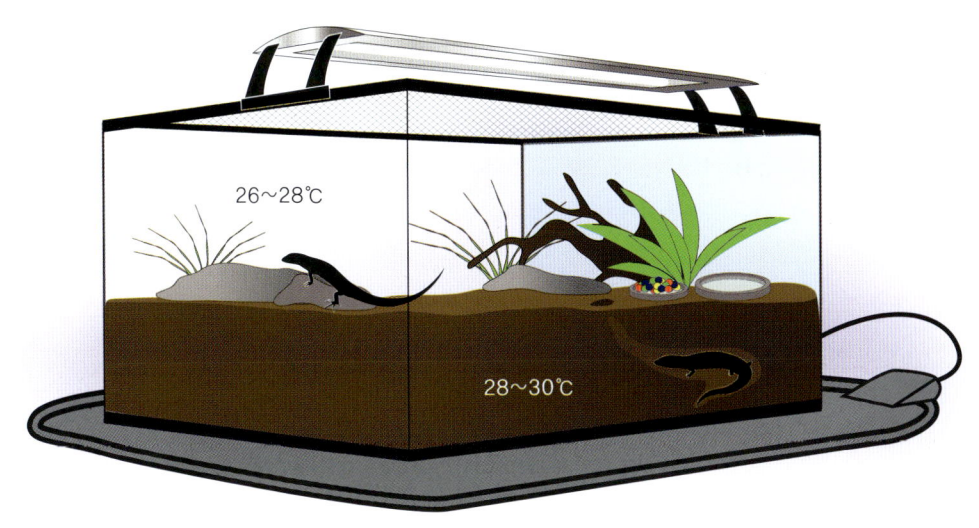

열대우림 버로우형 도마뱀 비바리움

아하는 도마뱀종을 위한 환경이다. 바닥재를 바닥형보다 두텁게 깔아서 도마뱀이 충분히 파고들 수 있는 깊이를 만들어주며, 바닥재로는 충분히 수분을 머금을 수 있는 모래흙(모래 3, 피트모스 7의 비율)을 만들어 사용하는 것이 좋다. 열대바닥형과 마찬가지로, 수분유지가 용이한 바닥재를 이용해 사육장 내 평균습도가 70~80% 이상 유지되도록 해주며, 물그릇과 분무로 습도를 쉽게 끌어올릴 수 있다. 고온다습한 환경을 요구하는 도마뱀종에게 적당하며, 열대 출신의 도마뱀종에게는 저면히팅방식으로 바닥 전체를 히팅해주고, 온대지역의 도마뱀에게는 지상에 일광욕장소를 따로 마련해 주도록 한다.

반수생형 비바리움(sermi-aquatic vivarium)

육지와 물을 포함한 형태의 사육장으로 물에서 서식하는 반수생거북이나 도마뱀류에게 적당하다. 육지는 주로 돌이나 유목으로 따로 만들어주거나, 사육장의 절반 정도를 바닥재와 돌 등으로 구역을 나눠 육지를 형성해준다. 육지는 휴식공간이자 일광욕장소가 되므로 육지 부분에 스포트라이트로 조사해 온도가 32~35℃ 정도 되게 설정해주며, 여름에는 필요하지 않지만 겨울철에는 수중히터를 이용해 수온이 26~28℃ 정도로 유지되게 한다.

도마뱀의 종류에 따라 냉수성, 즉 차가운 물의 온도를 필요로 하는 종들이 있다. 주로 산악지역의 계곡에 서식하는 종들로 차이니스 크로커다일 리자드(Chinese crocodile lizard, *Shinisaurus crocodilurus*)가 대표적이다. 이상적인 물의 온도는 20~23℃, 일광욕장소의 온도는 28~30℃로 사육장에서 형성하기 어려운 온도대를 요구하는 종도 있다. 이러한 종의 사육 시 여름철에는 사육장 내에 팬을 설치해 수온을 낮춰주거나, 페트병에 물을 담아 얼려서 수조에 넣어 수온을 낮춰주는 방법이 있다. 한편, 낮은 물가에 서식하며 높은 습도를 좋아하는 도마뱀종에게는 습지형으로 사육장을 꾸며주는 것이 적당하다. 주로 사육장 한구석에 1/4 정도 되는 연못형태의 지역을 만들어주거나 넓은 물그릇을 넣어주는 것이 좋다.

물가에 서식하면서 야행성인 도마뱀을 위한 사육장형태로서 이러한 사육장에는 일광욕장소를 설치하지 않거나, 낮은 와트 수를 이용해 온도가 낮은 일광욕장소를 마련해 주도록 한다. 사육장의 평균온도는 22~25℃이며, 일광욕장소의 온도는 26~28℃ 정도 유지되도록 해준다. 습지형에 해당하는 대표적인 종으로는 레드 아이 아머드 스킨크(Red-eyed armored skink or Red-eyed crocodile skink, *Tribolonotus gracilis*)가 있다.

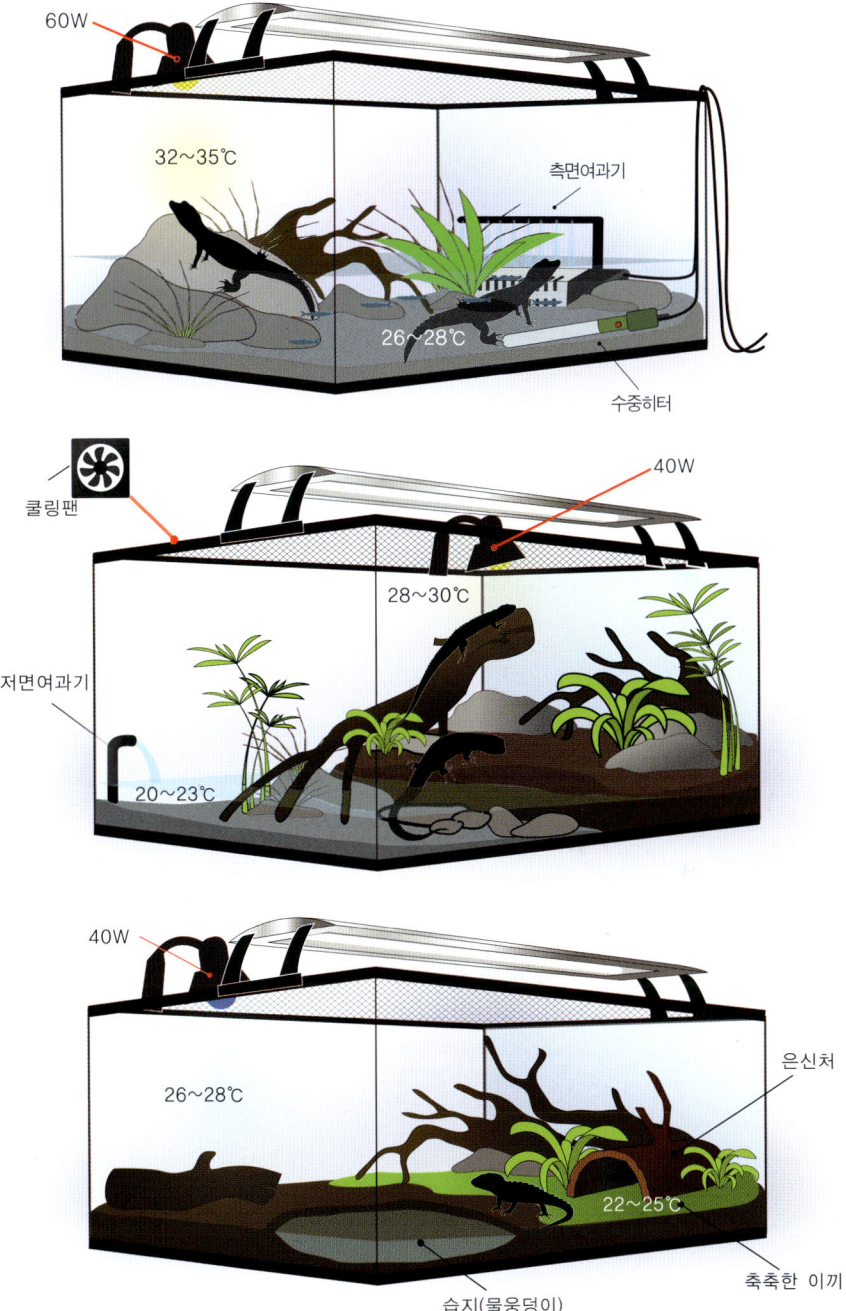

그림 위부터 반수생형 도마뱀 비바리움, 냉수성 반수생형 도마뱀 비바리움, 습지형 도마뱀 비바리움

교목형+반수생형

야생에서 물가의 나무 위에서 생활하다가 위험에 처하면 물속으로 뛰어드는 종 또는 물과 나무를 오가며 생활하는 종에게 적합한 형태의 사육장이다. 이 형태는 열대교목성과 반수생 사육장 두 가지 형태가 합쳐진 것이라 보면 된다. 일광욕장소는 상단의 유목에 마련해주며, 일광욕장소의 온도는 30~35℃, 아래 수온은 26~28℃ 정도로 유지한다.

세일핀 리자드(Sailfin lizard, *Hydrosaurus*)나 차이니스 워터 드래곤(Chinese water dragon, *Physignathus cocincinus*), 그린 바실리스크(Green basilisk or Plumed basilisk, *Basiliscus plumifrons*), 카이만 리자드(Caiman lizard or Water tegu, *Dracaena*) 등의 종들에 적당하다. 이들은 주로 나무 위에 살지만, 위험해지면 물속에 잠수를 하는 등 물과 굉장히 밀접한 도마뱀이다. 특히 남미에 서식하는 카이만 리자드의 경우 우렁이 같은 패각류를 주식으로 삼으며, 먹이활동을 주로 물에서 하고 나무 위에 올라가 몸을 말리며 쉬는 습성이 있기 때문에 이렇게 합쳐진 형태의 사육장이 이상적이다.

그러나 이러한 형태의 사육장을 꾸며주기 위해서는 넓은 공간이 필요하며, 현재 국내에서는 이런 구조의 사육장이 시판되고 있지 않기 때문에 대부분의 사육주들은 사육장 안에 몸을 담글 수 있는 커다란 물통을 준비해주는 것에 그치고 있다. 사육주가 직접 고안해 제작해보는 것도 좋을 듯싶다.

기타 사육장의 형태

시판되는 소형의 사육장이 아닌, 사육주가 자신이 기르는 도마뱀에 맞게 자작하는 형태의 사육장들을 소개한다. 주로 대형종의 도마뱀을 사육할 때나

교목형+반수생형 도마뱀 비바리움

번식을 목적으로 많은 수의 개체를 사육할때 선택하는 사육장이다.

■ **실내 대형사육장** : 대형의 왕도마뱀류나 이구아나류의 경우 방 하나를 사육장 형태로 꾸며주거나, 방의 일부를 유리 새시 등으로 공간을 분리해 대형사육장으로 활용하는 방법도 있다. 꼭 비싼 유리 새시가 아니더라도 일반적으로 대형 철조구조망 등을 이용해 응용할 수 있다. 특히 요즘 벽면에 물건을 걸 수 있게 판매되는 메시망 등을 이용해 공간을 분할하거나, 사각장의 형태로 제작하면 수월하다. 메시망은 인터넷이나 종로 5가 부근에 진열장 및 철물 등을 판매하는 곳에 가면 원하는 크기의 제품을 구할 수 있고, 규격화된 제품 중 원하는 크기가 없으면 주문 제작할 수도 있다.

■ **야외방사장** : 야외방사장의 경우는 집에 마당이나 여유공간이 있을 경우 야외온실을 제작해 사육하는 방법이다. 초기 시공할 때 비용은 많이 들지만, 도마뱀 사육뿐만 아니라 조류나 식물 등을 기를 수도 있는

그림 위부터 실내 대형사육장, 야외방사장, 야외 온실사육장

형태로 다양하게 변화시킬 수 있다. 겨울철 보온을 위해서는 온실 한쪽을 전기패널로 시공하면 적절하게 온도 관리를 할 수 있고, 최대한 야생의 상태와 비슷한 환경을 조성해줄 수 있다. 시공할 때는 도마뱀이 땅을 파서 탈출할 경우를 대비해 충분한 깊이의 땅속에 벽돌 등으로 탈출방지막을 설치해야 한다. 이러한 온실형태 외에도 온대에서 서식하며 겨울에 동면을 하는 도마뱀종의 경우 철망을 이용해 야외방사장을 만들어 사용할 수 있다. 실제로 외국의 많은 파충류농장에서 이용하는 사육방식이다.

■ **일광욕장** : 일광욕장은 여름철에 도마뱀이 자연광을 이용해 일광욕을 할 수 있도록 만든 장소로, 목재와 철망을 이용해서 누구나 손쉽게 제작할 수 있다. 도마뱀을 실내에서만 사육할 경우 UVB램프만으로는 UVB합성이 충분하게 이뤄지지 못할 수도 있기 때문에 야외에 내보내 일광욕을 시켜주는 것이 도마뱀의 건강에 많은 도움이 된다. 따라서 여건이 허락된다면 야외에서 일광욕을 할 수 있는 기회를 자주 제공해주는 것이 좋겠다.

야외에서 일광욕을 시킬 때 가장 중요한 것은 도마뱀의 안전이다. 고양이나 맹금류와 같은 외부의 천적으로부터 피할 수 있고 또 일광욕 시 체온이 급상승할 경우 체온을 식힐 수 있는 그늘을 만들어줘야 한다. 천장의 2/3 부분은 철망으로 처리하고, 1/3 부분은 그늘이 지도록 합판 등으로 덮개 처리해서 자연스럽게 일광욕을 하고 몸을 식힐 수 있는 안전한 일광욕장을 만들 수 있다.

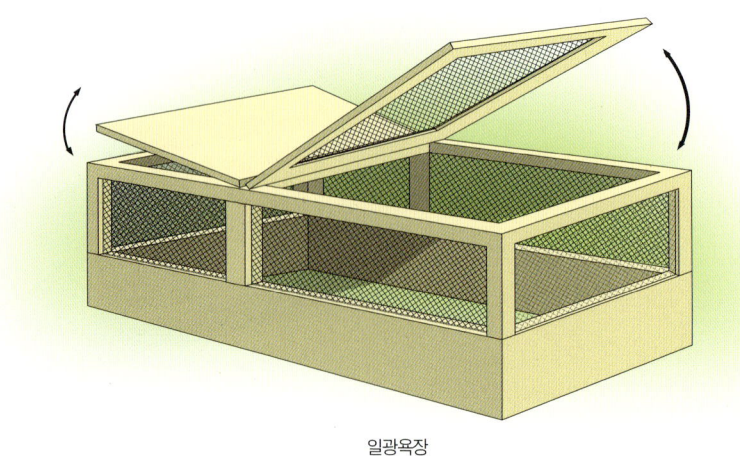

일광욕장

Chapter 05

도마뱀의 일반적인 관리

도마뱀을 기르는 데 있어서 기본적으로 관리해야 할 사항에 대해 살펴보고, 사육환경 관리 및 사육장의 유지보수, 먹이급여 등에 대해 알아본다.

01 section

사육장 및 사육환경 관리

파충류는 신진대사가 늦기 때문에 장시간 굶주리거나 물 없이도 꽤 오래 버틸 수 있는 동물이다. 이러한 이유로 파충류를 기를 때는 일반적으로 다른 동물과 달리 손이 많이 가지 않고, 따라서 바쁜 현대인에게 어울리는 반려동물로서의 장점을 갖고 있는 동물이다. 필자의 경우 취미로 많은 종의 파충류를 기르다가 창업까지 하게 됐는데, 필자가 만약 조류나 반려견을 분양하는 숍을 운영했다면 혼자서 그 많은 동물들을 관리하기란 사실상 힘들었을 것이다. 하루만 먹이를 먹지 못해도 곧바로 폐사로 이어지는 조류, 날마다 먹고 날마다 배설하는 개나 고양이와는 달리 하루 이틀쯤 먹이를 주지 않거나 물을 주지 못해도 별다른 체력손실을 보이지 않는 파충류의 사육이 손이 덜 간다고 할 수 있다.

이러한 부분은 분명 반려동물로서의 파충류가 지니고 있는 큰 장점이기도 하지만, 동시에 사육주를 게으르게 만드는 요인이 되기도 하며, 여기에 파충류 사육의 함정이 숨어 있다고 볼 수도 있겠다. 아무리 생명력이 강한 파충류일지라도 안일한 마음으로 사육하고 방치하다 보면 분명히 탈이 생기게 마련이며, 발병 초기의 증상이 미약한 파충류의 특성상 사육주가 자신이 기르는 도마뱀의 상태가 나빠진 것을 느낄 때쯤에는 이미 병이 꽤 심

그린 바실리스크(Green basilisk, *Basiliscus plumifrons*) 암컷(위)과 수컷(아래) 한 쌍

각한 지경까지 진행된 경우가 많다. 따라서 평상시 사육개체의 건강상태에 대해 꼼꼼하게 체크하고, 이를 바탕으로 꾸준하게 관리해주는 것이 매우 중요하다고 할 수 있겠다.

온도 및 습도 관리

외부환경에 크게 영향을 받는 외온성 동물인 파충류에 있어서 삶과 직결된 가장 중요한 요소는 바로 온도다. 종류가 다양하고 습성 또한 다양한 도마뱀류의 경우 종마다 각각 요구하는 환경을 정확하게 숙지해서 온도와 습도를 철저하게 관리해줘야 한다.

우리나라처럼 사계절이 있고, 계절마다 온도대와 습도대가 각기 다른 경우에 특별히 신경 써줘야 할 부분은 바로 사육장 내 온도와 습도를 일정하게 유지해주는 것이다. 사육장에서 기르더라도 외부요인에 의해 사육장 내부의 온도와 습도가 달라지기 때문에 늘 적절한 조치를 취하는 것이 필요하다. 여름철에는 과습이 되는 것을 예방하기 위해 잦은 환기와 더불어 사육장 내 온도가 고온으로 치닫는 것을 막기 위한 조치를 취해야 하고, 겨울철에는 저온건조로 인해 온도와 습도를 높여주는 노력이 필요하다. 특히 최근 들어 이상기온으로 혹서와 혹한이 찾아오고 있는 우리나라에서 온도에 민감한 반응을 보이는 도마뱀은 우리가 느끼지 못하더라도 충분히 변화를 감지하고 스트레스를 받을 수도 있기 때문이다.

필자의 경우 아침에 일어나면 제일 먼저 하는 일이 사육장의 조명을 켜고 설치돼 있는 온도계로 온도를 체크한 뒤, 밤사이에 손실된 습도를 높여주기 위해 사육장 내부에 분무를 듬뿍해주는 것이다. 분무는 밤사이 빼앗긴 사육장 내 습도를 보충해주고, 아침에 도마뱀이 물을 마실 수 있도록 해주는 작업이다. 물론 사육장 전체에 분무를 하는 경우는 열대성의 고온다습한 도마뱀 사육장에 해당하는 이야기다.

분무는 사육장 내 습도 관리 및 도마뱀에 대한 직접적인 수분보충방법으로서 매우 중요하므로 매일 실시해 주도록 한다.

사막형 도마뱀의 경우에는 분무를 해주되 사육장 한구석이나 도마뱀에게 살짝만 분무해주는 것도 괜찮다. 특히 겨울철의 경우 국내의 저온건조한 기후환경 때문에 실내습도도 상당히 낮아지게 되고 사육장 내 습도의 손실도 빨라지며, 사용하고 있는 열원이나 조명이 밤사이에 고장을 일으킬 수도 있으므로 체크해보는 것도 잊지 말아야 한다.

겨울철 아침에는 차가운 물보다는 약 30℃ 정도 되는 따뜻한 물을 담아 분무해주는 것이 좋다. 약간 미지근한 상태로 분무가 되므로 일단 사육주가 손으로 온도를 체크한 후에 실시하도록 한다. 대부분 아침과 저녁에 분무를 해주게 되는데, 이때 과열된 스폿 램프에 직접 물이 닿게 되면 달궈진 열에 의해 램프가 폭발할 수도 있으므로 조심해야 한다.

습도는 도마뱀의 피부건강에 많은 영향을 미친다.

■ **최적의 온도** : 도마뱀 사육에 있어서 최적의 온도대를 말하기란 굉장히 조심스럽다. 도마뱀류는 거북류나 뱀류에 비해 외형부터 습성까지 굉장히 다양한 종들이 속해 있는 그룹이기 때문에 '이것이 바로 도마뱀을 위한 최적의 온도대다'라고 말하기가 어려운 것이 사실이다. 일반적으로 사육이 쉬워 많은 이들이 반려동물로 기르는 도마뱀의 경우 약 26~33℃ 정도지만, 어떤 종의 경우 더 낮은 온도대를 요구하기도 한다. 또한, 어떤 도마뱀의 경우 충분히 살 수 있는 온도대라 해도 종에 따라 치명적인 온도대일 수도 있기 때문이다.

열대지방에 서식하는 종일지라도 고산지대에 서식하는 종은 상대적으로 낮은 20℃ 초반대의 온도를 선호하며, 25℃ 이상 넘어가면 급격히 스트레스를 받으며 폐사할 수 있다. 대표적인 종을 들자면, 잭슨 카멜레온(Jackson's Chameleon, *Trioceros jacksonii*)이나 뿔이 달린 혼 카멜레온류(Horn chameleons)의 경우 25℃ 이상의 높은 온도에는 지극히 취약함을 보이며, 일부 리프테일 게코류(Leaf-tailed geckos, *Uroplatus*)나 크레스티드 게코(Crested gecko, *Correlophus ciliatus*)의 경우도 마찬가지다.

■ **일광욕 시의 온도** : 도마뱀은 일광욕을 통해 체온을 높임으로써 신진대사를 활발하게 하며, 칼슘대사에 필요한 비타민D3를 합성하게 되므로 도마뱀에게 있어서 일광욕은 굉장히 중요한 행위다. 보통 사육장 내에 일광욕장소를 따로 마련해주기는 하지만, 자연에서 일광욕을 할 경우 더 많은 양의 자외선을 받을 수 있다. 또한, 도마뱀의 피부를 살균하고 감염을 예방하는 효과가 있는 등 도마뱀의 건강에 매우 큰 도움이 된다. 따라서 여름철 날씨가 좋을 때 기르는 도마뱀을 자연광을 통해 일광욕을 할 수 있도록 해주는 것도 좋은 방법이다.

초여름이나 초가을쯤 너무 덥지도 춥지도 않은 날을 선택해 일광욕을 시켜주도록 하자. 단, 자연에서 일광욕을 시킬 때는 도마뱀의 탈출과 일광욕시간에 주의해야 한다. 일광욕 시키기가 비교적 수월한 거북류와는 달리 도마뱀류는 달리고, 점프하며, 나무 위로 순식간에 올라가버릴 우려가 있으므로 항상 주의해야 한다. 일광욕장소로는 주로 커다란 고무대야를 이용하는데, 윗부분을 넓은 철망 등으로 덮어 탈출을 예방함과 동시에 고양이나 매 같은 천적이 침범하지 못하도록 안전을 기해야 한다. 탈출을 염려해 유리사육장을 통

일광욕을 할 때 적정온도는 도마뱀마다 다르므로 먼저 사육하는 종의 서식환경을 이해하는 과정이 필요하다.

째로 내놓고 일광욕을 시키는 경우도 있는데, 자외선이 유리를 통과하지 못할 뿐만 아니라 사육장 내 온도가 급상승해 오버 히팅(over heating)에 의한 일사병으로 도마뱀이 폐사할 수도 있으므로 주의해야 한다.

야외에서 일광욕을 시킬 때는 일반적으로 30분 정도면 충분하다. 너무 장시간 동안 일광욕을 시킬 경우에도 일사병에 걸릴 위험이 있으므로 자주 시간을 체크하고, 도마뱀의 상태를 확인하는 것이 좋겠다. 일광욕을 할 때 도마뱀이 입을 벌리고 숨을 거칠게 쉬기 시작한다면 온도가 너무 많이 올라간 것이므로 신속하게 서늘한 그늘로 옮겨서 몸을 식힐 수 있도록 해줘야 한다.

이처럼 도마뱀이 일광욕을 즐기다가 체온이 급상승하게 되면 바로 몸을 식힐 수 있는 그늘이 꼭 필요하며, 종이상자나 천 등

야행성 게코류는 비교적 일정한 온도대에서 생활한다.

을 이용해 일광욕 대야의 반 정도를 가려주면 좋다. 잠깐 동안만 일광욕을 시킬 요량으로 그늘을 만들어주지 않았다가, 다른 일을 보던 사육주가 깜박 잊고 도마뱀을 장시간 방치함으로써 일사병으로 폐사하는 사고가 종종 발생하기도 한다. 이를 방지하기 위해서는 일광욕을 시킬 때 사육주가 옆에서 함께 일광욕을 즐기는 것도 괜찮다. 휴식을 취하며 도마뱀을 살필 수도 있고, 교감도 나눌 수 있는 좋은 방법이라 생각한다.

■**최적의 습도** : 사막에 사는 종과 열대우림에 사는 종, 물가에 사는 종, 땅속에 사는 종 등 서식환경에 따라 생활양식이 매우 다양하므로 온도와 마찬가지로 원하는 습도 또한 다양하다. 이는 사육자 개인이 자신이 기르는 도마뱀의 필요 온도와 습도대에 대한 정보를 필히 인터넷 상의 케어시트(care sheet)나 도감 등에서 찾아 숙지해야 한다.

도마뱀이 서식하는 환경 및 연령대별로 요구되는 적정습도가 다르므로 이를 사전에 충분히 숙지해서 사육 시 적절하게 관리하도록 하자. 사진은 프릴드 리자드(Frilled lizard or Frill-necked lizard, Frilled dragon, *Chlamydosaurus kingii*)

습도는 온도와 마찬가지로 도마뱀의 일상 컨디션을 좌우하는 굉장히 중요한 요소다. 만약 건조한 환경에서 서식하는 도마뱀이 습도가 너무 높은 환경에 장기간 노출될 경우 호흡기질환이나 피부질환에 시달리게 되며, 높은 습도의 환경을 요구하는 도마뱀에게 너무 낮은 습도를 제공하는 경우 마찬가지로 꾸준하게 스트레스를 유발하는 요인이 된다.

더불어 호흡기질환 및 탈피부전 등으로 심각한 결과를 초래할 수 있으므로 사육하는 종이 서식하는 환경에 대해 충분히 이해를 한 뒤 각자의 도마뱀이 원하는 습도대를 유지할 수 있도록 끊임없이 노력하는 자세가 필요하다. 특히 성체의 경우와 어린 개체의 경우 원하는 습도대가 다를 수 있으므로 해당 종이 요구하는 연령대별 습도에 관해서도 미리 알아두는 것이 중요하다고 할 수 있겠다.

사육장 내 환기

많은 사육자들이 반려파충류를 기르면서 간과하기 쉬운 부분이 바로 이 사육장 내 환기 문제가 아닐까 싶다. 도마뱀은 외온성 동물이기 때문에 온도와 습도 관리에는 신경을 쓰지만, 정작 사육장 내 환기에 대해서는 크게 생각하지 않는 사육주가 많은 것이 현실이다. 건조한 사육장의 경우는 물론이지만, 다습한 환경을 요구하는 종의 사육장도 자주 환기를 해줌으로써 사육장 내에 항상 신선한 공기가 유지되도록 관리해야 한다. 특히 높은 습도의 환경을 요구하는 종의 사육장일 경우 배설물이나 먹다 남긴 먹이가 높은 습도에 의해 쉽게 부패하고 악취가 발생하기 쉽다. 이처럼 환기를 게을리 하면 사육장의 정체된 공기와 배설물 및 먹이찌꺼기로 인해 곰팡이와 같은 유해한 미생물이나 박테리아, 암모니아 가스가 발생해 지속적인 스트레스를 주게 되며, 도마뱀에게 건강상 위협을 가하게 된다.

환기가 되지 않아 위생상태가 불량한 환경에서는 도마뱀이 식욕을 잃게 돼 먹이를 거부하거나 성장이 둔화되고, 안구질환 및 호흡기질환과 피부질환이 발생하기 쉬우며, 심하면 폐사에까지 이르게 되므로 필히 하루에 한 번이라도 꼭 환기를 시켜주는 것이 좋다. 특히 날씨가 추운 겨울철에는 사육장 내부온도 유지에만 치중해 환기를 게을리 할 수 있으므로 바닥재 교체와 청소를 더 자주 실시해야 한다.

환기를 시켜주는 방법은 남은 먹이나 배설물을 말끔히 치운 다음, 정면의 문이 있는 경우 문을 열어 충분한 공기가 순환되도록 해주거나, 정면에 문이 없고 위에만 철망으로 돼 있는 경우 소형 컴퓨터 팬 등을 이용해 외부의 신선한 공기를 유입시켜주는 것이다.

또한, 팬에 타이머를 부착해 원하는 시간대를 설정해서 잠깐씩(약 1~2분 정도, 하루 2~3차례) 새로운 공기를 유입시켜주는 것이 좋다. 습도가 낮아질 것이 우려되면 하루에 2차례 정도로 제한하고, 환기 후 다시 충분히 분무를 해주는 것이 좋다. 미스팅 시스템이 구비돼 있다면 마찬가지로 환기가 끝난 후 작동하도록 타이머로 시간을 설정해주면 된다.

환기가 제대로 되지 않으면 심한 경우 폐사에 이르기도 한다. 사진은 바실리스크(Basilisk) 어린 개체

사육장 청소

동물을 기르다 보면 가장 불편한 점이 바로 동물의 변으로 인해 발생하는 악취이며, 필자가 동물을 사육하면서 가장 신경 쓰는 부분 또한 악취방지를 위한 사육장 청결문제다. 필자의 경우 유난히 후각이 발달한 외가 쪽의 유전인자를 이어받아서인지 냄새에 무척 민감하다. 동물을 좋아하고 오랫동안 길러오면서 다양한 냄새에 익숙해진 탓에 비위가 많이 강해지기는 했지만, 여전히 악취에 민감하다. 또 역시 냄새에 민감한 어머니 때문에 집에서 동물을 계속 기르기 위해서는 항상 악취를 줄이기 위해 청소에 특히 신경을 쓸 수밖에 없었다. 이렇게 항상 청소하는 습관이 몸에 배게 됐는데, 좋은 습관이라고 생각한다.

파충류는 다른 동물에 비해 분비샘 등이 발달한 종이 적기 때문에 몸 자체에서 냄새가 나는 종은 드물며, 파충류 특유의 비릿한 변 냄새는 대부분 먹이로 인한 것이다. 사육장 청소는 미관상의 이유도 있겠지만, 사육장 안에서 살고 있는 도마뱀의 건강에도 영향을 미치게 되므로 게을리 하지 말아야겠다. 사육장 내 배설물을 제때 치우지 않으면 고온다습한 환경의 사육장의 경우, 배설물이 금세 부패되고 다양한 세균과 박테리아들이 증식하게 됨으로써 도마뱀의 건강에 직접적인 영향을 주게 된다는 점을 잊지 말도록 하자.

도마뱀에게 발생하는 질병의 원인을 살펴보면 대부분 사육장 오염에 의한 것이다. 이는 평소 실시하는 일상관리로 충분히 예방할 수 있으므로 꾸준한 관리만이 병을 예방하는 최선의 방법이라고 하겠다. 더욱이 인간에 비해 후각이 발달한 도마뱀이 인간이 느끼기에도 역한 냄새에 늘 노출돼 있다면, 이로 인해 도마뱀이 스트레스를 받는 것은 어쩌면 당연한 일일 것이다. 이러한 이유 때문에 사육장을 조성할 때 바닥재에 더욱 집착을 하는 것인지도 모르겠다. 바닥재는 배설물의 냄새를 상당 부분 흡수해주는 역할을 하며, 배설물을 제거하기도 용이하다. 바닥재가 깔려 있는 경우 도마뱀이 배설하면 대부분 배설물과 바닥재가 엉키게 되므로 바닥재와 함께 그 부분만 떠내서 버리면 수월하게 청소할 수 있다.

바닥재로 모래를 깔아준 경우에는 배설한 부분을 작은 체로 쳐서 모래는 밑으로 걸러내고 배설물만 떠내 제거하면 된다. 바닥재에 먹이가 흘러 냄새가 밴 경우 도마뱀이 바닥재를 먹이로 오인해 먹을 수도 있으므로 먹이가 떨어진 부분도 제거해주는 것이 좋다. 배설물을 들어냈는데도 바닥재에 배설물 냄새가 배어 있으면 항균과 소취기능을 하는 안전한 파충류용 소취제를 이용해 냄새를 제거해 주도록 한다.

바닥재는 도마뱀 배설물의 냄새를 상당 부분 흡수해주는 역할을 하며, 배설물을 제거하기도 용이한 필수 사육용품이다. 사진은 드워프 실드테일 아가마(Dwarf shield-tailed agama or Shield-tailed agama, *Xenagama taylori*)

바닥재는 주기적으로 부분 및 전체를 교체해줘야 한다. 관리상 편의를 위해 바닥재 대신 신문지나 종이 등을 깔아주면 도마뱀이 바닥재를 먹을 위험성은 줄일 수 있지만, 도마뱀을 들어내고 전체를 교체해줘야 하는 번거로움이 있다. 이 때문에 대부분의 사육주들이 신문지나 종이의 경우 배설물만을 제거하고, 신문지가 어느 정도 더러워질 때까지 기다렸다가 교체한다. 그 결과 냄새가 빠지지 않아 사육장 안에 늘 악취가 배어 있으며, 도마뱀의 몸에도 냄새가 배게 된다. 또한, 신문지를 자주 교체할 경우 청소를 위해 사육장 밖으로 도마뱀을 꺼내야 하므로 잦은 핸들링으로 인한 스트레스를 유발한다는 단점이 있다.

필자의 경우 사육장을 청소할 때 개인적으로 중요하게 생각하는 부분은 바로 사육장 전면의 유리다. 전면유리가 지저분하면 관상하는 데도 불편할 뿐만 아니라 사육장 전체가 불결해 보이기 때문이다. 따라서 매일 아침 도마뱀에게 분무를 해줄 때 사육장의 전면유리도 같이 닦아주는 것이 좋다. 사육장 앞부분에도 분무를 한 뒤 신문지를 구겨서 닦아내면 유리의 얼룩이 깔끔하게 제거되므로 청소할 때 참고하도록 하자.

02 section

사육장의 유지 및 보수

평상시 사육장 유지의 개념은 사육장의 사육환경을 총체적으로 점검해보는 것이라고 할 수 있다. 즉 환기는 적절하게 이뤄지고 있는지, 전열기는 제대로 작동을 하는지, 온도계와 습도계는 제대로 작동을 하는지 등을 체크하고 그 기능이 유지되도록 하는 것이다. 시간이 흐를수록 사육장 내에 자잘한 결함이 생길 수 있고, 그로 인해 도마뱀이 사고를 당할 수도 있으므로 꼼꼼하게 신경을 써야 한다. 특히 기성제품이 아닌 자작한 사육장의 경우 시공 시의 사소한 실수나 잘못된 재료의 선택으로 인해 틈이 갈라지거나 변형이 될 수 있으므로 자주 체크해보고, 수선할 부분은 재빨리 조치를 취해야 한다.

온·습도계 점검
온·습도계는 사육장의 온도와 습도를 파악할 수 있는 중요한 장비이므로 가장 세심하게 체크해야 할 필요가 있다. 온·습도계가 고장 났을 경우 사육주에게 잘못된 정보를 제공하게 되고, 고장 난 온도계의 수치만을 믿고 계속 적절하지 않은 온도에서 사육할 경우 도마뱀에게 상당한 스트레스를 주게 되므로 꾸준한 점검이 필수적이다.

비어디드 드래곤(Bearded dragon, *Pogona vitticeps*)

이러한 오류를 예방하기 위해서라도 사육장 내 온도계는 최소 2개에서 3개 정도 구비해두고 사용하는 것이 좋고, 온도계를 가끔 모두 꺼내서 제대로 작동하는지 여부를 체크해보는 것이 좋다. 냉장고에 넣는 방법을 사용하는 등의 동일한 조건에 노출시킨 후 정상적으로 작동을 하는지, 오차범위가 크지는 않은지 체크하면 된다.

조명 및 UVB 관리

주행성 파충류의 경우 일반적으로 조명과 열원으로 스폿 램프를 이용하고, 비타민D3의 합성을 위해 UVB 자외선램프를 같이 사용한다. 이러한 조명은 태양광선이 주는 효과와 같은 효과를 내며, 체온을 높이고 식욕을 촉진시키는 역할을 한다. 인위적으로 낮의 환경을 만들어주는 조명이므로 낮 길이와 같게 하루 12시간 켜주고, 저녁이 되면 꼭 꺼주도록 해야 한다. 야행성 도마뱀의 경우 특별한 조명은 필요 없지만, 사육주가 도마뱀의 활동을 관찰하는 데 용이하도록 가시광선이 없는 붉은빛의 조명 혹은 야간보온을 위한 적외선등을 이용하기도 한다.

현재 시판되고 있는 조명과 UVB램프의 수명은 제품의 사양에 따라 다르지만, 대략 6개월 정도 된다. 6개월이 지나면 UVB 자외선의 방출량이 현저히 감소하게 되며, 사실상 기능이 다했다고 볼 수 있으므로 빛이 여전히 나온다고 해도 교체해주는 것이 좋다. 특히 스폿 램프의 경우 100W나 그 이상 되는 전구를 사용할 때 가정의 전압이 불안정하거나 제품에 하자가 있으면 전원을 끄고 켜면서 자주 필라멘트가 끊어져 못쓰게 되는 경우가 많다. 따라서 미리 충분하게 여분을 구비해두는 것이 좋겠다.

일광욕 중인 설퍼 워터 모니터(Sulfur water monitor)

열원의 관리

파충류 사육에 필요한 열원은 상부열원과 하부열원으로 나눠볼 수 있다. 상부열원은 스폿 램프나 적외선등으로서 조명의 역할도 하는 전구타입, 빛을 방출하지 않고 열만을 보내는 세라믹등이 있다. 하부열원은 주로 파충류 전용 발열패드나, 안에 전선을 넣고 시멘트를 바위 모양으로 굳힌 파충류용 락 히터, 파충류 전용으로 만들어진 것은 아니지만 흔히 보온용으로 시판되고 있는 전기방석과 필름 히터, 전선을 고무로 코팅한 동파방지선 등을 이용한다. 이러한 제품들은 과열되는 경우를 예방하기 위해 자동온도조절기와 함께 사용하는 것이 좋다.

파충류 전용 발열패드나 필름 히터, 락 히터의 경우 가격은 비교적 비싼 편이지만 안정적인 온도를 유지하는 반면, 가격이 싼 전기방석이나 동파방지선의 경우 적정온도 이상으로 과열되는 불량품이 발견되기도 하므로 신중하게 점검해야 한다. 일반적으로 가정에서 사육할 경우 겨울철에 보온을 위

야행성 도마뱀을 사육할 때는 사진에서 보이는 것과 같이 밝은 조명이 아닌, 붉은 계열의 적외선등이나 취침등 정도의 약한 조명을 이용하는 것이 바람직하다.

해 보일러를 가동하기 때문에 집 안의 평균온도가 23~25℃ 정도 되면 특별한 히팅이 필요 없지만, 야간에 보온이 되지 않는 매장이나 전시장, 사무실 등에서 도마뱀을 사육할 경우 야간열원의 설치는 필수적이다. 이런 기기들이 정상적으로 작동을 잘하는지 평소에 꾸준히 체크해야 한다. 과열의 문제도 있지만, 밤사이에 고장으로 작동을 안 할 경우 갑작스러운 저온으로 인한 피해가 발생할 수 있다. 따라서 작동 여부를 수시로 체크해주고, 고장이 났을 때 이를 즉시 대체할 만한 예비열원을 구비해두는 것이 안전하다.

먹이의 급여와 영양관리

적절한 서식환경의 조성과 더불어 일반적인 도마뱀 사육의 핵심은 바로 올바른 먹이공급이다. 그들이 야생에서 무얼 먹고 살았는지, 선호하는 먹이는 어떤 것들인지 충분히 조사하고 알맞게 급여하는 것이야말로 일상에서 가장 중요한 관리라 할 수 있겠다.

먹이공급 시 발생하는 문제

도마뱀을 건강하게 기르기 위해서는 그들이 원하는 환경을 조성해주는 것과 더불어 적절한 영양공급이 필수적이다. 내가 기르고자 하는 도마뱀이 야생에서는 무얼 먹고 살았는지, 어떤 형태의 먹이를 원하는지에 대한 정보를 정확하게 파악하고 있어야 하며, 현재 급여하고 있는 사료의 성분도 잘 살펴서 영양소가 적절하게 배합돼 있는지 확인하는 것도 중요하다. 만약 제대로 된 먹이를 급여하지 않을 경우 여러 가지 건강상 문제점을 야기하게 되는데, 먹이급여 시 발생할 수 있는 문제점은 다음과 같다.

■ **먹이부족으로 인한 영양결핍** : 사육주가 평소 사양 관리를 게을리 한다거나 여러 마리를 그

슈퍼웜을 사냥 중인 비어디드 드래곤

도마뱀을 건강하게 기르기 위해서는 그들이 원하는 환경을 조성해주는 것과 더불어 적절한 영양공급이 필수적이다.

룸으로 사육하는 경우, 마릿수에 비해 급여량이 적으면 늘 먹이를 섭취하지 못함으로써 영양결핍을 겪게 되는 개체가 생길 수 있다. 이러한 경우를 대비해 먹이를 급여할 때는 어떤 개체가 먹이를 잘 먹는지 혹은 안 먹는지 먹는 모습을 자세하게 관찰한 후, 먹이경쟁에서 뒤처지는 약한 개체는 따로 분리해 보호해줘야 한다. 도마뱀의 경우 무리를 이루는 종일수록 확실한 서열이 존재하며, 서열이 낮은 개체일수록 먹이를 먹을 때 적극적으로 동참하지 못하는 경우가 생기므로 먹이를 줄 때는 따로 분리해서 급여하던지, 먹이그릇을 두 군데로 나눠 급여하는 것이 바람직하다.

■**부적합한 식단으로 인한 영양소의 불균형** : 부적합하게 짜인 식단을 제공할 경우 영양의 불균형을 가져오며, 이로 인한 특정 영양소의 결핍 혹은 과잉은 심각한 문제를 초래할 수 있다. 대부분의 사육주가 영양소결핍이나 과잉으로 인해 도마뱀에게 질병이 발병한 후에나 그 사실을 깨닫게 되므로 문제가 더욱 심각해진다. 자신이 기르는 도마뱀이 요구하는 적절한 영양소에 대해 꾸준하게 공부하고, 도마뱀의 평소 활동량이나 움직임, 외향 등을 꼼꼼하게 확인함으로써 영양상태를 점검하는 것이 최선의 예방책이다.

■**영양과잉으로 인한 비만** : 영양과잉으로 인한 비만은 도마뱀 사육주들이 가장 쉽게 유발하는 문제다. 비만은 만병의 근원이라고 흔히들 말하는데, 도마뱀도 예외가 아니다. 대부분의 사육주가 자신의 도마뱀에게 필요 이상의 과도한 먹이를 주는 경향이 있는데, 이는 사실 어찌 보면 당연할지도 모른다. 파충류가 원체 움직임이 적은 동물이라 먹이를 먹는 모습이야말로 가장 역동적이며, 반려동물로 파충류를 사육하는 많은 애호가들에게 사육의 즐거움을 주는 것도 바로 이 모습을 지켜보는 일이다. 이러한 이유로 많은 사육자들이 자신의 도마뱀에게 필요 이상의 먹이를 급여함으로써 비만을 초래하고 있는 것이다.

여러분이 기르는 도마뱀은 파충류라는 것을 다시 한번 명심하도록 하자. 파충류는 일반적인 동물들과 달리 대사가 매우 느리며, 야생상태에서 오랜 굶주림을 참을 수 있도록 진화돼온 동물이다. 더구나 야생이 아닌 사육환경 하에서는 운동량 또한 턱없이 부족한 상황이므로 쉽게 비만이 될 수 있다. 특히 크기가 큰 도마뱀일수록 작은 사육장에서 최소한으로 움직이고 상대적으로 고영양의 먹이를 섭취함으로써 더욱 비만이 되기 쉽다.

인간에게 사육되고 있는 이구아나(Iguana, *Iguana*)종이나 왕도마뱀인 모니터 리자드(Monitor lizard, *Varanus*)종의 경우 흔히 지방간이 생기고, 이로 인한 질병의 발생이 잦은 실정이다. 이미 비만이 진행된 경우는 먹이급여횟수를 조절하고 운동량을 늘려주는 방법으로 치료가 이뤄질 수 있지만, 가장 큰 문제는 사육주가 자신이 기르는 도마뱀의 비만도를 정확하게 알지 못한다는 것이다. 많은 사육주들이 일단 도마뱀의 살이 통통하게 올라와 있으면 건강한 상태라고 믿어버리며, 그 모습이 보기 좋다고 여기기 때문이다.

먹이를 먹고 있는 블루텅 스킨크(Blue-tongued skink, *Tiliqua*)

블루텅 스킨크처럼 움직임이 활발하지 않은 도마뱀은 쉽게 비만이 될 수 있으므로 먹이급여횟수나 영양 밸런스를 잘 조절해야 한다.

필자 또한 이와 같은 과오를 저지른 경험이 있는데, 사바나 모니터(Savannah monitor, *Varanus exanthematicus*)를 기를 때였다. 하루 종일 멍하니 있는 그 녀석이 민첩하게 움직이는 경우라고는 먹이로 준 생쥐를 사냥할 때뿐이었다. 필자는 사바나 모니터가 먹잇감을 사냥하는 모습을 자주 보기 위해 아끼지 않고 생쥐를 급여했으며, 통통하게 살이 오른 녀석을 보고 아주 건강한 상태라고 착각한 것이다. 그러다 어느 날 특별한 증상이 없이 돌연사했는데, 해부를 통해 알아낸 원인은 바로 비만이었다. 당시 녀석의 내부장기가 지방으로 가득 둘러싸여 있는 모습을 보며 비만이 얼마나 위험한 것인지 새삼 느끼게 됐다.

비만으로 인한 돌연사를 예방하기 위해서는 평소 자신이 기르는 도마뱀의 이상적인 표준 체중과 크기를 숙지하고, 주기적으로 몸무게를 확인해야 한다. 먹이를 급여하는 방법 또한 성체의 경우 1주일에 2일, 어린 개체의 경우 1주일에 하루는 먹이를 공급하지 않는 '금식의 날'을 지정해 영양과잉이 되는 것을 예방해야 한다. 단, 잊지 말아야 할 것은 먹이를 급여하지 않는 금식의 날에도 수분은 꾸준히 보충해줘야 한다는 점이다.

수분급여의 중요성

물은 자연에서 곧 '생명'을 뜻한다. 파충류는 다른 동물군에 비해 물을 적게 섭취해도 버틸 수 있는 신체를 가지고 있지만, 그들 역시 생명의 연장을 위해서는 수분이 반드시 필요하다. 사막에 서식하는 도마뱀이라 할지라도 삶을 영위하기 위해서는 적절한 수분섭취는 필수사항이라는 것을 잊어서는 안 된다. 인간과 함께 사는 반려파충류의 경우 사막이나 건조한 곳을 고향으로 삼고 있는 종들이 많기 때문에 이들 도마뱀에게 급여하는 수분의 중요성을 간과하는 사육주들이 많다. 그러나 사막에 사는 종이라 해도 새벽의 안개나 해안풍으로 발생한 안개를 통해 그들이 원하는 수분을 충분히 공급받고 있다. 따라서 사육 시에는 언제든지 먹을 수 있는 깨끗한 물을 충분히 공급해 주도록 해야 한다.

물론 늘 높은 습도에 노출되는 것을 원하지 않는 종도 많지만, 대부분의 동물은 물에서 안정감을 얻는다. 물이 풍부하다는 것은 생명을 계속 유지시킬 수 있는 기본사항이 충족된 것임을 의미하기 때문이다. 물은 동물의 신진대사를 촉진시키고 근육의 이완을 도우며, 여러 대사를 활발하게 할 수 있도록 해주는 건강의 기본요소이므로 오염되지 않고 깨끗한 물을 항상 마실 수 있도록 제공해주자. 만약 수분이 적절하게 공급되지 않으면 탈수증상이 나타나며, 이때 탈수와 함께 식욕도 감퇴됨으로써 결국 영양결핍이 초래된다. 탈수의 주요 증상은 피부에 윤기가 떨어지고 거칠어지며, 눈 밑이 움푹 들어간 모습이 나타난다.

수분을 급여할 때는 물그릇에 물을 담아주는 것 외에 직접적인 분무로도 보충해 주도록 한다. 야생의 도마뱀은 고여 있는 물보다는 비나 안개로 인해 나뭇잎에 맺혀 있는 물방울을 핥아먹는 습성이 있어서 몸에 직접적으로 분무해주거나, 사육장 내벽 또는 조화 등에 분무를 해주면 그 물을 핥아먹을 것이다. 분무 외에도 도마뱀이 원할 때 항상 먹을 수 있도록 낮은 물그릇에 깨끗한 물을 담아서 급여하도록 한다.

물그릇에 물을 담아주는 것 외에 직접적인 분무로 수분을 보충해 주도록 한다. 사진은 일렉트릭 블루 데이 게코 (Electric blue day gecko, *Lygodactylus williamsi*)

파충류를 사육하다 보면 물그릇 속에 배설하는 경우를 자주 볼 수 있는데, 이는 수분이 장의 운동을 촉진시켜 배설을 용이하게 도와주기 때문이다. 한 사육장에서 여러 마리를 사육하는 경우 유독 물그릇에 들어가서 배설하는 도마뱀을 관찰할 수 있다. 야생에서의 도마뱀은 대부분 오염된 물을 마시지 않지만, 사육장 내 물을 교체해주지 않고 계속 방치한 상태에서 탈수가 진행되면 오염된 물일지라도 개의치 않고 마시게 된다. 야생에서는 썩은 고기나 상한 음식물을 섭취하더라도 별 탈이 없는 종들도 많지만, 사육 시에는 오염되거나 상한 음식물에 자주 노출될 경우 최악의 상황에 이를 수 있다. 따라서 물속에 배설을 했다면 물그릇을 깨끗하게 세척한 후 새로운 물로 바로 교환해줘야 한다.

야행성 게코류 중 소형종이나 카멜레온 소형종의 경우 수돗물에 포함된 염소의 영향을 받을 수 있으므로 하루 정도 받아놓은 깨끗한 물을 급여하거나, 열대어 수조에 사용하는 염소제거제를 이용해 염소를 제거한 후 급여 또는 분무해주는 것이 바람직하다. 도마뱀을 처음 분양받아 왔다면 일단 먹이는 급여하지 말고 깨끗한 물을 먼저 준비해주고, 만약 서식하는 곳이 열대우림인 도마뱀이라면 미지근한 물로 충분히 분무를 해줌으로써 수분공급과 더불어 이동 중 받은 스트레스를 완화시켜주는 것이 바람직하다.

육식성 도마뱀의 먹이

도마뱀은 종에 따라 완전한 육식성이거나 잡식성 혹은 초식성으로 나뉜다. 잡식성의 경우도 초식에 가까운 잡식, 육식에 가까운 잡식, 어린 개체 때와 성체일 때 요구하는 육식과 초식의 성분 비율이 다르므로 영양적으로 알맞은 비율의 먹이를 급여하도록 신경 써야 한다.

동물성 먹이 성분표의 예

영양성분표	단백질	지방	섬유질	수분	기타

귀뚜라미　　　　　　　슈퍼웜　　　　　　　　　　슈퍼웜 성체

육식이나 잡식성 도마뱀에게 흔히 급여할 수 있는 대표적인 동물성 먹이는 귀뚜라미, 슈퍼웜(superworm), 밀웜(mealworm), 생쥐, 핑키(pinky) 등이 있으며, 그밖에 메추라기나 병아리, 반수생 도마뱀류 먹이인 미꾸라지나 물고기 등이 있다. 충식(蟲食)을 하는 도마뱀의 경우 야생의 귀뚜라미나 메뚜기 등을 잡아서 급여하는 경우도 있는데, 이는 아주 위험하다. 야생의 곤충은 기생충이나 살충제 등에 노출돼 있을 확률이 높으며, 특히 육식성 곤충인 잠자리나 사마귀 등은 기생충감염률이 높기 때문에 급여하지 않는 것이 바람직하다.

사실 도마뱀 사육에 있어서 가장 큰 걸림돌이 되는 것이 바로 이 부분이 아닌가 싶다. 보통 가족이나 배우자가 도마뱀 사육을 반대하며 나서는 이유가 도마뱀 자체에 대한 거부감보다는 오히려 먹이동물인 곤충류나 쥐에 대한 거부감이 크기 때문인 경우가 많다. 이러한 이유로 도마뱀 사육을 고려하는 사육주로부터 종종 '살아 있는 먹이를 대체할 만한 먹이가 없냐'는 질문을 받곤 한다. 후각에 많이 의지하는 종이나 잡식성 도마뱀의 경우 굳이 살아 있는 먹이가 아니더라도 사료형태의 먹이에 적응하는 개체들도 있지만, 많은 도마뱀이 살아 있는 먹이의 움직임에 반응해 사냥하는 습성이 있다. 따라서 반려도마뱀을 선택할 때는 이처럼 살아 있는 먹이를 먹여야만 하는 종류의 도마뱀에게 본인이 꾸준히 먹이를 급여할 수 있는지 여부를 반드시 고려해보고 결정해야 한다.

■**귀뚜라미** : 일반적으로 도마뱀이 가장 선호하는 먹이는 귀뚜라미다. 급여할 때는 반드시 도마뱀 크기에 알맞은 크기의 귀뚜라미를 선택해야 한다. 어린 개체에게 너무 큰 크기의 귀뚜라미를 급여하게 되면 삼키기 어렵고, 또 삼키는 과정에서 귀뚜라미의 날카로운 뒷다

리 부분에 의해 입안에 상처가 생김으로써 구내염(mouth rot)을 유발할 수 있다. 또 도마뱀이 잠을 잘 때, 병에 걸려 기력이 떨어진 도마뱀이나 탈피 중인 도마뱀에게 스트레스를 주기도 하며, 꼬리나 발가락을 갉아서 상처를 낼 수도 있다. 사육장에 살아남아 있는 귀뚜라미가 도마뱀의 배설물을 갉아먹어 기생충을 옮기는 중간숙주의 역할을 하기도 하므로 도마뱀이 먹고 남은 귀뚜라미는 귀찮더라도 사육장 안에서 즉시 빼내야 한다. 이상적인 귀뚜라미의 크기는 일반적으로 도마뱀의 눈과 눈 사이, 즉 미간길이만큼 크기라고 생각하면 된다.

■ **슈퍼웜** : 슈퍼웜(superworm)은 각 나라마다 불리는 명칭이 다르다. 로얄웜(royalworm) 혹은 킹웜(kingworm)이라고 불리며, 한국에서는 슈퍼웜 또는 슈퍼밀웜(super-mealworm)이라고 불린다.

밀웜, 슈퍼웜의 번식과 보관

슈퍼웜이나 밀웜은 집에서도 번식시켜 도마뱀에게 꾸준히 급여할 수 있다. 냄새가 적고 공간 또한 많이 차지하지 않으므로 사육하는 도마뱀의 수가 많지 않다면 충분히 자가번식으로 충당할 수 있다. 슈퍼웜과 밀웜의 사육과 보관법은 거의 같다. 차이점이라면 밀웜은 사육통 안에서 자연히 번식이 이뤄지지만, 슈퍼웜은 애벌레 상태에서 한 마리씩 따로 작은 필름통이나 요구르트병에 담아놓게 되면 변태과정을 거쳐 성충이 된다는 것이다. 먹이가 되는 베딩은 밀기울(밀가루를 빻고 남은 찌꺼기), 보릿가루(겉보리를 거칠게 간 것), 생선가루(국물용 값싼 멸치를 한 번 끓여 염분을 제거한 후 말려서 간 것)를 4 : 5 : 1 정도의 비율로 배합해 사용한다.

이렇게 만들어진 먹이 베딩을 넓적한 플라스틱통이나 채집통 등에 깔고, 밀웜의 경우 먹이 -> 솜 -> 먹이 -> 솜의 순서로 차곡차곡 4단 정도 깐 후 밀웜을 넣으면 파고들어가서 변태과정을 거쳐 딱정벌레가 된 거저리가 솜에 알을 낳는다. 그 안에서 번식과 변태과정이 다 이뤄지므로 관리가 쉽다. 슈퍼웜은 밀웜과 달리 약간 손이 더 간다. 애벌레를 각각 먹이가 없는 조그만 통(필름통이나 요구르트병)에 격리시켜 놓으면 얼마 지나지 않아 번데기로 변하게 되고, 탈피 후 성충이 됐을 때 먹이 베딩을 깔고 같이 넣어놓으면 그 안에 알을 낳는다. 직접 물을 분무하거나 물그릇을 넣어주는 것이 아니라 배춧잎이나 과일 등을 잘라 베딩 위에 놓으면 그것으로 수분보충이 되므로 먹고 남은 과일껍질이나 배춧잎을 넣어준다. 시간이 지나 물기가 바짝 마른 것이나 밀웜들이 먹고 남은 찌꺼기는 버리고 다시 보충해주면 된다.

흔히 먹이 베딩으로 엿기름이나 닭사료를 쓰기도 하는데, 엿기름은 보릿가루의 효과를 내는 듯하지만 싹을 틔워서 갈아버렸기 때문에 영양가는 적으며, 달기 때문에 너무 빨리 소진되는 경향이 있다. 응애는 잘 생기지 않지만 나방 등이 잘 몰려드는 단점이 있고, 임시적으로 전용사료를 구할 수 없을 때는 유용하게 쓰이지만 장기간 사용 시에는 좋지 않다. 닭사료는 특성상 항생제를 사용할 수밖에 없는데, 물론 치명적인 해가 발생할 정도는 아니지만 장기적으로 봤을 때는 좋지 않다. 닭사료를 사용한 웜의 경우 힘이 약하고 윤기가 떨어진다. 밀웜들의 사육통은 과습하게 되면 곰팡이가 슬고 번식률도 낮아지며, 폐사할 수 있으므로 따뜻하고 통풍이 잘 되는 곳에 두고 관리하는 것이 좋다.

슈퍼웜은 단백질과 지방이 풍부하고, 영양소가 뛰어나 먹이 곤충으로 흔하게 쓰이고 있다. 일반적으로 밀웜보다 크기가 상당히 크고 덩어리감이 있어서 먹이로 많이 사용되지만, 선호도는 귀뚜라미에 비해 다소 떨어지는 듯하다. 바닥을 파고드는 습성이 있기 때문에 바닥재가 깔린 사육장에서 급여할 시에는 미끄러운 단면을 기어오르지 못하는 슈퍼웜의 특성을 이용해 낮은 플라스틱그릇이나 유리처럼 매끄러운 재질의 그릇에 담아주는 것이 좋다.

■밀웜 : 번식이 쉬워서 일반적으로 많이 이용하는 거저리 애벌레로서 2~3cm까지 자란다. 주로 밀기울 또는 보릿가루를 먹고 자라는 웜이며 급여가 간편하지만, 여러 책자나 포럼에 의하면 영양소가 부족해 가장 권장할 수 없는 먹이에 속한다. 따라서 밀웜만으로 사육할 경우에는 영양결핍이 초래될 수 있으므로 보조식 개념으로 급여하는 것이 좋다.

■생쥐 : 육식동물을 기르는 데 있어서 필수불가결한 사실, 즉 '사육하는 동물에게 먹이기 위해 다른 동물을 죽인다는 것'에 대해 도덕적인 의문을 갖는 사람들이 있을 것이다. 이 의문에 대해 스스로 답하고 해결하지 못할 경우에는 육식동물을 기른다는 것 자체가 무리다. 만약 여러분이 육식동물을 기르겠다고 결정했다면 먹이동물 또한 적절한 사육환경을 조성해주고 먹이를 공급해야 하며, 먹이동물을 도살할 경우에도 최대한 인도적으로 고통 없이 빨리 도살하는 방법을 써야 한다. 다른 동물을 먹이로 준다는 거부감 때문에 사육주 임의로 도마뱀에게 알맞지 않은 먹이를 먹여 기르는 것은 해당 도마뱀에게 장기간의 고통을 주는 학대행위일 수 있음을 명심하자.

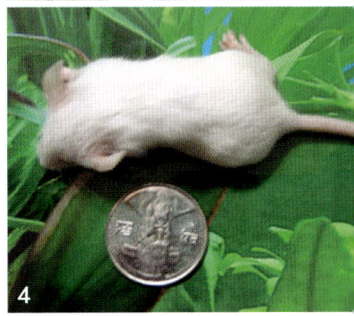

1. 핑키 2. 처비 3. 퍼지 4. 하퍼

> **연령에 따른 생쥐의 명칭**
>
> - **핑키**(pinky) : 생후 1~2일 된 것으로 몸에 털이 없어 진분홍색을 띠며, 피부가 얇다. pinky라는 이름은 피부색에서 따온 것이다.
> - **처비**(chubby) : 생후 3~6일 된 것으로 핑키보다 크고 살이 올라 있으며, 피부는 두터워졌고 옅은 분홍색을 띤다. chubby는 살이 올랐다는 의미다.
> - **퍼지**(fuzzy) : 눈을 아직 뜨지 못한 상태의 것으로 털이 나 있다. fuzzy는 털이 난 상태를 의미한다.
> - **하퍼**(hopper) : 눈은 떴으나 아직 젖을 떼지 못한 것을 말한다. hopper는 이 시기에 생쥐의 깡총깡총 뛰는 움직임을 보고 붙여진 이름이다.

생쥐는 대형 도마뱀종이나 뱀류 사육 시 가장 보편적으로 급여되는 먹이다. 실험동물로 알려져 있던 생쥐를 먹이용 동물로 이용하게 된 것은 파충류 사육의 붐이 일기 시작하면서부터다. 초기에는 실험용 생쥐번식농장에서 구입했으나, 점차 먹이용 생쥐농장이 생겨나고 수급이 안정됨으로써 가격도 저렴해지고 크기별로 손쉽게 구할 수 있게 됐다.

일반적으로 먹이용 쥐는 생쥐(mouse)와 랫(rat) 두 종이 있다. 랫의 경우 생쥐의 5배 이상 크기 차이가 나서 주로 대형 뱀의 먹이로 쓰인다. 직접 사육하는 것도 무방하지만, 집 안에서 쥐를 사육할 경우 냄새가 나고 손이 많이 가므로 보통 죽은 것을 얼려서 냉동보관해 급여한다. 살아 있는 생쥐를 도살할 경우에는 신속하고 잔인하지 않은 방법으로 해야 하는데, 일반적으로 튼튼한 비닐에 많은 수의 쥐를 넣고 밀봉하면 짧은 시간 내에 질식사하게 된다. 쥐머리(목 부분)를 쇠막대(드라이버 같은 도구)로 살짝 눌러 고정시킨 후, 꼬리를 순간적으로 잡아 당겨 척추를 분리시켜 죽이는 경추분리는 가장 빠르고 비교적 고통 없이 죽이는 방법으로 알려져 있다. 그러나 이는 어느 정도 요령이 필요한 방법이며, 잘못 시행할 경우 피가 튄다던지 쥐의 꼬리껍질이 벗겨지는 불상사가 생길 수 있으므로 주의해야 한다.

초식성 도마뱀의 먹이

완전한 초식성을 띠는 도마뱀은 야생의 도마뱀류 중에서도 2% 정도의 낮은 비율을 차지하고 있으며, 사육하는 대부분의 도마뱀이 잡식성의 식성을 가지고 있기 때문에 식물 또한 도마뱀의 먹이군에서 중요한 위치에 있다. 일반적으로 초식이라고 알려져 있는 그린이구아나도 어렸을 때는 초식과 육식을 같이 하는 잡식성의 식성을 띠며, 잡식성 도마뱀의 경우도 초식성에 가까운 잡식성과 육식성에 가까운 잡식성 도마뱀으로 나눌 수 있다. 일반적으로 사람이 먹을 수 있는 채소의 경우 거의 대부분은 초식성 파충류가 섭취할 수 있다고 볼 수 있다. 하지만 포유류인 사람이 먹을 수 있는 채소와 과일 중에는 파충류인 도마뱀에게 장기간 급여 시 해가 될 수 있는 것들이 포함돼 있으므로 주의해야 한다. 기호성이 좋거나 구하기 쉽다는 이유로 제한된 종류의 채소만을 급여하게 된다면 영양불균형이 초래되기 쉬우므로 될 수 있으면 다양한 채소를 급여하는 것이 바람직하다.

초창기 그린 이구아나가 국내에 수입된 지 얼마 지나지 않았을 때였다. 필자가 처음 그린 이구아나를 입양해서 기를 때였는데, 분양처에서 '이구아나 먹이로는 상추가 가장 좋다, 상추만 줘도 된다'고 당부했던 기억이 난다. 그때는 순진하게도 그 말을 철썩 같이 믿었고, 분양업자가 당부한 대로 상추만 급여했다. 상추는 영양분이 거의 없는 채소이며, 상추만을 급여할 경우 심각한 영양결핍을 초래할 수 있다는 것을 나중에야 알게 됐다. 상추는 일반적인 초식성 동물에게 가장 기호도가 높은 채소로서 부드럽고 수분도 많이 포함돼 있어서인지 소위 기호성만 놓고 볼 때는 상추를 따를 채소가 없지만, 아이러니하게도 영양적인 면에서는 비타민 외에는 직접적인 에너지원으로 쓸 수 있는 영양분이 거의 없다.

반려동물 사육 시 많은 사육주들이 동물이 잘 먹고 좋아하는 것이 곧 좋은 먹이라고 착각하는 오류를 범하곤 한다. 예를 들어 초식성 파충류에게 일반적으로 많이 급여하는 애호박을 살펴보자. 애호박을 초식 파충류의 주식단으로 이용하는 사육주들이 많지만, 영양성분표를 보면 애호박은 칼슘의 함량이 낮고 인의 함량이 높아 칼슘과 인의 불균형이 올 수 있으며, 섬유질의 함량이 낮아 사실 적절한 먹이라고 볼 수 없다. 그럼에도 불구하고 쉽게 구할 수 있고 기호성이 높으며, 잎채소보다 보관이 용이해 많은 사육자

먹이는 삼키기 쉬운 크기로 잘라서 급여해야 한다.

들이 즐겨 사용하고 있다. 애호박을 급여할 때는 보조로 칼슘을 더스팅해서 주는 것이 좋다. 초식성 파충류에게 식물성 먹이를 급여할 때 가장 중요한 부분은 칼슘과 인의 급여비율을 적절하게 조절하는 것이라고 할 수 있다. 칼슘과 인의 비율은 8 : 1 정도가 적당하다. 초식성 파충류에게 이상적인 식단은 고칼슘, 저단백, 고섬유질 식단이며, 일반적으로 사람에게는 거친 듯한 채소류가 오히려 파충류에게는 이상적인 식물성 먹이가 된다.

일반적으로 초식성 파충류의 경우 탄수화물 요구량이 50%, 단백질 요구량이 15~35% 정도이며, 단백질의 과다한 섭취는 신장기능에 이상을 가져와 신부전을 유발할 수 있다. 고단백을 함유하고 있는 콩과의 식물도 초식성 파충류에게 장기적으로 급여할 경우 좋지 않다. 여기서 언급한 위험요소는 장기간 혹은 한 종류의 채소만을 급여했을 경우 일어날 수 있는 현상이므로 위험하다고 판단해 처음부터 아예 배제하는 것은 좋지 않다. 건강한 개체에게 다른 사료와 더불어 골고루 소량을 급여하면 크게 문제가 되는 일은 드물다.

식물성 먹이 성분표의 예

	단백질 (mg)	식이섬유(g)	칼슘(mg)	인(mg)
당근	1.10	2.90	40.00	38.00
애호박	1.40	1.40	13.00	44.00
배추	0.90	1.50	37.00	25.00
상추	-	-	-	-
치커리잎	1.70	1.10	79.00	39.00
청경채	1.30	3.14	90.00	38.00
참나물	-	3.00	-	-
냉이	4.70	5.70	145.00	88.00
곰취	2.90	-	241.00	65.00
쑥갓	3.50	2.30	38.00	47.00
질경이	3.00	-	108.00	43.00
민들레	3.50	4.43	-	-
토마토	0.90	1.30	9.00	19.00
케일	5.00	3.70	281.00	45.00
자운영(토끼풀)	4.60	-	3.00	47.00
양상추	0.90	1.10	32.00	27.00
양배추, 적양배추	5.00	15.20	25.00	35.00

(100g당 성분표, 농촌진흥청 식품영양기능성정보 참고)

초식성 도마뱀에게 피해야 할 식물성 먹이

다음의 내용은 초식을 하는 도마뱀종뿐만 아니라 초식 성향이 있는 잡식성 도마뱀종에게도 적용되는 것들이므로 잘 익혀뒀다가 먹이급여 시 참고하도록 하자.

- **요산이 과다하게 포함된 채소** - 아스파라거스, 꽃양배추(컬리플라워), 버섯, 맥아, 강낭콩, 완두콩, 시금치 등의 채소. 과용할 경우 피부에 염증을 유발시킨다. 하지만 앞서 언급된 식물성 먹이의 경우 자극이 강한 향신채를 제외한 식물들은 장기간 급여만 피한다면 크게 문제되는 일은 드물다. 건강한 개체에게 다른 식물성 먹이와 더불어 골고루 소량씩 급여하는 것은 크게 문제될 것이 없다.
- **옥살산염이 포함된 채소** - 시금치, 비트(사탕무), 브로콜리, 케일, 겨자, 근대, 파슬리, 당근꼭지 등의 채소. 옥살산이 많이 함유된 먹이를 급여하면 체내의 칼슘과 결합해 용해되지 않는 수산칼슘으로 변하면서 칼슘의 흡수를 방해함으로써 칼슘결핍을 일으키게 되고, 결과적으로 신장 또는 요도결석의 원인이 되기도 한다. 부정기적으로 급여하는 것은 가능하다.
- **단맛을 지닌 과일, 산도가 높은 과일** - 산성도와 당도가 높은 과일(사과, 오렌지, 귤, 포도 등)을 다량 급여했을 경우 소화기관 내의 pH를 변화시켜 파충류에게 유익한 소화박테리아를 모두 죽게 만들 수 있다. 그렇게 되면 차후 먹이를 먹더라도 소화박테리아들이 활동하지 못해 결과적으로 먹이를 소화시키기 어렵게 된다. 또한, 단기간에 많은 박테리아가 죽으면 죽은 박테리아들이 소화벽에서 흡수돼 혈류로 들어가 치명적인 독소를 방출하게 된다.
- **갑상선종 유발물질(고이트로젠)이 함유된 채소** - 양배추, 케일, 근대, 순무(잎 제외), 겨자잎
- **콩류** - 식물성 단백질이 과다하게 함유돼 있다.
- **수분이 지나치게 많은 채소** - 상추 등의 채소는 설사를 유발하며 장을 약하게 만든다.
- **자극적인 향신채** - 양파, 생강, 마늘, 파, 고추 등

인공사료

현재 각 제조사별로 다양한 파충류용 인공사료가 시판되고 있다. 인공사료는 보통 각종 영양소를 주재료로 하고, 거기에 파충류에게 필요한 비타민이나 미량원소를 첨가해 수분 함량이 약 10% 미만인 건조사료(dry type)의 형태로 제조된다. 모든 도마뱀이 인공사료에 먹이붙임(먹이에 길들여지는 것)이 되면 좋겠지만, 육식성 도마뱀의 경우 먹이동물의 움직임에 반응하는 경우가 대부분이며, 일부 초식성과 잡식성 파충류에게는 사료에 대한 먹이붙임이 가능하다. 기호성은 생먹이에 비해 떨어지기는 하지만, 제한된 생먹이를 급여할 경우 부족해질 수 있는 영양소를 보충해주는 역할을 한다. 따라서 초기에 거부를 하더라도 생먹이와 적절하게 섞어서 급여하면 도마뱀을 건강하게 기르는 데 도움이 된다.

여러 가지 도마뱀용 인공사료

칼슘영양제

칼슘은 파충류의 성장에 지대한 영향을 끼치는 중요한 영양소다. 특히 성장기의 어린 개체일수록 칼슘결핍은 치명적이며, 칼슘섭취가 부족하면 정상적으로 자라지 못하게 된다. 주행성 파충류의 경우 일반적으로 칼슘이 체내에 흡수되기 위해서는 UVB파장에 함유된 비타민D3의 합성이 꼭 필요하며, 이 조건이 충족되지 않을 경우 대사성 골질환(MBD, metabolic bone disease; 골대사의 이상에 의한 뼈의 기형을 포괄적으로 지칭하는 용어)이 발생하게 된다. 대사성 골질환은 뼈가 제대로 자라지 못해 정상적인 골격체계를 갖추지 못하게 되는 질병으로 예방이 최선이며, 이미 진행이 된 경우 되돌릴 수 없는 심각한 질병이다. UVB 자외선등의 설치와 비타민D3가 함유된 칼슘을 급여함으로써 예방할 수 있다.

일반적으로 시중에서 판매되고 있는 칼슘제는 입자의 크기와 비타민D3의 첨가 유무로 분류돼 있다. 주행성 도마뱀의 경우 UVB램프와 함께 비타민D3가 포함된 칼슘제를, 야행성 도마뱀의 경우 비타민D3가 포함되지 않은 칼슘제를 급여한다. 최근 들어 사육주들 사이에서 '파충류의 건강=칼슘급여' 라는 인식이 강해져서인지 칼슘을 남용했을 때 발생할 수 있는 부작용에 대한 심각성을 모르는 경우가 많다. 부족한 부분은 보충해 채워줄 수 있지만, 과용했을 때는 심각한 문제를 야기할 수 있다. 비타민D3나 칼슘을 과다섭취했을 경우 체내에서 많은 양이 흡수되지 못한 채 석회화돼 결석 등을 유발하거나 연조직(장내조직)의 석화현상이 유발될 수 있으며, 갑작스러운 폐사로 이어질 수 있다. 따라서 칼슘을 급여할 때는 도마뱀의 체내에 남은 칼슘이 배출되기 쉽도록 수분을 충분히 섭취시켜야 한다.

수분은 그냥 물그릇에 깨끗한 물을 채워주는 것으로 그치는 것이 아니라 잦은 분무와 온욕 등으로 충분히 공급될 수 있도록 조치를 취해야 한다. 초식성 도마뱀인 그린 이구아나 육지거북들이 병원을 찾는 대부분의 이유는 바로 결석이 생겨서인 경우가 많다. 수의

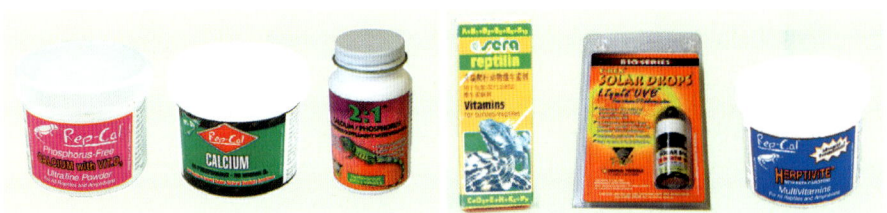

여러 가지 칼슘제　　　　　　　　　　　여러 가지 비타민제

학에서는 결석의 원인으로 칼슘부족 혹은 과다, 수분부족을 드는데, 그중 가장 큰 원인으로 꼽는 것이 바로 수분부족이다. 초식성 파충류는 주로 채소나 과일 등 수분함량이 높은 먹이를 먹기 때문에 수분섭취가 충분할 것이라고 안심하는 사육자들이 많다. 그러나 지나친 칼슘섭취와 수분부족은 치명적인 위험을 초래할 수 있으므로 분무와 온욕 등으로 늘 수분을 충분히 보충해 주도록 신경 써야 한다. 주행성 도마뱀의 경우도 야외에서 일광욕을 충분히 할 수 있는 환경에서 기를 경우에는 위에서 언급했던 비타민D3의 과잉을 막기 위해 비타민D3가 첨가되지 않은 칼슘을 급여하는 것이 바람직하다. 또한, 모니터 리자드처럼 마우스나 핑키 등의 뼈까지 통째로 먹는 경우에는 이와 같은 먹이를 통해 충분한 칼슘이 공급되기 때문에 별도의 추가적인 칼슘급여는 제한하는 것이 좋다.

칼슘제는 집에서도 손쉽게 만들 수 있다. 갑오징어의 뼈나 계란껍데기, 굴껍데기 등을 세척하고 한 번 삶아서 말린 다음, 곱게 빻아서 천연칼슘제로 이용할 수 있다. 일반적으로 칼슘제는 먹이에 직접 더스팅해서 먹일 수 있고, 레오파드 게코(Leopard gecko, *Eublepharis macularius*)의 경우는 작은 접시에 담아두면 자신들이 알아서 핥아먹기도 한다.

식욕부진 및 거식의 원인과 대처

반려동물을 기르면서 가장 행복감을 느끼는 순간은 아마도 기르는 동물이 사육자가 주는 먹이를 잘 받아먹을 때일 것이다. 하지만 도마뱀을 사육하다 보면 어느 순간 갑자기 먹이를 거부하면서 사육자를 애태우게 하는 경우가 종종 생기게 된다. 사육하는 도마뱀에게 평소에 적절한 영양을 공급했다면 단기간의 거식은 그리 큰 문제가 되지 않는다. 그러나 거식의 기간이 길어진다거나 거식과 더불어 눈에 띄게 활동성이 줄어든다면, 질병의 예후이거나 사육환경 이상의 징후이므로 가볍게 넘어가면 안 된다.

더스팅(dusting)과 것-로딩(gut-loading)

더스팅은 살짝 뿌린다는 의미로 분말칼슘이나 분말형태의 비타민을 먹이용 동물의 몸에 직접 묻혀 사육동물에게 급여하는 방법이다. 길쭉한 형태의 플라스틱통에 귀뚜라미나 슈퍼웜 등을 넣고 칼슘과 비타민을 같이 넣어 흔들어서 분말이 몸 전체에 잘 묻게 한 다음 급여한다. 먹이를 급여할 때마다 매번 더스팅을 해서 주게 되면 칼슘과다섭취를 유발하므로 1주일에 2~3회 정도가 적당하다.

것-로딩은 그냥 급여했을 때 부족하기 쉬운 영양소를 먹이용 동물에게 직접 먹여 양질의 영양소를 체내에 흡수시킨 후 사육동물에게 급여하는 방법이다. 것-로딩용 사료를 먹이동물에게 먹이고 바로 도마뱀에게 급여하는 것이 아니라, 하루나 이틀이 지난 뒤 급여해야 효과적이다. 또한, 것-로딩을 마친 먹이동물을 냉동보관할 경우에도 마찬가지로 먹이동물에게 영양이 흡수될 시간이 충분히 지난 뒤에 냉동보관하는 것이 좋다.

것-로딩을 위한 사료는 손쉽게 조달할 수 있는 재료들을 혼합해 직접 조제해도 되고, 그것이 번거롭다면 시판되는 것-로딩용 사료를 사용하면 도움이 될 것이다. 것-로딩은 귀뚜라미와 슈퍼웜을 주로 이용하는데, 귀뚜라미에 비해 슈퍼웜이 체내에 양분을 저장할 수 있는 양이 많다.

식욕부진이나 거식은 다양한 이유로 발생하는데, 그 원인을 파악하고 제때 적절한 조치를 취해줘야 한다. 거식의 가장 일반적인 요인은 바로 탈피 전에 식욕이 줄어드는 경우로, 특히 다른 종보다 레오파드 게코의 경우 많은 개체가 허물을 벗기 전에 식욕부진을 보이는 경향이 있다. 탈피가 임박했을 때의 증상으로는 몸의 색상이 뿌옇게 변하면서 활동성이 줄고, 먹이를 거부하는 경우가 많다. 이때는 걱정할 필요 없이 도마뱀이 늘 마실 수 있도록 깨끗한 물을 비치해 두도록 하고, 은신처 내부에 축축한 수태 등을 넣어 습도를 올려줌으로써 허물을 쉽게 벗을 수 있도록 환경을 조성해주는 것이 도움이 된다.

다음은 갑작스러운 온도저하에 따른 식욕부진을 들 수 있다. 특히 여름에서 가을로 넘어가는 환절기 때 인간은 잘 감지하지 못하는 미세한 온도변화에도 반응해 식욕부진을 일으키는 경우가 많다. 더운 여름철에 따로 보온을 하지 않다가 가을로 넘어가는 시기에 발생하는 갑작스러운 온도차로 신체온도가 저하되면서, 혈액순환이 약해지고 소화기능이 저하돼 먹이를 거부하게 되는 것이다. 이때는 사육장 내 온도를 점검해 보온장치를 해줌으로써 체온을 끌어올려주면 다시 식욕을 찾게 된다.

도마뱀 사육 용어

- **그레이드**(grade) : 등급을 나타내는 말로 종의 스탠더드(standard)에 이상적으로 부합하거나 희소종일 때 '그레이드가 높다'고 표현한다.
- **기아종**(基亞種) : 어떤 종의 아종 가운데 가장 최초로 기재된 종으로, 기본이 되는 아종을 이른다.
- **노멀**(Normal) : 평범하다는 의미의 단어인데, 생물에 있어서는 야생의 원종을 뜻하는 말이다.
- **데코레이션**(decoration) : 꾸미다, 장식하다의 의미로 동물사육 시에는 그들의 야생환경과 비슷하게 꾸며주는 것을 의미한다.
- **DIY** : 기성제품을 사용하지 않고 사용자가 자신에게 맞도록 스스로 제작하는 자작용품을 총칭한다.
- **레이아웃**(lay out) : 사육장 내부의 다양한 위치에 적절한 물품들을 배치하는 행위로, 보기 좋게 세팅하는 것을 뜻한다.
- **메이팅**(mating) : 교미, 교배
- **모프**(morph) : 생물의 한 종에서 다양하게 만들어낸 새로운 품종을 의미한다.
- **블러핑**(bluffing) : 수컷 도마뱀이 목을 부풀리며 머리를 위아래로 까닥이는 행동을 취하는 것을 말한다. 이는 수컷이 동종의 암컷이나 수컷에게 자신의 힘을 과시하거나 위협하기 위해 하는 행동이며, 종종 사육주에게 이런 행동을 나타내는 모습을 볼 수도 있다.
- **브리더**(breeder) : 특정 종의 번식이나 품종의 개량을 목표로 삼고 동물을 사육하는 사람을 이른다. 사육가, 번식가, 품종개량가라고 할 수 있다.
- **브리딩**(breeding) : 번식. 생물의 번식행위를 포괄적으로 의미한다.
- **비바리움**(vivarium) : 테라리움 속에 도마뱀, 개구리, 작은 거북, 금붕어 등 작은 동물을 넣어 감상하는 것으로 흙과 식물 등을 이용해 소형 파충류나 양서류를 기르는 사육장을 뜻한다.
- **사이테스**(CITES) : Convention on International Trade in Endangered Species of Wild Fauna and Flora, 야생동·식물 국제거래에 관한 협약을 이른다.
- **성성숙**(性成熟) : 동물이 새끼를 낳을 수 있을 정도로 성숙한 것을 의미한다.
- **스탠더드**(standard) : 표준, 기준. 종 고유의 특징이 가장 잘 나타난 것을 의미한다.
- **아종**(subspecies) : 종을 다시 세분한 생물분류 단위의 하나. 분류학적으로 완전히 다른 종으로 판별할 정도의 차이는 없으나 형태학적으로 분명한 차이점이 있고, 지리적으로 다른 장소에서 서식하는 유전적으로 관련이 있는 비슷한 종을 뜻한다.
- **알비노**(Albino) : 돌연변이 개체로 멜라닌색소(흑색색소)가 생략돼 몸의 색상이 원종과 달리 노랗거나 흰색을 띠며 홍채가 붉은 특징을 지니는 종을 이른다.
- **어덜트**(adult) : 성체. 성적으로 성숙한, 번식이 가능한 개체를 의미한다.
- **에그 바인딩**(egg binding) : 여러 가지 이유로 암컷이 산란을 하지 못해 산도가 막히는 증상을 말한다.
- **오버 피딩**(over feeding) : 파워 피딩(power feeding)이라고도 하며, 사육하는 동물에게 최대 포식량까지 사육자가 임의로 먹이를 급여하는 것이다. 주로 파충류를 빠르게 성장시키기 위해 자주 이용되나 이는 적절한 먹이급여방법이 아니며, 동물에게 비만이나 여러 가지 건강상 무리를 주게 되므로 지양하는 것이 좋다.
- **은신처**(hide) : 동물이 몸을 숨기고 쉴 수 있는 장소를 뜻한다.

도마뱀 사육 용어

- **자** : 길이의 단위. 파충류 사육에서는 주로 수조의 크기를 나타낼 때 쓰는 단위이며, 1자는 30cm를 뜻한다.
- **주버나일**(juvenile) : 사람으로 치면 청소년기에 해당하는 성장기에 있는 개체를 의미한다.
- **코르크보드**(corkboard) : 코르크나무의 껍질을 벗긴 판을 말한다. 주로 꽃꽂이 재료로 이용되는 재료인데, 파충류 사육 시에는 백스크린이나 은신처로 이용된다.
- **쿨링**(cooling) : 계절적인 온도변화가 있는 지역에서 서식하는 종을 사육할 때 일시적으로 사육온도를 낮춰 자연상태를 재연하는 것으로, 일반적인 사육에서는 시키지 않으나 번식을 위해 반드시 필요한 경우가 있다.
- **테라리움**(terrarium) : 테라리움은 라틴어의 'terra(흙)'와 'arium(방)'의 합성어로 유리용기나 수조에 흙을 담고 식물을 기르는 수조를 뜻한다. 일반적으로 파충류 사육시설로 비바리움과 같이 자주 쓰이는 말이지만, 테라리움에서 동물을 기르는 환경에 치중해 꾸미면 비바리움이라 부른다.
- **페어**(pair) : 한 쌍
- **포스 피딩**(force feeding) : 강제급여. 먹이를 거부하는 동물에게 강제로 먹이를 급여하는 행위를 말한다. 포스 피딩 시에는 평소 먹이의 양보다 적고 소화가 유리한 형태의 먹이를 급여하는 것이 바람직하다.
- **피딩**(feeding) : 먹이급여
- **학명**(scientific name) : 생물학에서 각 분류학적 군(群)에 붙인 세계 공통의 이름을 학명이라 한다. 학명은 동물, 식물, 세균의 국제적인 명명규약(International Code of Nomenclature)을 따라 화석이나 비화석의 생물체에 적용된다(재배식물은 국제재배식물 명명규약을 적용함). 생물을 명명해 학명을 붙이는 절차와 방법에 관한 규칙의 적용은 각 규약 본문의 원리에 따른다. 기본원리는 각 분류군이 다른 분류군에 독립적이고, 명명기준형에 준해 명칭을 적용해야 하며, 공표(公表)에 있어서의 우선권을 근거로 규약에 따라 붙인다. 또한, 학명은 그 유래와는 무관하게 라틴어를 사용하거나 또는 라틴어화시킨다.

학명은 기본계급 종·속(屬 genus)·과(科 family)·목(目 order)·강(綱 class)·문(門 phylum)·계(界 kingdom)를 기본으로 각각의 위로는 상(上 super), 아래로는 아(亞 sub)·하(下 infra) 등 접두어를 붙여 구분하는데, 더 세분화시켜 코호트(cohort)·절(節 section)·족(族 tribe)의 계급도 사용한다. 학명은 어미에 과는 -aceae(동물은 -idae), 목은 -ales, 강은 -ae, 아목은 -ineae, 아과는 -oideae(동물은 - inae), 족은 -eae(동물은 -ini)를 붙여 표시하고, 그밖에 아속은 'subgen.', 아종은 'ssp.(또는 subsp.)', 변종은 'var.(또는 V.)', 아변종은 'subvar.', 품종은 'for.(또는 f.)', 아품종은 'subfor.'의 부호를 학명에 붙인다. 한 종류에 대해 2개 이상의 학명이 붙여진 경우는 명명규약에 따라 우선권이 적용돼 맨 처음 공표된 학명이 인정되며, 2종류 이상의 분류군에 대해 같은 이름이 붙여진 경우에는 먼저 공표된 분류군에만 그 학명이 적용되고 다른 분류군에 대해서는 새로 명명해야 한다.

- **핫 스폿**(hot spot) : 파충류를 사육할 때 체온을 올리기 위해 열원을 이용해 사육장 내의 일부 지역을 고온으로 설정하는 것을 말하며, 흔히 일광욕장소를 뜻한다.
- **핸들링**(handling) : 사육 중인 동물을 손을 이용해 접촉하고 다루는 행위를 뜻한다.
- **해츨링**(hatchling) : 알에서 부화된 지 얼마 지나지 않은 어린 개체를 의미한다.

Chapter 06

도마뱀의 건강과 질병

도마뱀이 잘 걸리는 질병의 종류와 진단방법에 대해 살펴보고, 질병 및 부상이 발생했을 때 취할 수 있는 응급처치법과 예방법에 대해 알아본다.

01 section

질병의 징후와 예방

살아 있는 생명체인 반려동물을 기르면서 직면하게 되는 일들 중 가장 힘든 것은 기르는 동물에게 찾아오는 질병이나 죽음이다. 사육동물이 질병에 걸리거나 죽음을 맞이하게 되는 상황은 사육주에게는 매우 큰 스트레스로 다가오며, 이런 경험 때문에 아예 동물사육을 꺼리게 되는 경우도 있다. 이들이 생명체이며 더욱이 제한된 사육환경에서 길러지고 있다는 점을 명심하고, 우리가 그들에게 적절한 사육환경을 제공하고 있는지 혹은 질병에 노출돼 있지는 않은지 늘 관찰하고 항상 고민해야 할 것이다.

질병의 징후

사람과 마찬가지로 동물에 있어서도 가장 눈에 띄는 질병의 징후는 식욕감퇴와 활동성저하다. 특히 대사가 느린 파충류의 경우는 병이 서서히 진행되는 경향이 있기 때문에 사육주가 이상증상을 느꼈을 때는 이미 질병이 상당히 진행돼 손을 쓰기에는 늦어버린 상황이 대부분이다. 따라서 평소에 철저한 관리와 질병의 예방에 힘써야 한다. 도마뱀이 질병에 걸렸을 때 흔히 나타나는 징후는 다음과 같다.

■**식욕부진** : 질병에 걸린 모든 동물이 그렇듯이, 도마뱀에게 나타나는 가장 일반적인 질병의 1차적 증상 또한 식욕부진 및 무기력증이다. 먹이를 거부하고 무기력하게 계속 잠을 자는데, 식욕부진의 원인은 매우 다양하기 때문에 평소 사육주가 늘 세심하게 관찰해 그 원인을 잘 파악하는 것이 중요하다. 식욕부진의 원인은 크게 온도쇼크와 이물질에 의한 장폐색, 상한 음식물 섭취, 영양소과잉 및 결핍, 기생충감염 등을 들 수 있다.

평소 먹이를 잘 먹다가 갑자기 식욕부진을 보이는 경우는, 온도가 갑자기 떨어져 스트레스를 받았거나 먹지 말아야 할 바닥재 또는 상한 음식을 먹었을 때이며, 급성적으로 거식에 들어가게 된다. 온도차에 의한 식욕부진은 온도를 올려주고 환경을 맞춰주면 쉽게 해결되는 경우지만, 이물질섭취에 의한 장막힘 증상은 외과적인 시술이 필요한 경우가 대부분인 중대한 사안이다. 평소 적절하지 못한 먹이급여로 영양소가 과잉되거나 결핍된 경우에도 거식이 일어나는데, 특히 칼슘과잉과 더불어 수분부족으로 요산이 체내에 쌓여 결석이 된 경우 자연배출이 어려워 스트레스를 받게 되며, 식욕부진과 함께 활동성이 저하된다.

결석에 의한 거식 또한 이물질을 삼켜서 장막힘이 된 경우와 마찬가지로 외과적인 시술이 필요하다. 또한, 평소 비타민이 현저하게 결핍된 먹이만을 급여했을 경우 급성적인 안구질환과 식욕부진 및 활동성저하를 보인다. 이 두 증상 모두 꼬리뼈 근처와 허벅지 쪽의 살이 빠지며, 천천히 진행되는 영양실조형 기생충감염에 의한 거식과는 달리 급성적이며 외견상 건강한 상태를 보인다는 차이점이 있다.

■**무기력증** : 활동량이 적은 도마뱀종의 경우 발병 사실을 파악하기가 어려운 경향이 있으므로 평소 먹는 먹이의 양이나 허물 벗는 시기 등을 잘 확인해두는 것이 병의 조기발견에 도움이 된다. 무기력증의 증상은 거의 움직임을 보이지 않는 것이다. 만약 손으로 만졌을 때도 반응이 거의 없는 경우에는 굉장히 심각한

식욕부진과 무기력증을 보이는 개체들

상태라고 볼 수 있다. 무기력증은 앞서 기술한 식욕부진과 함께 찾아오며 평소 활발한 종의 경우 쉽게 이상을 발견할 수 있지만, 야행성이거나 평소에도 움직임이 별로 없는 레드 아이 아머드 스킨크와 같은 도마뱀은 조기발견이 어려운 경향이 있으므로 세심한 관찰이 필요하다. 평소 먹이를 먹는 횟수 등을 잘 체크하는 것이 좋다.

■ **배변상태** : 파충류는 조류나 어류와 마찬가지로 총배설강을 가지고 있으며, 배설할 때 소변과 대변을 같이 배출하는 경우가 많다. 소변과 섞여 나올 경우 흰색과 검은색의 배설물을 보이는데, 흰색은 소변에 해당되는 요산이 배출된 것이며 이상현상은 아니다. 대변에 해당하는 배설물은 진한 갈색이나 검은색을 띠는데, 약간 끈적끈적하고 어느 정도 형태를 갖추고 있으며 탄력이 있다. 먹이의 급여량이 많은 경우 또는 수분이 많은 먹이를 섭취한 경우 변이 묽거나 설사 비슷한 배설물이 보이기도 하지만, 만성이 아니라면 크게 문제될 것은 없다. 하지만 심한 악취가 나거나, 채 소화가 덜된 배설물을 보이는 경우라면 일단 기생충감염이나 부적절한 환경을 의심해봐야 한다.

질병의 예방

모든 질병이 그렇겠지만 도마뱀의 경우 예방이 가장 좋은 해결책이며, 질병이 발생했을 때는 적절한 병원치료와 더불어 사육주가 포기하지 않고 꾸준하게 간호하는 것이 필요하다. 도마뱀의 질병을 예방하기 위해서는 평소의 꾸준하고 올바른 사양관리가 기본이다. 아무리 체질적으로 강한 종일지라도 사양관리를 안일하게 하거나, 각 계절에 따른 적절한 조치를 취하지 않는다면 질병에 쉽게 노출된다. 생식을 하는 파충류의 특성상 늘 기생충감염의 위험을 내포하고 있으므로 정기적인 구충계획도 꼭 필요하다. 특히 많은 수의 도마뱀을 사육하고 있다면 평소 각 개체의 성격과 영양상태 등을 잘 숙지하고 있어야 한다.

도마뱀의 질병은 환경적 요인에 영향을 받는 것이 많으므로 질병이 발생할 수 있는 위험요인이 있지는 않은지 늘 꼼꼼하게 체크해야 한다. 또한, 건강한 개체일지라도 발병한 개체에 의해 쉽게 전염되기도 하므로 병든 개체를 발견했을 때는 즉시 격리 치료할 수 있는 여분의 사육장도 늘 구비해둬야 한다. 계절별 온도체크와 정기적인 구충계획을 세우고 실행한다면 사소한 질병은 예방할 수 있으므로 사육일지를 쓰는 습관을 가지는 것이 좋다.

흔히 걸리는 질병 및 대책

도마뱀에서 볼 수 있는 질병은 매우 다양해서 아직 알려져 있지 않았거나 정확하게 설명 돼 있지 않은 것이 대부분이다. 수의학계에 매해 새로운 감염원이 보고되고 있는데, 특정 한 원인에 의한 것이라고 결정하기 어려운 질병이나 만성적인 질병이 많다.

도마뱀에게 잘 걸리는 질병의 종류는 그 원인에 따라 다양하게 나타나는 것을 확인할 수 있다. 너무 낮은 온도나 습도 그리고 분진에 의한 호흡기질환, 상한 먹이나 음료수에 의한 중독증상, 먹이를 통한 내부기생충의 감염과 외부로부터 유입된 외부기생충의 감염, 비타민D3 결핍으로 인한 대사성 골질환, 싸움으로 인해 생긴 상처, 영양과잉과 운동부족으로 인한 비만 등이 도마뱀에서 흔히 볼 수 있는 대표적인 질병이라고 할 수 있겠다.

우리나라의 경우 아직 도마뱀을 비롯한 반려파충류 사육인구가 그리 많지 않은 편이고, 파충류에 대한 임상경험이 있는 동물병원 또한 많지 않은 실정이다. 따라서 질병이 발생했을 때는 사육주의 평상시 관리와 세심한 관찰을 토대로 수의사와 잘 상의해서 진료와 치료를 진행하는 것이 바람직하다. 이번 섹션에서는 도마뱀에서 발생하는 주요한 질병의 원인과 증상, 예방과 치료방법 등에 대해 알아보도록 하자.

오렌지 헤디드 아가마(Orange headed agama)

호흡기질환 (감기, 폐렴)

많은 사육주들이 도마뱀은 항상 따뜻하게 길러야 한다는 생각을 갖고 있는데, 이는 지극히 잘못된 편견이다. 도마뱀이 주로 서식하는 사막이나 열대우림의 경우 낮과 밤의 일교차가 뚜렷하게 나타나므로 사육 시에도 도마뱀의 서식지 환경에 맞게 주간온도와 야간온도에 편차를 두고 사육해야 저항력을 길러줄 수 있다. 온도편차는 약 5~7℃가 좋으며, 번식을 위해서는 10℃가량 차이를 주는 것이 좋다. 이렇게 온도변화를 주지 않고 항상 일정하고 높은 온도대(30℃)에서 기르면 면역력이 약해지고, 온도가 갑자기 떨어지는 경우 감기에 걸리기 쉽다. 감기를 방치한 채 병세가 진행되면 폐렴으로 발전할 수 있다.

그러나 파충류의 비강에 맑은 콧물이 보이는 것은 일반적인 현상이므로 콧물이 난다고 해서 무조건 병원치료를 한다거나 자가치료로 항생제를 사용하는 것은 오히려 위험하다. 호흡기에 이상이 있게 되면 소리가 나는 거친 호흡을 하거나 끈적끈적한 분비물이 나오므로 늘 주의 깊게 관찰해 이상이 없는 콧물인지, 감기나 폐렴에 의한 것인지 구분할 필요가 있다. 호흡기질환의 또 다른 원인으로는 바닥재의 분진 및 너무 건조한 사육환경을 들 수 있다. 분진이 너무 많은 바닥재를 깔았거나 고습을 요구하는 동물을 너무 건조한 환경에 방치한 경우 호흡기 점막에 상처를 입어 염증이 유발될 수 있는 것이다.

호흡기치료를 위한 분무요법, 네블라이저(Nebulizer) 설치방법
유칼립투스 아로마 오일(인터넷에서 쉽게 구할 수 있다)을 이용한 호흡기질환 치료법이다. 유칼립투스 아로마 오일을 약 5방울 정도 가습기 물통에 넣고, 수증기가 나오는 입구에 그 크기에 맞는 호스를 연결한다. 연결된 호스를 플라스틱통이나 유리수조에 넣고 밀폐시킨 후, 아픈 도마뱀을 넣고 약 15분간 수증기를 들이마실 수 있도록 조치한다. 이는 호흡기에 염증이 있는 동물에게 효과적이며, 심각한 증상을 보이는 개체는 따로 항생제제(카나마이신, Kanamycin)를 투여해서 같은 방법으로 조치한다. 진득진득한 콧물을 흘리는 호흡기 이상의 파충류나 조류에게 유용하게 사용되므로 비치해두고 활용하면 좋다.

호흡기질환일 경우 동물병원에서 X-ray검사로 확진한다. 일단 호흡기질환에 걸린 도마뱀에게는 높은 습도와 평상시보다 높은 온도를 유지해 주도록 하며, 카나마이신(Kanamycin) 같은 항생계열 물질을 비강에 직접 분사하거나 가습형태로 분사해주는 방법으로 치료한다. 사육주 개인이 자가치료를 하기보다는 동물병원에서 검사를 통해 정확한 원인과 병의 진행 정도를 파악해 치료하는 것이 바람직하다.

기생충감염에 의한 영양결핍으로 앙상하게 마른 게코

내부기생충

초식성 도마뱀이건 육식성 도마뱀이건, 생식을 하는 도마뱀의 특성상 늘 내부기생충의 감염에 노출돼 있기 때문에 내부기생충 감염은 만성적인 질병이라고 볼 수 있다. 야생의 기생충은 일반적으로 숙주에게 최소한의 병변을 일으키지만, 도마뱀이 심한 스트레스를 받는 상황에 처하거나 영양부족의 상태 혹은 다른 감염원에 노출됐을 경우 피해가 커진다. 야생의 도마뱀은 넓은 영역을 가지고 다른 환경적 상황에 직면하는 반면, 포획된 도마뱀은 일생 동안 같은 환경에 있으면서 내외부기생충에 반복적으로 노출되는데, 이러한 상황에서 기생충은 과다번식하게 된다. 특히 야생에서 채집된 개체(wild caught, WC)를 입양할 경우 반드시 구충을 해야 한다. 내부기생충은 꾸준한 구충으로 예방할 수 있다.

도마뱀을 한 케이지에 여러 마리를 사육하는 경우 같이 마시는 물 또는 다른 도마뱀의 분변을 통해 내부기생충에 쉽게 감염되기 때문에 계획적인 구충이 필요하다. 기생충감염이 의심되는 개체는 즉시 분리해 별도의 사육장에서 격리사육하는 것과 동시에 기생충 치료에 들어가야 하며, 같이 있던 사육장의 개체들 또한 기생충 치료를 시행해야 한다.

도마뱀에 감염되는 대표적인 내부기생충은 섬모충(ciliate), 콕시디아(Coccidia), 혈행기생충성 원충류(haemoparasitic protozoa), 선충(nematode), 요충(oxyurid), 사상충(filaria), 오구설충(pentastomid) 등이다. 감염됐을 경우 초기에는 대부분 증상이 없지만, 면역력이 떨어진 도마뱀은 식욕부진이나 설사 및 구토, 탈수와 출혈성 장염의 증상을 보인다.

야생채집개체를 입양할 경우 구충이 필수적이다. 사진은 차이니스 크로커다일 리자드(Chinese crocodile lizard, *Shinisaurus crocodilurus*)

일반적으로 도마뱀의 구충에 쓰이는 약제는 펜벤다졸(Fenbendazole, 선충류 구충에 사용-), 메트로니다졸(Metronidazole, 원충류 구충에 사용-)이며, 도마뱀의 상태에 따라 용량을 조절해 치료하게 된다. 약물을 투여하는 방법은 몸무게 1kg당 100ml를 투여하고 14일이 지난 후 한 번 더 투여하는 방법, 몸무게 1kg당 50ml를 투여하고 48시간 간격으로 3회 투여하며 21일 경과 후 다시 반복하는 방법, 몸무게 1kg당 25ml를 1주일간 매일 투여하는 방법 등 세 가지가 있다.

구충 시에는 정확한 용량으로 급여하는 것이 무엇보다 중요하다. 너무 적은 양을 투여할 경우 약에 내성이 생겨 다음 구충 시 효과가 나타나지 않을 수 있고, 반대로 과다투여하게 되면 구토나 설사, 심한 경우 부작용으로 폐사에 이를 수도 있다. 따라서 가급적이면 사육주가 임의로 구충을 실시하는 것보다는 동물병원에서 기생충의 종류를 정확하게 파악하고 그에 맞는 약을 처방받는 것이 바람직하다.

외부기생충

참진드기(tick)와 진드기(mite)는 야생채집된 개체에서 일반적으로 나타난다. 이들은 바이러스, 사상충, 리케차(Rickettsia, 바이러스와 마찬가지로 살아 있는 숙주세포에 감염되지 않으면 증식할 수 없는 특수한 미생물)감염의 원인체로 작용한다. 붉은잎진드기(Red mite)는 다리, 눈, 고막 부위와 귀 입구의 피부주름에 서식해 감염된 피부를 검게 변색시킨다. 이런 진드기류는 일반적으로 턱 끝이나 고막 부위, 총배설강 주름, 다리의 피부주름 등의 부위에 주로 서식하며, 외부기생충에 감염된 야생개체와 접촉하거나 오염된 바닥재 및 유목 등에 의해 감염될 수 있다.

치료 시에는 이버멕틴(Ivermectin)을 희석시킨 용액을 골고루 분무해주고 일광소독한다. 참진드기 암컷은 사육장 틈새나 유목, 바닥재 등에 알을 낳기 때문에 사육장 및 사육기기의 소독도 병행해야 한다. 바닥재의 경우 100℃가 넘는 뜨거운 물에 열탕소독을 한 후 사용하거나, 아예 다 버리고 새로운 바닥재를 이용하는 것이 안전하다. 사육장 또한 이버멕틴이나 락스를 희석해 분무한 후 햇빛이 강한 정오를 택해 일광소독을 한다.

영양성 질환

가장 일반적인 영양성 질병으로는 대사성 골질환(metabolic bone disease, MBD)을 들 수 있다. 대사성 골질환은 자외선인 UVB 파장에 함유된 비타민D3가 결핍되면서 골격의 주성분인 인산칼슘이 정상적으로 뼈에 침착되지 못함으로써 발병하는 골격계 질환이다.

어린 개체의 경우 구루병(佝僂病; 골격이 정상적으로 경화되지 못해 골단부가 비대해지고 사지가 휘는 현상)이 유발되고, 성체의 경우는 골연화증(骨軟化症; 대사에 필요한 칼슘을 뼈에서 뽑아 쓰게 됨으로써 골의 치밀도가 낮아지는 현상)으로 골격에 변형이 생기게 된다. 또한, 근육이 약해진 뼈를 지탱하기 때문에 부어오르거나, 관절의 기능이 저하됨으로써 제대로 움직이지 못하는 등의 증상이 나타나게 된다. 증상이 더 진행되면 신장, 간장, 소장에까지 영향을 미치기도 한다.

만약 대사성 골질환이 진행됐다면(뼈가 휘거나 턱이 짧아지는 등 외형상의 기형이 나타나는 경우), 나중에 칼슘을 적절하게 공급해주고 자외선을 조사해준다 해도 더 이상의 진행만 막을 뿐이며 이미 진행된 결과는 돌이킬 수 없다. 따라서 예방만이 최선의 방법이라는 점을 기억하자.

칼슘부족으로 인한 대사성 골질환에 걸린 개체

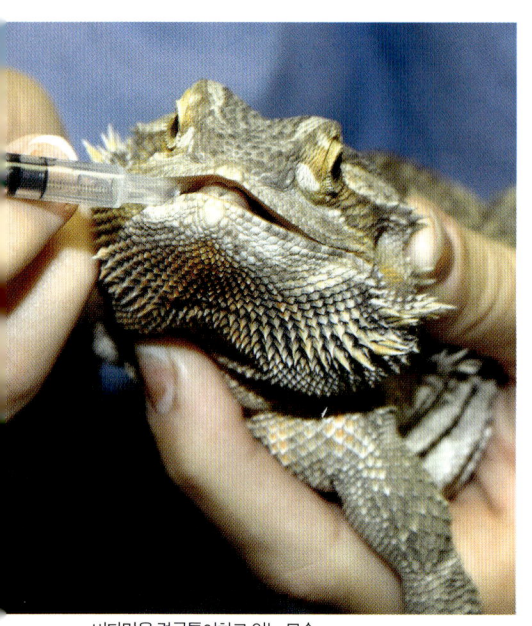

비타민을 경구투여하고 있는 모습

대사성 골질환은 자외선파장(UVB)의 조사와 비타민D3가 첨가된 칼슘을 섭취시킴으로써 예방할 수 있다. 반려동물로 사육되는 도마뱀의 경우 활동수준과 재생상태에 있어서 야생의 도마뱀과는 현저한 차이가 나타나므로 영양요구량 또한 다르다. 또 질병이나 스트레스에 노출됐을 때는 소화능력과 직접적·간접적 흡수율이 변하게 된다. 각각의 비타민과 미네랄 결핍으로 초래될 수 있는 질병의 종류와 그에 대한 예방 및 치료법은 다음과 같다.

■**비타민A저하증** : 비타민A가 부족하면 일반적으로 시력기능장애와 호흡성 감염, 척추경련 등의 장애를 유발하게 된다. 비타민A의 전구체(前驅體, precursor; 어떤 물질대사나 반응에서 특정 물질이 되기 전 단계의 물질)인 카로틴이 함유된 채소나 과일 등의 섭취가 적은 카멜레온들에게서 자주 발견되는데, 먹이에 비타민제를 더스팅해 급여함으로써 예방할 수 있다.

■**비타민B저하증** : 비타민B가 부족하면 중추신경계의 이상, 무기력 등의 증상이 나타난다. 비타민복합제 주사, 대구간유(cod-liver oil; 대구나 명태 등의 간 속에 들어 있는 지방유) 등의 경구투여로 치료가 가능하며, 일주일에 2회 정도 비타민을 보충해주면 예방할 수 있다.

■**비타민E저하증** : 비타민E가 부족하면 혹, 지방종, 지방조직의 농양 등이 나타난다. 농양을 제거하고, 비타민을 주사하거나 경구투여하는 방법으로 치료한다.

■**비타민D3저하증** : 비타민D3가 부족하면 성장률저하, 뼈의 변형 등의 증상이 나타난다. 비타민D3가 함유된 칼슘을 공급하고, UVB를 조사해줌으로써 예방할 수 있다.

■ **인과 칼슘의 결핍** : 인과 칼슘을 1:8의 비율로 공급해주지 않으면 비타민D3결핍 증상과 같은 결과를 초래한다. 이러한 결핍증상이 나타나면 비타민D3가 함유된 칼슘을 공급하고, UVB를 조사해주는 방법으로 치료가 가능하다.

구내염(mouth rot)

구내염은 뱀의 경우 흔하게 발견되는 질병인데, 도마뱀에서도 드물게 나타나는 것을 볼 수 있다. 면역력저하, 부적절한 먹이와 오염된 물의 섭취, 입안의 상처로 인한 세균감염, 헤르페스바이러스(hervesvirus)나 근원적인 대사성 골질환이 원인으로 작용해 발병된다. 건강한 도마뱀이라도 구내염에 걸린 개체와 같은 그릇의 물을 마시거나 하면 감염되므로 증상이 발견된 개체는 즉시 격리해야 한다. 구내염에 걸리면 악취가 나며, 노란 치즈 같은 덩어리가 입안에 생기게 된다. 방치할 경우 식욕이 저하돼 먹이를 먹지 않고, 영양실조 및 골수염으로 발전된다. 가벼운 초기증상이 나타나는 경우 깨끗한 면봉에 과산화수소를 묻혀 이물질을 제거하고 소독해주면 집에서도 쉽게 치료할 수 있다. 만약 목 안쪽까지 전이된 경우라면 병원에서 처치를 받는 것이 안전하다. 예방을 위해서는 항상 깨끗한 물을 공급해주고, 적절한 크기의 먹이급여 및 균형 잡힌 식단으로 면역력을 높여줘야 한다.

구내염에 걸린 도마뱀

비뇨기계 질환(방광결석)

방광에 돌이 생기는 방광결석은 이구아나나 초식성 육지거북에게서 흔히 발견된다. 신장에서 단백질의 1차 질소성 대사산물로서 요산이 배설되는데, 이때 신장이 제 기능을 다하지 못하면 신부전증이 유발되면서 결석의 크기가 커져 배출이 되지 않는다. 방광결석의 원인은 대부분 적절치 않은 먹이급여에 있다. 초식동물에게 단백질함량이 높은 먹이를 장기간 급여했거나 칼슘을 과다급여한 경우, 수분이 부족한 경우 발병된다.

일반적으로 이구아나의 경우 채소를 먹기 때문에 늘 수분이 충분할 것이라 방심하기 쉽지만, 섭취한 수분의 양에 비해 칼슘이 과다하게 공급될 경우 체내에 흡수되고 남은 칼슘이 배출되지 않고 결석의 형태로 남게 된다. 결석의 크기가 작을 경우 변과 함께 배설될 수도 있지만, 너무 커서 배설이 어려울 때는 병원에서 외과적인 수술로 제거해야 한다. 따라서 예방만이 최선이며, 예방을 위해서는 늘 수분을 충분하게 보충해주는 것이 가장 중요하

아픈 도마뱀을 병원에 데려갈 때 주의사항

일단 체온이 더 이상 떨어지지 않도록 보온이 되는 스티로폼 박스에 휴대용 찜질팩 등을 함께 넣은 뒤 가능한 한 빠른 시간 내에 병원으로 이동시켜야 한다. 평소에 파충류에 대한 임상경험이 있는 병원을 미리 알아두면 응급상황이 발생했을 경우 신속하게 대처할 수 있겠다. 병원에서는 사소한 사항이라도 사육주가 충분히 설명하는 것이 진료에 도움이 된다. 임상경험이 적은 곳에서는 사육주가 도마뱀을 보정하는 등의 보조역할도 하고, 이전의 상황을 충분히 설명해줘야 한다. 항상 응급상황이 발생되는 병원의 특성상 미리 예약을 하지 않고 내원할 경우 촌각을 다투는 응급환축이 많아 자신의 도마뱀에게 충분히 시간을 할애할 수 없으므로 수의사가 2명 이상 되는 병원을 선택하는 것이 좋겠다.

필자가 기르던 카멜레온에서 피부종양이 발견돼 병원을 찾아간 적이 있다. 택시로 40분 정도 걸리는 병원이었는데, 집에서 가까운 거리에 있는 동물병원에서는 도마뱀 진료가 불가능해 일부러 먼 곳까지 찾아가게 됐다. 조마조마한 마음으로 병원에 도착해 빨리 진료를 받고자 했지만, 당시 예약을 하지 않고 파충류 진료 가능 여부만 묻고 찾아간 터라 한참을 기다려야 했다. 그때 그 병원에 수의사는 혼자였고, 때마침 교통사고를 당했다거나 급박한 수술이 필요한 환축들이 밀려드는 바람에 꼬박 3시간을 대기했다. 필자의 도마뱀도 나름 급박한 상황이었지만, 눈물로 범벅이 된 사육주의 품에 안겨 들어오는 피투성이의 강아지들을 보고 내가 먼저 왔다는 말은 차마 못하고 마냥 기다릴 수밖에 없었다.

여러분도 만약 동물병원에 내원할 일이 발생한다면 수의사가 여러 명 있어서 진료하는 데 충분한 시간을 할애할 수 있는 병원을 택해 미리 예약하고 가는 것이 여러모로 바람직하다. 특히 외온성 동물인 도마뱀은 여름에는 그나마 낫지만, 겨울에는 병원이 실내일지라도 체온을 유지하는 데는 온도가 낮으므로 진료대기시간이 길어지면 가뜩이나 아픈 도마뱀에게 더욱 무리가 가게 된다. 여러 가지 정황을 예측하고 미리 예약해 기다리는 시간을 최대한 줄이는 것이 좋다.

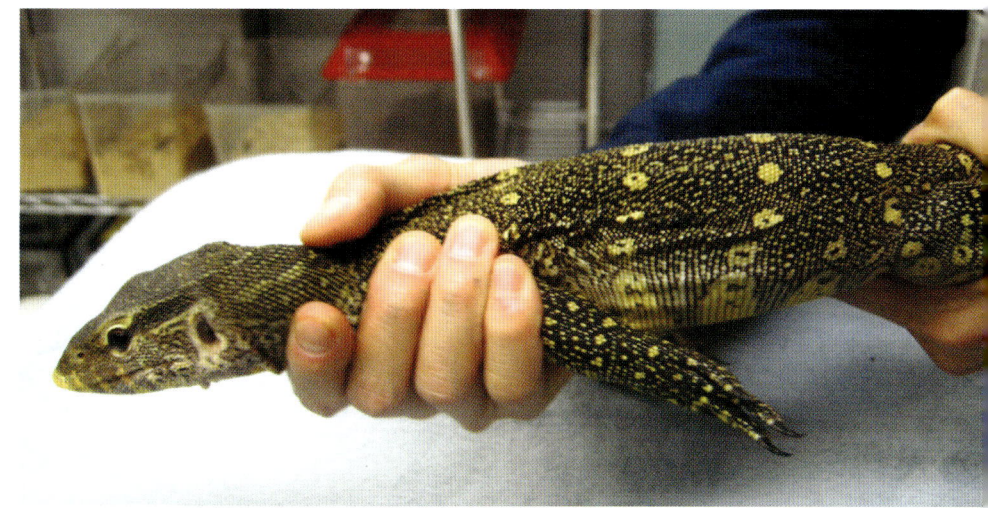

병든 도마뱀의 병원치료 시 보정

다. 단순히 물그릇에 물을 채워놨다고 해서 문제가 해결되는 것은 아니며, 잦은 분무와 온욕을 통해 모자란 수분을 섭취시켜주고 적절한 칼슘급여가 병행돼야 한다. 많은 사육주들이 칼슘에 대해 맹신하는 경향이 있는데, 매 식사 때마다 칼슘으로 범벅된 먹이를 급여하는 것은 오히려 독이 된다는 점을 명심하자. 일주일에 3회 정도 급여하는 것이 적당하며, 미네랄과 비타민의 과잉은 결핍됐을 때보다 더 위험할 수 있으므로 주의해야 한다.

소화기계 질환(장폐색증)

일반적으로 임팩션(impaction)이라 하며, 주로 작은 레오파드 게코나 비어디드 드래곤 등을 사육할 때 적절치 않은 바닥재를 사용했을 경우 많이 발견된다. 먹이를 먹을 때 바닥재나 장식용으로 넣어뒀던 자갈 및 조화 등을 함께 삼켰을 경우, 소화되지 못한 이물질로 인해 장이 막히는 증상이다. 이물질의 입자가 작을 때는 배설물과 함께 쉽게 배출되지만, 이물질 자체가 크거나 혹은 날카로운 단면을 가지고 있다면 문제가 심각해질 수 있다. 멀쩡하던 도마뱀이 갑자기 먹이를 거부하고 계속 잠만 잔다면 장폐색을 의심해볼 수 있다. 장폐색증의 치료는 동물병원에서 X-ray검사를 통해 정확한 크기를 확인한 후, 크기에 따라 자연배출이 가능한지 외과적 수술이 필요한지를 판단한다.

임팩션 문제는 많은 사육자들이 바닥재를 선택할 때 극도로 신경 쓰는 이유이기도 하다. 뱀이나 도마뱀은 주로 먹이를 사냥하는 과정에서 바닥재가 딸려 들어가는 경우가 대부분이고, 육지거북류의 경우 바닥재에 배인 먹이냄새나 배설물냄새 때문에 먹이로 오인해 스스로 먹기도 한다. 따라서 먹어도 배출이 용이한 입자의 바닥재나 혹은 아예 삼키기 힘든 크기의 바닥재, 소화가 가능한 바닥재를 선택하는 것이 좋다. 그러나 여러 가지 면에서 완벽한 바닥재란 없기 때문에 바닥재 선택은 많은 마니아들의 영원한 숙제이며 딜레마라고 할 수 있다.

야생의 파충류도 먹이를 사냥하는 과정에서 이물질을 같이 삼키는 경우가 많은데, 멀쩡히 배출해내고 심지어 미네랄 보충에 도움이 되기도 한다. 하지만 사육환경에

치료를 위해 마취주사를 맞고 있는 도마뱀

있는 파충류는 상황이 다르다. 여러 가지 환경적인 요인이 함께 작용하게 되며, 신체적 스트레스로 인한 기생충의 이상번식 및 평소의 건강상태에 따라 심각성이 달라지게 된다. 장폐색증을 예방하기 위해서는 평소에 비만이 되지 않도록 관리에 유의하고, 사육하는 도마뱀이 어린 개체라면 바닥재 대신 키친타월이나 부직포 등을 이용함으로써 이물질을 삼킬 수도 있는 환경 자체를 아예 조성하지 않는 것이 바람직하다.

설사

설사는 평소보다 묽은 변을 보는 증상이며, 배설물에 수분이 많고 악취가 난다. 설사의 원인은 매우 다양한데, 상한 먹이를 먹었거나 먹이를 먹은 후 낮은 온도로 인해 소화불량이 온 경우, 기생충감염, 차가운 먹이를 급여한 경우, 수분이 너무 많은 채소류나 과일류를 급

여한 경우에 나타난다. 사육환경이나 먹이로 인해 발생하는 일시적인 설사는 사육장 온도를 체크하고 금식을 시키는 것만으로도 증상이 어느 정도 완화되지만, 심각한 기생충감염이나 오염된 음식물에 의한 중독증상으로 나타난 설사로서 호전되지 않을 때는 동물병원에서 정확한 원인을 파악하고 적절한 치료를 진행해야 한다.

피부질환

피부 밑에 발생하는 농양이나 종창(腫脹, swelling; 조직의 비대 또는 증식에 의해 신체의 국부가 부어오르는 것)은 이구아나와 카멜레온에게서 흔히 나타난다. 종양의 가장 흔한 원인은 세균이지만, 곰팡이, 비타민E결핍이나 기생충에 의해서 유발되기도 한다. 피하농양은 하나의 세균종이나 혼합감염에 의해 발생할 수 있다. 카멜레온의 경우 턱의 각진 부위나 구강, 눈 주위 조직과 관절 등에서 흔히 생성되며, 개체끼리 싸우다 생긴 상처에 세균이 감염됐을 때, 비타민E부족일 때 발생한다. 치료를 위해서는 농양을 제거하고 항생물질로 소독하며, 비타민제를 투여한다.

패혈성 피부궤양

물에 접촉하는 빈도가 높은 반수생 도마뱀에게 발생하기 쉬운 질병으로, 수질이 악화됐거나 오염된 사육장에서 화상 등의 상처가 난 부위가 감염돼 발병한다. 피부가 희뿌옇게 변색되며, 감염 부위의 피부가 썩거나 발톱이 빠지는 증상도 나타난다. 병이 진행되면 조직이 노출되거나 피와 고름이 나오는 증상을 동반할 수 있다. 합사 시 전염의 위험이 있으므로 격리사육하며, 최대한 신속하게 조치를 취하는 것이 좋다.

피부질환에 걸린 개체

치료 시에는 손상 부위를 제거하고 설파디아진(Silver Sulfadiazine; 포도상균, 임균질환 약), 포비돈-요오드(povidone-iodine), 과산화수소 등으로 소독한 후 상처 부위를 완전히 말려주거나, 설파제를 푼 물에 약욕을 시킨 후 바닥재가 없는 깨끗한 사육장에서 몸을 완전히 말려준다. 의학적 치료로는 포비돈으로 소독한 후 체중 100g당 1mg의 젠타마이신을 48시간 간격으로 5회 주사한다.

꼬리 손실

파충류 중에서도 특히 도마뱀에게 흔하게 일어날 수 있는 증상이다. 도마뱀종에 따라 스스로 꼬리를 자르거나, 스스로 꼬리를 자를 수 없는 종일지라도 물리적인 충격으로 인해 꼬리가 끊어지는 경우가 빈번하게 일어난다. 야생에서 도마뱀의 자절현상은 자신을 보호하기 위해 취하는 극단적인 방어형태이며, 이는 분명 몸에 무리를 가져오게 되는 일이다. 특히 스스로 꼬리를 자를 수 있는 종의 경우 사육자가 가하는 사소한 충격이나 소음만으로도 놀라서 꼬리를 잘라내는 상황이 발생하므로 주의해야 한다. 꼬리가 잘린 도마뱀은 꼬리에 축적돼 있는 영양분을 손실하게 되며, 심각한 스트레스를 받게 된다.

야생에서 도마뱀의 자절현상은 자신을 보호하기 위해 취하는 극단적인 방어형태다.

잘못 재생된 이구아나의 꼬리

대사성 골질환으로 인해 꼬리가 부절된 모습

자절하는 경우 대부분 출혈도 없고 곧 아물어서 특별한 조치가 없어도 별 문제가 발생하지 않지만, 바닥재가 오염돼 있을 경우 2차 감염이 우려된다. 따라서 꼬리가 잘린 도마뱀은 바닥재가 깔리지 않은 사육장에서 상처가 아물 때까지 관리하는 것이 바람직하다. 물리적인 충격으로 인해 꼬리가 잘리는 사고를 당한 도마뱀의 경우는 출혈이 따르므로 지혈과 함께 깨끗이 소독을 해주고, 감염되지 않도록 거즈 등으로 감싸주는 것이 좋다.

증세가 심하면 봉합수술을 해야 되는 경우도 있는데, 이 경우 2차 감염을 막기 위해 아물 때까지 바닥재가 없는 깨끗이 소독된 사육장에서 관리해야 하며, 꼬리와 함께 손실된 영양분을 보충해주기 위해 충분한 영양섭취가 필요하므로 먹이급여에 특별히 신경 써야 한다.

생식기계 이상(알막힘, egg binding)

번식에 관련된 대부분의 문제는 주로 암컷에게 발생하며, 특히 이구아나와 카멜레온에서 흔하게 볼 수 있다. 난산은 알이 기형이거나 모양 이상으로 통과하지 못한 경우에 주로 나타난다. 암컷이 알을 낳을 적당한 장소를 찾지 못하거나, 스트레스를 받거나, 비정상적인 호르몬자극으로 배란에 실패했을 때도 나타난다. 도마뱀 암컷을 기르는 경우 늘 조심해야 할 사항이며 누구나 한 번쯤 겪는 일일 수도 있지만, 대부분 죽음에 이르는 결과를 초래한다. 예방법은 딱히 없지만, 번식계획이 없고 단순히 관상이나 반려목적으로 단독사육을 하는 경우라면 난소제거수술을 받는 것이 좋겠다.

알막힘의 자가치료

아래 언급된 방법은 필자의 경험에 의한 것이라 100% 맞는다고 확언할 수는 없지만, 아무런 조치도 취하지 않고 그냥 방치하거나 혼자 끙끙대며 고민하는 것보다는 최소한의 조치라도 취하는 것이 낫다고 생각하므로 소개하고자 한다. 알막힘이 발생했을 때 취할 수 있는 응급처치법은 다음과 같다.

만약 도마뱀이 어느 정도 기력이 있는 상황이라면, 커다란 플라스틱 박스에 2/3 분량의 상토를 채우고 하루나 이틀 정도 도마뱀을 넣어둔다. 알막힘은 대부분 알을 낳을 적당한 장소가 없어서 도마뱀이 알을 배에 억지로 담고 있다가 발생하는 경우가 흔하므로 인위적으로 알을 낳을 장소를 마련해주는 것이다. 하루 정도 시간이 지나서도 알을 낳지 못할 경우, 혹은 이구아나나 왕도마뱀처럼 따로 장소를 마련하는 것이 어려운 경우는 전신이 다 들어갈 만큼 큰 욕조나 대야에 도마뱀의 몸이 푹 잠길 수 있을 정도로 물을 채워준다. 이는 많은 도마뱀이 장소가 마땅치 않은 경우 물그릇에 들어가 알을 낳는다는 점을 감안한 방법이다. 몸이 약해진 도마뱀에게 너무 깊은 수위의 물을 제공하는 것은 익사의 위험이 있으므로 고개를 들고 숨을 쉴 수 있는 정도, 즉 목 부분까지 오도록 물을 채워주는 것이 좋다.

특히 겨울철의 경우 물의 온도가 30℃ 이하로 떨어지지 않도록 수중히터를 넣어주고, 온도가 일정한지 수시로 점검하도록 해야 한다. 물의 온도가 낮아지면 오히려 상황을 더욱 악화시킬 수 있으므로 일정하게 유지되도록 주의를 기울여야 한다. 만약 카멜레온처럼 발의 구조가 매끄러운 바닥에서 자세를 잡기 어려운 종의 경우는 물속에서 잡을 수 있게 나뭇가지도 같이 넣어줘야 한다. 나뭇가지를 잡고 지탱은 하되, 몸의 절반은 물속에 담겨 있게끔 수위를 조절한다. 이렇게 조치를 취한 후 하루 정도 지나면 알을 배출하는 경우가 있다. 이 방법은 지친 어미도마뱀의 체온을 유지시켜주고, 미지근한 물이 장운동을 활발하게 함으로써 무리하게 힘을 주지 않고도 알을 낳을 수 있게 한다. 또한, 알을 낳을 때 힘을 주고 몸을 비비면서 총배설강 부분이 바닥재에 의해 상처를 입으면 오염이나 감염이 되는데, 이러한 상황도 예방해준다. 만약 이렇게 해도 알이 배출되지 않는다면 외과적인 수술로 알을 제거하는 수밖에 없다. 100% 맹신은 금물이지만, 병원비가 부담돼서 아무런 조치도 못 취하고 사랑하는 도마뱀이 죽는 걸 지켜봐야 하는 상황이라면 시도해볼 만하다.

실제로 이와 관련한 경험이 있다. 4년 전 어느 날 친하게 지내던 형님에게 전화가 왔다. 기르던 암컷 이구아나가 알막힘 증상으로 죽을 위기에 처해 딸아이와 함께 병원에 갔더니 총수술비가 80만원 정도 한다는 소리를 듣고 엄두가 안 나서 그냥 왔다는 것이다. 딸아이는 옆에서 이구아나 죽어간다고 울어대고, 본인은 80만원이라는 수술비가 부담되기도 하고, 수술을 하더라도 살 수 있을지 장담할 수 없다는 병원 측 말에 이러지도 저러지도 못하고 필자에게 전화를 했다는 것이다. 그래서 위에 언급한 방법을 알려줬는데, 다음날 다행히도 이구아나가 알을 배출해냈다며, 딸아이에게도 체면이 서고 80만원도 아꼈다는 연락을 받았다.

사실 도마뱀은 국내에서는 아직 생소한 반려동물이기 때문에 임상경험이 있는 병원이 거의 없고, 있다 해도 특수한 경우로 분류돼 수술비가 터무니없이 비싸거나, 수술을 한 후에도 예후가 좋지 못해 도마뱀이 죽는 경우가 많다. 이러한 열악한 현실 때문에 자신의 도마뱀이 죽어가는 것을 발만 동동거리며 지켜볼 수밖에 없는 경우가 많다. 이럴 때일수록 성공을 하든 하지 못하든, 사육주가 끝까지 포기하지 않고 자신이 해줄 수 있는 모든 노력을 아끼지 않는 마음가짐이 필요하다고 하겠다.

알막힘의 증상인 듯싶으면 일단 동물병원에 가서 X-ray검사나 초음파검사를 통해 진단한 후 외과적인 수술로 제거할 수 있다. 그러나 비용도 비쌀 뿐더러 수술 후의 예후가 좋지 않은 경우도 많다. 앞서도 언급했듯이, 번식을 시킬 계획이 없거나 암컷 한 마리만 사육할 경우 예방차원에서 난소제거수술을 해주는 것이 바람직하다.

비만

도마뱀은 일반적인 동물과 달리 대사가 매우 느리며, 야생상태에서 오랜 굶주림을 참을 수 있도록 신체가 설계돼 진화했기 때문에 비만은 도마뱀에게 더욱 치명적일 수 있다. 특히 운동성이 떨어지는 도마뱀에게 매일 고영양식을 급여하면 금세 비만해지고, 앞서 열거했던 장막힘이나 알막힘 등이 발생했을 경우 더욱 위험한 상황으로 발전하게 된다. 또한, 심장질환이나 신부전 등 다양한 합병증을 유발하게 되며, 돌연사의 원인도 비만에 의한 경우가 많다는 점을 기억하도록 하자.

이미 비만이 진행된 경우는 먹이급여의 횟수를 적절하게 조절해주는 것이 좋다. 그러나 문제는 사육주가 자신이 기르는 도마뱀의 비만도를 정확히 모른다는 것이다. 일단 보기에 통통하게 살이 올라와 있으면 건강하다고 믿어버리며, 그 모습이 보기 좋다고 여기기 때문이다. 따라서 비만을 예방하기 위해서는 자신이 기르는 도마뱀의 표준체중이나 크기를 평소에 정확하게 숙지하고, 몸무게를 항상 점검해야 한다. 아울러 먹이급여 시 성체의 경우 1주일에 2일, 유체의 경우 1주일에 1일은 먹이를 공급하지 않는 '금식의 날'로 지정해 영양과잉이 되는 것을 예방해야 한다.

비만예방을 위해서는 자신이 기르는 도마뱀의 표준체중이나 크기를 정확하게 숙지하고, 몸무게를 항상 점검해야 한다. 사진은 방어자세를 취하고 있는 유러피안 아이드 리자드 (European eyed lizard or Ocellated lizard, *Timon lepidus*)

03 section

건강을 위한 일상적인 관리

인간과 마찬가지로, 동물도 여러 가지 다양한 스트레스를 받으며 살아간다. 어찌 보면 인간이나 동물이나 스트레스의 연속인 삶을 살아가고 있다고 봐도 무방할 것이며, 이는 도마뱀도 예외는 아니다. 야생에서는 천적에 의한 신변의 위험, 먹이확보와 번식을 위한 동종개체 간의 경쟁, 급변하는 기후나 서식지의 환경변화 및 파괴 등 여러 가지 스트레스에 노출된 채 살아가고 있다. 이 모든 것에는 부정적인 면도 존재하지만, 보다 강한 개체가 살아남아 종의 보존을 유지한다는 긍정적인 측면도 있는 것 또한 사실이다.

하지만 제한된 환경에서 사육되는 도마뱀은 다양한 원인에 의해 발생되는 스트레스로 인해 면역체계가 약해지게 된다. 이처럼 면역체계가 약해지면 성체도 마찬가지지만 어린 개체의 경우 성장억제, 면역기능약화, 질병에 대한 감수성증가 등 상대적으로 더욱 치명적인 요인으로 작용하게 된다. 따라서 사육주는 자신이 기르는 도마뱀이 실제 필요로 하고 원하는 환경에 대해 제대로 이해하고, 스트레스를 유발하는 요인을 파악해 적절하게 제거해주는 것이 도마뱀을 건강하게 사육하기 위한 기본이라 할 수 있다. 이번 섹션에서는 도마뱀의 스트레스를 줄이기 위한 관리, 사육자의 위생을 위한 관리에 대해 알아보자.

베일드 카멜레온(Veiled chameleon, *Chamaeleo calyptratus*) 성체 수컷

잘못된 관리로 다리가 손상된 도마뱀의 모습

도마뱀의 스트레스 관리

일상적으로 발생하는 도마뱀의 스트레스를 줄여줄 수 있는 가장 기본적인 방법은 적절한 사육환경을 조성해주는 것, 즉 적정한 온도와 습도를 유지해주고 균형 잡힌 영양과 충분한 수분을 공급하는 것이다. 이러한 기본적인 관리 외에도, 각각의 종에 따라 예민한 종과 그렇지 않은 종들의 차이점을 파악해 다룰 때도 주의해야 한다는 점을 기억하자. 특히 핸들링을 너무 자주 하거나 사육장의 환경이 자주 바뀔 경우 스트레스를 쉽게 받을 수 있으므로, 안정된 사육환경을 유지하고 핸들링은 최대한 자제하는 것이 바람직하다.

특별히 예민하지 않은 종일지라도 개체 간 성격의 차이를 보이며, 예민한 성격을 가진 개체가 있기도 하다. 예를 들면, 비어디드 드래곤이나 레오파드 게코의 경우 예민하지 않고 핸들링 시 특별히 스트레스를 받지 않는 종으로 알려져 있지만, 개체에 따라 사람의 모습만 봐도 소리를 지르거나 물려는 공격적인 성향을 보이기도 한다. 꼬리를 스스로 자를 수 있는 게코는 심한 경우 사육주가 별다른 행동을 하지 않았는데 꼬리를 끊는 경우도 발생한다. 이렇게 종종 발견되는, 이상하리만치 예민하고 신경질적인 개체의 경우 다양한 품종을 만들기 위해 개량하는 과정에서 발생된 유전적 결함에 의한 것이 아닌가 생각된다.

도마뱀과 사육자의 위생관리

일반적으로 파충류에게는 인수공통 전염병이 없는 것으로 알려져 있기 때문에 수입 시에도 특별한 검역절차 없이 당일 출고가 가능하다. 하지만 많은 파충류가 살모넬라균을 가지고 있으며, 살모넬라균은 사람에게도 옮겨갈 수 있다는 것을 염두에 둬야 한다. 살모넬라균(Salmonella)은 비단 파충류뿐만 아니라 돼지고기 날것이나 깨끗하지 못한 도마에서도 흔히 발견되는 균이다. 살모넬라는 식중독을 일으키는 균으로 사람이나 동물에게 티푸스질환 감염 증상(설사, 혈변, 복통, 구토, 현기증, 38~40℃의 발열, 격렬한 위경련 등)을 일으킨다. 잠복시간은 6~72시간 정도이며, 대개 12~24시간 전후로 많이 발생한다. 주요 증상은 1~2일 사이에 가장 심하게 나타나며, 경과는 비교적 짧아 4~7일간 지속되고 치료 후 1주일 정도 지나면 회복된다.

살모넬라는 건강한 이들에게는 그다지 위험하지 않지만, 노약자나 임신 중인 여성 또는 5세 이하의 유아들의 경우 체내면역력이 약하기 때문에 일반인들에 비해 20배 이상 발병 가능성이 높고 발병 빈도 또한 높다. 따라서 이런 사람들은 가급적이면 파충류와의 접촉은 삼가는 것이 좋으며, 혹시라도 접촉을 했다면 뜨거운 물을 이용해 비누로 손을 깨끗이 씻어야 한다.

사실 살모넬라균은 우리가 생활하는 곳 여기저기서 발견되는 균으로서 손을 뜨거운 물로 깨끗하게 세척하는 것만으로도 충분히 예방이 가능하다. 최근 신종 플루에 대한 경각심으로 손 씻기나 손 소독젤을 이용하는 사람들이 많이 늘었는데, 이렇게 평소에 개인위생에 신경 쓰는 것이 본인이나 기르는 도마뱀의 건강 및 위생에도 큰 도움이 되므로 도마뱀을 만지고 나서는 꼭 손을 씻는 습관을 갖도록 하자.

도마뱀을 핸들링한 후에는 반드시 뜨거운 물로 손을 깨끗이 씻도록 한다. 사진은 글라스 리자드(Glass lizard) 핸들링하는 모습

도마뱀이 원하는 환경을 이해하고, 스트레스를 유발하는 요인을 파악해 제거해주는 것이 도마뱀을 건강하게 사육하기 위한 기본이라 할 수 있다. 사진은 프릴드 리자드(Frilled lizard or Frill-necked lizard, *Chlamydosaurus kingii*)

사육자의 개인위생관념이 중요한 이유는 비단 사육자의 건강뿐만 아니라 기르는 도마뱀의 건강에도 영향을 미치기 때문이다. 우리는 흔히 동물이 사람에게 병을 옮길 경우에 대해서만 걱정을 하지만, 반대로 사람이 동물에게 병을 옮기는 매개체가 되기도 한다는 것을 명심하도록 하자. 파충류와 사람이 같이 걸리게 되는 인수공통의 병은 없지만, 사육자가 병든 개체를 만지거나 외부기생충에 걸린 개체를 만지고 나서 손을 소독하지 않고 다른 건강한 개체를 만질 경우, 사람을 매개체로 건강한 도마뱀들도 병원체에 노출돼 발병할 수 있음을 명심해야 한다. 최근 전국적으로 발병해 국가적인 비상사태를 일으킨 구제역의 경우를 보더라도 사람이 매개가 돼서 병이 급속도로 확산된 사례라고 볼 수 있겠다.

Chapter 07

도마뱀의 번식

도마뱀의 암수를 구분하는 여러 가지 다양한 방법에 대해 기본적으로 살펴보고, 도마뱀의 실제적인 번식 과정에 대해 자세하게 알아본다.

도마뱀의 성별구분법

동물을 사육하다 보면 본인이 의도하던 의도하지 않던 번식의 기회가 찾아오게 된다. 필자의 경우 파충류 사육 초창기에 비어디드 드래곤을 통해 번식의 기쁨을 맛보게 됐다. 지금이야 비어디드 드래곤 정도는 누구나 번식에 성공할 수 있지만, 그때는 도마뱀을 번식시킨다는 것 자체가 드문 일이었기 때문에 가슴 벅찬 감동을 느꼈던 기억이 난다.

당시는 알자리 만드는 법이나 인큐베이터(부화기) 제작방법, 부화에 요구되는 다양한 사양들에 대한 정보가 아주 미비해서 도마뱀을 성공적으로 번식시키고 부화시키는 일이 더욱 어려웠던 때였다. 알고 나면 아무것도 아닌 노하우에 불과하지만, 그것을 알기까지의 과정은 정말 무엇 하나 쉽지 않았다. 특히 도마뱀류의 경우 생활방식이 워낙 다양하기 때문에 번식을 시키기 위해서는 각각의 종들이 원하는 다양한 요소가 충족돼야 했다.

이러한 이유로 도마뱀을 사육하면서 번식까지 생각하고 있다면 먼저 어떤 종을 번식시킬 것인지 결정해야 한다. 일반적으로 쉽게 번식이 이뤄지는 종의 경우 다양하고 유용한 정보들이 많이 구축돼 있으나, 사육의 역사가 짧은 종이나 요구하는 환경이 까다로운 종의 경우 번식과 관련해 도움이 될 만한 정보를 찾기가 쉽지 않기 때문이다.

많은 종들이 외형상 암수의 차이를 보이며, 수컷이 암컷에 비해 화려한 종들이 많다.

도마뱀의 번식에 있어서 기본적이고 중요한 요소는 번식이 가능한, 성숙하고 건강한 도마뱀 쌍을 확보하는 것이다. 번식을 위해 준비하는 방법은 크게 두 가지로 나눠볼 수 있는데, 사육주가 어린 개체 때부터 성체까지 길러오다가 가능한 시기에 번식을 시키는 방법, 번식이 가능한 성체나 아성체를 입양해 번식을 시키는 방법이다. 사실 예전에는 바로 번식이 가능한 개체들을 분양하는 경우가 극히 드물었기 때문에 꽤 오랜 시간 길러야만 번식의 기쁨을 누릴 수 있었다. 하지만 근래에는 아성체나 번식이 바로 가능한 크기의 개체에 대한 수입도 많이 이뤄지고 있어서 누구나 도마뱀의 번식에 도전할 수 있게 됐다.

성적으로 성숙하고 건강한 모체는 번식의 기본 토대가 되므로 이를 확보하기 위해서는 도마뱀의 성별을 정확히 구별할 수 있어야 한다. 일반적으로 도마뱀은 어린 개체일 때 암수를 명확하게 구분하는 것은 거의 불가능하다. 몇몇 종의 경우 어렸을 때부터 암수 간에 뚜렷한 차이를 보이기도 하지만(성적 이형성이라고 한다), 대부분의 종에 있어서 어린 개체일 때 육안으로 암수를 구분하는 것은 매우 힘들다. 종에 따라서 준성체 때부터 발달된 우관이나 갈기의 형태로 쉽게 구분이 되는 종도 있는 반면, 도마뱀류(Skinks)의 경우 외형상 별 차

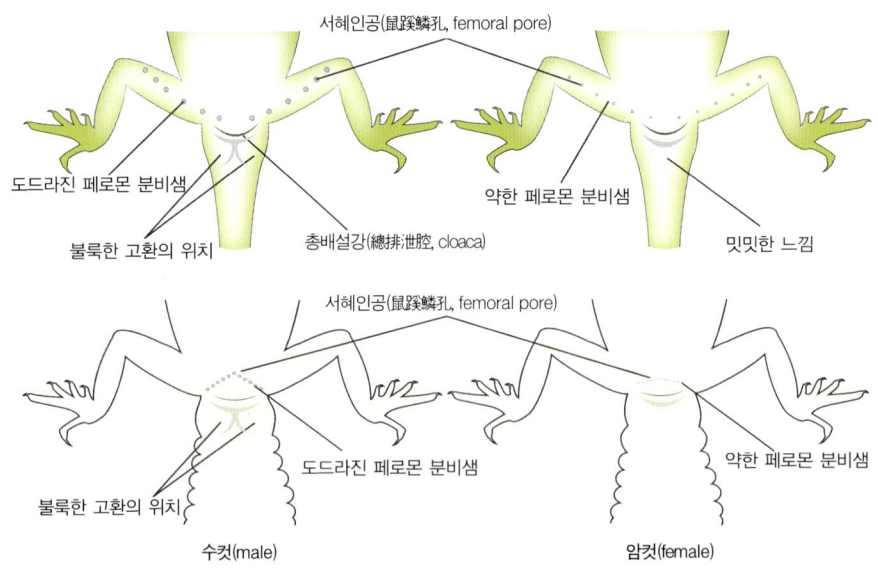

도마뱀의 암수구분

도마뱀의 경우 몇몇 종을 제외하고 일반적으로 대부분 수컷이 암컷보다 큰 경향이 있다. 사진은 유러피안 그린 리자드(European green lizard, *Lacerta viridis*) 암수. 다른 종들과 마찬가지로 수컷이 암컷보다 좀 더 큰 것을 확인할 수 있다.

이를 보이지 않는 종들도 있기 때문에 도마뱀의 성별구분법은 명확한 보기를 들기가 힘들다. 일반적으로 암수 차이를 나타내는 몇 가지 특징에 대해 알아보면 다음과 같다.

암수의 크기 차이

도마뱀의 경우 몇몇 종을 제외하고 일반적으로 수컷이 암컷보다 크다. 수컷은 암컷에 비해 크고 건장하며 특징적인 체격을 가지고 있는데, 대부분 수컷은 영토를 가지고 자기 영역 안의 암컷들을 거느리며, 경쟁상대인 다른 수컷과 영역다툼을 하기 위해 일반적으로 암컷보다 큰 덩치를 가지고 있는 종들이 많다. 가장 쉽게 암수를 구분할 수 있는 차이이긴 하지만, 종에 따라서 암컷이 더 크게 자라는 경우도 있기 때문에 절대적인 기준은 될 수 없다. 또 완전한 성체가 아닐 경우, 대조할 만한 대상이 없는 경우에는 구분이 어려우므로 크기 차이만으로 암수를 구별하기에는 다소 무리가 있다.

특징적인 외형의 차이

아주 어린 개체 때부터 암수가 확연하게 차이 나는 종이 있다. 대표적인 종이 베일드 카멜레온(Veiled chameleon, *Chamaeleo calyptratus*)으로 이들은 태어나자마자 암수의 식별이 가능한데, 수컷의 경우 뒷발가락의 접히는 바깥 부위에 볼록하게 돌기가 솟아 있고, 암컷의 경우에는 밋밋하므로 쉽게 구분이 가능하다. 또한, 레드 아이 아머드 스킨크(Red-eyed armored skink or Red-eyed crocodile skink, *Tribolonotus gracilis*)의 경우 성체가 되면 암컷과 수컷의 크기

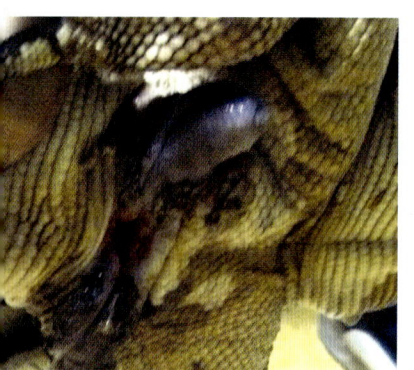
워터 모니터(Water monitor) 수컷의 반음경

차이가 확연해서 어느 정도 구분이 가능하지만, 그전에도 수컷에게는 뒷발가락의 세 번째 발가락 중간마디쯤에 굳은살과 같은 돌기가 있어 구분이 가능하다. 이처럼 외형적으로 암수구분이 쉬운 종들이 있으나 대부분은 어린 개체 때의 암수구분은 어려운 실정이다.

외형적인 발달의 차이

주로 수컷에게 나타나는 장식갈기나 특징적인 장식을 가진 종, 암컷에 비해 수컷의 체색이 아름다운 종들은 쉽게 구분이 된다. 하지만 확실하게 구분될 정도로 특징이 나타나기 위해서는 어느 정도 성숙해야 가능하며, 이들도 역시 어린 개체 때는 정확하게 구분하는 것은 어렵다. 대표적인 종으로는 아가마(Agamidae) 종류 중 오네이트 유로매스틱스(Ornate mastigure, *Uromastyx ornata*)처럼 암컷은 색이 수수하지만 수컷은 강렬한 원색을 나타내는 종, 이구아나 무리 중 그린 바실리스크(Green basilisk, *Basiliscus plumifrons*)의 경우 수컷은 특징적인 볏이 발달하므로 쉽게 구분이 된다.

고환의 유무

완전한 성성숙에 다다랐을 때 구분할 수 있는 가장 손쉬운 방법이다. 그러나 종에 따라서 크레스티드 게코(Crested gecko, *Correlophus ciliatus*)처럼 수컷의 고환이 두드러지는 종이 있는가 하면, 확연하게 차이를 보이지 않는 왕도마뱀류(Monitor lizard)나 블루텅 스킨크(Blue-tongued skink, *Tiliqua*)와 같이 모호한 종도 있다.

서혜인공의 발달 차이

서혜인공(鼠蹊鱗孔, femoral pore)이란 분비샘이 있는 조그만 돌기 같은 비늘을 말하며, 흔히 대퇴모공이라고 불리기도 한다. 이는 도마뱀의 사타구니에 있는 페로몬분비기관으로, 모든 도마뱀은 피부에 점액선이 전혀 없지만 사타구니에 특별한 지방체를 가지고 페로몬을 분비해 상대방을 유혹한다. 서혜인공은 도마뱀의 종류에 따라 모양과 개수가 각각 다르며, 모든 도마뱀에게 있는 것은 아니고 스킨크류(Skinks)에게는 없다.

토케이 게코(Tokay gecko, *Gekko gecko*)

02 section

도마뱀 번식의 과정

건강한 도마뱀 한 쌍이 구해지면 이제 번식에 돌입하는 일만 남았다. 본격적으로 번식에 들어가기 전에 우선 번식시키고자 하는 종의 생활패턴을 알아보는 것이 중요하다. 번식은 사육환경에 완벽하게 적응된 후에 이뤄지는 행위로서 가장 기본적인 환경이 충족되지 않으면 번식 자체가 진행되지 않는 경우가 많다. 따라서 자신이 기르는 종이 요구하는 환경 조건 및 번식기 때 나타나는 생활패턴을 배려해 암수의 비율을 조정해야 한다.

예를 들어보자. 일부다처의 생활형태를 띠는 도마뱀종의 경우 번식기 때 수컷의 관심을 여러 암컷에게 분산시켜줘야 한다. 그렇지 않고 암수비율을 1:1로 유지할 경우 수컷의 관심이 한 마리의 암컷에게 집중되면서 암컷 도마뱀이 과도한 스트레스를 받게 된다거나 해서 오히려 폐사에 이르게 되는 경우도 있다. 또한, 1:1로 번식을 하는 종일지라도 옆에 다른 수컷이 있으면 질투심이 유발됨으로써 활발하게 번식이 이뤄지는 종들도 있다.

이렇듯 도마뱀종마다 번식을 위한 환경이 다르므로 자신이 기르는 종의 번식과 관련한 특성을 충분히 알고 원하는 환경을 조성해줘야 한다. 본인이 기르고 있는 도마뱀이 사회적으로 무리를 이루는 종인지, 아니면 독립된 생활상을 가진 종인지도 파악해야 하는데, 파

외형상 뚜렷한 차이를 보이는 그린 이구아나(Green iguana, *Iguana iguana*) 암수

충류 중에서도 도마뱀의 경우 많은 종이 의외로 사회성을 지니고 있고 일부다처의 생활형태를 띤다. 번식방법도 자연스럽게 한 사육장에서 사육하면서 유도하는 방법, 암수를 따로 분리해서 사육하다가 합사해서 유도하는 방법의 두 가지가 있다. 또한, 쿨링(cooling; 계절적인 온도변화가 있는 지역에서 서식하는 종을 사육할 때 일시적으로 사육온도를 낮춰 자연상태를 재현하는 것)의 과정이 필요한 종이나 그렇지 않은 종 등 각 도마뱀의 생태에 따라 번식과정이 달라진다.

본격적인 번식의 과정은 <쿨링 -> 메이팅 -> 산란 -> 알의 수거 -> 인큐베이팅 -> 부화 -> 유체 관리>의 순으로 진행되는데, 사육주가 매년 지속적인 번식을 계획하고 있다면 이러한 일련의 과정을 잘 기록해두는 것이 좋다. 번식을 위한 준비가 다 갖춰졌다면 다음으로 해야 할 일은 동면(冬眠, hibernation)이나 사이클링(cycling)을 시키는 것이다. 온대기후에 서식하는 도마뱀의 경우 겨울에 겨울잠을 자게 되며, 겨울철의 낮은 온도는 번식에 필요한 호르몬변화를 유발해 정자생성과 배란을 촉진시킨다.

동면을 하지 않는 열대나 아열대지역 도마뱀의 경우에도 건기와 우기라는 계절적 환경변화를 겪게 되는데, 열대에 서식하는 도마뱀에게 우기 동안의 높은 습도와 낮은 온도는 마찬가지로 번식에 중요한 요소가 된다. 사육 시에 인위적으로 이러한 온도변화를 줘서 야생에서와 비슷한 환경을 조성해줌으로써 번식을 유도할 수 있다.

종에 따라 쿨링이나 사이클링 없이 번식되는 경우도 있지만, 대부분의 열대성 도마뱀의 경우 번식의 성공여부는 도마뱀의 몸에 무리 없이 얼마나 쿨링을 잘 시키느냐 하는 것으로 판가름 날 수 있다고 하겠다.

도마뱀종마다 번식을 위한 환경이 다르므로 번식을 계획하고 있다면 자신이 기르는 종들의 번식 특성을 충분히 알고 원하는 환경을 조성해줘야 한다. 사진은 척왈라(Chuckwalla, *Sauromalus*)

쿨링(cooling; 동면을 위한 준비)

쿨링이란 사육하는 도마뱀에게 인위적으로 온도변화를 겪게 함으로써 온대기후에 서식하는 도마뱀이 겨울철에 동면을 하는 것과 같은 효과를 주는 것이다. 즉 쿨링의 목적은 도마뱀이 계절의 변화를 느껴 번식에 돌입할 수 있게끔 유도하는 것이라고 할 수 있다.

일반적으로 동면은 겨울이 있는 온대지역에 서식하는 동물에 한정돼 있는 행위로 알고 있지만, 온대의 겨울과 비슷한 계절적 변화는 열대지방이나 사막지방에서도 일어난다. 열대지방의 우기는 온대지방의 겨울철 시기와 비슷하게 10월부터 이듬해 3월까지 지속되는데, 약 5개월 중 가장 강수량이 많고 기온이 낮아지는 기간은 2~3달간이다. 따라서 사육 시에도 인위적으로 온도를 낮춰주고 습도를 높여주는 방법으로 쿨링을 시키면 호르몬분비 촉진으로 인해 번식에 들어가게 된다.

■**쿨링 전 확인사항**: 쿨링에 들어가기 전 1주일간 도마뱀에게 먹이를 주지 않게 되는데, 여기서 가장 중요한 것은 쿨링상태에 들어간 2~3개월 동안의 금식기간을 버텨야 하므로 건강상의 문제가 없어야 된다는 것이다. 충분한 영양이 몸에 축적돼 있지 않으면 쿨링을 시키는 경우 오히려 폐사로 이어지게 되므로 영양상태가 부실하거나, 질병이 있거나, 병을 앓고 회복한 지 얼마 되지 않은 개체는 쿨링을 시키지 않는 것이 좋다. 쿨링시키고자 하는 도마뱀의 건강상태를 꼼꼼하게 살펴보고, 쿨링 중에도 틈틈이 도마뱀의 몸상태를 체크해 몸무게가 너무 많이 감소했거나 혹은 질병의 징후를 보인다면 쿨링을 중단시켜야 한다.

사실 쿨링은 분명히 여러 가지 위험이 따르는 상황이며, 이 때문에 많은 사육주들이 쿨링을 해야 하는 도마뱀류의 번식에 어려움을 느낀다. 거의 모든 사육자들이 파충류 사육 시 낮은 온도에 의한 폐해에 대해 막연한 두려움을 갖고 있기 때문에 섣불리 도마뱀 번식에 도전을 하지 못하는 부분이기도 하다. 따라서 쿨링이 필요한 도마뱀을 번식시키기 위해서는 사양관리가 굉장히 중요하며, 평소 도마뱀의 몸무게를 꼼꼼하게 기록해두는 것이 도움이 된다.

도마뱀의 건강이 이상 없다고 판단되면 쿨링에 돌입하는데, 그전에 한 가지 더 체크해야 할 부분은 체내의 음식물이 완벽하게 소화됐는지다. 소화가 덜 됐거나 배설물을 배출하지 못한 상태로 쿨링에 들어갈 경우 낮은 온도로 인해 소화가 안 된 채로 음식물이 썩을 수 있으므로 반드시 체내의 음식물이 모두 배출된 것을 확인한 후 쿨링에 들어가야 한다.

> ### 쿨링은 꼭 필요한가?
>
> 쿨링의 야생 버전은 윈드 다운(wind down; 동면에 들어가기 위해 서서히 체온을 내려 대사작용을 지연시키는 일련의 과정)이라고 할 수 있는데, 윈드 다운은 극히 자연스러운 현상으로 야생의 도마뱀은 이에 본능적으로 잘 대처하며 큰 위험이 따르지 않는다. 그러나 사육 하의 도마뱀에게 윈드 다운을 재연시켜주는 과정인 쿨링(cooling)은 많은 위험이 따르게 되므로 신중하게 진행해야 한다. 사실 사육하는 모든 도마뱀에게 꼭 쿨링이 필요한 것은 아니다. 쿨링 없이도 수월하게 번식이 되는 종도 있고 쿨링을 통해 자극을 받고 배란이 이뤄지는 종도 있으며, 쿨링이 필요한 종일지라도 쿨링 없이 번식이 되는 경우도 발생한다. 또한, 쿨링이 적절하게 이뤄졌어도 번식에 실패하거나, 심각한 경우 알을 낳고 어미가 폐사하는 경우도 발생한다.
>
> 쿨링은 번식행동을 수월하게 진행시키기 위한 과정이며, 오히려 적절치 못한 쿨링의 경우 도마뱀을 죽음으로 몰 수 있다는 것을 명심해야 한다. 일례로 외국의 한 유명 브리더의 경우에는 쿨링 없이 여러 마리의 도마뱀을 매해 꾸준히 번식시켜오고 있으며, 또 다른 브리더의 경우 번식을 위해 쿨링이 꼭 필요한 것은 아니라고 말한다. 쿨링의 방법 또한 완벽한 정석은 없다. 브리더 각자의 스타일이 있고, 어떤 방법이 좋고 꼭 맞는다고 말할 수 없다. 우리가 다루는 도마뱀은 기계가 아닌 생명체이므로 다양한 변수가 작용하며, 개체마다 쿨링 시 각 종이 요구하는 환경적 차이나 상황이 다르기 때문에 '이것이 바로 정답이다'라고 단정적으로 말할 수 없다. 필자 또한 국내 브리더들로부터 쿨링 후 도마뱀이 폐사하는 사례에 대해 종종 듣는데, 꼭 번식을 시킬 목적이 아니라면 쿨링은 시키지 않는 것이 좋을 듯하다.

체내의 먹이가 완벽하게 소화돼 마지막 배설이 끝나면 먹이는 급여하지 않고 수분만 보충해주며, 3일 후부터 온도를 낮춰준다. 온도를 낮출 때는 약 2주 정도 시간을 들여서 서서히 진행해야 한다. 약 이틀 간격으로 서서히 2°C 정도 낮춰 최종적으로 주간의 온도는 23~25°C, 야간의 온도는 15~18°C로 설정해준다. 하지만 리프테일 게코(Leaf-tailed gecko, *Uroplatus*)처럼 평소 사육 시에도 높은 온도를 선호하지 않는 종의 경우 더 낮은 온도를 설정해줘야 한다. 이런 종의 경우 주간온도는 20°C, 야간온도는 12°C 정도로 낮춰주는 것이 좋다.

온도를 낮춰주는 것과 동시에 습도를 높여주는 것 또한 중요하다. 열대지방의 우기를 재현하기 위해 야간에 많은 양의 물을 분무해 100%에 가깝도록 습도를 높여줘야 한다. 이 기간 동안에는 먹이는 급여하지 않으며, 대신 수분을 충분히 섭취할 수 있도록 해줘야 한다. 이는 열대지방이 원산인 도마뱀의 경우이며, 이들은 쿨링 시에도 완전히 동면에 드는 것이 아니라 활동하는 모습이 종종 관찰된다. 쿨링 시 더 낮은 온도대를 요구하는 온대지방 도마뱀의 경우, 동면에 돌입할 수 있도록 축축한 피트모스(peat moss; 부엽토의 일종)와 낙엽 등을 채운 동면상자를 만들어서 서서히 온도를 낮춘 후, 주간과 야간 모두 일정하게 5~3°C로 유지해주도록 한다. 쿨링이 끝나면 마찬가지로 서서히 온도를 올려줘야 한다.

■쿨링 중 온도 관리 : 파충류와 같은 변온동물을 기르다 보면 의외로 꽤 많은 종류의 파충류가 그리 높지 않은 온도에서 살아가고 있다는 점에 놀란다. 필자 또한 기존에 갖고 있던 열대 파충류의 이미지는 사람이 아주 덥다고 느낄 만한 30℃ 이상의 높은 온도대에서 살아가는 동물이었다. 하지만 생활형태가 다양한 도마뱀류는 매우 다양한 온도대에 적응해서 살아가고 있으며, 특히 고산지역에 서식하는 종의 경우 열대지방이라 하더라도 25℃ 이하의 낮은 온도를 선호하는 종들이 많다. 그래서 고온을 요구하는 종을 기르는 경우 히팅 램프나 발열판 등을 이용해 고온의 환경을 조성해주는 것이 쉬운 반면, 오히려 저온을 요구하는 종에게 온도를 인위적으로 낮춰주는 것이 더 어렵다는 것을 항상 느낀다.

요즘은 에어컨이나 여러 가지 쿨링 제품이 시판되고 있어서 어렵지 않게 온도를 낮춰줄 수는 있지만, 어마어마한 전기세로 인해 그 유지비가 만만치 않은 것 또한 사실이다. 특히 쿨링은 자칫하면 도마뱀의 생명을 앗아갈 수도 있는 위험성을 내포하고 있으므로 일정한 온도의 유지는 무엇보다 중요하다. 만약 온도가 너무 낮아져 버리거나 높아지게 되면, 자칫 쿨링 중인 도마뱀의 폐사로 이어질 수 있기 때문에 특별히 신경을 써야 한다.

그럼 집에서 간단하게 쿨링을 할 수 있는 방법에 대해 알아보자. 여름철에는 사육장 온도를 저온으로 유지하기가 어렵지만, 쿨링의 경우 겨울철에 이뤄지기 때문에 비교적 쉽다고 할 수 있다. 방법은 작은 방 하나를 쿨링 룸으로 꾸며 사육장을 그곳에 설치한 후, 자동

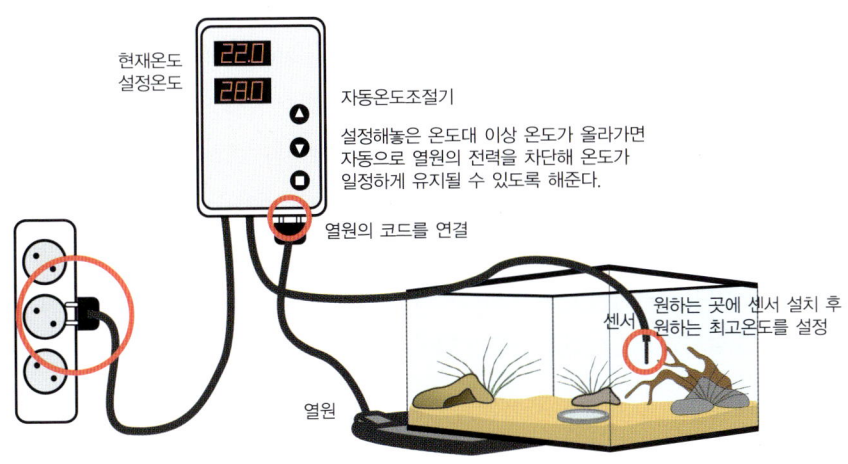

자동온도조절기의 원리

프릴드 리자드(Frilled lizard, *Chlamydosaurus kingii*) 베이비

온도조절기를 이용해 원하는 온도대로 설정하는 것이다. 필자의 지인 중에 주로 킹스네이크(Kingsnakes, *Lampropeltis*)와 콘 스네이크(Corn snake, *Pantherophis guttatus*)류의 뱀을 브리딩하는 사람이 있는데, 그 지인은 환풍기를 이용해 방의 온도를 낮추는 방법을 이용해 매해 좋은 결과를 보고 있다. 여기서 그 지인의 방법을 소개해 보도록 하겠다.

일단 개폐식 자동환풍기, 저면 발열판, 자동온도조절기 2개를 준비한다. 이때 환풍기는 작동하지 않을 시 커버가 덮이는 종류의 제품으로 준비한다. 다음은 방의 창에 환풍기를 설치하고 나머지 부분은 스티로폼으로 막아 외부의 공기를 원할 때만 끌어 쓸 수 있도록 준비한다. 그리고 사육장 바닥에 전기방석이나 파충류용 히팅 패드를 설치하고, 낮 동안 사육장의 온도가 20℃로 유지되도록 방에 보일러를 가동해준다. 야간에는 15℃로 낮춰주는데, 자동온도조절기 2대를 각각 환풍기와 사육장 바닥의 저면열판에 연결해 사육장의 온도가 15℃ 이상으로 올라가면 환풍기가 작동돼 찬바람을 유입시킴으로써 온도를 떨어뜨릴 수 있도록 한다. 사육장의 온도가 15℃ 이하로 떨어질 경우를 대비해 히팅 패드에 자동온도조절기를 설치해 15℃ 이하로 온도가 떨어지면 작동할 수 있도록 설치해준다.

이때 중요한 점은 방의 온도가 아니라 사육장의 온도이므로 사육장 내부에 센서를 설치해야 한다는 것이다. 쿨링 시 우기의 환경을 조성하기 위해 사육장 내부의 습도를 같이 올려주게 되는데, 그렇게 되면 높은 습도로 인해 방의 온도보다 사육장 내부의 온도가 더 낮아지게 되므로 필히 사육장에 센서를 설정해야 한다. 쿨링 시 사육장 내부의 습도를 높이기 위해 아침과 저녁 두 차례, 사육장 내부가 흠뻑 적셔지게끔 분무를 해주도록 한다. 주간의 습도는 80%, 야간의 습도는 90~100%로 유지해준다. 또한, 쿨링 시에는 광주기(光周期, photoperiod; 빛에 노출되는 낮의 길이)를 짧게 제공해야 한다. 도마뱀은 거북류처럼 아예 땅속에 몸을 파묻고 쿨링 기간을 보내는 것이 아니기 때문에 주간에는 평소의 조명을 켜주며, 일반적인 사육 시 낮의 길이가 12시간이었다면 쿨링 시에는 조명을 켜주는 시간을 8시간으로 줄이도록 한다. 도마뱀마다 최저온도대가 약간씩 다르므로 각 종의 쿨링 온도에 관해서는 세부 종의 설명에서 다루도록 하겠다.

■쿨링 끝내기 : 사육 시 쿨링의 기간은 약 6주나 8주 정도로 야생상태보다는 짧은 기간 내에 끝내는 편이 안전하며, 쿨링이 끝났다고 갑자기 온도를 올리는 것이 아니라 시작할 때와 마찬가지로 서서히 점진적으로 올려줘야 한다. 쿨링기간 중에는 신장에 다량의 독소가 축적되므로 쿨링이 끝난 후에는 수분을 충분히 공급해줘야 한다. 쿨링이 끝날 때쯤에는 세균이나 병에 대한 저항력이 떨어지게 되므로 충분한 일광욕과 수분공급이 이뤄지도록 신경 써야 한다. 먹이는 바로 급여하지 말고 먹이반응을 보면서 천천히 제공하며, 한꺼번에 많은 양을 주기보다는 조금씩 서서히 늘려 나가는 것이 바람직하다.

메이팅(mating, 교미)

안전하게 쿨링이 끝나면 본격적인 번식행위에 돌입하게 된다. 수컷은 암컷을 따라다니며 구애를 시작하는데, 종마다 구애하는 방법이 다르지만 대부분 수컷이 머리를 힘차게 아래위로 흔들면서 자신의 힘을 과시하는 행동을 한다. 또한, 수컷들은 교

알거스 모니터(Argus monitor, Varanus panoptes)의 교미

비어디드 드래곤의 교미

교미 후 생식기를 정리하고 있는 게코

미 시 암컷의 몸 여기저기를 과격하게 물어서 상처를 내기도 하는데, 교미가 끝나고 나면 수컷은 얼마 안 가 흥미를 잃게 되지만, 그렇지 않고 계속 암컷을 괴롭힐 경우 암컷이 심각한 상처를 입을 수 있으므로 따로 격리해야 한다. 종에 따라 차이는 있지만, 메이팅이 끝나고 난 후 1~2개월 후면 암컷은 산란하게 된다.

산란

암컷은 알을 낳을 시기가 가까워져오면 먹이를 거부하고 불안한 듯한 행동을 보인다. 중형 도마뱀의 경우 뱃속에서 알이 성숙해지면 손으로 만졌을 때 알의 형태가 느껴지며, 산란이 임박해지면 육안으로 확인될 정도로 알의 형태가 겉으로 드러나는 경우가 많다.

도마뱀의 경우 산란하는 방법도 다양하다. 알을 땅속에 낳는 일반적인 습성을 지닌 종도 있고, 나무나 벽면에 알을 붙이는 종도 있으며, 몸속에서 알을 부화시켜 새끼로 낳는 종도 있다. 또한, 알을 낳는 습성도 종에 따라 흙만 살짝 덮일 수 있는 지면 가까이 알을 낳는 종이 있는가 하면, 꽤 깊은 곳까지 땅을 파고 들어가서 알을 낳는 종도 있으므로 습성에 맞게 적절한 산란공간을 마련해 주도록 해야 한다.

■**산란장의 환경** : 땅속에 알을 낳는 종을 위해 알을 안심하고 낳을 수 있는 장소를 만들어줘야 하는데, 사육장 안에 설치해줄 수도 있고, 종에 따라 따로 산란상자를 만들어 산란이 임박해지면 산란상자로 옮겨줘야 하는 경우도 있다. 일반적으로 크기가 작은 게코류의 경우

흔히 반찬을 보관할 때 사용하는 15x15x10(가로x세로x높이)cm 정도 되는 작은 플라스틱 박스를 산란상자로 꾸며준다. 플라스틱 박스에 도마뱀이 드나들 수 있는 크기의 구멍을 뚫고, 그 안에 피트모스나 수태, 버미큘라이트 등 수분을 머금을 수 있는 유형의 바닥재를 넣어주면 암컷 도마뱀이 들어가 알을 낳는다.

카멜레온류의 경우 땅속에 꽤 깊이까지 파고들어가서 알을 낳는데, 리빙 박스(living box; 일반적으로 다용도 정리함으로 사용된다)라 불리는 커다란 플라스틱 박스에 원예용 상토를 가득 채워 충분한 깊이의 산란장소를 마련해주는 것이 좋다. 가정에서도 쉽게 번식되고 있는 비어디드 드래곤의 경우도 따로 리빙 박스를 산란상자로 이용해 산란을 유도하는 것이 좋다. 산란장소가 마땅하지 않을 경우 건조한 바닥재를 파고 알을 낳거나 물그릇에 알을 낳는 상황이 발생하며, 사육주가 이를 늦게 발견한다면 알의 상태가 좋지 못해 부화율이 떨어지거나 알이 폐사할 수 있다.

산란장은 한겨울이 아니라면 특별한 보온장치 없이 조용하고 어두운 곳에 마련해주는 것이 바람직하며, 산란상자의 경우 뚜껑을 덮어 어둡게 조성해주는 것이 좋다. 한겨울에 산란이 이뤄지는 경우도 볼 수 있는데, 이럴 때는 산란을 준비 중인 암컷 도마뱀의 체온이 떨어지지 않도록 가시광선이 조사되지 않는 적외선램프 등을 이용해 적절한 조치를 취해줘야 한다.

1. 플라스틱 용기 2. 입구 3. 물에 적신 피트모스

1. 플라스틱 박스(60cm×40cm×40cm)
2. 환기구 3. 원예용 상토

1. 보온용 적외선등 2. 새장 3. 원예용 상토
4. 플라스틱 박스(60cm×40cm×40cm)

사진 위부터 게코류의 알자리 만들기, 비어디드 드래곤의 알자리 만들기, 카멜레온류의 알자리 만들기

1. 크레스티드 게코의 산란 2. 갓 부화한 알거스 모니터 해츨링

■**산란** : 일반적으로 암컷 도마뱀은 알을 낳을 시기가 다가오면 사육장 여기저기를 파헤치는 행동을 하므로 이러한 행동을 발견하면 즉시 산란상자로 옮겨줘야 한다. 특히 산란 때 많은 암컷 도마뱀이 마땅한 알자리가 없어서 산란을 미루다가 알막힘으로 폐사에 이르기도 하므로 잘 관찰해 산란의 기미가 보인다면 산란상자로 곧바로 옮겨주도록 하자.

공기가 통하도록 환기구를 뚫은 산란상자에 암컷 도마뱀을 옮겨주고, 플라스틱 박스의 뚜껑을 덮고 하루가 지나면 암컷은 산란하게 된다. 이때 바로 산란하지 않고 이틀 이상 걸리는 경우도 있으므로 확인 후 아직 알을 낳기 전이라면 미지근한 물에 온욕을 시켜 수분을 보충해주고, 다시 산란상자에 넣는다. 대부분 한밤중에 산란을 하는 경우가 많다. 산란이 끝난 암컷은 주둥이 부위에 흙이 묻어 있고 산란으로 인해 배가 홀쭉해져 있으므로 쉽게 구분이 된다. 산란을 마친 암컷은 미지근한 물에 온욕을 시켜 피부에 묻은 이물질을 제거해주고, 동시에 수분을 충분히 섭취시킨 후에 사육장으로 옮기고 알을 조심스럽게 수거한다.

알의 수거

암컷 도마뱀이 산란을 끝마치면 이젠 사육주가 그 알을 수거해 인큐베이터로 옮기는 일이 남아 있다. 도마뱀을 사육하면서 가슴 두근거림을 느끼는 흥분의 순간이다. 알을 수거하기 전에 알을 옮겨 담을 부화상자를 미리 준비한다. 부화상자로는 일반적으로 반찬보관용 그릇을 이용하며, 25x15x10(가로x세로x높이)cm 정도 되는 플라스틱 그릇에 물에 적신 버미큘라이트(vermiculite, 질석)를 2/3 정도 깔고 손가락으로 살짝 눌러 알이 놓일 위치를 잡아둔다.

이후 신속하고 조심스럽게 알을 수거한 다음, 손가락으로 눌러놓은 부분에 살짝 묻히도록 놓는다. 이때 버미큘라이트의 반죽은 물기가 너무 많거나 혹은 너무 적어도 좋지 않다. 손으로 집어 들었을 때 입자가 하나씩 부슬부슬 떨어지면 물이 너무 적은 경우이며, 만졌을 때 손에 입자가 많이 묻게 되면 물의 양이 너무 많은 것이다. 만졌을 때 물을 머금어 무게감이 있되, 물기가 흐르지 않는 정도의 반죽이 좋다.

알을 부화상자에 옮겨놓을 때 알 한 개 정도의 간격으로 사이를 떨어뜨려놓는 것이 좋은데, 이는 부화 중 상태가 좋지 못한 알이 부패하는 경우 나머지 알에 영향을 미치는 것을 방지하기 위해서다. 간혹 두 개나 세 개가 서로 붙어 있는 경우가 있는데, 그때는 일부러 떼어내려고 하지 말고 그 상태 그대로 올려놓으면 된다. 알은 표면이 마르지 않은 상태에서 인큐베이터로 신속하게 옮겨야 한다.

1. 알자리에 알을 산란해놓은 상태 2. 알을 조심스럽게 꺼내 준비한 부화용기에 옮긴다. 3. 부패 방지를 위해 알의 간격을 적절하게 띄어 자리를 잡아준다.

인공부화

이렇게 기다리던 도마뱀의 알을 얻었으면 지금부터가 매우 중요하다. 알을 부화시키기 위해서는 부화의 조건에 알맞은 환경을 조성해주는 것이 필요하다. 시판되는 인큐베이터를 구입해 사용하는 방법과 스스로 제작해 사용하는 방법이 있는데, 만드는 방법이 의외로 쉽고 부화율 또한 시판되는 제품에 비해 크게 떨어지지 않기 때문에 많은 마니아들이 스스로 제작해 사용하고 있다.

알을 성공적으로 부화시켜 어린 도마뱀을 보기 위해서는 부화의 조건에 알맞은 환경을 적절하게 조성해주는 것이 필요하다. 사진은 표범장지뱀(Mongolia racerunner or korean tiger lizard, *Eremias argus*)

■**인큐베이터의 제작** : 파충류 사육 초창기에는 대부분의 사육주들이 인큐베이터를 제작하는 방법을 몰라서 아까운 알들을 죽인 경우가 많았다. 지금은 많은 사육주들이 이미 알고 있고 특별한 노하우라고 말하기도 민망한 일반적인 방법이지만, 처음 도마뱀 사육을 시작하는 사육주들을 위해 인큐베이터 제작하는 방법에 대해 기술하고자 한다.

인큐베이터를 제작하기 위해서는 우선 아이스박스나 커다란 스티로폼 박스 등 보온이 되는 형태의 박스를 1개 준비한다. 다음은 성능이 좋은 수중용 히터가 필요한데, 될 수 있으면 가격이 비싸더라도 오차범위가 적고 온도가 정확히 설정되는 믿을 수 있는 제품을 구입하는 것이 좋다. 필자의 경우 히터만으로도 충분히 부화에 성공했지만, 만약 히터의 성능이 의심된다면 자동온도조절기를 이용해 원하는 온도를 설정하는 것이 안전하다.

아이스박스 안에 꽉 차는 크기의 철망과 철망을 지지할 수 있는 받침대용 벽돌 4개, 알을 옮겨 담을 뚜껑이 있는 작은 플라스틱 반찬통을 여러 개 준비한다. 반찬통 옆면에는 환기가 되도록 구멍을 뚫어준다. 알을 옮겨 담을 부화상자는 큰 것도 상관이 없지만, 다음 산란을 준비하고 있는 암컷의 알을 위해 인큐베이터 공간 활용상 가로 25cm, 세로 15cm, 높이 10cm 정도 되는 크기의 플라스틱 그릇이 적당하다.

필요한 물품이 모두 준비됐으면 먼저 아이스박스 안에 지지용 벽돌을 넣는데, 넓적한 부분이 정면으로 보이게끔 해서 네 군데 모퉁이에 각각 세운다. 그 다음 벽돌의 키를 넘지 않을 정도의 높이까지 물을 채우고, 수중히터를 물속에 완전히 잠길 수 있게 옆으로 눕혀서 넣는다.

히터를 넣기 전에 온도를 미리 설정해야 하는데, 도마뱀 종류에 따라 부화의 온도가 다르기 때문에 먼저 부화시키고자 하는 도마뱀이 원하는 적정온도를 설정한 후 넣도록 한다. 일반적인 종의 경우 29~31℃의 온도에서 무리 없이 부화가 진행되지만, 게코류나 스킨크류 중에서는

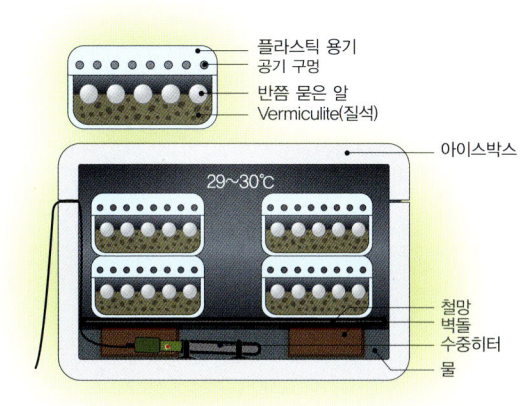
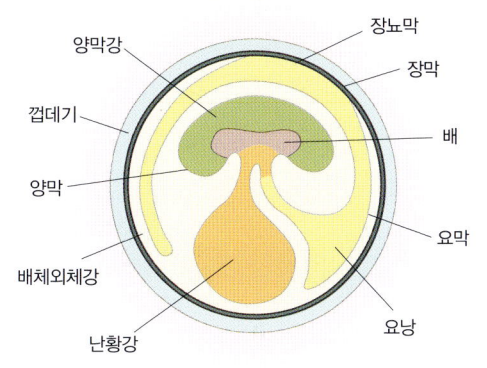

인큐베이터 알자리(위)와 발생 중인 파충류의 알(아래)

27℃ 이상 온도가 넘어갈 경우 알이 부패하는 경우도 있으므로 본인이 사육하고 있는 종의 적정부화온도를 반드시 확인해야 한다. 마지막으로 철망을 깔고 알이 담긴 부화상자를 차곡차곡 넣어 뚜껑을 덮은 후 부화가 될 때까지 기다리면 된다.

■**알의 관리** : 도마뱀의 알은 조류의 알과 달리 인큐베이팅 중에 굴려줄(전란) 필요가 없으며, 부화가 진행될 때 알의 앞뒤가 뒤바뀌거나 하면 중지란이 될 수 있으므로 가능한 한 알을 만지지 않는 편이 좋다. 알 사이는 알 하나 정도의 간격을 떼어놓거나 그 이상이어도 상관

없지만, 너무 조밀하게 배치하면 부화 도중 무정란 또는 상한 알이 부패하면서 곰팡이 등이 슬게 된다. 이것이 건강한 알에도 악영향을 미칠 수 있기 때문에 간격을 꼭 일정하게 띄어놓는 것이 바람직하다. 또한, 자주 확인해 중지란이나 부패한 알들이 보이면 바로바로 제거해줘야 한다.

■온·습도 관리 : 인큐베이터 안의 온·습도는 수중히터로 유지되는데, 온·습도계를 내부에 설치해 일정한 온도와 습도가 꾸준히 유지되는지 자주 체크해야 한다. 자작 인큐베이터의 경우 히터가 작동되는지, 온도조절기 등이 정상적으로 작동되고 있는지 중간중간 체크하는 것이 좋다.

1. 아무르장지뱀의 알   2. 알거스 모니터의 알

이는 인큐베이터 안의 온도를 일정하게 유지하기 위해 꼭 점검해야 할 사항이며, 사육자가 의도한 온도가 제대로 유지되고 있는지 확인하는 것이다. 부화온도가 도마뱀의 성별결정에 영향을 미치는 경우가 있는데, 이를 온도의존성 성결정(temperature dependent sex determination, TDSD)이라고 하며 대표적인 종으로 레오파드 게코를 들 수 있다. 레오파드 게코의 경우 29℃에서 인큐베이팅을 하면 수컷과 암컷이 골고루 나오게 되며, 27℃의 저온에서는 대부분 암컷이 나오고 31℃의 고온에서는 대부분 수컷이 나온다.

또한, 부화기에 들어 있는 알 표면에 물방울 등이 직접 닿게 되면 알이 부패할 수 있으므로 하루에 한 번씩 부화상자 뚜껑에 맺힌 물방울 등을 털어내는 것이 좋다. 필자의 경우 알을 부화시킬 때 알에 물방울이 직접 닿지 않도록 부화상자 천장에 수건이나 스펀지 등을 덧대줬는데, 나중에는 물이끼와 곰팡이가 발생해 오히려 안 좋았던 경험이 있다. 가장 좋은 방법은 사육자가 매일 체크하고 물방울을 털어내는 것이다.

부화

파충류 알의 부화날짜는 종에 따라 혹은 인큐베이터의 온도에 따라 차이가 나므로 부화 예정일이 가까워오면 인큐베이터의 상황을 자주 체크해야 한다. 부화가 완료된 개체는 조심스럽게 준비해둔 깨끗한 사육장에 옮겨주고, 남은 알들 중 탈각이 힘든 개체의 경우 하루 정도 더 두고 보다가 조치를 취한다. 알을 찢지 못하고 알속에서 죽는 개체를 방지하기 위해 칼이나 작은 가위(코털가위) 등으로 새끼가 쉽게 빠져나올 수 있도록 알을 적당히 찢어주는 것이 좋다. 대부분의 경우 알을 찢어주는 것만으로도 쉽게 빠져나오지만, 그렇지 못한 약한 개체의 경우에는 조심스럽게 핀셋 등으로 알껍데기를 벗겨줘야 한다.

부화 이후 유체의 관리

부화가 시작되면 먼저 부화가 된 개체부터 깨끗한 사육장으로 옮겨준다. 이때 사육장 바닥에 키친타월이나 부직포 등을 깔아주는 것이 좋다. 카멜레온종의 경우는 새끼 때부터 바로 매달릴 수 있는 작은 화분이나 넝쿨 등을 넣어주는 것이 좋으며, 보온을 위해 스폿 램

레오파드 게코 알비노 해츨링

프나 적외선등을 켜주는 것이 좋다. 보온의 경우 사육장 전체를 고온으로 유지하는 것보다 성체 도마뱀과 같이 종류별로 원하는 온도대를 형성해줘야 한다. 갓 태어난 해츨링의 뱃속에 아직 난황이 남아 있으므로 부화 2일째까지는 먹이는 급여하지 않고 수분만 공급하며, 3일째 되는 날부터 해츨링의 크기에 맞게 작은 먹이를 급여하도록 한다.

부화된 개체의 수가 많은 경우 또는 눈에 띄게 약한 개체가 있는 경우에는 한 케이지에 같이 사육하는 것보다 비슷한 크기로 그룹을 나눠 따로 사육하는 것이 좋다. 이렇게 하면 약한 개체가 먹이경쟁에서 밀려 먹이를 못 먹는 경우가 없도록 세심하게 관리할 수 있다.

알거스 모니터(Argus monitor, *Varanus panoptes*)의 부화과정

Chapter 08

도마뱀의 주요 종

도마뱀의 학술적 분류방법에 대해 간략하게 알아보고, 주요 도마뱀종의 종류와 특징, 서식현황, 사육장 세팅, 사육방법과 번식 등에 대해 살펴본다.

01 section

도마뱀의 분류

도마뱀은 총 16과 383속 3751종으로 나뉘는데, 이러한 분류는 아직 불완전하며 각 과의 상호관계에 대한 기록이 별로 없는 실정이다. 일반적으로 도마뱀은 골격, 머리나 몸의 형태, 이빨의 형태, 머리와 몸의 비늘 수와 비늘의 형태 같은 외형적 요인과 더불어 생리적인 특징에 따라 분류된다. 하지만 같은 과에 속한 도마뱀일지라도 그 외형이 서로 다른 종들이 포함돼 있으며, 해당 과(㈜) 고유의 특징이 표면적으로 드러나지 않는 종류도 있어서 그 도마뱀이 속한 과에 대한 일반적인 설명에 부합되지 않는 경우도 있으므로 참고하길 바란다. 현재 분류돼 있는 도마뱀 16과는 다음과 같다.

아가마과(Agama, Agamidae), 53속 300종

마다가스카르를 제외한 아프리카, 아시아, 오스트레일리아 전역에 걸쳐 서식하며, 암수의 체색이 다르거나 몸의 빛을 바꿀 수 있는 종이 많이 포함돼 있다. 비늘이 눕혀져 있는 종, 가시와 같은 비늘을 가지고 있는 종, 목장식이나 돌기 및 주름장식을 가지고 있는 종, 등과 꼬리에 큰 가시를 가지고 있는 종 등 화려한 장식이 있는 종들이 많이 속해 있다.

블루 헤디드 아가마(Blue-headed agama)

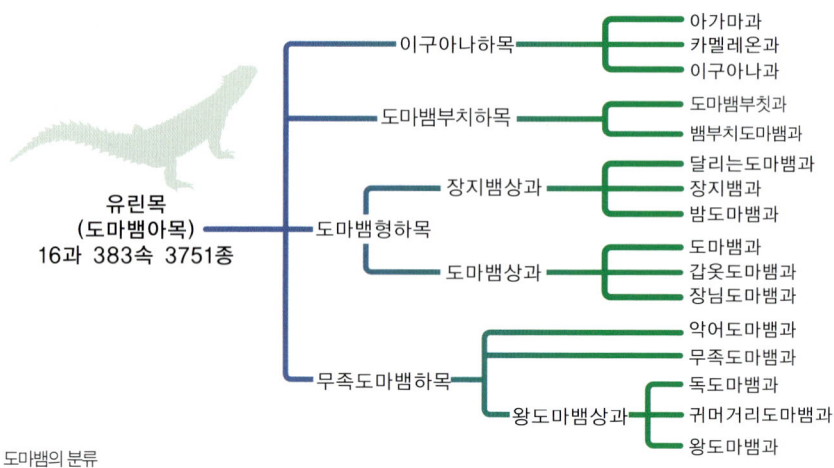

도마뱀의 분류

아가마과에 속한 도마뱀의 경우 스스로 꼬리를 자르는 자절(自切, autotomy; 동물이 몸의 일부를 스스로 절단해 생명을 유지하려는 현상이며, 대부분 탈리절-脫離節-이라고 하는 미리 정해진 일정 부위에서 일어난다) 행동이 나타나지 않고, 혹 잘리더라도 다른 도마뱀들과는 달리 재생이 안 되는 종이 많다.

카멜레온과(Chameleon, Chamaeleonidae), 4속 85종

카멜레온과의 서식지는 마다가스카르 및 아프리카, 스페인 남부, 아라비아반도 남부, 파키스탄, 인도, 스리랑카 등 다른 도마뱀에 비해 구대륙에 분포가 제한돼 있다. 카멜레온과의 가장 큰 특징은 다른 도마뱀류와 확연히 구분되는 외형이다. 체형은 대부분의 종이 세로로 넓적한 형태를 띠며, 많은 종이 주로 나무 위에서 생활한다. 머리는 투구와 같은 형태로 발달돼 있고, 머리나 코 부분에 돌기가 있거나 뿔의 형태가 있는 종도 있다.

돌출된 눈은 각각 움직여 사물을 바라볼 수 있다. 앵무새의 발과 같이 발가락이 양쪽으로 갈라져 대칭되는 모양의 대지족(對趾足, zygodactyl)을 가지고 있어서 나무를 잘 잡을 수 있다. 또 작은 비늘이 밀집돼 있는, 아스팔트 같은 형태의 피부를 지니고 있다. 꼬리는 다른 도마뱀과 달리 잘리지 않으며, 나무를 휘감을 수 있는 제5의 발로서 나뭇가지 사이를 이동할 때 안전띠와 같은 역할을 한다. 또한, 자신의 몸길이보다 길고 끈적끈적한 혀를 순식간에 뻗어 멀리 떨어져 있는 먹잇감을 사냥하는 것을 볼 수 있다.

무엇보다도 체색을 순식간에 바꿀 수 있다는 것이 큰 특징이다. 카멜레온은 우리가 일반적으로 생각하는 것처럼 주변 환경에 맞게 체색을 자유자재로 바꾸는 것이 아니라, 색소포에 의해 변화되는 것으로 바뀔 수 있는 색에는 한계가 있다. 밝거나 어둡게 변화되며, 주로 심리적인 요인이 크다. 대부분 사회성은 낮고, 자신만의 세력권을 갖는다. 평상시에는 암수 모두 단독생활을 하다가 번식기에 들어가면 짧은 시간 동안 만나서 교미를 한 후 헤어진다.

이구아나과(Iguana, Iguanidae), 55속 650종

신대륙의 캐나다 남부에서부터 아르헨티나까지 서식하며, 몇몇 종이 마다가스카르, 피지 제도, 통가제도에 서식한다. 이구아나과의 특징은 몸길이의 2/3를 꼬리가 차지할 정도로 대부분의 종이 긴 꼬리를 가지고 있다는 점이다. 뒷다리가 잘 발달돼 있고 시력이 발달했으며, 낮에 활동하는 주행성 도마뱀류다. 15cm 정도 되는 작은 아놀(Anole)부터 2m가 넘는 대형종인 그린 이구아나(Green iguana, *Iguana iguana*)까지 다양한 크기의 종들이 속해 있다. 체색은 갈색이나 회갈색, 검은색을 나타내는데 주로 녹색을 띠는 종이 많다. 식성은 소형종의 경우 보통 육식성이나 잡식성이지만, 대형종의 경우 거의 초식성이다.

도마뱀부치과(Gecko, Gekkonidae), 85속 800종

도마뱀부치과의 도마뱀은 대부분 작은 비늘로 덮여 있는 부드러운 피부를 가지고 있으며, 몇몇 종은 겹친 비늘형태의 크고 부드러운 피부를 가진 것을 볼 수 있다. 주로 야행성이지만, 낮에만 활동하는 데이 게코류(Day Geckos, *Phelsuma*) 또한 이 무리에 속한다. 토케이 게코(Tokay gecko, *Gekko gecko*)나 데이 게코류처럼 눈꺼풀 없이 맑은 막으로 싸인 돌출된 눈을 가지고 있거나, 레오파드 게코처럼 눈꺼풀이 있는 종류도 있다.

종에 따라 발가락 형태가 매우 다양한 것을 볼 수 있다. 벽에 붙을 수 있는 도마뱀부치류의 경우 발바닥은 넓적한 비늘이 줄지어 돋아 있고, 그 사이에 미세한 털과 같은 강모가 난 발을 가지고 있다. 하지만 땅에 서식하는 도마뱀부치류의 경우는 빨판이 없이 발가락이 가느다란 짧은 발을 가지고 있다. 도마뱀부치과의 또 다른 특징은 다른 도마뱀에 비해 발성기관이 발달한 종이 많으며, 울음소리를 낼 수 있는 종이 많다는 것이다. 또한, 이들도 스스로 꼬리를 자르는 자절능력을 가지고 있다.

뱀부치도마뱀과(Snake lizard, Pygopodidae), 8속 31종

오스트레일리아와 오세아니아에 서식하는 뱀부치도마뱀은 뱀과 비슷한 체형을 가지고 있기 때문에 뱀도마뱀(Snake lizard)으로 불리는데, 다리가 없어서 무족도마뱀(Legless lizard)으로 흔히 불린다. 무족도마뱀과(Anguidae)로 오해하기 쉬운 이 도마뱀들은 겉모습은 전혀 다르지만 도마뱀부치류와 근연종이다. 다른 무족도마뱀류와는 달리 뱀과 같이 작은 눈에 눈꺼풀이 없고, 도마뱀부치류처럼 넓적한 혀로 눈을 핥아 청소하는 습성이 있기 때문에 뱀부치도마뱀으로 분류된다. 앞다리는 퇴화돼 없고, 뒷다리 또한 있는 종도 있고 흔적만 있는 종도 있다. 뱀부치도마뱀과에 속한 모든 종이 야행성이며, 주로 작은 곤충을 먹지만 몇몇 종은 다른 종의 소형 도마뱀을 즐겨 먹는다.

경주도마뱀과/채찍꼬리도마뱀과(Racerumer/Whiptail, Teiidae), 39속 227종

미국 남부에서부터 남아메리카 및 서인도제도까지 분포돼 있고, 해발 3962m까지 서식한다. 머리 부분의 비늘은 크고 좌우대칭이며, 몸의 비늘은 작고 과립형이다. 일반적으로 뾰족한 주둥이와 잘리기 쉬운 꼬리를 가지고 있으며, 배 쪽에는 육각형의 비늘판이 있다. 눈꺼풀이 잘 발달돼 있고, 귓구멍은 열려 있으나 몇몇 종은 피부에 완전히 가려져 있는 경우도 있다. 작은 종부터 커다란 테구(Tegu)까지 형태와 크기에 있어서 매우 다양하다.

테구(Tegu, Teiidae)

번식기 때 수컷이 아름다운 발색을 띠는 종이 많다. 작은 곤충을 비롯해 작은 새, 소형 포유류, 다른 도마뱀, 조개, 식물을 먹으며, 원산지의 원주민들에게 약재나 식량자원으로 활용된다. 뉴멕시코에 서식하는 채찍꼬리도마뱀은 단성생식(암컷으로만 번식)을 하는 것으로 유명하다.

장지뱀과(Sand lizard, Lacertidae), 25속 200종

아프리카, 유럽, 아시아의 거의 전역에 걸쳐 분포하며, 대부분 25cm 미만의 소형종이다. 머리 부분의 비늘은 크고 좌우대칭이며, 몸의 비늘은 작고 불규칙하다. 배 쪽의 비늘은 크고 장방형의 형태를 띠고 있으며, 잘 발달된 사지와 긴 꼬리를 가지고 있다. 장지뱀류 또한 잘 발달된 눈꺼풀을 가지고 있고, 혀는 길고 가늘며 끝이 깊게 패여 있다.

많은 종이 사회적인 생활상을 가지며, 수컷이 암컷보다 크고 번식기 때는 수컷의 색깔이 한층 선명해진다. 대부분 난생이지만, 표범장지뱀속(*Eremias*) 2종과 보모장지뱀(Viviparous lizard, *Zootoca vivipara*)의 경우 난태생으로 새끼를 낳는다. 그러나 이들도 서식지에 따라 알을 낳는 경우도 있다. 예를 들어, 날씨가 추운 곳에서는 알을 낳기보다는 새끼로 낳는 것이 번식에 유리하기 때문에 난태생을 띠지만, 그렇지 않은 온화한 기후에서는 같은 종일지라도 난생으로 번식하는 경우가 발견되고 있다. 장지뱀류는 대부분 매우 오래 사는데, 보석장지뱀(Jewelry lizard)의 경우 사육상태에서 20년을 살았다는 기록이 있다.

밤도마뱀과(Night lizard, Xantusiidae), 4속 16종

쿠바 동부, 파나마에서 멕시코 동부 및 미국 남서부에 분포돼 있다. 체색은 주로 암갈색, 회색이나 검은색이다. 몸통과 꼬리 쪽 피부는 작은 과립형이며, 종에 따라 피골판(皮骨板; 판자 형태의 피골)이 있다. 이름이 밤도마뱀이지만 모든 종이 야행성인 것은 아니며, 몇몇 종은 낮에도 활동한다. 작은 곤충을 비롯해 씨앗이나 꽃의 일부를 먹는 잡식성이다. 대부분의 종이 난태생이며, 코스타리카나 파나마에 있는 개체군에서는 단성생식을 하는 종도 있다.

도마뱀과(Skink, Scincidae), 85속 1275종

도마뱀의 여러 과 중에서 가장 많은 종이 포함돼 있는 그룹이다. 열대 및 온대의 전 지역, 특히 아프리카, 남아시아, 뉴기니, 오스트레일리아, 뉴질랜드 및 캐나다 남부에서 아르헨티나 북부까지 분포한다. 국내에도 도마뱀(*Scinella laterale laterale*)과 미끈도마뱀(*Scincella vandenburghi Schmidt*) 2종이 서식하고 있다. 3cm부터 50cm까지 다양한 크기의 개체를 볼 수 있고 모양 또한 다양하다. 많은 종에 있어서 머리의 비늘판은 크고 좌우대칭 형태를 띠며, 몸통 비늘판이 평평하고 서로 겹쳐져 있다. 꼬리를 쉽게 끊을 수 있는 대표적인 종으로 작은 충격이나 소리에도 꼬리를 잘라낸다. 사막, 산림, 땅 위나 땅속, 나무 위 등 다양한 곳에서 살아간다. 번식방법은 난생과 난태생이며, 난생을 하는 경우 새끼가 태어날 때까지 조류처럼 알을 품는 종도 있다. 일반적으로 길쭉하고 납작한 사각형의 몸과 머리끝부터 꼬리 끝까지 미끈하게 이어지는 곡선을 이루고 있는 형태를 가진 종들이 많다.

국내에 서식하는 도마뱀과의 도마뱀은 흔히 장지뱀과 혼동되기도 하는데, 장지뱀류는 전자에 비해 꼬리가 더 길고 비늘의 형태가 다르며, 페로몬분비기관인 서혜인공을 가지고 있다(도마뱀과의 도마뱀은 서혜인공이 없다). 대부분 미끈한 형태의 외형을 지니지만, 그 또한 다양해서 같은 그룹이라고 보기에는 너무나도 상이한 형태를 띠고 있는 종들도 있다.

갑옷도마뱀과(Girdle-tailed lizard, Cordylidae), 10속 50종

사하라 이남의 아프리카, 마다가스카르에 분포돼 있으며, 해발 3500m까지 서식한다. 갑옷도마뱀과는 사회성이 발달된 종들이 많이 포함돼 있으며, 건조하고 바위가 많은 지역에 서식한다. 머리 부분의 비늘은 좌우대칭이며, 몸의 비늘은 대개 장방향이고 서로 겹쳐져 있다. 이름에서 알 수 있듯이, 딱딱한 비늘로 덮여 있는데, 이 비늘은 자신의 몸을 보호하는 역할을 한다. 체형은 종에 따라 다양한 것을 볼 수 있다.

장님도마뱀과(Blind lizard, Dibamidae), 2속 4종

뉴기니에서 인도네시아 및 멕시코 동부에 걸쳐 분포돼 있다. 몸길이 12~17cm 정도의 소형종으로 아시아에 3종, 멕시코에 1종이 서식한다. 주둥이와 아래턱 그리고 머리 부분에 커다란 비늘판이 있고, 몸통과 꼬리 부분의 비늘은 매끄럽고 겹쳐져 있다. 눈과 귀는 피부에 덮여 있으며, 이빨은 작고 안쪽으로 휘어져 있다. 체형은 뱀과 유사하며, 앞다리가 없고 수컷에게만 작은 지느러미 모양의 뒷다리가 있다. 이 뒷다리는 배를 저을 때 이용하는 노(櫓, paddle)처럼 생겼는데, 교미 시 암컷을 끌어안는 데 사용된다.

악어도마뱀과(Xenosaur, Xenosauridae), 2속 4종

중국 남부, 과테말라 및 멕시코 동부에 분포돼 있다. 석회암지대나 화산지대의 건조한 관목림을 비롯해 습기가 많은 운무림에서도 찾아볼 수 있으며, 주로 해질 무렵이나 초저녁에 활발하게 활동한다. 비늘은 작은 것부터 큰 것까지 있고, 다양한 크기의 원형 피골판이 있다. 작은 곤충부터 물고기, 올챙이, 작은 포유류까지 먹어치우는 완전한 육식성 도마뱀류이며, 대부분 악어처럼 반수생의 습성을 가지고 있다. 모든 종이 새끼를 낳는 난태생으로, 늦은 봄에서 한여름에 걸쳐 4~7마리의 새끼를 출산한다.

무족도마뱀과(Anguid, Anguidae), 8속 75종

캐나다의 남서부, 미국 대부분의 지역, 아르헨티나 북부, 유럽, 아프리카 북서부에서 남아시아까지 분포하며, 해발 4260m까지 서식한다. 비늘은 매끄러우나 약간 돌출돼 있고, 배 부분까지 딱딱한 비늘로 덮여 있어 전체적으로 몸이 딱딱해 보인다. 체형은 짧고 굵은 것부터 길고 날씬한 것까지 매우 다양하며, 종에 따라 다리가 전혀 없거나, 짧은 다리를 가졌거나, 퇴화하는 중간 단계를 보이는 종도 있다. 대부분은 땅 위에서 살지만 일부는 나무 위에서 살기도 하며, 사물을 감을 수 있는 꼬리를 가진 종도 있다. 주로 작은 도마뱀이나 쥐, 새의 알이나 새끼, 올챙이, 작은 곤충 등을 먹고 산다. 서식환경도 덥고 건조한 환경에서 사는 종도 있고, 습기가 많고 서늘한 곳에서 사는 종도 있다.

무족도마뱀(Legless lizard)

독도마뱀과(Gila monster/Beaded lizard, Helodermatidae), 1속 2종

미국 남서부에서부터 멕시코 서부, 과테말라에 분포돼 있다. 미국독도마뱀과 멕시코독도마뱀 2종이 있으며, 주로 바위가 많고 열대의 반건조한 곳에서 서식한다. 독을 가진 도마뱀으로서 학계에 알려진 유일한 독도마뱀 그룹이다. 최근 코모도왕도마뱀(Komodo dragon, Varanus komodoensis) 또한 독을 분비한다는 설이 주장되고 있지만 확실치는 않다.

먹잇감에 신경독을 주입하는데, 사람에 있어서는 극심한 고통을 수반하기는 하지만 생명에 지장을 줄 만큼 독성이 강한 것은 아니다. 주로 먹이를 잡을 때 이 독을 이용하지만, 포유류나 조류 이외에 양서류에게는 그다지 크게 작용하지 못한다고 한다. 먹이는 작은 포유류, 조류, 작은 파충류, 새나 파충류의 알, 곤충류이며 각종 사체도 먹는다. 몸길이는 약 50cm 가량이고 몸통은 두껍고 원통형이며, 지방을 저장하는 두툼한 꼬리를 가지고 있다.

체색은 검은색 혹은 암갈색 바탕에 붉거나 노란 무늬가 있고, 등 쪽의 비늘은 과립형으로 크고 돌출돼 있으며 가로와 세로로 나란히 늘어서 있다. 주로 지상에 서식하면서 설치류나 작은 포유류가 파놓은 구멍에서 낮 동안 쉬다가 서늘한 저녁시간 때 활동한다. 평소에는 움직임이 느리지만, 화가 나면 빠르다. 번식은 봄철에 이뤄진다. 30분~1시간 정도 교미를 하고, 암컷은 늦여름에 3~13개 정도의 알을 낳으며 부화하는 데 100~120일 정도 소요된다.

귀머거리도마뱀과(Bornean earless lizard, Lanthanotidae), 1속 1종

보르네오 해안선 부근에 분포하며, 몸길이는 약 20cm가량이다. 귀머거리도마뱀은 1종으로 1속 1과를 이룬다. 체색은 암갈색이나 검은색이다. 겉모습은 독도마뱀류와 거의 흡사하지만, 콧구멍이 주둥이 양쪽이 아니라 위에 있다는 점이 다르다. 외이공(外耳孔, 귓구멍)과 유독기관 및 목의 피부주름이 없다는 것도 다른 점이다. 대형의 비늘에는 구멍이 있어서 촉각기관의 역할을 하며, 반수생의 생활상을 띤다. 식성은 육식성이며 바닷물고기나 지렁이, 바다거북이나 새의 알 노른자를 즐겨 먹는다. 성질이 일반적으로 활발하지 않으며, 성장속도가 느리고 공격적이지 않다. 야행성이며 번식방법은 난생이다.

왕도마뱀과(Monitor lizard, Varanidae), 1속 31종

아프리카에서 동남아시아를 거쳐 뉴기니, 오스트레일리아까지 분포돼 있다. 왕도마뱀과의 특징은 몸길이가 12cm 되는 아주 작은 종부터 3m까지 자라는 대형종까지, 크기가 매우 다양하다는 것이다. 다른 종에 비해 목이 길고 잘 발달돼 있으며, 몸통이 짧은 편이다. 체색은 주로 갈색이나 회색, 검은색 등 우중충한 색을 띠는데, 나무에 사는 종은 아름다운 녹색을 띠기도 한다. 머리는 일반적으로 길고 폭이 좁으며, 주둥이는 뾰족하다.

뱀처럼 두 갈래로 갈라진 긴 혀를 이용해 공기 중에 떠다니는 냄새입자로 맛을 느끼며, 먹이를 통째로 삼키는 경향이 있다. 주행성이며, 거의 모든 종이 적극적으로 먹이를 찾는다. 먹이는 작은 곤충부터 작은 설치류, 조류, 작은 포유류, 작은 파충류, 물고기, 조류나 파충류의 알, 썩은 사체 등 가리지 않고 먹어 치운다. 코모도왕도마뱀의 경우는 사슴이나 멧돼지, 물소까지 사냥한다. 특히 후각이 발달한 종이 많아서 멀리에 있는 먹이도 쉽게 찾아낸다. 야생에서는 악어의 알을 훔쳐 먹는 행위로 인해 악어와 천적관계에 있다.

왕도마뱀과 도마뱀은 야생에서 청소부 역할을 함과 동시에 포식자가 없는 오스트레일리아에서는 대형 육식포유류와 같은 생태적 지위를 가지고 있다. 대부분 육상에서 생활하지만 나무 위나 물속에서 생활하는 종도 있으며, 모든 종이 능숙한 수영솜씨를 자랑한다. 적으로부터 달아나기 위해 물속에 1시간가량 잠수를 할 수도 있다. 바위가 많은 사막이나 사바나 산림, 강기슭이나 맹그로브 지대에서 서식하며, 동남아시아에 서식하는 물왕도마뱀의 경우는 도시의 민가 근처에도 서식하면서 사람들이 버리는 음식쓰레기를 먹기도 한다.

블랙 트리 모니터(Black tree monitor, *Varanus beccarii*)

02 section

주요 종의 소개

이번 장을 서술함에 있어 확실하게 정립돼 있지 않은 도마뱀의 정확한 한글명칭 표기와 더불어 성격상 사육서인 본서에서 학술적으로는 상당한 가치를 가지지만 실제 반려목적으로 기르기에는 적합하지 않은 종, 현실적으로 국내에서 사육이 불가능한 국내 포획금지종인 토종 도마뱀과 CITES 부속서 I에 해당하는 종의 도마뱀들을 소개해야 할 것인지에 대해 고민이 많았다. 특히 수없이 많은 도마뱀종 중에서 독자에게 소개할 종을 고르기 위해서는 과연 어떠한 기준을 가지고 선별해야 효과적일지에 대해 고민을 많이 했다.

명칭부분에 있어서는, 예를 들어 레오파드 게코(Leopard gecko)의 경우 우리말로 '표범도마뱀부치'라고 표현할 수는 있으나 실질적으로는 영명을 그대로 부르는 경우가 대부분이며, 우리말로 풀이해 서술하게 되면 실생활에서 종 자체를 인식하기 어려운 경우가 많아 고민 끝에 영명을 한글로 표기하는 방식을 택하기로 했다. 또한, 학술적으로 상당한 가치를 가지고 있기 때문에 도마뱀이라는 생명체를 제대로 이해하기 위해 알아두면 좋을 종(예를 들면, 장님도마뱀이나 귀머거리도마뱀류와 같은)이지만, 실제 사육 면에서는 그다지 많이 기르고 있지 않은 종은 본서가 사육서라는 점을 고려해 아쉽지만 생략했다.

차이니스 워터 드래곤(Chinese water dragon, *Physignathus cocincinus*)

현행법상 사육이 금지돼 있는 국내의 야생도마뱀과 CITES 부속서 I에 해당하는 종의 경우, 개인의 사육이 허가되지는 않지만 동물원이나 연구기관에서 학술적인 목적으로 사육이 이뤄질 가능성을 염두에 두고 간단히 다루기로 했다. 또한, 각 과의 도마뱀의 종류가 너무나도 방대해 모든 종을 다루기란 현실상 무리가 있기 때문에 각 과에서 대표적인 종, 같은 과에서 생활상이 비슷한 종과 다른 종, 그 과의 특징을 잘 나타내는 종과 특성이 전혀 다른 종 등의 기준을 적용해 분류했다. 또한, 사육방법에 있어서 거의 비슷한 양상을 띠는 대표적인 종에 여러 아종이 있는 경우도 대표하는 종만을 서술하기로 했다.

현재 유통되고 있는 많은 수의 도마뱀이 인공번식개체가 아닌 야생채집개체인 경우가 많으며, 실제로 숍에서 개인에게 유통되는 다양한 종들이 분양처에서 종의 구색을 맞추기 위해 수입된 것이다. 사실 번식은 고사하고 사육 자체가 힘든 종들이 대부분인 현실을 감안해, 사육상태에 대한 정보가 미비한 종이나 사육 시 난이도가 높은 도마뱀의 경우 기본적인 정보 이외의 부분은 제외했으며, 국내에서 쉽게 만날 수 있는 종을 중심으로 많이 사육되는 종, 번식이 가능한 종류에 한해서 주로 기술했다는 점을 참고하기 바란다.

아무르장지뱀(Long tailed lizard, *Takydromus amurensis*)

비어디드 드래곤

- **영 명** : Bearded dragon
- **몸길이** : 40~50cm
- **수 명** : 약 10년
- **활 동** : 주행성
- **학 명** : *Pogona spp.*
- **번 식** : 난생
- **서식지** : 오스트레일리아 중부와 동부의 건조한 산림, 사막지역
- **사육난이도** : 下

호주가 원산지인 아가마과(Agama, Agamidae) 도마뱀으로 목 주위에 발달한 가시 같은 비늘로 인해 비어디드 드래곤(Bearded dragon, 턱수염도마뱀)이라는 이름이 붙여졌다. 호주의 사바나지역에 서식하는 주행성 도마뱀으로서 호주에서 유럽으로 유입돼 미국과 캐나다 등지로 퍼졌으며, 일본과 우리나라에서도 반려도마뱀으로 많이 길러지고 있는 종이다. 강인해 보이는 외모와는 달리 매우 온순하고 체질이 강하며, 사육 하에서 번식 또한 쉬워 반려동물로 널리 사육되고 있다. 예민하지 않은 성격과 튼튼한 체질을 지니고 있기 때문에 처음 도마뱀에 입문하는 사육자들에게 가장 많이 추천되는 도마뱀종이기도 하다.

외형적인 특징과 생태

개체별로 차이는 있지만, 다 자란 성체의 경우 머리부터 꼬리까지의 길이가 약 40~50cm 정도 되는 중형 도마뱀이며, 암컷보다 수컷이 더 크다. 야생상태에서 강한 수컷이 일정한 영역을 차지하며, 자신의 영역권 안에서 여러 마리의 암컷들을 지배한다. 이러한 특성상 사육 시에도 한 마리만 단독으로 사육하는 것보다 수컷 한 마리에 암컷 여러 마리를 같이 기르는 것이 바람직하다. 이렇게 비교적 사회성을 띠는 집단생활을 하지만, 동종의 낯선 수컷이 영역에 침입하게 될 경우 기존의 수컷은 필사적으로 싸워서 쫓아낸다.

비어디드 드래곤 사육 시 종종 목격하게 되는 행위가 있는데, 주로 수컷이 몸을 부풀리고 머리를 갑자기 끄덕이는 행동이다. 이러한 행동을 흔히 블러핑(bluffing, 허세부리다)이라고 하며, 아가마류인 비어디드 드래곤이나 이구아나종, 여러 도마뱀에게서 흔히 볼 수 있는 일종의 의사소통행위다. 수컷이 자신의 힘을 과시하기 위해 암컷이나 경쟁자 수컷에게 이런 행위를 하며, 종종 사육주에게도 나타내는 경우를 볼 수 있다. 수컷이 블러핑을 하면 암컷은 공중에 원을 그리듯이 서서히 앞다리를 흔드는 행위로 복종한다는 의미의 수신호를 보낸다. 특히 번식기 때나 한 사육장에 두 마리의 수컷이 있을 경우 이런 행위를 자주 목격할 수 있으며, 대부분 심하게 싸우게 된다. 싸움에 진 개체는 육체적인 상처와 더불어 심각한 정신적인 스트레스로 인해 쇠약해지게 되므로 반드시 분리사육해야 한다.

레오파드 게코와 더불어 반려파충류로서의 사육 역사가 오래됐고, 그만큼 다양한 모프(morph)의 비어디드 드래곤이 만들어졌다. 야생의 비어디드 드래곤은 칙칙한 갈색이나 회색빛을 띠지만, 사육 하에서 개량된 종들은 밝은 노란색이나 붉은색 등 다양한 색상과 더불어 체형도 더 커지는 등 야생의 원종과는 다른 색상과 체형의 변화를 가져왔다. 이러한 색상의 변화뿐만 아니라 외형의 변화도 이뤄지고 있는데, 최근 외국에서는 비어디드 드래곤 특유의 가시 같은 피부돌기가 생략된 품종도 만들어지고 있다. 대표적인 종으로 레더백(Leatherback, 바다거북의 등처럼 돌기가 적은 매끈한 등을 가진 돌연변이 품종)과 실크백(Silkback, 온몸이 비단같이 매끈하고 얇은

비어디드 드래곤 특유의 피부돌기

 **Morph(품종)**

모프의 색상유전에 관련된 용어들
- a or an - 없음
- hypo - 정상보다 부족함
- hyper - 정상보다 더 강조됨
- melanin - 검은색
- xanthinin - 노란색
- erythrinin - 붉은색
- anerythristic - 붉은색이 아예 생략됨
- hypoerythristic - 정상보다 붉은색이 적음
- hypererythristic - 정상보다 더 붉은색
- axanthic - 노란색이 아예 생략됨
- hypxanthic - 정상보다 노란색이 적음
- amelanistic - 검은색이 아예 생략됨
- hypomelanistic - 정상보다 검은색이 적음

대표적인 색상에 의한 모프
- 샌드파이어 드래곤(Sandfire dragon) - 벽돌처럼 붉은 색상을 띠는 종류다.
- 블러드 드래곤(Blood dragon) - 최근에 만들어진 품종으로 새끼 때부터 진한 붉은색을 띤다.
- 살몬(Salmon) - 연한 주황색을 띠는 종류
- 선버스트(Sunburst) - 말 그대로 햇살 같은 느낌의 밝은 노란색을 전체적으로 띤다.
- 루시스틱(Leucistic) - 알비노와는 다른 백화현상으로 피부가 흰색이며, 홍채는 검은색이다.
- 스노우앤하이포멜라니스틱(Snow and hypomelanistic) - 멜라닌색소, 즉 검은색소가 적은 색상변이

선버스트 드래곤

샌드파이어 드래곤

돌연변이 모프
- 레더백(Leatherback) - 바다거북의 등처럼 돌기가 적은 매끈한 등을 가진 돌연변이 품종
- 실크백(Silkback) - 온몸이 비단같이 매끈하고 얇은 피부를 가진 돌연변이 품종(Leatherback의 동형접합형-homozygous form)

레더백

레더백 베이비

피부를 가진 돌연변이 품종)을 들 수 있다. 파충류 숍에서 분양되는 개체는 대부분 태어난 지 1달이 채 안 됐거나 3달 미만의 어린 새끼들인데, 새끼들도 역시 체질이 강하기 때문에 성체가 될 때까지 어려움 없이 잘 기를 수 있다. 단, 다른 도마뱀에 비해 성장속도가 빠르고 주행성 파충류이므로 그에 따른 먹이와 칼슘을 적절하게 급여해야 하며, 반드시 UVB램프를 설치해줘야 대사성 골질환(MBD)을 예방할 수 있고 건강한 성체로 자라날 수 있다.

적절한 사육장환경 조성
기본 사육장의 형태는 과습을 예방하기 위해 통풍이 용이한 구조가 좋으며, 성체 크기가 50cm 정도 되는 도마뱀이므로 사육장의 크기는 최소 3자(90cm) 이상 돼야 한다. 비어디드 드래곤은 호주의 건조한 산림이나 초원에서 서식하므로 주간온도는 29~30℃, 일광욕장소의 온도는 35~40℃, 가장 온도가 낮은 지역은 27℃가 되도록 조성해주며, 습도는 40~50%로 유지해주는 것이 이상적이다. 야간에는 주간온도보다 5℃ 정도 낮춰주도록 한다.

사육장 내에는 기본적으로 일광욕장소, 두 곳 이상의 숨을 은신처나 그늘 등을 세팅해주는 것이 좋으며, 바닥재는 건조한 타입의 제품을 선택하도록 한다. 일반적으로 바닥재는 사막모래를 이용하는데, 사막모래 70%에 피트모스나 분쇄된 코코넛베딩을 30%의 비율로 섞어주면 이상적이다. 태어난 지 얼마 지나지 않은 어린 개체의 경우 바닥재 섭취로 인한 장폐색증이 유발될 수 있는데, 모래 대신 부직포를 이용하면 장폐색의 위험도 사라지고 관리 또한 수월하다.

먹이의 종류와 먹이급여방법
어린 새끼 때는 동물성 먹이 80%, 식물성 먹이 20%의 비율로 먹이를 급여하는 것이 좋

올라가 쉴 수 있는 유목이나 돌 등을 사육장에 넣어주도록 한다.

야생의 비어디드 드래곤이 메뚜기를 사냥한 모습

으며 성체로 갈수록 동물성 먹이 60%, 식물성 먹이 40% 정도로 초식의 비율을 늘려주는 것이 바람직하다. 잡식성인 비어디드 드래곤은 일반적으로 아무것이나 다 잘 먹지만, 귀뚜라미와 슈퍼웜, 밀웜 등을 주로 급여한다. 어린 개체의 경우는 보통 5mm 미만의 작은 귀뚜라미나 키틴질(chitin, 곤충의 겉껍데기를 이루는 물질)이 딱딱하지 않고 부드러운 어린 슈퍼웜이나 밀웜을 급여해야 한다. 너무 큰 먹이는 소화시킬 때나 삼킬 때 무리를 주게 되고, 이런 경험을 하게 되면 그 먹이를 거부하거나 아예 먹이 자체를 거부해버리는 거식증상이 나타날 수 있으므로 특히 어린 개체에게는 알맞은 크기의 먹이를 급여하는 것이 매우 중요하다. 일반적으로 먹이의 크기는 도마뱀 미간 길이만큼 되는 정도가 적당하다.

또한, 식물성 먹이인 채소류를 급여할 때는 다양한 것을 주되, 애호박이나 당근 같은 딱딱한 채소는 먹기 좋게 잘게 다져서 준다. 애호박이나 당근의 경우 많은 마니아들이 초식성 먹이로 주로 애용하고 있지만, 사실 칼슘함유량에 비해 인의 비율이 높아서 주된 식물성 먹이로 사용하기에는 그다지 좋은 채소는 아니다. 애호박이나 당근도 주되, 보조먹이의 개념으로 급여하는 것이 좋다. 될 수 있으면 인의 함유량이 낮고 칼슘함유량이 높으며 섬유질이 풍부한 청경채나 치커리, 질경이, 곰취나물, 돌나물 등을 골고루 주는 것이 바람직하다. 당근의 경우 카로틴이 풍부해 붉은색 인자를 가진 비어디드 드래곤의 발색을 강화시킬 수 있는 먹이이며, 당근이나 백년초 열매처럼 카로틴이 풍부한 먹이를 것-로딩한 슈퍼웜을 급여하면 붉은색 유전자를 가진 개체의 붉은색 발색강화에 도움이 된다.

사실 초식성 먹이인 채소류는 육식성 먹이인 귀뚜라미나 슈퍼웜에 비해 기호도가 떨어진다. 하지만 잘 먹지 않는다고 귀뚜라미나 슈퍼웜 같은 육식성 먹이만을 급여하게 되면 나중에는 아예 채소를 먹지 않으려고 드는 경향이 있으므로 어릴 때부터 꾸준히 채소를 급여해 길들이는 것이 좋다. 다른 도마뱀에 비해 대식가인 비어디드 드래곤에게 귀뚜라미만을 공급하게 되면 영양과잉으로 인해 비만을 초래하고, 먹이비용도 많이 소요되므로 처음부터 다양한 먹이에 잘 길들이는 것이 바람직하다. 하루를 아예 먹이를 주지 않는 금식일로 정하고, 그 다음날 채소를 급여하면 대부분 잘 먹게 된다. 성장속도가 빠른 비어디드 드래곤에게 칼슘은 반드시 공급해야 하는데, 어린 개체일 때는 1주일에 3회, 성체일 때는 2회 먹이에 더스팅해 급여하도록 한다. 칼슘은 비타민D3가 포함된 것을 급여하는 것이 좋으며, 동시에 UVB빛을 조사해준다.

잡식성인 비어디드 드래곤은 살아 움직이는 먹이 외에 채소나 인공사료에도 적응을 잘 하므로 인공사료에 대한 먹이붙임을 시키기에도 유리하다. 인공사료는 영양적으로도 도움이 되고, 귀뚜라미 같이 살아 있는 먹이를 급여할 때 소요되는 비용을 어느 정도 줄일 수 있다는 장점이 있다. 건사료를 물에 불려 급여하거나, 사료를 분쇄해 채소에 칼슘과 더불어 더스팅해서 급여하면 잘 먹으며, 사료에 길이 들면 나중에는 그냥 마른 사료 자체도 잘 먹게 된다.

일광욕을 할 때 발견되는 행동. 체온이 상승하면 입을 벌린다.

먹이급여횟수는 사육주가 판단해 결정한다. 다만 어린 개체의 경우 1주일에 하루는 아예 굶기거나, 채소는 급여하되 동물성 먹이는 주지 않는 금식일을 정해 영양과잉이 되는 것을 예방하는 것이 좋다. 성체 때는 1주일에 2일은 금식을 시키는 것이 좋다. 금식을 시키는 이틀 모두 수분만 공급하고 먹이를 급여하지 않거나, 하루는 귀뚜라미나 슈퍼 웜을 제외하고 채소를 급여한다. 항상 마실 수 있도록 낮은 물그릇에 깨끗한 물을 담아 비치해두며, 많은 도마뱀이 물그릇 안에서 배설하는 행위를 하므로 그때그때 바로 치움으로써 오염된 물을 먹지 않도록 주의한다. 또한, 아침저녁으로 직접 도마뱀에게 분무를 해주는 것도 좋은 방법인데, 이는 수분공급과 더불어 도마뱀의 스트레스 완화에도 도움이 된다.

비어디드 드래곤은 하루하루 크는 모습이 눈에 보일 정도로 성장속도가 빨라서 기르는 재미가 쏠쏠한 도마뱀이다. 성장이 빠른 만큼 어릴 때의 영양공급이 매우 중요하며, 적절한 영양공급이 이뤄지지 않는다면 표준크기에도 미치지 못하는 성장률을 보인다거나 뼈의 기형을 유발할 수 있다. 반대로 영양과잉으로 비만이 될 경우 수명이 단축되고 돌연사할 수도 있으므로 영양공급에 각별히 신경 써야 한다.

암수의 구분과 번식

어린 개체일 때는 암수를 정확하게 구분하는 것이 어렵지만, 성체 때는 외형적인 차이점이 두드러지므로 수월하게 구분할 수 있다. 수컷이 암컷보다 머리의 크기가 크고 폭이 넓다. 또 꼬리가 시작하는 부분이 양쪽으로 불룩한 형태를 띠는 것이 수컷이고, 밋밋한 형태를 띠는 것이 암컷이다. 비어디드 드래곤은 사육 시 번식시키기가 쉬운 도마뱀으로 필자도 비어디드 드래곤을 통해 처음 번식의 기쁨을 맛봤다. 보통 1년 정도 지나면 번식이 가능한 성성숙 상태가 되며, 뱀류와 달리 도마뱀류는 특별한 쿨링 없이 쉽게 번식이 이뤄진다.

번식을 준비할 때는 암수의 비율이 매우 중요하다. 수컷 한 마리와 암컷 한 마리, 즉 쌍으로 기르는 경우에는 수컷이 암컷에게 집요하게 교미를 강요하게 되며, 교미가 끝난 후에도 꾸준히 스트레스를 주게 되므로 수컷과 암컷을 분리해주는 것이 좋다. 암컷이 받는 스트레스를 줄이기 위해서라도 암컷을 여러 마리 함께 길러 수컷의 관심이 분산되게 해주는 것이 중요하다. 암컷이 임신하면 뱃속에서 점점 알이 자라 출산이 임박해졌을 때는 육안으로도 피부 표면으로 알의 모양이 확인되거나 손으로 만져지게 된다.

이때 알을 낳을 수 있는 장소를 마련해주지 않으면 건조한 사육장 바닥 혹은 물통에 산란을 해 알이 못쓰게 되는(죽은 알이 되는) 경우가 생기게 된다. 알은 마르거나 물속에 잠기면 부화율이 떨어지므로 표면이 마르지 않도록 적절한 수분이 유지된 상태에서 부화기에 넣어야 한다. 비어디드 드래곤처럼 덩치가 큰 도마뱀의 경우 사육장 안에 산란장소를 따로 마련해주는 것은 어려우므로 산란상자를 사육장 밖에 별도로 마련했다가 출산이 임박해진 듯하면 알 낳는 장소로 옮겨놓는 것이 좋다.

번식을 위해서는 암컷을 여러 마리 사육하는 것이 좋다.

일반적으로 플라스틱 정리함(리빙 박스)을 산란상자로 이용하는데, 리빙 박스에 원예용 상토를 2/3 정도 채운 후 비스듬하게 깔아주면 된다. 사육장 바닥을 긁는 행동을 취한다면 하루나 이틀 사이에 알을 낳게 될 상황이므로 임신한 암컷을 산란상자로 옮기고, 뚜껑을 닫아 하루 정도 넣어두면 알을 낳는다. 혹시 하루가 지나도 알을 낳지 않으면 암컷을 꺼내서 미지근한 물에 온욕을 시켜 수분을 보충해준 다음 다시 하루 동안 넣어둔다.

산란상자의 뚜껑을 열었을 때 만약 암컷의 배가 홀쭉해지고 주둥이 부분에 흙이 묻어 있다면 알을 낳은 것이다. 이 경우 암컷을 미지근한 물에 온욕을 시켜서 피부에 묻은 흙을 제거해주고 수분보충을 시킨 후, 원래 사육장으로 옮겨준다. 그런 다음 흙을 조심스럽게 파내 알을 꺼내도록 한다. 보통 도마뱀은 상자의 구석에 알을 낳는 경우가 많다.

알을 꺼낼 때는 알의 상하가 뒤바뀌지 않도록 알을 발견했을 때의 상태 그대로 조심스럽게 들어 질석이 깔린 용기에 옮겨서 부화기에 넣는다. 부화기에서 약 50일간 기다리면 귀여운 새끼 비어디드 드래곤을 만날 수 있다. 산란을 한 암컷에게는 산란과정을 통해 빠져나간 체내영양분을 보충시켜주기 위해 칼슘과 핑키 등을 공급하는 것이 좋다. 비어디드 드래곤은 보통 12~20개가량의 알을 낳는다. 많게는 30개 가까이 산란하는 경우도 있지만, 산란한 알의 수가 많을 경우 정상적인 알에 비해 크기가 작고 부화율도 떨어진다.

사육 시 주의할 점

여러 마리를 사육할 때 크기 차이가 많이 나면 작은 개체는 먹이경쟁에서 밀리거나, 크기 차이로 인한 스트레스로 잘 자라지 못하는 경우가 많으므로 비슷한 크기의 개체를 사육하는 것이 바람직하다. 처음 입양 시 2마리를 분양받는 것이 좋은데, 어렸을 때는 성별구분이 어려우므로 1년 정도 지나서 성별구분이 가능해지면 수컷 1마리에 암컷 3마리 정도의 비율로 맞춰주는 것이 좋다. 또한, 비어디드 드래곤은 스스로 꼬리를 끊는 자절현상은 보이지 않지만, 무리하게 꼬리를 잡아당긴다던가 하면 끊어지는 경우가 발생할 수 있으므로 어린 개체를 다룰 때는 특히 조심해야 한다. 비어디드 드래곤은 꼬리가 잘리더라도 재생이 되지 않으며, 꼬리가 잘린 개체는 관상가치가 떨어지므로 주의하도록 하자.

크기 차이가 많이 나는 개체끼리의 합사나 어린 새끼와 어미를 같이 두는 것은 불가하다. 특히 어린 새끼의 경우 성체와의 합사는 절대 금물이다. 어미와 새끼일지라도 어미는 자신의 새끼라고 인지하지 못하고, 그저 맛있는 특별식으로 생각하고 먹어버리는 경우가 발생하므로 절대 한 사육장에 같이 두지 않도록 한다. 또한, 비어디드 드래곤은 많이 먹고 많이 배설하는 도마뱀이기 때문에 평소 사육장 청소를 게을리 하면 사육장은 금세 지저분해지게 되며, 냄새 또한 심해지므로 일상적인 관리가 중요하다.

필자가 숍을 운영할 때 숍에서 기르던 비어디드 드래곤이 알을 낳아 12마리의 새끼가 부화된 적이 있다. 그때 6마리는 분양되고 6마리는 어미 사육장 옆의 사육장에서 기르고 있었다. 하루는 아르바이트생이 어미사육장을 청소하면서 '같은 종류니까 괜찮겠지' 하는 생각으로 어미를 새끼 사육장에 10분 정도 넣어뒀는데, 어미가 새끼들을 전부 잡아먹어버려서 모두를 기막히게 했던 경험이 있다. 이는 비단 비어디드 드래곤뿐만 아니라 대부분의 도마뱀의 경우도 마찬가지이므로 절대 크기 차이가 나는 도마뱀끼리는 합사하지 않는 것이 바람직하다는 사실을 명심하자.

차이니스 워터 드래곤

- **영 명** : Chinese water dragon
- **몸길이** : 80~100cm
- **수 명** : 약 10년
- **활 동** : 주행성
- **학 명** : *Physignathus cocincinus*
- **번 식** : 난생
- **서식지** : 중국 남부지역과 동남아시아 일대 강가의 관목림
- **사육난이도** : 中

아시아물도마뱀(Asian water dragon) 혹은 초록물도마뱀(Green water dragon)으로도 불리는 차이니스 워터 드래곤은, 어렸을 때는 이구아나와 거의 구분이 안 되는 외형을 지니고 있다. 하지만 자세히 관찰해 보면 이구아나에 비해 머리 부분이 더 뭉툭한 느낌이며, 눈이 머리에 비해 상당히 크다. 또 이구아나보다 더 진한 녹색을 띠고, 연한 하늘색의 가느다란 띠가 등에서 배 쪽으로 향해 이어져 있다. 필자도 중국에서 유학하던 시절 이 도마뱀을 처음 접하고 그린 이구아나로 착각했는데, 전반적으로 얼굴이 더 뭉툭한 느낌에다 그린 이구아나보다 눈이 더 커서 강인해 보이는 인상을 가진 것으로 구분됐던 기억이 있다.

외형적인 특징과 생태

체색은 진한 녹색부터 황갈색까지 다양하게 나타나며, 성체가 되면 턱밑의 흰 돌기가 두드러지게 된다. 수컷의 경우 눈 옆에 진한 녹색이나 검은색의 띠가 생겨나며, 다 자라면 1m 가까이 커지는 대형 아가마류다. 등에는 이구아나처럼 가시돌기가 나 있는 것을 볼 수 있는데, 이구아나의 가시돌기보다는 작고 전반적으로 더 솟은 듯한 느낌이다.

중국과 동남아시아 일대에 서식하며, 물가의 나무 위에서 살아간다. 위험에 처하면 물로 뛰어들어 수영을 하거나 잠수함으로써 위험을 모면한다. 물가에 서식하는 대부분의 도마뱀들이 그렇듯 겁이 많고 예민한 성격을 지니고 있으며, 사육 시에도 쉽게 길들여지는 종은 아닌 듯싶다. 하지만 어릴 때부터 꾸준한 핸들링으로 순치시키는 것이 좋다. 어린 개체는 겁이 많으므로 사육장의 3면을 가려주도록 하며, 어느 정도 사육장에 익숙해진 이후 핸들링을 시작하는 것이 좋다. 고온다습한 환경을 요구하는 도마뱀이므로 사육장 내에 몸을 담글 수 있는 물통을 비치해주고, 분무를 자주 해주는 것이 바람직하다.

적절한 사육장환경 조성

온대지역에도 서식하는 종이지만, 일반적으로 열대우림형태의 사육장이 알맞다. 수상성 도마뱀이므로 사육장은 위로 긴 형태가 좋으며, 상단부에 일광욕장소를 따로 마련해줘야 한다. 사육장의 내부온도는 주간 29~30℃, 일광욕장소 35℃, 가장 온도가 낮은 지역은 27℃가 되도록 조성해주며, 습도는 80%가 적당하다. 야간에는 주간온도와 약 5℃의 편차를 줘야 한다. 주행성 도마뱀이므로 UVB램프의 설치는 필수다. 특히 기어올라 쉴 수 있는 유목을 설치해줘야 하며, 밑에는 몸을 담글 수 있는 커다란 물통도 준비돼 있어야 한다. 바크나 피트모스를 모래와 혼합해서 습기를 유지할 수 있는 바닥재를 깔아주고, 매일 아침저녁으로 충분히 분무를 해줘야 한다.

먹이의 종류와 먹이급여방법

야생에서 작은 무척추동물을 비롯해 작은 개구리, 작은 도마뱀과 조류, 설치류, 과일 등을 먹는다. 사육 하에서는 동물성 먹이 70%, 식물성 먹이 30%의 비율로 급여한다. 주로 귀뚜라미와 슈퍼웜을 주식으로 하되, 달콤한 과일도 좋아하므로 사과나 바나나도 급여할 수 있다. 초식성 먹이로 과일이 너무 높은 비율을 차지하는 것은 좋지 않으며, 섬유질이 풍부한 채소를 급여하는 것이 좋다. 토마토나 물기가 너무 많은 음식물을 주면 기호성은 좋으나 변이 묽어지므로 소량씩 가끔 급여하는 것이 좋다. 필자도 중국 유학시절 동물시장에서 차이니스 워터 드래곤을 분양받아 기른 경험이 있다. 당시 토마토만 먹이라는 상인의 말에 완전한 초식성 도마뱀인 줄 알고

준성체급 차이니스 워터 드래곤

초식성 사료만 급여했는데, 영양결핍과 더불어 일광욕부족으로 인한 대사성 골질환으로 폐사된 경험이 있다. 다른 주행성 도마뱀과 마찬가지로 UVB램프를 설치해주고, 더불어 칼슘을 꾸준히 공급해줘야 한다. 다른 도마뱀에 비해 육식을 즐기는 편이므로 핑키 등을 1주일에 한 번 정도 급여하는 것이 건강에 도움이 된다.

암수의 구분과 번식

성체 수컷은 번식기가 되면 눈 주위에 검은 띠가 형성된다. 또한, 암컷보다 돌기가 더 발달되고 몸도 더 커지며 육중해진다. 일반적으로 예민한 도마뱀으로서 사육 하의 번식은 어려운 것으로 알려져 있으며, 성공적인 번식을 위해서는 쿨링이 필요하다. 성성숙에 이른 2살짜리 개체의 경우 광주기를 하루 8시간 정도로 줄이고 주간온도를 25℃, 야간온도를 18℃ 정도로 설정해주며, 야간에 충분한 분무로 습도를 100% 정도로 유지해주는 두 달 간의 쿨링기간을 거친 후 번식이 가능하다. 약 8~12개의 알을 낳으며, 부화까지는 약 60~65일이 소요된다.

사육 시 주의할 점

물가에 서식하는 종들이 대부분 그렇듯이, 물통에서 목욕을 하면서 수분을 섭취하고 배설을 하는 습성이 있다. 물통은 박테리아가 번식하기 쉬운 환경이 되기 때문에 항상 물통 청결에 신경을 써야 한다. 또한, 사육장 밖에서 놓친 경우 무리하게 잡으려다가 꼬리가 끊어지는 경우가 발생할 수 있으므로 핸들링할 때 특히 주의해야 한다.

필리핀 세일핀 리자드(Philippine sailfin lizard, *Hydrosaurus pustulatus*)

세일핀 리자드

- **영 명** : Sailfin lizard
- **몸길이** : 80~100cm
- **수 명** : 약 10~15년
- **활 동** : 주행성
- **학 명** : *Hydrosaurus spp.*
- **번 식** : 난생
- **서식지** : 필리핀의 강가, 숲
- **사육난이도** : 中

세일핀 리자드는 꼬리 부분이 돛단배의 돛처럼 솟아 있는 모습을 보고 붙여진 이름이다. 필리핀에 서식하는 필리핀 세일핀 리자드(Philippine sailfin lizard, *Hydrosaurus pustulatus*)와 말레이시아 및 파푸아뉴기니에 서식하는 암보니아 세일핀 리자드(Amboina sailfin lizard, *Hydrosaurus amboinensis*), 몰루카제도에 서식하는 웨버 세일핀 리자드(Weber's sailfin lizard, *Hydrosaurus weberi*) 등 3가지 아종이 있다. 3종 모두 1m 가까이 자라는 대형종이며, 웨버 세일핀 리자드만 약간 작다. 국내에 수입되는 개체는 대부분 야생채집개체이고 분양가도 저렴한 편이지만, 외모에서 풍기는 이국적이고 원시적인 아름다움으로 훌륭한 관상가치를 지니고 있다.

외형적인 특징과 생태

필리핀이나 뉴기니 쪽 고온다습한 열대우림에 서식하는 도마뱀으로 야생에서는 주로 강에서 가까운 나무 위나 수풀 속에서 살며, 위급해지면 강 속으로 뛰어들어 위험을 모면한다. 수영과 잠수에 아주 능한 종으로 뒷발에도 수영에 적합한, 납작한 물갈퀴 비슷한 발가락을 가지고 있다. 사육 시에도 몸이 다 들어갈 수 있는 물통을 비치해줘야 한다.

세일핀 리자드는 약간 신경질적이고 겁이 많은 편인데, 특히 어린 개체일 때 그런 경향이 뚜렷하게 나타난다. 순간적인 속도가 빠른 편으로 사육장 밖에서 놓칠 경우 굉장히 빠른 속도로 달아나기 때문에 사육장 밖으로 꺼내 핸들링할 때 주의해야 한다. 특히 먹이나 물을 주기 위해 사육장 문을 열 때 뛰쳐나가지 못하도록 대비해야 한다. 유리나 아크릴 재질의 투명한 수조에서 기를 경우, 유리를 인식 못하고 놀라서 뛰쳐나가려다 유리벽에 부딪혀 주둥이가 함몰되는 사고가 종종 발생한다. 특히 새끼 때는 경계심이 많은 편이므로 사육장 벽의 3면을 백스크린 등으로 가려 안정감을 주는 것이 좋다. 탈출을 시도하다 계속 유리에 부딪히면 상처로 인해 세균감염이 유발될 수 있고, 상처가 회복되는 과정이 되풀이되면서 주둥이가 기형적으로 변할 수 있다. 사육환경에 익숙해지면 자랄수록 경계심은 줄어든다.

습한 환경을 요구하는 종이기 때문에 자주 분무를 해주는 것이 좋으며, 도마뱀에게 직접 분무를 해주면 심리적 안정과 건강에 좋다. 분무 시 도마뱀은 긴장을 풀고 눈을 감으며 수욕을 즐기는데, 이 때 조심스럽게 접촉을 시도해서 사람 손에 익숙하도록 길들이는 것이 좋다. 그러나 어린 개체는 핸들링을 자제하고 도마뱀 스스로가 환경에 적응할 수 있도록 시간을 줘야 한다. 핸들링은 사육환경에 적응되고 크기가 60cm 이상 커진 후부터 서서히 시작하는 것이 좋다. 꼬리를 억지로 잡아당긴다거나 하면 끊기는 사고가 발생할 수 있으므로 핸들링 시에는 몸통을 가볍게 잡도록 한다.

사육장 벽에 부딪혀 주둥이가 함몰된 모습

몰루카제도에 서식하는 웨버 세일핀 리자드(Weber's sailfin lizard, *Hydrosaurus weberi*)

적절한 사육장환경 조성

세일핀 리자드는 대형으로 자라는 도마뱀이라는 점을 감안해 충분한 크기의 사육장을 준비하는 것이 좋다. 일반적으로 시판되는 사육장은 좁은 편이기 때문에 싱크대를 제작하는 제조공장에 직접 의뢰해 맞춤제작품을 사용할 수 있으며, 길들여진 성체의 경우 시판되고 있는 커다란 고양이장형태의 철장에서도 기를 수 있다. 철장형태의 사육장인 경우 특히 습도유지를 위해 자주 몸에 분무를 해주는 것이 좋다. 사육장은 넓을수록 좋지만, 최소한 가로 150cm, 폭 60cm, 높이 150cm 정도 되는 크기의 것으로 마련해야 한다.

사육장환경은 열대우림형으로 세팅해 도마뱀이 오를 수 있는 유목을 설치해주며, 밑에는 몸을 담글 수 있는 커다란 물통도 준비해줘야 한다. 사육장의 내부온도는 주간 29~30℃, 일광욕장소 35℃, 가장 온도가 낮은 지역은 27℃가 되도록 조성해주며, 습도는 80%를 유지해주는 것이 적당하다. 야간은 주간온도와 약 5℃의 편차를 줘야 한다.

먹이의 종류와 먹이급여방법

어린 개체일수록 육식성이 강하므로 동물성 먹이인 귀뚜라미나 슈퍼웜은 70% 정도, 식물성 먹이인 채소류는 30% 정도의 비율로 급여한다. 성체가 되면 가끔 핑키나 하퍼 크기의 마우스도 급여하며, 비만해질 우려가 있으므로 1주일에 한 번 정도 급여하는 것이 좋다. 성체의 경우 사료의 비율은 동물성 먹이 50%, 식물성 먹이 50%로 조절해 주도록 한다. 도마뱀이 몸을 담글 수 있는 큰 물그릇을 비치해 수분섭취와 목욕을 할 수 있도록 해야 하며, 하루에 한 번이라도 도마뱀에게 직접 분무를 해주는 것이 좋다.

암수의 구분과 번식

일반적인 도마뱀들과 마찬가지로 세일핀 리자드도 어릴 때 암수를 구분하는 것은 어렵지만, 다른 도마뱀의 경우처럼 총배설강 주변의 형태로 구분할 수 있다. 또한, 생후 6개월부터 수컷의 경우 꼬리의 볏이 암컷에 비해 더 커진다. 성체 때는 외형적으로도 쉽게 구분이 가능한데, 꼬리 핀의 크기나 형태가 수컷이 암컷보다 훨씬 크며, 체장도 수컷이 더 길다. 세일핀 리자드는 국내 사육의 역사도 짧고, 외국에서도 인공번식된 개체가 유통되는 것이 아니라 현지에서 채집된 개체들이 세계 각지로 수출되는 상황이다. 이는 인공번식을 시키는 것보다 야생개체를 채집해 유통하는 것이 금액 면에서 훨씬 경제적이기 때문일 것이다.

덩치가 크고 많은 영역을 필요로 하는 도마뱀종이라 사육할 때 충분한 공간이 확보되지 않는다면 인공번식이 어렵다. 하지만 외국의 개인사육가들 중에서 번식을 성공시키는 사례도 많으며, 꾸준히 기른다면 국내에서도 가능하리라 생각된다.

사육 시 주의할 점

물통에서 목욕을 하면서 수분을 섭취하고 배설도 하는 습성이 있는데, 물통은 박테리아가 번식하기 쉬운 환경이 되기 때문에 오염된 물을 섭취하는 일이 없도록 항상 물통 청결에 신경 써서 관리해야 한다.

말레이시아 및 파푸아뉴기니에 서식하는 암보니아 세일핀 리자드(Amboina sailfin lizard, *Hydrosaurus amboinensis*)

프릴드 리자드

- **영 명** : Frilled lizard, Frilled dragon
- **몸길이** : 50~70cm
- **수 명** : 약 10년, 최대 15년
- **활 동** : 주행성
- **사육난이도** : 下
- **학 명** : *Chlamydosaurus kingii*
- **번 식** : 난생
- **서식지** : 오스트레일리아 북부와 뉴기니에 분포하며, 사바나나 산림지대에 서식

프릴드 리자드는 프릴 넥 리자드(Frill-necked lizard), 프릴 드래곤(Frilled dragon) 또는 프릴 아가마(Frilled agama)로도 불리는 아가마과 도마뱀이다. 우리말로는 목도리도마뱀이라는 이름으로 알려져 있으며, 파충류나 도마뱀에게 관심이 없는 사람도 알고 있을 정도로 독특한 외모를 지니고 있다. 위험에 처하면 목에 접힌 주름을 우산처럼 펼쳐 자신의 몸을 크게 보이게 하는 일종의 허세방어술로 유명하다. 이처럼 목도리를 펴 상대를 위협하다가, 그래도 상대가 물러서지 않으면 두 다리로 뛰어 달아나 나무 위로 올라가 몸을 숨긴다.

외형적인 특징과 생태

호주 북부지역과 뉴기니에 서식하며, 국내에 수입된 품종은 뉴기니에 서식하는 종이다. 이 둘은 외관상의 차이를 보이는데, 호주에 서식하는 종은 체색이 더 붉은색을 띠고 뉴기니에 서식하는 종보다 덩치가 더 크다. 또 뉴기니에 서식하는 종이 최대 70cm 정도 자란다면 호주에 사는 종은 90cm 정도까지 자란다. 뉴기니에 서식하는 종은 회색이나 회갈색을 띠며, 호주에 서식하는 종이 사바나의 건조한 기후에서 사는 데 반해 뉴기니에 서식하는 종은 다습한 열대기후에서 살아가므로 원하는 습도가 상대적으로 더 높다.

주식으로 작은 곤충과 다른 종의 작은 도마뱀, 새의 새끼나 작은 설치류를 먹으며, 채소도 섭취하는 잡식성 도마뱀이다. 성체까지 도달하는 데 약 2년 정도 소요되고, 활동성이 그리 뛰어난 도마뱀은 아니며 거의 대부분의 시간을 나무에 매달려 보낸다. 많은 이들이 보고 싶어 하는 목도리를 편 모습은 자신이 위험에 처했다고 느껴져 겁이 날 때 하는 행동이며, 사육 시 사람에게 익숙해진 개체의 경우 좀처럼 목도리를 펴는 광경을 목격하기 어렵다. 초창기에는 많은 사육자들이 기르고 싶어 하는 도마뱀이었지만, 활동성이 떨어지고 늘 목장식을 접고 있기 때문에 현재 국내에서 인기가 그다지 높은 종은 아니다. 다른 야생 도마뱀류에 비해 사육환경에 쉽게 적응하는 면이 있는데, 이러한 면이 장점이기도 하고 또 단점이기도 하다. 사육환경에 적응해 버리면 더 이상 목도리를 펼치는 멋진 모습을 기대하기 어렵기 때문이다. 하지만 목도리를 편다는 것은 신변의 위협을 느끼는 스트레스를 받는다는 것이므로 자주 놀라게 하거나 과도한 핸들링을 하는 것은 좋지 않다.

성격이 비교적 온순해서 사람을 문다거나 할퀴는 경우가 거의 없으며, 예민하지도 않아서 먹이도 가리지 않고 잘 받아먹는 편이다. 합사는 암수 한 쌍만 해야 하며, 수컷끼리는 싸우기 때문에 한 케이지에서의 사육은 피해야 한다. 인공번식된 개체보다는 야생에서 채집된 개체가 수입되는 경우가 많으

방어태세를 취한 목도리도마뱀 어린 개체

며, 어린 경우가 아니라면 야생채집개체라고 봐도 무방하다. 따라서 간혹 인공번식된 개체가 들어오기도 하지만 입양 초기에 구충을 실시하는 것이 건강상 안전하다.

적절한 사육장환경 조성

사육장은 기본적으로 열대우림형으로 세팅하며, 옆으로 긴 형태보다는 위로 긴 형태의 사육장을 설치해 나무 위에 매달릴 수 있는 환경을 제공해야 한다. 와트 수가 낮은 스폿 램프를 이용해 사육장 상단의 나무 일부에 일광욕장소(30~35℃)를 마련해준다. 목주름의 피부가 얇은 편이어서 사육장 안에 스폿 램프를 설치한다든지 돌을 이용해 일광욕장소를 만들어줄 경우 달궈진 램프나 돌의 온도(40℃ 이상 올라가는 경우)에 의해 목주름에 화상을 입을 수 있으므로 주의해야 한다. 외국의 포럼을 살펴보면 화상을 염려해 일정한 온도에서 기르는 사육자도 간혹 있지만, 필자의 경험에 의하면 일광욕을 즐기는 종이기 때문에 다른 도마뱀에 비해 온도를 약하게 설정한 일광욕장소를 마련해주는 것이 바람직하다.

사육장의 내부온도는 일반적으로 28℃가 적당하며, 습도는 70% 정도로 유지하는 것이 적절하다. 또한, 피부가 너무 건조해지면 목주름의 허물이 벗겨지지 않고 쌓이게 되며, 나중에 그 부분이 괴사되는 경우가 있으므로 항상 충분히 분무를 해주는 것이 좋겠다. 바닥재는 필자의 경험에 따르면 상토에 생이끼를 깔아주는 것이 이상적이었지만, 외국의 포럼에는 장폐색을 우려해 많은 사육주들이 카펫(부직포) 등을 깔아서 기르고 있다고 한다. 바크는 좋지 않은 바닥재로 언급하고 있는데, 먹이를 먹을 때 종종 바크까지 먹는 경우가 있어서 바닥재 선택에 신중해야 한다고 조언하고 있다. 따라서 바닥재는 아예 먹을 수 없는 카펫이나 먹어도 괜찮은 이끼류를 깔아주는 것이 좋을 듯싶다.

먹이의 종류와 먹이급여방법

동물성 먹이 80%, 식물성 먹이 20%의 비율로 급여한다. 주식은 귀뚜라미와 슈퍼웜이며, 가끔 핑키를 급여하는 것도 좋다. 하지만 핑키만을 과도하게 급여하면 쉽게 비만이 되기 때문에 2주에 한 번꼴로 급여하는 것이 바람직하다. 채소는 그다지 선호하는 먹이는 아니지만, 꾸준히 급여하는 것이 건강을 위해 좋다. 목도리도마뱀 또한 주행성으로 비타민D3가 함유된 칼슘과 UVB를 요구하기 때문에 UVB램프를 설치해주고, 비타민D3가 함유된 칼슘을 1주일에 2회 정도 급여하는 것이 적절하다. 또한, 고여 있는 물을 마시는 것을 좋아하지 않으므로 물그릇만 비치해놓을 것이 아니라 자주 몸에 직접 분무를 해줌으로써 탈수가 되는 것을 방지해야 한다.

암수의 구분과 번식

어릴 때는 암수를 구분하는 것이 어렵다. 성체 때는 수컷이 암컷보다 머리가 크고 목의 주름장식도 더 길며, 수컷의 미근부에 고환이 발달한다. 오랜 사육경험이 없어서인지 국내에서 번식에 성공했다는 소식은 아직 없지만, 외국에서는 사육 하에서 번식되는 사례가 종종 보고되는 종이다. 번식기 때 수컷은 암컷을 쫓아다니며 꼬리를 고양이처럼 좌우로 흔드는 행동을 한다. 약 10~13개의 알을 낳으며, 부화하는 데 약 50일 정도가 소요된다.

사육 시 주의할 점

필자의 경험에 의하면, 야생채집개체라 하더라도 사람에게 쉽게 길이 드는 도마뱀이라서 특별히 주의할 사항은 없다. 바닥재에 의한 장폐색과 너무 건조한 환경에 의한 피부손상만 조심한다면 굉장히 기르기 수월한 도마뱀이라고 할 수 있다.

유로매스틱스

- 영　　명 : Spiny-tailed lizard, Mastigure, Uromastyx
- 몸길이 : 70~90cm
- 수　　명 : 30~50년
- 활　　동 : 주행성
- 사육난이도 : 下
- 학　　명 : *Uromastyx spp.*
- 번　　식 : 난생
- 서식지 : 남서부 아시아 및 아프리카의 사하라사막, 아라비아반도 북서부에 걸쳐 인도에서 발견된다.

스파이니테일 리자드, 매스티규어로도 불리는 유로매스틱스는 현재 약 17개의 아종이 있다. 이중 국내에 소개되거나 유통되고 있는 종들은 말리(Mali), 게이리(Geyri), 이집션(Egyptian), 오네이트(Ornate) 등이며, 아종별 사육법은 거의 동일하다. 유로매스틱스가 서식하는 환경은 매우 가혹한 곳이다. 건조하고 무더운 사막의 한낮의 대기온도는 50℃가 훌쩍 넘기 일쑤이며, 해가 지면 영하에 가깝게 기온이 급강한다. 이러한 이유로 땅속에 깊은 굴을 파서 혹독한 더위와 추위를 피하며 생활하는 습성이 있다.

외형적인 특징과 생태

유로매스틱스는 거북의 얼굴을 닮은 듯한 짧고 뭉툭한 얼굴, 통통하고 넓적한 몸통, 뾰족한 가시로 뒤덮인 튼튼한 꼬리를 가지고 있는 것이 특징인 도마뱀이다. 유로매스틱스가 납작하고 통통한 체형을 지니게 된 이유는, 대부분의 초식성 동물들이 그렇듯이 섭취한 먹이가 소화되기 쉽도록 육식동물에 비해 꼬불꼬불하고 매우 긴 장을 가지고 있기 때문이다.

가시투성이의 특징적인 꼬리는 천적으로부터 자신을 보호하는 역할을 하는데, 포식자에게 공격을 받아 위급해지면 굴이나 바위틈으로 들어가 뾰족한 가시가 난 꼬리로 입구를 막아버림으로써 스스로를 보호한다. 건조한 사막환경에 잘 적응한 도마뱀류로 주로 밤에는 땅속의 굴이나 바위틈에 숨어 지내다가, 낮이면 고온의 사막열기에도 아랑곳하지 않고 일광욕을 즐기며 먹이활동을 한다. 야생에서 풀이나 꽃 등의 거칠고 영양가가 낮으며 섬유소가 풍부한 먹이를 섭취하는데, 먹이를 분해하는 과정에서 장내의 섬유소분해박테리아가 섬유소를 단백질로 전환시켜 에너지원으로 쓸 수 있는 영양이 공급된다.

사막에 사는 많은 도마뱀종이 야행성인 것에 반해 유로매스틱스는 주행성이기 때문에 사육 시 다른 사막형 도마뱀보다 더 높은 온도를 요구한다. 일반적으로 대부분의 개체가 온순하고 예민하지 않아서 깨문다거나 할퀴는 등의 위협행동을 하지 않으며, 다루기 쉽고 사육 자체가 매우 수월한 도마뱀 중 하나라고 할 수 있다. 하지만 어린 새끼는 개체에 따라 소심하거나 부끄러움이 많은 경우도 있다는 점을 염두에 두자. 사회적인 도마뱀류로 대장 수컷이 암컷 여러 마리를 거느리고 자신의 영토를 지키며 생활한다. 국내에도 말리와 이집션, 오네이트 등의 다양한 아종이 소개됐으며, 편리한 사육법과 독특한 외모로 애호가들로부터 꾸준한 인기를 얻고 있는 종이다. 처음 도마뱀을 사육하는 입문자들도 별 어려움 없이 기를 수 있다.

적절한 사육장환경 조성

기본적으로 사막형 비바리움으로 세팅하며, 높이는 높지 않고 면적이 넓은 형태의 사육장을 준비한다. 사육장은 넓으면 넓을수록 좋지만, 성체 1쌍을 사육할 경우 최소한 가로 90cm, 폭 45cm, 높이 45cm 정도 되는 크기가 필요하다. 사육장의 온도는 32°C 정도로 설정해주며, 사육장의 가장 낮은 온도지역대는 26°C가 되도록 설정해야 한다. 일광욕장소는 평평한 바위 등을 배치하고, 높은 와트의 스폿 램프를 설치해 일광욕장소의 온도가 48~50°C 정도 되도록 높게 설정해준다. 야간에는 조명을 다 끄고 온도는 23~25°C가 되도록 설정한다.

바닥재는 시판되고 있는 건조한 사막모래, 상토 또는 습기를 머금은 피트모스를 70:30의 비율로 섞어서 10~15cm 두께로 두툼하게 깔아준다. 바닥재 상단부의 습도가 30% 이상 넘지 않도록 건조한 환경을 조성해주고, 은신처나 바위 및 유목 등을 이용해 도마뱀이 숨을 수 있는 장소를 제공해줘야 한다.

먹이의 종류와 먹이급여방법

완전한 초식성 도마뱀으로 알고 있는 이들이 많지만, 초식에 가까운 잡식성 도마뱀이며 어릴 때는 동물성 먹이를 필요로 한다. 움직임이 빠른 귀뚜라미는 잘 사냥하지 못하는 듯하며, 일반적으로 겟-로딩이 된 슈퍼웜을 급여하면 좋다. 하지만 동물성 먹이 위주의 고단백질 식단은 간에 손상을 줄 수 있기 때문에 보조식 개념으로 소량만 급여해야 한다.

주식은 채소류로서 수분함량이 너무 높은 채소류보다 섬유질이 풍부한 거친 듯한 채소류, 인의 함유량이 낮고 칼슘함유량이 높으며 섬유질이 풍부한 청경채나 치커리, 질경이, 곰취나물, 돌나물, 민들레잎과 꽃, 아카시아잎, 고구마잎 등이 적절하다. 토끼들이 먹는 건초류와 조류 사료인 알곡(씨앗)도 잘 먹는다. 또한, UVB자외선램프는 필수이며, 비타민D3가 첨가된 칼슘을 1주일에 3회 먹이에 더스팅해 급여한다.

유로매스틱스의 종류(학명 / 영명)

- *Uromastyx acanthinura* / Bell's dabb lizard, North African mastigure
- *Uromastyx aegyptia* / Egyptian mastigure, Leptien's mastigure
- *Uromastyx alfredschmidti* / Schmidt's mastigure, Ebony mastigure
- *Uromastyx asmussi, Saara asmussi* / Iranian mastigure, Persian spiny-tailed lizard
- *Uromastyx benti* / Bent's mastigure, Yemeni spiny-tailed lizard
- *Uromastyx dispar* / Sudan mastigure, Mali uromastyx
- *Uromastyx flavifasciata* / Banded spiny-tailed lizard
- *Uromastyx geyri* / Saharan spiny-tailed lizard
- *Uromastyx hardwickii* / Hardwick's spiny-tailed lizard, Indian spiny-tailed lizard
- *Uromastyx loricata* / Mesopotamian mastigure
- *Uromastyx macfadyeni* / Macfadyen's mastigure
- *Uromastyx occidentalis* / Giant spiny-tailed lizard
- *Uromastyx ocellata* / Eyed dabb lizard, Ocellated uromastyx, Ocellated spiny-tailed lizard
- *Uromastyx ornata* / Ornate mastigure
- *Uromastyx princeps* / Princely mastigure, Princely spiny-tailed lizard, Somalian mastigure
- *Uromastyx thomasi* / Omani spiny-tailed lizard, Thomas's mastigure
- *Uromastyx yemenensis* / South Arabian spiny-tailed lizard

나제르

오네이트

인공건조사료(초식성 육지거북 사료, 성체 이구아나 사료)에도 쉽게 길이 드는데, 거의 먹이를 통해 수분을 보충하는 도마뱀종이므로 사료에 길이 들었다고 해서 인공사료만 급여하기보다는 신선한 채소를 늘 같이 공급하는 것이 바람직하다. 하지만 물기가 너무 많은 채소나 과일을 자주 급여하는 것은 장내 pH를 변화시키고 설사를 유발하므로 좋지 않다.

사육장 내에 물그릇은 따로 비치하지 않고 먹이로 수분을 보충할 수 있도록 해준다. 야간에 사육장 안에 있는 바위나 사육장 유리면에 적은 양의 물을 분무해서 맺힌 물방울을 먹을 수 있게 해준다. 만약 물그릇을 넣어주면, 도마뱀이 물그릇을 뒤집거나 혹은 물그릇에 몸을 담구거나 하면서 사육장 내의 습도가 높아지게 된다. 물에 젖은 상태의 도마뱀에게는 호흡기문제가 생길 수 있으므로 물그릇은 넣지 않는 것이 바람직하다.

암수의 구분과 번식

일반적으로 성체가 되면 수컷의 색상이 진해지며, 수컷이 암컷보다 덩치가 크고 색상이 굉장히 화려해진다. 또한, 서혜인공의 발달과 고환의 발달 유무로 암수구분이 가능하다. 외국 브리더들의 말에 의하면, 유로매스틱스종의 번식은 어렵지 않고 쉬운 편이지만 성공의 관건은 오랜 기간 사육해야 한다는 것이다. 비어디드 드래곤과 마찬가지로 일부다처의 환경을 만들어줌으로써 번식을 유도할 수 있지만, 다른 도마뱀종에 비해 성성숙에 도달하기까지 좀 더 시간이 걸려서 약 3~5년 정도가 지나야지만 번식이 가능해진다.

유로매스틱스의 번식을 위해서는 쿨링이 필요하다. 건강하고 성성숙에 도달한 도마뱀이 준비됐으면, 체내의 먹이와 배설물 등을 완전히 체외로 배출시킨 다음 서서히 온도를 낮춰 약 15℃의 온도에서 2달간 쿨링을 시킨 후 발정을 유도해주는 것이 좋다. 쿨링이 끝난 수컷과 암컷은 정자생산이 활발해지고 배란이 이뤄지며, 발정이 오게 된다. 이때 자연스럽게 교미가 이뤄지며, 교미 후 약 한 달 정도 지나면 10~23개의 알을 산란한다. 알은 30~32℃의 온도에서 약 60~80일 후에 부화된다. 외국에서의 번식은 활발히 진행되고 있지만, 국내에서는 그만큼 오랜 기간 기르고 있는 사육주들이 적은 까닭에 아직 번식이 이뤄지지 않고 있는 실정이다.

사육 시 주의할 점

다른 도마뱀종에 비해 체질이 강건해 기르기 쉬운 종이다. 주의할 점은 한 사육장에 두 마리의 수컷을 합사하는 것은 절대 삼가야 하며, 평상시 꾸준히 구충을 해줘야 한다는 것이다. 특히 인공번식개체가 아닌 야생채집개체일 경우는 분양받은 후 사육환경에 어느 정도 적응되고 나면 바로 구충을 실시하는 것이 좋으며, 구충을 꾸준히 해줘야만 오랜 기간 건강하게 잘 기를 수 있다.

일광욕 중인 오네이트 유로매스틱스 성체와 어린 개체들

아가미과(Agamidae)

랜킨스 드래곤

- 영 명 : Rankin's dragon, Pygmy bearded dragon
- 몸길이 : 20~25cm
- 수 명 : 약 10년
- 활 동 : 주행성
- 학 명 : *Pogona henrylawsoni*
- 번 식 : 난생
- 서식지 : 호주 중부 사바나지역
- 사육난이도 : 中

랜킨스 드래곤은 비어디드 드래곤과 아주 흡사한 외모를 가지고 있지만, 그 크기가 비어디드 드래곤의 절반 정도인 소형종이라서 드워프 비어디드 드래곤(Dwarf bearded dragon) 또는 피그미 비어디드 드래곤(Pygmy bearded dragon)이라는 이름으로 불리고 있으며, 블랙 소일드 비어디드 드래곤(Black-soiled bearded dragon)이라는 이름으로도 알려져 있다. 비교적 최근에 국내에 소개된 품종으로서 덩치가 크고 먹성이 좋은 비어디드 드래곤에 비해 사육비용이 상대적으로 적게 들고, 사육장 크기가 크지 않아도 된다는 장점을 가지고 있다. 사육환경 하의 유전자 풀이 작다는 것이 유일한 문제로 꼽힌다.

외형적 특징과 생태

외형은 비어디드 드래곤과 거의 흡사하다. 다만 비어디드 드래곤의 경우 등의 돌기가 작고 빽빽이 나 있는 형태라면, 랜킨스 드래곤은 더 굵은 돌기가 넓은 간격으로 등줄기 방향으로 나 있다. 일반적인 사육방법은 비어디드 드래곤과 거의 같거나 오히려 더 쉬운 편이다. 예민하지 않고 체질도 튼튼한 도마뱀이다. 크기도 작으므로 2자(60cmX45cm) 크기의 사육장에 수컷 1마리와 암컷 3마리의 그룹으로 사육할 수 있다. 비어디드 드래곤과 마찬가지로 사회적인 종이며, 보통 수컷끼리의 경쟁도 비어디드 드래곤보다는 심하지 않은 편이다.

적절한 사육장환경 조성

사육장환경은 비어디드 드래곤과 마찬가지로 건조한 사막형으로 세팅해준다. 호주의 건조한 산림이나 초원에서 서식하는 도마뱀으로서 비어디드 드래곤보다 약간 낮은 온도를 요구하므로 주간온도 26~28℃, 일광욕장소의 온도 30~35℃, 가장 온도가 낮은 지역은 25℃가 되도록 조성해주며, 습도는 40~50%가 적당하다. 기본 사육장의 형태는 과습되는 것을 예방하기 위해 통풍이 용이한 구조가 좋다.

사육장 세팅 시 기본적으로 일광욕장소와 두 곳 이상의 숨을 은신처나 그늘 등을 만들어주는 것이 좋으며, 야간에는 주간보다 온도를 5℃ 정도 낮춰준다. 바닥재 또한 건조한 타입의 제품을 선택하도록 한다. 어린 개체의 경우 비어디드 드래곤과 마찬가지로 바닥재 섭취로 인한 장폐색증이 생길 수 있는데, 모래 대신 부직포를 이용하면 장폐색의 위험도 사라지고 관리 또한 수월하다.

비어디드 드래곤(아래)과 랜킨스 드래곤(위)의 크기 차이를 비교할 수 있는 모습

먹이의 종류와 먹이급여방법

랜킨스 드래곤은 잡식성 도마뱀으로 아무것이나 다 잘

먹지만, 귀뚜라미와 슈퍼웜 및 밀웜 등을 주로 급여한다. 일반적으로 도마뱀의 미간 길이만큼 되는 크기의 먹이를 급여하는 것이 바람직하다. 너무 큰 먹이는 소화시킬 때나 삼킬 때 무리를 주게 되므로 먹이급여 시 주의해야 한다. 채소류는 섬유질이 풍부한 것으로 골고루 섞어 급여하는 것이 좋다. 비어디드 드래곤과 마찬가지로 UVB램프를 설치해주며, 칼슘은 어린 개체일 때 1주일에 3회, 성체의 경우 2회 먹이에 더스팅해 급여한다.

암수의 구분과 번식

랜킨스 드래곤 또한 어린 개체 때는 성별을 구분하는 것이 힘들다. 성체 때는 고환의 유무나 페로몬분비기관인 서혜인공의 두드러지는 정도의 차이를 확인해 구분할 수 있다. 수컷은 돌기가 도드라지며, 암컷은 수컷에 비해 작은 돌기를 가지고 있다. 인공사육 하에서의 번식은 손쉬운 편이며, 비어디드 드래곤과 동일한 기준으로 준비한다. 1년에 3~5차례 정도 번식이 가능하며, 알은 약 9~12개가량 낳는다. 부화하기까지 45~50일이 소요된다.

사육 시 주의할 점

튼튼하고 관리도 비교적 쉬운 도마뱀종이라 특별히 주의할 점은 없다. 다만, 사막형 도마뱀이지만 너무 높은 온도를 유지하면 개체를 쇠약해지게 한다는 점을 염두에 둬야 한다. 일반적으로 26~28℃ 정도의 온도를 유지해주는 것이 바람직하다.

레오파드 게코

- **영 명** : Leopard gecko
- **몸길이** : 20~25cm
- **수 명** : 약 20년
- **활 동** : 야행성
- **사육난이도** : 下
- **학 명** : *Eublepharis macularius*
- **번 식** : 난생
- **서식지** : 파키스탄, 아프가니스탄, 서부인도 사막지역의 해발 고도 2500m 이상 바위가 많은 사막 및 관목 숲

흔히 도마뱀부치류는 나무나 벽에 몸을 붙일 수 있는 빨판과 비슷한 발을 가지고 있고 눈꺼풀이 없는 게 특징이지만, 레오파드 게코는 발에 빨판이 없고 눈을 보호할 수 있는 눈꺼풀이 있는 도마뱀이다. 야행성이고 빨판이 없어 벽을 타는 능력이나 점프력이 좋지 않으며, 주로 땅 위를 느릿느릿 기어 다닌다. 성체의 경우 20~25cm의 크기에 수컷이 암컷보다 일반적으로 조금 더 크며, 사육환경에서 약 20년 이상 사는 강건한 도마뱀이다. 레오파드 게코는 현재 매우 인기 있는 반려도마뱀이며, 인공번식이 활발하게 이뤄지고 있다.

외형적인 특징과 생태

레오파드 게코의 이름은 몸 전체에 퍼져 있는 점에서 비롯됐다. 어릴 때는 밴드무늬를 띠다가 점차 커가면서 표범과 같은 점박이무늬로 변하는데, 이 점박이무늬를 보고 레오파드라는 이름이 붙여졌다. 이는 일반적으로 야생개체의 성체에서 발견되는 발색이며, 요즘은 다양한 색상을 가진 레오파드 게코들이 많이 개량돼 나왔다. 사육환경에서도 적응을 잘하고 성격도 온순하기 때문에 인기 있는 반려도마뱀으로 자리 잡았다. 비어디드 드래곤과 더불어 파충류 사육의 입문용 도마뱀으로 늘 거론될 만큼 기르기가 쉽고 체질이 강하며, 넓은 사육장을 요구하지 않고 조용해서 가정에서 비교적 손쉽게 기를 수 있다.

레오파드 게코는 먹이를 적절하게 급여하고, 사육장 청소를 꾸준히 해주는 등 기본적인 사육철칙만 잘 지킨다면 어떤 도마뱀종보다도 강건하고 기르기 쉬운 종이다. 그러나 새로운 개체를 입양해 합사시킬 때는 주의해야 한다. 합사를 할 계획이라면 새로 입양한 개체를 최소한 1주일은 다른 사육장에 분리사육해 새로운 개체가 내·외부기생충에 감염돼 있지는 않은지 확인과정을 거쳐야 한다. 새로 입양한 레오파드 게코가 내부기생충에 감염된 경우 물그릇이나 변을 통해 기존에 기르고 있는 건강한 다른 개체에게도 쉽게 옮길 수 있으므로 꼭 검역절차를 거친 후 합사하도록 한다. 내부기생충에 감염된 개체의 배설물은 끈적거리며, 채 소화가 덜 됐거나 냄새가 매우 심하므로 쉽게 구별할 수 있다.

일반적으로 건강한 레오파드 게코는 대략 4주에 한 번씩 탈피를 하는데, 탈피를 하기 전에 발색이 칙칙하고 뿌옇게 변한다. 이때 중요한 것은 탈피기간에 사육장 안에 습윤한 은신처를 비치해야 한다는 점이다. 탈피 시 습도가 낮으면 탈피돼야 하는 피부조직이 말라붙어 탈피가 원활하게 진행되지 못하며, 이것이 발가락이나 목 주변에 남아 피부질환을 일으키고 혈액순환에 방해가 된다. 특히 발가락 같은 부위는 피가 통하지 않아서 괴사되는 경우가 생길 수 있기 때문에 습도를 높여주는 것이 좋다.

탈피는 몇 시간 안에 끝나고, 탈피껍질은 대부분 탈피가 끝난 직후 게코가 먹어버

레오파드 게코는 기본적인 사육철칙만 잘 지킨다면 어떤 도마뱀종보다도 강건하고 기르기 쉬운 종이다.

린다. 미처 벗지 못한 탈피껍질을 몸에 붙이고 있다면, 미지근한 물이 담긴 플라스틱통에 30분 정도 담근 다음 핀셋을 이용해 조심스럽게 제거해주면 된다. 탈피를 못한 상태로 오래 방치하면 발가락처럼 약한 부위는 피가 통하지 않아 잘릴 수도 있으므로 주의해야 한다.

레오파드 게코는 예민하지 않아 핸들링이 잘 되는 편이지만, 잦은 핸들링은 스트레스를 유발하므로 삼가는 것이 바람직하다. 또한, 게코는 꼬리 부분에 충격이 가해지면 꼬리를 잘라내버리므로 핸들링을 할 때는 꼬리를 잡지 않는 것이 가장 중요하다. 꼬리를 잘라내버리면 꼬리에 축적돼 있는 영양분을 잃어 약해지며, 다시 자라기는 하지만 원래의 꼬리와는 모양이 많이 달라진다. 특히 임신한 개체의 경우 꼬리의 양분은 알의 난황을 만드는 데 중요한 역할을 하며, 꼬리가 잘린 개체의 알은 부화력이 약하고 새끼 또한 약하게 태어나는 경우가 많으므로 게코가 꼬리를 자르지 않도록 핸들링할 때 특히 주의해야 한다.

적절한 사육장환경 조성

사육장의 형태는 사막형 비바리움으로 꾸며준다. 레오파드 게코는 척박한 사막지역에 사는 도마뱀이기 때문에 체질이 강건하고, 그다지 많은 것을 요구하지는 않는다. 또한, 이구아나처럼 나무를 탄다거나 다른 게코류처럼 벽을 타는 도마뱀이 아니기 때문에 위로 높은 사육장보다 넓이가 넓은 사육장을 준비해주면 된다. 가로 40cm, 폭 30cm, 높이 35cm의 1자반짜리 사육장이라면 성체 기준 3마리를 사육할 수 있고, 가로 60cm, 폭 40cm, 높이 40cm의 사육장이라면 번식을 위한 성체 5마리를 그룹으로 사육할 수 있다.

야행성인 레오파드 게코는 야생에서 낮 동안 데워진 지표면의 열로 체온을 유지하므로 저면 히팅 패드를 이용해 사육장의 1/3가량을 데워주고, 사육장의 한 곳은 35℃ 정도가 되도록 열원을 가동시킨다. 이렇게 사육장 내에 온도편차를 만들어주면 25~27℃ 정도의 시원한 곳과 35℃ 정도의 따뜻한 곳을 오가면서 게코 스스로 체온을 조절할 수 있다. 만약 사육장 전체를 고온으로 유지하면 쉽게 약해지고 심지어 폐사할 수도 있다. 야행성이기 때문에 주행성 파충류에게 필수인 UVB램프는 필요치 않다. 바닥재로는 주로 사막모래를 이용하지만, 어린 새끼 때는 먹이를 먹을 때 바닥재로 깔아놓은 모래를 다량 섭취해 장폐색증으로 죽는 경우가 있으므로 파충류 전용 바닥매트를 이용하거나 부직포를 사용한다. 단, 성체 시에는 목적에 따라 모래를 깔거나 카펫을 선택한다. 관상을 목적으로 아름다운 사막형 비바리움을 꾸며줄 계획이라면 완벽한 사막분위기를 연출하는 데 사막모래가 적당하며, 두툼하게 깔아주면 배설물의 냄새를 억제하는 효과가 있다. 여러 마리를 번식목적으로 사육한다면 청소가 용이하고 관리가 편리한 파충류용 카펫이나 부직포를 사용한다.

야행성이기 때문에 낮 동안 게코가 숨거나 편안하게 잘 수 있는 안락한 은신처를 사육장 내에 꼭 구비해줘야 한다. 최소한 두 개의 은신처를 제공하는 것이 좋으며, 은신처 하나는 물에 적신 축축한 피트모스나 마른 수태(이끼) 등을 넣어 습하게 유지해줘야 한다. 이렇게 해주면 게코가 알을 낳거나 탈피를 하는 데 도움이 된다. 35℃의 더운 곳에는 건조한 은신처를, 25℃의 시원한 곳에는 습한 은신처를 비치하는 것이 좋다.

먹이의 종류와 먹이급여방법

레오파드 게코의 식단은 일반적으로 귀뚜라미나 슈퍼웜 등 육식성으로 구성된다. 누에, 왁스웜, 핑키 등과 같은 먹이도 허용되지만, 지방성분이 많기 때문에 가끔씩 급여하는 것이 좋다. 먹이를 급여할 때는 먹이그릇에 슈퍼웜을 담아두고 게코들이 잘 먹는지 꾸준히 확인해야 한다. 야행성이므로 주로 활동을 시작하는 저녁시간에 급여하고, 먹는 행동을 잘 관찰해 먹이의 양을 조절한다. 전체적인 건강과 뼈의 성장을 위해 꼭 필요한 영양소는 칼슘이며, 야행성인 게코에게는 비타민D3가 포함되지 않은 칼슘을 이용해야 한다. 깨끗한 물과 칼슘은 항상 먹을 수 있도록 준비해줘야 하며, 먹이에 칼슘을 더스팅해 제공하거나 직접 핥아먹을 수 있도록 얕은 그릇에 항상 담아두도록 한다.

암수의 구분과 번식

성체 때는 수컷의 경우 총배설강 부위의 페로몬샘이 두드러지므로 암수를 구분하는 것이 가능하며, 고환의 유무로도 확인할 수 있다. 어릴 때 암수를 구분하는 것은 힘든 편이지만,

여러 마리를 대조해볼 때 꼬리가 시작하는 부분이 굵은 듯한 개체가 수컷일 확률이 높다. 이는 필자의 경험에 의한 감별법이라 100% 신뢰할 수 있는 사항은 아니지만, 숍에서 분양되는 레오파드 게코가 대부분 베이비 크기이므로 참고하면 도움이 될 것이다.

레오파드 게코는 사육 하에서도 번식이 쉽게 이뤄지며, 이는 이 종을 사육하는 또 다른 묘미라고 할 수 있다. 6개월이 지나 암컷의 몸무게가 50g 이상이 되면 번식이 가능하지만, 암컷의 나이가 1살 이상 됐을 때 번식을 시도하는 것이 가장 이상적이다. 레오파드 게코는 일부다처이므로 사육 시 수컷 한 마리에 최소 암컷 세 마리 이상을 같이 기를 것을 권장한다. 또한, 한 사육장에 두 마리의 수컷을 사육할 경우 수컷들은 영역을 지키기 위해 목숨 걸고 싸우기 때문에 부상을 입거나 한쪽이 죽을 수도 있으므로 유의해야 한다.

번식기에 들어서면 수컷은 암컷을 집요하게 쫓아다니다가 목덜미나 꼬리를 물고 교미를 시도하게 된다. 만약 암컷이 한 마리뿐이라면 이 과정에서 스트레스를 받을 수 있으며, 계속되는 수컷의 구애행동에 상처를 입거나 꼬리가 잘리는 경우가 생기기도 한다. 따라서 교미가 이뤄진 것을 확인한 경우 수컷을 다른 사육장에 격리시키는 것이 바람직하다. 또한, 처음부터 같이 사육할 경우 채 성숙하지 않은 암컷이 임신하는 상황이 발생할 수 있으므로 수컷과 암컷을 분리사육해 암컷이 충분히 성숙한 후에 번식을 시도하는 것이 좋다. 번식을 계획하고 있다면 암컷 여러 마리를 합사해 수컷의 관심을 분산시켜주는 것이 수컷의 구애행동으로 인해 암컷이 받는 스트레스를 줄여줄 수 있는 방법이다.

수컷과 합사 후 암컷의 배 주위가 늘어나는 것을 볼 수 있고, 이 시기가 지나면 암컷의 배 피부를 통해 알들을 볼 수 있다. 알을 발달시키는 기간은 2~5주다. 알을 낳을 때가 되면 암컷은 안절부절못하고 사육장을 돌아다니며, 바닥을 파기 시작할 것이다. 몇몇 암컷은 덜 먹거나 아예 먹지 않는다. 암컷이 알을 낳을 때가 되면 20x10x5(가로x폭x높이 cm) 정도 크기의 플라스틱 용기로 알상자를 만들어준다. 뚜껑에 게코가 들어갈 수 있는 구멍을 뚫어주고, 안에 수분을 머금은 수태나 피트모스 등을 넣어주면 된다. 암컷은 한 번에 2개의 알을 낳으며, 1년에 5~6차례 산란할 수 있다. 부화하기까지 약 50일 정도 소요된다.

부화온도에 따라 새끼들의 성별이 결정된다. 29℃에서 인큐베이팅을 할 경우 수컷과 암컷이 골고루 나오고, 27℃의 저온에서는 대부분 암컷, 31℃의 고온에서는 대부분 수컷이 나온다. 인큐베이션 시작부터 21일까지의 인큐베이터 온도가 성별을 조절하고, 해츨링의 성

레오파드 게코는 사육 하에서도 번식이 쉽게 이뤄지며, 이는 레오파드 게코 사육의 또 다른 묘미라고 할 수 있다.

별이 결정된다. 암컷이 충분한 휴식기를 가지지 않고 계속 알을 낳을 경우 태어난 새끼들이 약하거나 부화율이 떨어지게 되므로 번식은 계획적으로 이뤄지도록 해야 한다.

사육 시 주의할 점
레오파드 게코를 사육해본 사육주들이라면 공통적으로 느끼는 것이, 가장 기르기 쉬운 도마뱀이면서 동시에 어려운 도마뱀이기도 하다는 점이다. 여러 마리를 기르는 경우 별 문제없이 잘 관리하다가도 기생충에 감염된 개체 한 마리를 합사하는 바람에 전체를 몰살시키는 경우가 적지 않은데, 이처럼 멀쩡하고 건강하던 그룹이 병든 개체 한 마리로 인해 전체가 병에 걸려 시름시름 앓다가 한꺼번에 몰살되는 경우가 비일비재하기 때문이다.

한두 마리가 아프면 구충을 시키고 상황을 꾸준히 관찰하면서 치료하는 것이 가능하지만, 전체가 병들어버리면 격리할 수조도 모자랄뿐더러, 산발적으로 증상이 악화됐다 호전되고 다시 악화되는 상황이 발생해 사실 손쓸 겨를 없이 그냥 죽음으로 내모는 경우가 대부분이다. 필자 또한 초창기에 게코를 여러 마리 브리딩시킬 때 이런 쓸쓸한 경험을 겪었으며, 또 많은 마니아들이 겪었을 만한 상황이다. 사육 하의 레오파드 게코는 기생충감염에 특히 취약한 듯 보이는데, 다양한 품종을 만들어내기 위한 근친번식방법으로 인해 야생의

핸들링은 최대한 주의를 기울여 조심스럽게 해야 한다.

게코류보다 약해진 체질이 문제가 되는 듯하다. 따라서 새로운 게코를 입양했을 때는 약 보름 정도 별도의 사육장에 격리해서 관리한 다음 먹는 것이나 배변에 이상이 없는지 확인하고 합사해야 하며, 합사 후에도 반드시 꾸준한 구충이 필요하다.

레오파드 게코의 다양한 모프(morph)

현재 개량된 레오파드 게코의 품종은 매우 다양하며, 수많은 브리더들이 오랜 기간 동안 거의 매해 새로운 이름의 품종들을 선보이고 있다. 보통 개량해낸 브리더의 이름을 따거나 유전적 형질 또는 표현되는 색상에 따라 이름을 붙이는 등 그 명명법도 다양하다. 레오파드 게코의 모프만으로도 책 한 권을 쓸 수 있을 만큼 다양하고 많은 품종들이 만들어지고 있기 때문에 각 종에 대해 자세히 서술하기에는 무리가 있다고 생각된다. 따라서 현재 유통되고 있는 품종 중에서 가장 기본적인 품종과 최근 인기를 끌고 있는 고급 품종들에 대해 독자들이 이해하기 쉽도록 특징적인 부분만 간략하게 설명하고자 한다.

- **노멀**(Normal) : 야생의 원종을 뜻하지만, 현재 노멀이라고 유통되고 있는 종들은 칙칙한 색상의 원종보다는 많이 밝아지고 있으며, 오히려 원종을 찾아보기가 힘들다. 기본색상은 더 밝아진 듯하나 원종의 특징을 그대로 가지고 있으며, 일반적으로 새끼 때는 밴드무늬를 띠다가 커가면서 점박이무늬(표범무늬)로 쪼개진다.

〈레오파드 게코의 다양한 모프〉

제8장 도마뱀의 주요 종

• **하이 옐로우**(High yellow) : 야생의 원종에서 검은색의 표범무늬가 적어졌거나 몸 전체가 좀 더 밝은 색상을 띠는 종이다. 현재는 노멀(Normal) 개체와 거의 차이 없이 유통되고 있으며, 노멀보다는 전체적으로 밝은 노란색을 띠는 종이라고 할 수 있다.

• **알비노**(Albino) : 일반적인 노멀에서 멜라닌색소(검은색)가 결핍된 돌연변이종이다. 검은 색상을 띠는 부분 또는 검은색이 배합돼 나타나던 색상에 검은색이 배제되면서 드러나는 연한 베이지나 노란색으로 발현된 종이다. 다양한 모프들을 만들어내는 데 기초가 된 종이기도 하며, 현재 유통되는 알비노종은 기본 알비노종에서 다양하게 작출된 변종이다.

• **루시스틱**(Leucistic) : 색상이 발현되지 못했다는 점에서는 얼핏 알비노종과 유사해 보인다. 그러나 알비노가 검은색 멜라닌색소가 결핍돼 형성된 것이라면 루시스틱은 멜라닌색소를 가지고 있으며, 자신이 가지고 있는 멜라닌색상 이외의 정상적인 색상을 가지고 있으면서 외부로 발현되지 못하거나 감소하는 현상이 나타난 것이다. 몸의 패턴이 흐려지거나 없어져서 패턴리스(patternless)라고 불리기도 한다. 알비노와 가장 다른 점은 눈의 색상인데, 알비노는 우리가 흔히 아는 흰색 토끼의 붉은 눈처럼 검은 색소의 결핍으로 인해 홍채가 붉은빛을 띠지만, 루시스틱은 눈에 멜라닌색소가 있어서 검은색을 띤다.

• **블리자드**(Blizzard) : 루시스틱 모프의 일종으로, 블리자드(blizzard, 눈보라)라는 말 그대로 눈보라처럼 온몸이 새하얀 색상을 띠는 종이다. 다른 동물에게서도 발견되는 백변종으로서 사실 이 종이야말로 흔히 말하는 루시스틱으로 불릴 수 있다. 흰색 사자나 흰 까마귀 등 체색이 알비노가 아닌 백색으로 변화하는 현상을 루시즘(leucism)이라고 한다. 블리자드 모프는 '프레히스토릭 펫츠(Prehistoric Pets)'의 제이 빌라(Jay Villa)에 의해 처음으로 발견됐다. 블리자드 모프는 단순열성모프이며, 어린 블리자드는 패턴이 전혀 없다. 흰색이지만 아주 다양하며, 커가면서 비늘의 색상이 노란색이나 짙은 보라색으로 변화하게 된다.

• **캐롯 테일**(Carrot tail) : 캐롯 테일은 당근 색상과 같은 붉은색이 꼬리 부분에 발현되는 개체를 말하며, 꼬리에 최소 15%이상 색이 발현될 경우 캐롯 테일이라고 할 수 있다. 캐롯 테일

〈레오파드 게코의 다양한 모프〉

> ### 루시즘(Leucism)과 알비니즘(Albinism)
>
> 동물의 피부색이나 (깃)털의 색상은 신경능으로부터 분화한 색소세포에 의해 결정되는데, 이러한 색소세포가 유전적으로 부족해 나타나는 정상색의 감소현상을 루시즘이라고 한다. 루시즘과 종종 혼동되는 개념으로 알비니즘이 있는데, 알비니즘이란 멜라닌형성세포는 여전히 존재하는 상태에서 멜라닌 생산이 감소돼 일어나는 현상이며, 따라서 황색색소세포와 같은 다른 유형의 색소세포를 가진 종에 있어서 알비노는 완전한 흰색 대신 연한 노란색을 나타낸다. 알비니즘과 루시즘의 좀 더 다른 점은 눈 색깔에 있다.
> 알비노는 홍채와 망막표피조직에서 멜라닌색소의 생산이 감소해 밑에 있는 혈관이 비쳐 빨간 눈을 갖게 되지만, 루시즘이 발현된 동물은 정상색의 눈을 가지고 있다. 망막표피조직의 멜라닌형성세포는 신경능에서 분화하는 것이 아니라 장차 망막을 형성하는 안배를 만들어내는 신경관의 망상돌기에서 분화하기 때문이다. 즉 이 멜라닌형성세포는 독립된 기원을 갖기 때문에 루시즘의 유전학적 결과에 영향을 받지 않는다. 최근 블레이징 블리자드(Blazing Blizzard, 빛나는 눈보라)라는 보다 더 새하얀 색상을 띠는 블리자드가 만들어졌다.

은 계통교배이며, 이는 전 세대보다 붉은색이 더욱 많이 발현된다는 의미로 더욱 진한 색상을 가진 후대를 보기 위해서는 붉은색이 보다 많은 개체를 교배해야 한다.

• 탠저린(Tangerine) : 밀감과 같은 주황빛이 도는 발색을 보이는 종으로 검은색의 색소와 점박이무늬가 많이 생략된 것을 볼 수 있다.

• 선글로우(Sunglow) : 선글로우는 슈퍼 하이포 탠저린 캐롯 테일(Super hypo tangerine carrot tails) 알비노를 말한다. 태어날 때는 밝은색의 일반 알비노보다 더 밝은 밴드를 갖고 있다. 머리 부분에 밝은 오렌지빛의 무늬가 있으며, 전체적으로 밝은 노란색의 몸통에 진한 캐롯 테일을 가지고 있는 아름다운 종이다.

• 랩터(Raptor) : 랩터는 레드 아이 알비노 패턴리스 트램퍼 오렌지(Red-eye albino patternless tramper orange)의 줄임말이다. 즉 붉은 눈과 오렌지색을 지닌 알비노를 말하며, 2004년 레오파드 게코 전문브리더인 론 트램퍼(Ron tramper)가 개량해낸 모프다.

• 맥 스노우(Mack snow) : 맥 스노우는 레오파드 게코에서 보이는 노란색이나 오렌지계열의 색을 줄이거나 제거한 모프로, 주로 창백한 흰색과 검은색이 두드러지는 특징이 있다.

〈레오파드 게코의 다양한 모프〉

제8장 도마뱀의 주요 종 **301**

아프리칸 펫테일 게코

- **영 명** : African fat-tailed gecko
- **몸길이** : 18~20cm
- **수 명** : 약 15~18년
- **활 동** : 야행성
- **학 명** : *Hemitheconyx caudicinctus*
- **번 식** : 난생
- **서식지** : 서아프리카 카메룬, 세네갈의 건조지역
- **사육난이도** : 下

레오파드 게코(Leopard gecko, *Eublepharis macularius*)와 굉장히 흡사한 외형을 지니고 있지만, 레오파드 게코에 비해 크기와 발가락이 더 작다. 새끼 때부터 꼬리가 레오파드 게코보다 조금 더 굵으며, 머리 또한 더 둥근 듯한 인상을 준다. 성체 때는 레오파드 게코보다 작으며, 꼬리 또한 더 짧고 뭉툭한 느낌이다. 레오파드 게코가 새끼 때 밴드무늬를 띠다가 성체로 자라면서 무늬가 깨지고 표범무늬로 변하는 것과는 달리, 아프리칸 펫테일 게코의 경우 새끼 때의 무늬가 성체까지 그대로 남아 있다. 개체에 따라 흰 줄무늬가 머리부터 몸통 끝까지 척추를 따라 길게 한 줄로 이어져 있는 경우도 있다.

외형적인 특징과 생태

체질적으로 레오파드 게코보다 약한 면이 있으며, 외형적으로도 특별한 차이점이 두드러지지 않아서 다양한 모프가 있는 레오파드 게코에 비해 인기와 선호도가 떨어진다. 일반적인 사육법은 레오파드 게코와 동일하지만, 좀 더 높은 습도를 요구하므로 은신처에는 항상 축축한 수태나 피트모스를 깔아주고, 은신처 주변에 하루에 2회 정도 분무를 해주는 것이 좋다. 은신처 주변의 습도가 70% 정도로 유지되는 것이 이상적인데, 과습되면 호흡기질환이나 곰팡이성 질병에 걸리기 쉬우므로 주의해야 한다. 마찬가지로 한 케이지에 두 마리의 수컷을 기를 수 없으며, 수컷 1마리에 암컷 3마리 정도의 그룹으로 사육하는 것이 좋다.

적절한 사육장환경 조성

야행성인 아프리칸 펫테일 게코는 야생에서 낮 동안 데워진 지표면의 열로 체온을 유지한다. 따라서 히팅 패드를 이용해 사육장의 1/3가량을 데워주고, 사육장의 한 곳은 32~35℃ 정도 되도록 열원을 가동한다. 이렇게 해주면 22~25℃ 정도의 시원한 곳과 32~35℃ 정도의 따뜻한 곳을 도마뱀 스스로 오가면서 체온을 조절할 수 있다. 숨을 곳은 사육장에 세 군데 정도 마련해주도록 하고, 안에 습기를 머금을 수 있는 재질의 바닥재를 깔아 충분한 습도가 유지될 수 있도록 한다.

먹이의 종류와 먹이급여방법

레오파드 게코와 마찬가지로, 식단은 일반적으로 귀뚜라미나 슈퍼웜 등 육식성으로 구성된다. 누에, 왁스웜, 핑키 등과 같은 먹이도 허용되지만, 지방성분이 많으므로 가끔씩 급여해야 한다. 먹이급여 시에는 그릇에 슈퍼웜을 담아두고 게코들이 잘 먹는지 꾸준히 확인해야 한다. 야행성이므로 주로 활동을 시작하는 저녁시간에 먹이를 급여하고, 먹는 행동을 잘 관찰해 급여량을 조절한다. 전체적인 건강과 뼈의 성장을 위해 꼭 필

은은한 색상의 캐러멜 알비노(Caramel albino) 모프

요한 영양소는 칼슘이며, 야행성인 게코에게는 비타민D3가 포함되지 않은 칼슘을 급여해야 한다. 깨끗한 물과 칼슘은 항상 먹을 수 있도록 공급해줘야 하며, 먹이에 칼슘을 더스팅(dusting)해 제공하거나 직접 핥아먹을 수 있도록 얕은 그릇에 항상 담아두도록 한다.

암수의 구분과 번식

레오파드 게코와 마찬가지로, 성체 때는 총배설강 부위의 페로몬샘이 수컷의 경우 두드러지기 때문에 이를 확인해 암수를 구분할 수 있으며, 고환의 유무로도 암수를 확인할 수 있다. 한 번에 2개의 알을 낳으며, 1년에 5~6차례 알을 낳을 수 있다.

사육 시 주의할 점

레오파드 게코에 비해 좀 더 소심하고 조용한 성격을 지녔으며, 예민한 편이라 꼬리를 스스로 끊는 경우가 종종 발생한다. 따라서 핸들링을 할 때나 주변 소음이 많은 곳에 사육장이 설치돼 있을 경우 자절현상이 자주 발생하므로 관리에 주의를 기울이도록 한다.

흰 줄무늬가 있는 개체

줄무늬가 생략된 개체

도마뱀붙이과 (Gekkonidae)

프로그 아이 게코

- **영 명** : Frog eyed gecko, Wonder gecko
- **몸길이** : 11~16cm
- **수 명** : 약 15년
- **활 동** : 야행성
- **사육난이도** : 中
- **학 명** : *Teratoscincus scincus*
- **번 식** : 난생
- **서식지** : 이란, 아프가니스탄, 카자흐스탄, 아라비아 동부, 중국 북부와 서부

원더 게코(Wonder gecko) 또는 스킨크 게코(Skink gecko)라고도 불린다. 다른 게코류와 달리 두꺼운 비늘형태의 특이한 피부를 지니고 있는데, 이것 때문에 'wonder(경이로운)'라는 이름이 붙여진 듯하다. 소위 스킨크류(Skinks)의 비늘형태와 비슷한 큰 비늘을 가지고 있지만, 이 비늘은 굉장히 부드러우며 다른 게코류와 마찬가지로 벨벳을 만지는 듯한 느낌을 준다. 아시아의 건조한 지역이 원산지이며, 사막생활에 적합하도록 진화해온 특별한 적응력을 가지고 있다. 두 개의 아종(*T. s. rustamowi*, *T. s. scincus*)이 확인된다.

제8장 도마뱀의 주요 종 **305**

외형적인 특징과 생태

긴 다리와 원통형의 몸통, 크고 뭉툭한 머리와 툭 불거진 눈이 특징적인 도마뱀으로 귀여운 외모 덕분에 인기가 많다. 그러나 대부분 인공번식된 개체들이 아닌 야생에서 채집된 개체가 유통되고 있기 때문에 기생충감염이나 스트레스로 인한 질병이 많이 나타나는 종이기도 하다. 예민한 편이라 핸들링을 시도하면 몸통을 부풀리고 위협하는 소리를 지르거나 물려고 하는 태도를 취하며, 꼬리를 뱀처럼 천천히 휘젓는 행동을 한다. 대체적으로 다소 예민한 편이지만, 일단 사육환경에 익숙해지면 이러한 행동은 줄어든다.

야행성이며, 사막형 도마뱀의 사육방법과 크게 다르지 않고 레오파드 게코의 사육법에 준해 사육하면 된다. 간혹 탈피할 때 너무 건조한 환경으로 인해 발가락의 허물이 채 벗겨지지 않고 말라붙어 잘리는 경우가 있다. 따라서 탈피시기가 되면 은신처 주변에 분무를 해주고, 은신처 안에 축축한 수태(이끼)나 피트모스 등을 깔아줘야 한다.

적절한 사육장환경 조성

사육장 형태는 사막형 비바리움으로 꾸며준다. 활동성이 뛰어나지 않아서 사육장의 크기는 크지 않아도 상관없지만, 온도편차를 주기 위해서는 약 2자 정도의 사육장이 적당하다. 열원은 저면열원을 이용해 사육장의 한 부분이 30~35℃ 정도 되도록 설정해주며, 열원이 깔리지 않은 부분과의 온도편차를 설정해야 한다. 숨을 곳을 여러 군데 마련해줘야 하며, 그중 하나는 꼭 축축한 재료의 바닥재를 이용해 습도가 높은 지역을 만들어준다.

프로그 아이 게코는 물고기의 비늘과 닮은 독특한 형태의 비늘을 가지고 있다.

먹이의 종류와 먹이급여방법

완전한 육식성 도마뱀이며, 주식은 작은 곤충류다. 귀뚜라미나 슈퍼웜 등을 주식으로 급여하며, 야생에서는 동종의 작은 개체를 잡아먹기도 하므로 간혹 핑키를 급여한다. 비타민D가 첨가되지 않은 칼슘을 먹이에 더스팅해서 주거나, 작은 접시에 따로 부어서 먹을 수 있도록 해준다. 항상 먹을 수 있도록 낮은 접시에 깨끗한 물을 담아두도록 한다.

암수의 구분과 번식

서혜인공은 다른 도마뱀에 비해 뚜렷하지 않아서 이를 기준으로 암수를 구분하는 것이 쉽지 않지만, 꼬리 부분이 불룩한 것이 수컷이다. 사육상태에서의 번식은 어려우며, 번식을 준비하기 위해서는 쿨링이 필요하다. 두 달간 온도를 18℃로 설정해 낮춰주다가, 다시 온도를 서서히 높여주면 번식에 돌입하게 된다. 다른 게코류와 마찬가지로 2개의 알을 낳으며, 알의 부화기간은 약 70~100일 정도로 다소 긴 편이다.

사육 시 주의할 점

국내에 수입되는 대부분의 개체가 야생채집개체이기 때문에 초기 구충이 필수적이다.

헬멧티드 게코

- **영　명** : Helmeted gecko, Hlmethead gecko
- **몸길이** : 8~10cm
- **수　명** : 약 15년
- **활　동** : 야행성
- **사육난이도** : 中
- **학　명** : *Tarentola chazaliae*
- **번　식** : 난생
- **서식지** : 서아프리카 해안 사막지역, 모로코의 해안과 건조한 바위지역을 따라 서식

모로코의 건조한 바위사막, 주로 아프리카의 북서쪽 해안을 따라 상당히 좁은 지역에서 발견된다. 모래와 암석이 많은 사막, 초목이 드문드문 있는 해안가 부근의 습도가 높은 지역에 서식하며, 일반적으로 대서양에서 발생되는 안개가 수분섭취의 주요 원천이 된다. 색상은 밝은 회색부터 어두운 갈색까지 나타나며, 몸의 아래쪽은 밝은 색을 띤다. 대부분의 도마뱀이 일주성으로서 척추동물의 전형인 망막의 간상체 구조를 상실하고 원추체만 유지하는 반면, 헬멧티드 게코는 밤에 어느 정도의 색각을 갖도록 진화돼왔다.

외형적인 특징과 생태

야행성이며 지상성(ground-dwelling) 게코다. 헬멧티드 게코라는 이름에서 알 수 있듯이, 머리 뒷부분이 투구를 쓴 것처럼 넓게 펼쳐져 있다. 얼굴은 뭉툭하고 주둥이는 짧으며, 얼굴에 비해 상대적으로 큰 눈이 강한 인상을 준다. 머리 부분은 크지만, 레오파드 게코와 달리 꼬리는 가느다란 형태를 띠며 짧은 것이 특징이다. 동공이 밤에는 원형을 띠지만 낮에는 핀홀(pin hole) 형태로 바뀌는데, 도마뱀이 햇볕을 쬐고 있는 동안 잠재적인 포식자에게 핀홀형태의 눈동자가 눈에 덜 띄는 것으로 추정된다. 매우 낮은 수준의 빛에서도 색을 볼 수 있는 최초의 척추동물로 알려져 있으며, 밤에 색각은 인간보다 350배 정도 예리하다.

일반적으로 통풍이 용이한 사육장에서 사육하는 것이 좋다. 내륙의 사막과 달리 습도가 높은 환경에 자주 노출되므로 사육 시에도 습도 관리에 신경 써주는 것이 좋다. 하지만 항상 습한 환경은 오히려 스트레스를 주게 되므로 기본적으로 건조한 환경을 조성해주고, 하루에 1~2번의 분무로 습도를 높여주도록 한다. 또한, 통풍이 잘되는 사육장에서 서서히 습도가 낮아지도록 조절해주는 것이 좋다.

적절한 사육장환경 조성

기본적인 사육환경은 사막형으로 조성해주고, 바닥재로는 고운 사막모래나 키친타월, 신문지 등을 이용할 수 있다. 크기가 작아 작은 사육장에서도 충분히 사육이 가능하다. 하지만 온도편차를 조성할 수 있는 보다 적절한 사육환경을 위해서는 2자 정도의 크기가 적당하다. 지상성 게코류지만 벽도 잘 타므로 탈출에 유의해야 하며, 탈출방지를 위해 사육장 위를 철망으로 막아주는 것이 좋다.

먹이의 종류와 먹이급여방법

주식은 작은 곤충류이며, 소형종이므로 게코의 크기에 맞는 먹이를 급여해야 한다. 게코의 미간보다 작은 크기의 먹이가 알맞으며, 주로 귀뚜라미나 슈퍼웜 작은 개체를 사용한

겁이 많은 성격이 종종 공격성으로 발현되기도 한다.

다. 너무 큰 먹이를 급여하면 스트레스를 주게 되며, 게코가 소화시키기 힘들 수 있다. 먹지 않고 남겨진 귀뚜라미는 바로 치워주는 것이 좋으며, 칼슘과 물은 항상 공급돼야 한다.

암수의 구분과 번식

태어난 지 6개월이 지나면 수컷의 꼬리 밑의 불룩한 부분을 확인하는 것으로 암수구분이 가능해진다. 레오파드 게코와는 달리 수컷이 암컷보다 작다. 국내에서 사육되고 있는 마릿수도 현저하게 적고 번식기록도 아직 없지만, 외국 사육자들의 경우를 보면 번식이 어렵지 않다고 한다. 알은 한 번에 1개나 2개를 낳으며, 1년에 6번 산란한다. 부화기간은 70~100일 정도인데, 변수가 많고 아직까지 정확한 부화기간이 알려져 있지 않다.

사육 시 주의할 점

크기가 아주 작은 게코이기 때문에 핸들링을 할 때 주의를 요한다. 특히 높은 곳에서 핸들링하다가 뛰어내렸을 경우 외상은 없어도 그 충격으로 몸의 내부장기가 상할 수 있으므로 각별히 주의해야 한다. 이는 헬멧티드 게코뿐만 아니라 모든 도마뱀이 마찬가지이므로 핸들링 시 지면과의 거리가 너무 떨어지지 않도록 앉아서 다루는 것이 좋겠다.

크기가 작은 게코이므로 핸들링 시 특히 주의를 요한다.

도마뱀부치과 (Gekkonidae)

납테일 게코

- **영 명** : Knob-tailed gecko
- **몸길이** : 12~15cm
- **수 명** : 명확하지 않음
- **활 동** : 야행성
- **학 명** : *Nephrurus spp.*
- **번 식** : 난생
- **서식지** : 오스트레일리아 사막지역
- **사육난이도** : 下

호주의 건조한 사막지역에 사는 지상성(ground-dwelling) 게코류이며 야행성이다. 커다란 머리와 큰 눈, 앙증맞은 작은 꼬리가 우스꽝스러운 외모를 형성해 이 도마뱀 특유의 매력을 더해준다. 피부 타입이 독특한 종으로 거친 타입의 종(Rough knob-tailed gecko, *Nephrurus asper*)(Günther, 1876)과 부드러운 타입의 종(Smooth knob-tailed gecko, *Nephrurus levis*)(De Vis, 1886)으로 나뉜다. 두 타입 모두 피부에 우둘투둘한 돌기가 나 있으며, 거친 피부 타입의 종은 피부돌기가 더욱 두드러지고 좀 더 건조하며, 남성적인 느낌이 강하다. 이름에서 알 수 있듯이, 두 타입 모두 꼬리 끝에 손잡이(knob) 같은 길쭉한 부분이 튀어나와 있는 것을 볼 수 있다.

외형적인 특징과 생태

게코류 중에서도 상당히 특이한 외모를 갖추고 있는 종이고, 또 희소성이 높아 많은 파충류 마니아들에게 선망의 대상이 되는 도마뱀이다. 희소성이 높은 만큼 분양가가 굉장히 높게 형성돼 있는 편이다. 사육법은 사막에 사는 일반적인 지상성 게코류와 크게 다르지 않고 무난하다. 하지만 레오파드 게코처럼 핸들링을 자주 하는 것은 스트레스를 많이 주게 되므로 조심히 다뤄야 하며, 온전하게 관상동물로 길러야 한다.

적절한 사육장환경 조성

기본적인 사막형 사육장으로 세팅해주며, 사육장 한쪽에 저면 온열판이나 스폿 램프를 가동해 가장 높은 온도대를 32~35℃, 가장 낮은 온도대를 25~27℃가 되도록 설정해준다. 호주의 사막지역에서 모래에 구멍을 파고 굴을 만들어 사는 도마뱀이므로 그러한 습성을 살려 굴을 팔 수 있는 고운 사막모래를 두껍게 깔아준다. 한쪽 구석에 분무를 하거나 물을 부어 무너지지 않고 파내려갈 수 있도록 해주면 숨을 수 있는 굴을 파고 생활하게 된다.

먹이의 종류와 먹이급여방법

적당한 크기의 곤충류, 적절하게 갓-로딩한 귀뚜라미나 슈퍼웜을 급여한다. 도마뱀이 원할 때 언제든 마실 수 있도록 깨끗한 물과 칼슘을 항상 비치해 두도록 한다.

암수의 구분과 번식

일반적인 도마뱀의 성별을 구분하는 방법과 동일하고, 본종 또한 수컷이 암컷보다 작다. 외국에서는 번식이 활발하게 이뤄지는 종이지만, 국내에서는 사육마릿수가 적고 고가의 도마뱀이다 보니 번식률이 아직은 낮은 실정이다. 번식이 많이 되는 종은 아니다. 1년에 1회, 2개의 알을 5~6차례 산란한다. 부화기간은 약 70~75일이다.

사육시 주의할 점

바닥재로는 입자가 고운 칼슘 샌드(calcium sand)를 사용하는 것이 좋다. 입자가 크거나 거친 바닥재는 도마뱀이 먹었을 경우 장폐색의 위험이 있으므로 바닥재 선택에 주의해야 한다.

납테일 게코의 종류(학명 / 영명)

- *Nephrurus amyae* / Centralian rough knob-tailed gecko
- *Nephrurus asper* / Rough knob-tailed gecko
- *Nephrurus deleani* / Pernatty knob-tailed gecko
- *Nephrurus laevissimus* / Pale knob-tailed gecko
- *Nephrurus levis* / Smooth knob-tailed gecko
- *Nephrurus levis levis* / Common smooth knob-tailed gecko
- *Nephrurus levis occidentalis* / Western smooth knob-tailed gecko
- *Nephrurus milii*(*Underwoodisaurus milii*) / Barking gecko
- *Nephrurus sheai* / Kimberley rough knob-tailed gecko
- *Nephrurus sphyrurus* / Ogilby's knob-tailed gecko
- *Nephrurus stellatus* / Stellate knob-tailed gecko
- *Nephrurus vertebralis* / Midline knob-tailed gecko
- *Nephrurus wheeleri*(*Nephrurus wheeleri cinctus*) / Banded knob-tailed gecko

센트릴리안 러프 납테일 게코 / 러프 납테일 게코
퍼나티 납테일 게코 / 스무드 납테일 게코
웨스턴 스무드 납테일 게코 / 바킹 게코
미드라인 납테일 게코 / 밴디드 납테일 게코

크레스티드 게코

- **영 명** : Crested gecko
- **몸길이** : 12~15cm
- **수 명** : 약 15~20년
- **활 동** : 야행성
- **학 명** : *Correlophus ciliatus* (이전 *Rhacodactylus ciliatus*)
- **번 식** : 난생
- **서식지** : 뉴칼레도니아
- **사육난이도** : 下

크레스티드 게코는 뉴칼레도니아섬의 나무 위에 서식하는 수상성(tree-dwelling) 게코류로서, 야생에서는 낮은 관목과 덤불 사이에 숨어 지내다가 밤이 되면 활동하는 야행성 게코다. 레오파드 게코와 마찬가지로, 현재 인공번식과 개량을 통해 다양한 색상과 패턴의 모프를 볼 수 있게 됐으며, 전 세계적으로 인기가 매우 많은 반려도마뱀이다. 사육난이도가 비교적 낮고 성격이 순하며, 다채로운 모프 등 여러 가지 장점을 갖고 있기 때문에 국내 애호가들 사이에서도 상당한 인기를 얻고 있다. 크레스티드 게코는 1994년 재발견되기 전까지 멸종된 것으로 여겨졌다. 현재 CITES 보호/취약 상태로 평가되고 있다.

외형적인 특징과 생태

머리 주위와 눈 위로부터 척추를 따라 독특한 돌기가 Y자 형태로 나 있는 것이 특징인데, 이 돌기 때문에 속눈썹게코(Eyelash gecko), 장식머리게코(Crested gecko)라는 이름이 붙여졌다. 체색은 주로 연한 황색이나 갈색, 붉은 갈색, 주황색, 회색을 띤다. 크고 납작한 머리와 눈꺼풀이 없는 눈, 벽에 붙을 수 있는 발, 물건을 감을 수 있도록 미세하고 거친 돌기가 나 있는 길쭉한 꼬리를 가지고 있다. 벽에 붙어 사는 다른 게코류에 비해 행동이 빠르지 않아서 핸들링이 쉽고, 온순한 성격으로 마니아들로부터 많은 사랑을 받고 있는 게코류다.

적절한 사육장환경 조성

사육장의 형태는 위로 높은 것이 좋으며, 유목과 조화 혹은 살아 있는 식물로 비바리움을 꾸며줄 수 있다. 크레스티드 게코는 거의 일정한 온도대에서 활동하므로 따로 일광욕장소를 마련해주지 않아도 된다. 또한, 야행성 게코이므로 스폿 램프나 UVB등은 필요하지 않다. 일반적인 도마뱀들처럼 30℃ 가까운 고온에서 사육하면 오히려 개체를 약하게 만들고 스트레스를 주게 되므로 낮 동안의 온도는 22~26℃를 유지하는 것이 적당하다. 야간에는 18~20℃ 정도로 5℃ 정도의 온도편차가 있는 것이 좋으며, 한여름에는 오히려 사육장 내의 온도가 너무 올라가지 않도록 신경 써야 한다.

피트모스나 상토, 바크 등 수분을 머금을 수 있는 바닥재를 사용하며, 이끼나 살아 있는 식물을 사육장 내에 심어서 식물들이 배출하는 수분으로 인해 사육장 내의 습도가 유지될 수 있도록 한다. 유목과 장식조화로 숨을 수 있는 곳을 마련해주고, 분무 시 물이 맺히기 쉽도록 세팅해주면 좋다. 습도는 70~80% 정도로 유지해주는 것이 바람직하다. 너무 건조할 경우 탈피 시에 허물이 채 벗겨지지 않은 부분이 생겨 혈액순환장애로 발가락이나 꼬리 부분이 잘릴 수 있으므로 습도유지에 신경 써야 하며, 자주 환기를 해줌으로써 사육장 내 과습으로 인한 곰팡이성 질병을 방지해야 한다.

어린 새끼의 경우 사육장이 너무 넓으면 먹이를 찾아 먹거나 사냥하는 데 어려움이 있으므로 적당한 크기의 사육장에서 기르다가, 크기가 커지면 넓은 사육장으로 옮겨주는 것이 좋다. 일반적인 성체 1쌍 기준으로 가로 30cm, 폭 30cm, 높이 45cm면 충분하며, 어린 개체의 경우 소형채집통에서 사육하는 것이 먹이섭취나 습도 관리 면에서 오히려 유리하다.

먹이의 종류와 먹이급여방법

야생에서는 곤충류와 더불어 달콤한 과육이나 나무의 수액, 꽃의 꿀 등을 먹는다. 사육 시에는 곤충류, 귀뚜라미나 슈퍼웜과 더불어 열대과일로 만들어진 아기이유식분말과 꿀, 비타민제, 칼슘제를 섞어 물에 개어준다. 외국 브리더의 경우 곤충을 급여하지 않고 단백질이 함유된 아기이유식에 비타민, 칼슘을 개어서 그것만으로 충분히 성장시키고 번식도 가능하다고 하지만, 사육주들의 일반적인 생각은 다양한 먹이를 공급하는 것이 도마뱀의 건강에 더 도움이 된다는 것이다. 일반적으로 귀뚜라미와 슈퍼웜 등 동물성 먹이를 주식으로 하며, 잘 익은 과일즙이나 바나나, 꿀 등을 배합해 보조식으로 준다. 여기에 1주일에 한 번 칼슘을 첨가해 주도록 한다. 이러한 보조식은 사육장에 초파리가 쉽게 꼬일 수 있고, 높은 습도에 의해 부패하기 쉬우므로 먹고 남은 것은 하루가 지나면 바로 치워주는 것이 좋다.

물그릇은 벽에 붙어서 이동하는 게코들의 습성을 고려해 쉽게 접근할 수 있도록 벽면에 설치해주거나, 유목 밑부분에 설치해 게코들이 손쉽게 먹을 수 있도록 해준다. 칼슘 또한 작은 그릇에 항상 담아두는 것이 좋다. 칼슘이 충분히 공급되지 않을 경우 꼬리 끝부분이 지그재그로 휘거나 꼬리가 몸통 쪽으로 들리게 되므로 칼슘과 수분을 충분하게 보충해줘야 한다. 크레스티드 게코는 입 안쪽에 칼슘이 저장돼 있는 주머니가 있는데, 칼슘섭취의 정도를 육안으로 확인할 수 있다. 또한, 물그릇과 더불어 항상 충분히 분무해줌으로써 유목이나 장식물에 맺힌 물들을 핥아먹을 수 있도록 해주며, 살아 있는 식물이나 분무를 통해 사육장의 습도를 조절해주는 것이 좋다.

브리더들의 노력으로 더욱 다양해지고 있는 크레스티드 게코의 모프들

암수의 구분과 번식

새끼 때 암수를 구분하는 것은 어렵고, 성체 때는 수컷의 고환이 두드러지므로 쉽게 구분이 된다. 크레스티드 게코는 1년 정도 되면 번식이 가능한 성성숙에 도달하며, 이는 사육 시의 영양상태에 따라서 달라질 수 있다. 두 달간 인위적인 쿨링(주간 27℃, 야간 15℃ 유지)으로 호르몬분비를 촉진시키면 쉽게 번식에 들어가게 된다. 번식을 유도할 때는 바닥재 없이 기르면서 알을 낳을 수 있는 박스를 따로 만들어주는 것이 좋다. 바닥재가 깔린 상태로 사육하다 보면 대부분 게코가 알을 낳았는지 여부를 확인하는 것이 쉽지 않기 때문이다.

레오파드 게코와 마찬가지로, 작은 플라스틱통에 드나들 수 있는 구멍을 뚫고 물에 적신 피트모스를 안에 넣어두면 암컷이 들어가 알을 낳는다. 한 번에 2개의 알을 낳으며, 한 달 주기로 2개씩, 10~20개의 알을 낳는다. 이때 암컷이 칼슘을 충분히 섭취했는지 확인하고 칼슘공급에 신경 써야 한다. 부화온도는 레오파드 게코나 비어디드 드래곤보다 낮은 23~27℃로 유지해주는 것이 좋으며, 30℃ 정도의 고온에서는 알이 부패할 수 있으므로 주의해야 한다. 부화하는 데는 약 75~80일 정도 소요된다.

사육 시 주의할 점

크레스티드 게코는 다른 게코류와 다른 특이한 꼬리를 가지고 있다. 벽에 붙는 게코들의 특성인 발바닥의 미세돌기들이 꼬리의 끝부분에 나 있어 꼬리로 나뭇가지를 잡을 수가 있다. 하지만 이 꼬리는 한번 잘리게 되면 다른 게코류와는 달리 재생이 되지 않으므로 조심해야 한다. 스스로 꼬리를 끊을 수 있으며, 개체에 따라 다르나 예민한 개체의 경우 사육장 주변의 소음이나 사육장에 가해진 작은 충격으로도 꼬리를 끊어버릴 수 있으므로 주의한다.

토케이 게코

- 영 명 : Tokay gecko
- 몸길이 : 18~35cm
- 수 명 : 야생은 7~10년, 사육 시 약 12~18년
- 활 동 : 야행성
- 학 명 : Gekko gecko
- 번 식 : 난생
- 서식지 : 서부 동남아시아의 산림과 인가, 도시
- 사육난이도 : 下

아시아대륙에서 가장 큰 도마뱀부치류로 태국, 필리핀, 말레이시아 및 인도네시아를 포함한 동남아시아 전역에서 발견된다. 열대우림의 나무와 절벽에 서식하고, 시골의 인가 및 도시의 가로등 밑에서 흔히 볼 수 있다. 밤에는 먹잇감인 곤충을 찾아 인가의 벽과 천장을 배회한다. 미국의 플로리다, 마르티니크, 벨리즈섬, 하와이에 유입됐는데, 도시화로 서식범위가 줄고 있다. 발성기관이 있어 밤이면 '토~케이' 라고 울기 때문에 토케이 게코라는 이름이 붙여졌다. 예로부터 '말린 왕수궁'이라 해서 남성들의 원기회복 한약재로 이용해 왔으며, 중국 남부지방에서는 여전히 요리의 재료로 활용되기도 한다.

외형적인 특징과 생태

연한 회색이나 푸른빛이 도는 회색 혹은 연한 갈색 바탕에 붉은색이나 주황색 반점이 흩어져 있다. 커다란 머리와 넓적한 발 그리고 눈꺼풀이 없는 노란색 눈을 가지고 있는데, 보는 이에 따라서는 혐오스러울 수도 있는 외모다. 상대를 위협할 때는 입을 크게 벌리는 행동을 취한다. 커다란 덩치와 달리 굉장히 민첩한 행동을 보이며, 또한 사나운 성질을 가지고 있어서 다루기가 쉽지 않은 편이다. 입이 크고 무는 힘 또한 강하기 때문에 핸들링을 할 때는 조심해야 한다. 개체에 따라 다르겠지만, 대체로 공격적인 성향을 띤다. 토케이 게코에게 물렸는데 놓지 않아서 목을 잘랐음에도 불구하고 잘린 목이 손가락을 물고 있었다는 일화가 있을 정도로 무는 힘이 세고, 물게 되면 잘 놓지 않으므로 조심해야 한다.

반려용으로 유통되는 토케이 게코의 경우 야생채집개체가 거의 대부분이지만, 외국에서는 인공번식을 통해 여러 가지 색상을 지닌 토케이 품종이 만들어지고 있다. 대표적인 모프가 온몸에 푸른빛이 도는 종이며, 백화현상에 의한 루시스틱종, 부분백화현상에 의한 파이드종, 루시스틱에 진한 갈색이 섞인 칼리코 등이 있으나 국내에는 아직 소개되지 않았다.

적절한 사육장환경 조성

벽이나 나무를 타는 수상성 도마뱀이므로 사육장의 형태는 위로 긴 것이 좋다. 덩치가 크기 때문에 최소한 가로 45cm, 세로 46cm, 높이 60cm 정도 되는 크기의 사육장이 필요하다. 이들 역시 마찬가지로 높은 습도를 요구하며, 야행성 도마뱀이므로 스폿 램프와 UVB 램프는 필요하지 않다. 주간온도는 27~30℃, 야간온도는 25℃ 정도가 적당하다. 바닥재는 습도를 유지하기 편하도록 습기를 머금을 수 있는 재료를 사용하는 것이 좋으며, 주로 피트모스나 상토를 이용한다. 또한, 다양한 활동을 할 수 있도록 커다란 유목 등을 비스듬하게 비치해주면, 낮에는 유목 뒤쪽에서 쉬는 모습을 볼 수 있다.

토케이 게코의 사육환경은 높은 습도가 유지될 수 있도록 조성해줘야 한다.

먹이의 종류와 먹이급여방법

야생에서는 주로 곤충류나 작은 도마뱀 등을 잡아먹고 살며, 밤에 인가에서 흘러나온 불빛에 모여드는 벌레들을 잡아먹는다. 사육환경에서는 귀뚜라미나 슈퍼웜을 급여하고, 칼슘은 1주일에 1회 더스팅해서 제공하면 된다.

암수의 구분과 번식

일반적으로 수컷이 암컷보다 크고 단단한 몸체를 가졌기 때문에 비교적 구분하기 쉬운 편이다. 총배설강 주위에 커다란 혹과 같은 고환이 있어 그것으로도 쉽게 구분된다. 열대에 서식하는 도마뱀들 대부분이 우기를 지내고, 우기가 끝날 때쯤 번식에 돌입한다. 사육 시에도 인위적으로 온도를 낮춰주고 습도를 높여주는 방법으로 쿨링을 하면 호르몬 분비를 촉진해 번식에 들어가게 된다. 쿨링을 위한 방법은 다음과 같다. 일단 건강한 암수를 선택해 1주일간 먹이를 주지 않는다. 체내의 먹이가 완전히 소화돼 배설이 끝나면 서서히 온도를 낮춰주는데, 낮 온도는 27℃ 정도로 유지하고 밤에는 15~17℃ 정도로 낮춰주며, 밤에 분무를 해서 습도를 100%에 가깝도록 해준다. 이 상태로 약 8주를 보낸 후 1주일간 온도를 서서히 올려주고 먹이를 다시 급여하면, 발정이 오고 번식에 돌입하게 된다.

한 케이지에 한 쌍을 기를 경우 쉽게 번식이 된다. 번식기 때의 수컷은 암컷을 물어 몸 여기저기에 상처를 내는데, 암컷의 몸에 상처가 났으면 교미를 했다고 봐도 되며, 계속해서 수컷이 암컷을 괴롭히지 않는다면 굳이 격리시킬 필요는 없다. 교미가 끝난 후 약 한 달에서 두 달이 경과되면 사육장 내의 벽면이나 유목 등에 한두 개의 알을 낳는다. 토케이 게코는 땅에 알을 낳는 다른 게코류와 달리 벽이나 나무 틈에 끈적거리고 동그란 알을 붙여서 낳는다. 시간이 지나면 알이 딱딱하게 굳게 되므로 억지로 떼어내서 인큐베이팅을 할 필요는 없다. 이때 알을 그대로 방치하면 어미들이 오가면서 건드려 알이 상할 수 있으므로 알을 어미로부터 완벽하게 격리시켜야 한다. 작은 델리컵(플라스틱 컵) 등으로 알 주변을 덮고 테이프로 고정시킨 다음, 델리컵에 공기가 순환되도록 구멍을 여러 개 뚫어주면 된다. 그 안에 약간의 습기가 있는 물에 적신 수태를 같이 넣어주는 것도 좋다. 갓 태어난 새끼도마뱀은 어미에게 좋은 먹잇감이 될 수 있으므로 부화하고 난 다음에도 어미와 격리사육해야 한다. 부화하는 데는 약 60~100일 정도 소요된다.

사육 시 주의할 점

토케이 게코는 야생에서도 그렇지만 사육 하에서도 매우 재빠른 도마뱀으로서 방심하면 눈 깜짝할 새에 천장 위로 도망가 버리므로 주의해야 한다. 특히 먹이를 급여할 때나 청소할 때 사육장 밖으로 탈출하지 못하도록 조심해야 한다. 탈출한 도마뱀을 잡을 때는 도마뱀의 진행방향 앞쪽으로 손을 뻗어 손바닥으로 머리를 지그시 누른 다음, 머리 부분을 잡도록 한다. 몸통이나 꼬리를 잡을 경우 물릴 수 있으며, 꼬리를 끊어버릴 위험이 있다. 만약의 탈출을 대비해 매미채나 열대어용 뜰채 등을 항상 준비해두는 것이 좋겠다.

주간에 몸을 숨길 수 있는 유목이나 바크보드 등을 넣어주는 것이 좋다.

도마뱀부치과 (Gekkonidae)

리프테일 게코

- **영 명** : Leaf-tailed gecko
- **몸길이** : 22~30cm
- **수 명** : 약 10~15년
- **활 동** : 야행성
- **학 명** : *Uroplatus spp.*
- **번 식** : 난생
- **서식지** : 마다가스카르섬
- **사육난이도** : 上

아프리카 마다가스카르섬에 서식하는 리프테일 게코 무리들은 완벽한 보호색을 가지고 있으며, 꼬리 모양이 나뭇잎과 닮아 있다. 독특한 외모를 가지고 있는 이들은 야생에서 나무에 붙어 있으면 몸 색깔, 심지어 눈 색깔도 이끼가 낀 나무의 거친 무늬와 흡사해 구분이 잘 되지 않는다. 주로 해발이 높은 고지대에 서식하며, 종에 따라서는 덤불이나 낙엽 사이에 서식하기도 한다. 낮에는 커다란 나무에 머리를 아래쪽으로 향한 채 거꾸로 매달려 휴식을 취하며, 밤이 되면 먹이가 되는 곤충을 잡기 위해 활동하는 야행성 게코류다. 방해를 받으면 꼬리와 머리를 들고 입을 벌린 채 소리를 지른다.

외형적인 특징과 생태

나뭇잎을 닮은 넓적한 꼬리가 특징이고, 주둥이는 길쭉하고 넓으며 끝으로 갈수록 좁아진다. 눈꺼풀이 없는 커다란 눈을 가지고 있는데, 눈꺼풀이 없는 많은 도마뱀들이 그렇듯 투명한 막으로 눈이 보호되고 있으며, 종종 혀를 이용해 눈을 깨끗이 닦는다. 빛의 세기에 따라 고양잇과 동물의 눈처럼 조리개가 확대·축소되며, 밤에도 색상을 구분할 수 있다. 낮 동안 거의 움직이지 않고, 한 장소에서 나무껍질 같은 색으로 위장한 채 보낸다.

적절한 사육장환경 조성

높지 않은 온도와 높은 습도를 요구하는 열대우림형 도마뱀으로서 약한 일반 백열램프를 이용해 온도를 조절해 주도록 하며, UVB램프는 필요치 않다. 크레스티드 게코의 사육법과 거의 같고, 낮 동안의 온도는 23~27℃가 좋으며, 야간에는 18~20℃ 정도로 온도편차가 있는 것이 좋다. 한여름에는 오히려 사육장 내의 온도가 너무 올라가지 않도록 신경 써야 한다.

사육장 내에 살아 있는 식물 화분을 비치해두거나, 식물을 바닥재에 직접 심어 70~80%의 습도를 유지시켜준다. 사육장 내에 정체돼 있는 공기나 과도한 습도는 곰팡이성 질환을 유발하는 등 건강에 악영향을 미치게 되므로 환기가 용이하도록 사육장의 위는 철망구조로 제작돼 있는 것이 좋다. 나무에 매달리는 습성이 있는 종이기 때문에 유목이나 바크보드를 비치함으로써 편히 매달려 쉴 수 있는 곳을 마련해주는 것이 바람직하다. 사육장의 크기는 가로 45cm, 폭 46cm, 높이 60cm 정도 되는 것이 적당하다.

리프테일 게코의 종류(학명 / 영명)

- *Uroplatus alluaudi* / Northern leaf-tailed gecko
- *Uroplatus ebenaui* / Spearpoint leaf-tailed gecko
- *Uroplatus fimbriatus* / Common leaf-tailed gecko
- *Uroplatus giganteus* / Giant leaf-tailed gecko
- *Uroplatus guentheri* / Günther's leaf-tailed gecko
- *Uroplatus henkeli* / Frilled leaf-tailed gecko, Henkel's leaf-tailed gecko
- *Uroplatus lineatus, Uroplatus malahelo, Uroplatus malama* / Lined leaf-tailed gecko
- *Uroplatus phantasticus* / Satanic leaf-tailed gecko
- *Uroplatus pietschmanni* / Cork-bark leaf-tailed gecko
- *Uroplatus sikorae(U.s. sameiti, U.s. sikorae)* / Mossy leaf-tailed gecko

자주 분무를 해줘야 하는데, 이때 많은 사육자들이 간과하기 쉬운 것이 분무기 내 물의 상태다. 받아놓은 지 너무 오래된 물은 좋지 않으므로 매일 확인해서 갈아주도록 하며, 수돗물을 바로 사용하기보다는 열대어용으로 나온 염소제거제를 이용해 염소가 제거된 물을 분무해주는 것이 바람직하다. 잦은 핸들링은 심한 스트레스를 주게 되므로 삼가는 것이 좋으며, 취침등으로 판매되는 10W짜리의 불빛이 강하지 않은 붉은색 전구나 푸른색 전구를 야간에 켜주면 활발히 움직이는 모습을 관찰할 수 있다.

먹이의 종류와 먹이급여방법

리프테일 게코는 완전한 육식성 식성을 지닌 도마뱀이며, 곤충을 주식으로 한다. 귀뚜라미나 슈퍼웜, 왁스웜, 누에 등을 급여하고 1주일에 한 번 칼슘을 더스팅해서 제공한다.

암수의 구분과 번식

일반 게코와 마찬가지로, 성체 때 고환의 유무로 암수를 쉽게 구별할 수 있다. 열대에 서식하는 도마뱀이므로 사육 시에도 인위적으로 온도를 낮춰주고 습도를 높여주는 방법으로 쿨링을 해주면 호르몬의 분비촉진으로 인해 번식에 들어가게 된다. 쿨링을 위해서는 일단 건강한 암수를 선택해 1주일간 먹이를 주지 않고, 체내 먹이가 완전히 소화돼 배설이 끝나면 서서히 온도를 낮춰준다. 이때 낮 온도는 25℃ 정도로 유지한다. 야간온도의 경우 첫째 날은 20℃, 둘째 날은 18~19℃, 셋째 날은 16~17℃ 정도로 더 낮춰주며 최종적으로 주간온도 20℃, 야간온도 12℃로 설정해준다. 야간에 분무를 해줌으로써 습도를 100%에 가깝도록 조절한다. 이 기간 동안 먹이는 급여하지 않으며, 대신 물은 항상 충분히 먹을 수 있도록 급여한다. 이 상태로 3개월을 보낸 후 1주일간 온도를 서서히 올려주고 먹이를 다시 급여하면, 발정이 오고 번식에 돌입하게 된다. 쿨링은 겨울철에 이뤄지는 것이 온도를 낮추는 데 유리하며, 열원의 와트 수로 온도를 조절해줄 수 있다. 교미 후 약 2달이면 알을 낳는데, 바닥재를 치운 후 알상자를 마련해주면 그곳에서 산란하게 된다. 부화온도는 22~25℃가 적당하며, 온도가 높으면 알의 상태가 좋지 않고 죽을 수 있다. 부화일수는 온도에 따라 차이가 나는데, 보통 90~110일 정도 소요된다.

사육 시 주의할 점

비교적 낮은 온도와 높은 습도를 요구하기 때문에 사육장에 배설물이나 먹다 남은 먹이로 인해 곰팡이가 발생할 수 있으므로 청결과 환기에 최대한 신경 써야 한다. 꼬리가 끊어질 수 있으므로 다룰 때 조심해야 하며, 잦은 핸들링은 삼가는 것이 좋다.

뛰어난 위장술을 가진 리프테일 게코는 낮 동안 거의 움직이지 않고, 한 장소에서 나무껍질 같은 색으로 위장한 채 보낸다

© Charles J. Sharp CC BY-SA 4.0

사탄 리프테일 게코

- **영 명**: Satanic/ Fantastic leaf-tailed gecko
- **몸길이**: 6~9cm
- **수 명**: 약 10년
- **활 동**: 야행성
- **학 명**: *Uroplatus phantasticus*
- **번 식**: 난생
- **서식지**: 아프리카 마다가스카르섬
- **사육난이도**: 上

마다가스카르에 서식하는 작은 크기의 사탄 리프테일 게코는 게코 무리 중에서 가장 독특하고 아름다운 종이 아닌가 싶다. 완벽하게 마른 나뭇잎과 같은 외모를 가지고 있으며, 개체에 따라 연한 분홍색에서 노란색, 갈색 그리고 나무에 녹색이끼가 낀 듯한 피부색을 띠는데, 이는 주변 환경과 어우러져 완벽한 보호색이 된다. 낮은 관목이나 낙엽이 많이 쌓인 밀림의 하단부에 주로 서식하며, 서식지의 해발은 높은 편이어서 주로 서늘한 곳에 머문다. 발가락 아래의 점착성 비늘과 구부러진 강한 발톱 덕분에 나무 사이를 능숙하게 이동할 수 있으며, 의태뿐만 아니라 다양한 행동을 통해 포식자를 피하는 데 능숙하다.

외형적인 특징과 생태

눈 위에 날카로운 뿔과 같은 돌기가 있고, 짧은 주둥이와 눈꺼풀이 없는 큰 눈, 나뭇잎을 닮은 납작한 꼬리가 특징이다. 꼬리는 심지어 벌레를 먹은 듯한 나뭇잎의 상처까지도 흉내 내고 있다. 눈동자도 체색과 마찬가지로 색이 다양한데, 체색이 진할수록 붉은색을 띠거나 회색 혹은 갈색을 띤다. 정면에서 바라보면 붉고 큰 눈과 눈 위에 뾰족한 돌기가 있어 화가 난 듯한 표정이다. 이 때문에 사탄 리프테일 게코(Satanic leaf-tailed gecko)라는 이름이 붙여졌는데, 전체적인 모습은 판타스틱 리프테일 게코(Fantastic leaf-tailed gecko)라는 이름이 더욱 잘 어울린다. 리프테일 게코 무리 중에서도 작은 종에 속하며, 가장 독특하고 아름다운 종이다. 하지만 온도가 낮고 습한 환경을 요구하기 때문에 사육이 매우 까다롭다.

적절한 사육장환경 조성

사육장은 그다지 클 필요는 없다. 너무 큰 사육장은 오히려 움직임이 적은 게코가 먹이를 사냥하는 데 어려움이 있으므로 30x30x60cm 정도가 적당하다. 높은 습도를 요구하므로 바닥재는 피트모스나 상토 등을 이용하며, 살아 있는 식물을 배치해 습도를 높여준다. 본종이 원하는 적정습도는 약 85% 정도인데, 이는 살아 있는 식물과 잦은 분무로 유지할 수 있다.
매달려 쉴 수 있는 작은 나뭇가지를 비치해주고, 심리적 안정을 위해 낙엽이나 코르크보드 등 게코의 몸 색깔과 비슷한 색상의 조형물로 환경을 꾸며준다. 조명은 낮은 와트 수의 백열전구를 이용하되 낮 동안은 25℃ 이상 올라가서는 안되며, 야간에는 15~18℃ 정도로 낮춰줘야 한다. 26℃ 이상의 온도는 도마뱀에게 많은 스트레스를 주며, 서서히 죽음에 이르게 한다. 한여름에 인위적으로 20℃ 이하로 온도를 낮춰야 한다는 것은 매우 어려우며, 이는 본종을 오래 기르지 못하는 이유가 되기도 한다.
여름철 사육장의 온도를 낮춰주는 방법은 여러 가지가 있다. 사육장에 팬을 달아주는 방법, 미스팅 시스템을 이용한 잦은 분무로 사육장 내부의 온도를 낮춰주는 방법, 에어컨을 이용하는 방법, 커다란 대야에 작은 페트병을 얼려서 물에 띄운 후 사육장 아래 부분을 물에 잠기게 해주는 방법 등으로 온도를 낮춰줄 수 있다.

사탄 리프테일 게코 수컷

사탄 리프테일 게코 암컷

먹이의 종류와 먹이급여방법

먹이로는 일반적인 작은 귀뚜라미나 슈퍼웜 그리고 야생에서 즐겨 먹는 나방 등을 급여한다. 완전하게 충식만 하는 게코류이며, 1주일에 한 번 칼슘을 먹이에 더스팅해서 급여한다. 낮은 물그릇에 항상 깨끗한 물을 담아 제공해야 하며, 자주 분무를 해줘야 한다.

암수의 구분과 번식

일반 게코와 마찬가지로, 성체 때 꼬리형태와 고환의 유무로 쉽게 암수를 구별할 수 있다. 현재 국내에서 번식된 사례는 없으며, 외국의 동물원이나 개인사육자 사이에서는 번식이 종종 이뤄지고 있다. 특별히 쿨링 없이 번식이 되기도 한다. 수컷끼리의 경쟁심을 유발해 번식을 유도하기도 하는데, 각각 한 쌍이 들어간 사육장을 서로 마주 보이게 해서 사육하면 수컷들은 상대 수컷에게 경쟁의식을 느껴 번식에 돌입하게 된다. 암컷은 한 달 간격으로 알을 낳고, 부화는 21~23℃의 온도에서 약 3달가량 소요된다. 너무 높은 온도에서 인큐베이팅을 진행할 경우 알이 쉽게 부패한다.

사육 시 주의할 점

높은 습도를 요구하는 동물을 기를 때 사육주들이 간과하기 쉬운 부분이 바로 사육장 내 환기문제다. 특히 환기가 쉽지 않은 열대어수조 형태의 사육장에서 도마뱀을 기를 경우 사육장 내의 침체된 공기가 여러 가지 박테리아나 세균을 증식시켜 악영향을 끼치게 된다. 따라서 습도유지와 함께 환기에도 세심하게 신경을 쓰도록 해야 한다.

도마뱀붙이과 (Gekkonidae)

자이언트 데이 게코

- 영　명 : Giant day gecko
- 몸길이 : 25~28cm
- 수　명 : 약 10~12년
- 활　동 : 주행성
- 학　명 : *Phelsuma grandis*
- 번　식 : 난생
- 서식지 : 아프리카 마다가스카르섬
- 사육난이도 : 下

자이언트 데이 게코는 주행성 데이 게코류로서 나무 위에서 살아가는 수상성의 생활양상을 보인다. 이 종이 속한 펠수마속(*Phelsuma*)에는 70개 이상의 종과 아종이 포함돼 있다. 펠수마는 네덜란드 내과의사(Murk van Phelsum)의 이름을 따서 붙여진 이름이다. 자이언트 데이 게코는 큰 덩치 때문에 흔히 마다가스카르 자이언트 데이 게코(Madagascar giant day gecko)로도 불린다. 원서식지는 마다가스카르 북부의 열대 및 아열대 숲이지만, 서식지범위 밖의 다른 아열대지역에도 유입됐다. 야생에서 다양한 무척추동물, 아주 작은 척추동물, 꿀을 먹고 산다. 현재 이국적인 반려동물로 분양되며 사육되고 있다.

외형적인 특징과 생태

게코류의 대부분이 야행성인 것에 반해 데이 게코(Day gecko)는 말 그대로 낮에 활동하는 게코류다. 많은 종들이 형광색과 같은 화려한 밝은 색을 가지고 있으며, 그중 가장 큰 종이 바로 자이언트 데이 게코다. 밝은 에메랄드빛이 나는 녹색의 몸에 얼굴 옆선과 허리 부분에 붉은 반점이 있는 아름다운 색상을 띤다. 머리와 몸이 구분되는 목의 형태가 다른 게코류에 비해 두드러지지 않으며, 얼굴과 몸이 자연스러운 유선형으로 이어져 날렵한 인상을 준다.

체형은 전형적인 도마뱀의 형태를 닮았으며, 역시 벽이나 유리에 붙을 수 있는 발을 가지고 있다. 야행성 게코와 마찬가지로 눈꺼풀은 없지만, 야행성 게코처럼 눈의 조리개가 확대·축소되지는 않는다. 온순해 보이는 외모와 달리 영역성이 강하기 때문에 같은 종끼리 합사할 때 주의해야 한다. 한 케이지에 1쌍만을 사육할 수 있으며, 수컷은 물론이고 암컷끼리도 공격적인 성향을 강하게 보이는 게코류다.

적절한 사육장환경 조성

사육장은 기본적으로 열대우림형으로 세팅해주며, 고온과 고습의 환경을 제공해야 한다. 또한, 주행성 도마뱀이므로 스폿 램프와 UVB램프를 설치해준다. 사육장의 형태는 위로 높은 것이 좋으며, 일반적인 성체 1쌍 기준으로 볼 때 가로 45cm, 세로 45cm, 높이 60cm 크기가 적당하다. 벽에 붙을 수 있는 게코류이므로 기다란 유목이나 두꺼운 대나무를 두세 개 정도 사육장에 비스듬히 걸쳐두면 활동면적이 넓어지기 때문에 게코의 운동량을 높여주는 데 도움이 된다.

적정온도는 주간온도 27~30℃, 일광욕장소 30~32℃ 정도이며, 비교적 높지 않은 온도의 일광욕장소를 준비해준다. 야간에는 조명을 꺼서 25℃ 정도로 유지해야 한다. 적정습도는 70~80%이며, 습도를 유지할 수 있는 피트모스, 코코넛베딩 등의 바닥재를 깔아주도록 한다.

유리에도 붙을 수 있는 게코류의 독특한 발바닥

먹이의 종류와 먹이급여방법

야생에서는 작은 곤충류와 더불어 꽃의 꿀, 나무 수액, 잘 익은 과육을 핥아먹는다. 또한, 개미와 진딧물의 관계처럼 뿔매미(Orthobelus flavipes)라는 곤충과 공생관계를 가지는데, 뿔매미는 게코가 다가오면 항문에서 달콤한 물질을 분비하고 게코가 그것을 섭취한다.

사육 시 먹이는 작은 귀뚜라미, 슈퍼웜과 더불어 열대 과일로 이뤄진 아기이유식분말과 꿀, 비타민제, 비타민D_3가 함유된 칼슘제를 물에 개어 급여한다. 먹고 남은 먹이는 높은 온도와 습도에 의해 쉽게 상하므로 바로 치워줘야 한다. 대부분 분무 후 맺혀 있는 물을 좋아하지만, 항상 깨끗한 물을 낮은 그릇에 담아서 먹기 쉬운 유리 벽면 바로 밑이나 유목 밑에 비치해둔다.

암수의 구분과 번식

6~7개월이 지나야 암수를 구분하는 것이 가능하며, 수컷의 페로몬분비기관이 두드러지고 고환이 두드러져 구분하기 쉽다. 번식기가 되면 수컷은 암컷의 뒤를 집요하게 쫓아다니며 구애를 하는데, 그 과정에서 암컷이 상처를 입는 경우가 많으므로 암컷이 피할 수 있는 유목이나 식물 등이 비치돼 있어야 한다. 하지만 교미가 끝나면 암컷에 대한 수컷의 흥미가 서서히 줄어들고, 암컷의 상처가 아물게 되므로 굳이 수컷을 격리할 필요는 없다. 암컷은 임신 후 한 개나 두 개의 동그란 알을 유목 밑이나 식물의 잎사귀 위에 낳는다. 알은 인큐베이터로 옮긴 후 27°C로 인큐베이팅하면 55~65일이 지나 부화된다.

사육 시 주의할 점

데이 게코류는 움직임이 굉장히 민첩하기 때문에 다룰 때 조심해야 하며, 핸들링은 삼가는 것이 좋다. 만약 탈출했을 경우 꼬리가 쉽게 끊어질 수 있으므로 포획할 때는 조심해야 하며, 열대어용 뜰채 등을 이용해 포획하는 것이 바람직하다.

도마뱀부치과 (Gekkonidae)

일렉트릭 블루 데이 게코

- 영 명 : Electric blue day gecko, Electric blue gecko
- 몸길이 : 6cm
- 수 명 : 약 10년
- 활 동 : 주행성
- 학 명 : *Lygodactylus williamsi*
- 번 식 : 난생
- 서식지 : 아프리카 탄자니아
- 사육난이도 : 下

일렉트릭 블루 데이 게코는 탄자니아의 작은 지역이 원산지이며, 터콰이즈 드워프 게코(Turquoise dwarf gecko), 윌리엄 드워프 게코(William's dwarf gecko)라는 이름으로도 불린다. 현재 도마뱀부치과 중에서 심각한 멸종위기에 처해 있는 종으로 개체 수가 급격히 감소하고 있으며, 동물시장에서의 거래를 위한 불법적인 포획이 생존에 가장 주요한 위협이 된다. 야생에서 채집하는 것은 불법이지만 동물시장에서 널리 거래되고 있으며, 간혹 야생채집개체가 인공번식개체로 소개되기도 한다. 2004년 12월과 2009년 7월 사이에 최소 32,310~42,610마리가 포획된 것으로 추정되는데, 이는 당시 야생개체 수의 15%였다.

외형적인 특징과 생태

일렉트릭 블루 데이 게코는 아프리카의 탄자니아 연안 열대우림에 서식한다. 이 게코의 수컷은 강렬한 푸른빛을 띠며, 암컷은 올리브색이나 청록색을 띤다. 굉장히 팬시한 외모를 가지고 있으며, 국내에는 비교적 최근에 소개된 품종이다. 매우 아름다운 품종이지만, 소형이고 높은 분양가격 때문에 대중적이지는 못한 편이다. 수컷끼리의 영역성이 높아서 한 사육장에 두 마리의 수컷을 사육하는 것은 바람직하지 않다. 하지만 암컷들은 비교적 서로 공격성을 보이지 않아 소규모 그룹으로 기를 수 있다.

적절한 사육장환경 조성

사육장의 크기는 한 쌍을 사육할 경우 가로 30cm, 세로 30cm, 높이 45cm면 충분하다. 자이언트 데이 게코와 마찬가지로 벽에 붙어 활동하는 게코류이므로 사육장 내에 기다란 유목이나 대나무, 잎사귀가 넓은 식물을 심어주면 활동면적이 넓어지기 때문에 게코의 운동량을 높여주는 데 도움이 된다. 적정온도는 주간 27~30℃, 일광욕장소 30~32℃ 정도이며, 비교적 높지 않은 온도의 일광욕장소를 준비해 주도록 한다. 야간에는 조명을 꺼서 25℃ 정도를 유지해야 하며, 적정습도는 70~80%다. 바닥재는 습도를 유지할 수 있는 피트모스, 코코넛베딩 등을 깔아준다. 습도 유지를 위해 물에 적신 수태나 살아 있는 생이끼 등을 깔아주는 것이 좋다.

먹이의 종류와 먹이급여방법

일렉트릭 블루 데이 게코 역시 야생에서는 작은 곤충류, 꽃의 꿀, 나무 수액, 잘 익은 과육을 핥아먹는다. 크기가 작은 게코류이므로 사육 시 5mm 미만의 작은 귀뚜라미와

일렉트릭 블루 데이 게코 수컷   일렉트릭 블루 데이 게코 암컷

버팔로웜, 초파리 등과 더불어 열대과일로 이뤄진 아기이유식분말과 꿀, 비타민제, 비타민 D3가 함유된 칼슘제를 물에 개어 급여하도록 한다. 물그릇은 항상 비치해둬야 하며, 하루 두 번 분무해서 식물이나 유목에 맺힌 물을 핥아먹을 수 있도록 해준다.

암수의 구분과 번식

성체 때 수컷은 강렬한 푸른색을 띠며, 암컷은 에메랄드색을 띠게 되므로 쉽게 암수를 구분할 수 있다. 번식기 때 주로 암컷들은 끈적끈적하고 동그란 알을 사육장 내의 대나무 속이나 식물의 잎사귀, 유목의 갈라진 틈새 등에 한 개 혹은 두 개 붙여서 산란한다. 알이 처음에는 끈적끈적한 상태인데, 조금 지나면 딱딱해진다. 유목이나 벽에 붙은 알을 수거하는 과정에서 손상될 수 있으므로 무리하게 수거하지 말고 델리컵을 알 주위에 씌워 부화를 유도하도록 한다. 부화기간은 26~28℃에서 60~90일 정도 소요된다.

사육 시 주의할 점

현재 유통되는 일렉트릭 블루 데이 게코의 대부분은 야생채집개체이기 때문에 외부기생충인 붉은진드기(Red mite, *Dermanyssus gallinae*)가 몸에 붙어 있을 경우가 종종 있다. 워낙 작은 종이라서 일반적인 외부기생충을 제거하는 이버멕틴(Ivermectin)을 사용할 경우 도마뱀이 죽을 수도 있으므로 면봉에 올리브유를 묻혀 진드기를 제거해야 한다.

도마뱀부치과 (Gekkonidae)

뉴칼레도니안 자이언트 게코

- **영 명** : New Caledonian giant gecko
- **몸길이** : 30~33cm
- **수 명** : 약 15~20년
- **활 동** : 야행성
- **학 명** : *Rhacodactylus leachianus*
- **번 식** : 난생
- **서식지** : 누벨칼레도니섬(Nouvelle Calédonie)
- **사육난이도** : 下

1829년 프랑스의 동물학자 조르주 퀴비에(Georges Cuvier)가 처음 기술한 종으로, 리치 자이언트 게코(Leach's giant gecko)로도 불리며, 간단하게 리치라는 애칭으로 불린다. 현존하는 세계에서 가장 큰 도마뱀부치이며, 섬거대화(island gigantism: 섬에 고립된 동물종의 크기가 육지의 친척에 비해 극적으로 증가하는 생물학적 현상을 이른다)의 대표적인 표본으로 간주되고 있다. 뉴칼레도니아의 원주민 부족인 카낙족(Kanak people)은 본종을 두려워하는데, 사람의 몸에 달라붙어 그 사람의 영혼을 끌어내는 능력이 있다고 믿는 오래된 미신 때문이다. 서식지파괴와 황폐화로 인해 야생개체 수가 감소되는 추세이며, 종의 생존에 위협을 받고 있다.

외형적인 특징과 생태

몸은 회색이나 연한 갈색이며, 나무껍질과 비슷한 패턴의 녹색 또는 회색의 반점이 있어 위장에 능숙하다. 전체적인 외형은 둔해 보이며, 다른 야행성 게코류와 달리 얼굴에 비해 작은 눈, 튼튼하고 짧은 다리와 넓적한 발, 몸에 비해 날씬하고 짧은 꼬리를 가지고 있다.

적절한 사육장환경 조성

사육장은 위로 높은 형태가 좋으며, 유목과 조화 혹은 살아 있는 식물로 비바리움을 꾸며줄 수 있다. 사육장의 크기는 40x40x60cm면 적당하다. 사육장 안에 기다란 유목을 비스듬히 기대어 설치해주면 낮 동안 유목 뒤쪽에 매달려 쉰다. 야행성이므로 스폿 램프나 UVB등은 필요치 않다. 30℃에 가까운 고온은 도마뱀을 약하게 만들고 스트레스를 주게 되므로 낮 동안의 온도는 22~26℃가 적정하고, 야간에는 18~20℃로 5℃ 정도의 편차가 있는 것이 좋다. 한여름에는 사육장 내의 온도가 너무 올라가지 않도록 신경 써야 한다. 사육장 세팅 시에는 피트모스나 상토, 바크 등 수분을 머금을 수 있는 바닥재를 사용하며, 이끼나 살아 있는 식물을 심어서 습도가 유지될 수 있도록 해도 된다. 습도는 70%가 적당하다.

먹이의 종류와 먹이급여방법

야생에서는 곤충류와 더불어 달콤한 과육이나 나무의 수액, 꽃의 꿀 등을 먹는다. 사육 시에는 곤충류, 귀뚜라미나 슈퍼웜과 더불어 시판되는 열대과일로 이뤄진 아기이유식분말과 꿀, 비타민제, 칼슘제를 섞어서 물에 개어준다.

암수의 구분과 번식

새끼 때 암수를 구분하는 것은 어렵고, 성체 시에는 수컷의 고환이 두드러지므로 구분이 쉽다. 두 개의 알을 낳으며, 부화의 적정온도는 26℃, 부화기간은 70~90일 정도 소요된다.

사육 시 주의할 점

야생에서 자신보다 작은 도마뱀을 잡아먹기도 하므로 새끼와 어미의 합사는 피한다. 둔해 보이는 외모와 달리 빨리 움직일 수 있으므로 다룰 때 놓치지 않도록 주의해야 한다.

그린 이구아나

- 영　명 : Green iguana
- 몸길이 : 150~200cm
- 수　명 : 15~18년
- 활　동 : 주행성
- 사육난이도 : 上
- 학　명 : *Iguana iguana*
- 번　식 : 난생
- 서식지 : 멕시코부터 남아메리카까지 분포하며, 강가의 숲에 서식한다.

그린 이구아나는 아마도 모든 도마뱀 중에서 대중적으로 가장 널리 알려진 도마뱀일 것이다. 1960년대 처음 애완용으로 길러지기 시작한 이래 지금까지도 꾸준한 인기를 누리고 있는 그린 이구아나는 전 세계적으로 가장 많은 수가 분양되고 있는 반려도마뱀이다. 주로 콜롬비아에서 전 세계로 보내지고 있으며, 국내에도 1990년대 중반 본격적으로 수입돼 애완파충류의 장을 열게 한 장본인이다. 현재도 파충류 숍은 물론 대형마트의 반려동물 코너에서도 항상 빠지지 않고 한 자리를 차지하고 있다.

제8장 도마뱀의 주요 종　**337**

외형적인 특징과 생태

어릴 때는 밝은 녹색의 체색을 띠다가 점차 나이가 들어가면서 황갈색으로 변하게 된다. 서식지에 따라 약간의 차이를 보이는데, 중앙아메리카에 사는 아종(*Iguana iguana rhinolopha*)은 코끝에 작은 뿔과 같은 돌기가 있으며, 남아메리카에 사는 아종(*Iguana Iguana iguana*)은 코끝에 돌기가 없다. 밝은 녹색의 피부색과 잘 발달한 목주름, 목부터 척추를 따라 꼬리까지 돋아나 있는 돌기비늘은 마치 작은 공룡의 모습을 연상케 하며, 원시적이면서 매우 아름답다. 귀 아래 턱 끝부분에는 특징적인 둥그런 비늘을 가지고 있다.

그린 이구아나는 초보자가 기르기에는 사육난이도가 꽤 높은 도마뱀이며, 아직도 많은 이들이 그린 이구아나가 성체 때 2m 가까이 자란다는 사실을 모른다. 초창기에 다른 먹이가 필요 없이 토끼처럼 풀만 먹는 도마뱀이라는 이미지 때문에 기르기 쉽고 초보자에게 적합한 도마뱀으로 인식됐으나, 사실 새끼 이구아나를 성체까지 키워내는 데는 엄청난 노력과 지식이 필요하다. 다른 주행성 도마뱀들과 마찬가지로 꾸준한 일광욕이 필요하고, 새끼 때는 적절한 단백질도 공급돼야 하며, 성체에 다다르면 2m 가까이 커지게 되므로 그에 맞는 크고 안전한 사육장이 필요하다.

한 해에 이구아나만 1~2만 마리가 국내에 반입되고 있지만, 분양가가 저렴한 탓에 값이 싼 도마뱀이라는 이미지까지 더해져 대부분의 이구아나들이 적절치 못한 환경에 방치된 채 죽음을 맞이하고 있는 실정이다. 이구아나는 더 이상 초보자들의 사육입문용 도마뱀이 될 수 없으며, 이구아나를 기르고자 할 때는 그들이 원하는 환경을 충분히 조성해줄 수 있는지, 충분한 투자를 할 수 있는지를 고려한 후 입양을 결정해야 한다. 그린 이구아나는 충분히 그만한 가치가 있는 아름다운 도마뱀이며, 다른 소형 도마뱀들과 달리 낯선 이와 사육주를 구분할 수 있는 지능을 지닌, 몇 안 되는 영리한 도마뱀이다.

여유롭게 일광욕을 즐기고 있는 동물원의 그린 이구아나

적절한 사육장환경 조성

그린 이구아나는 멕시코부터 남아메리카까지 분포하고 강가의 숲에 서식하며, 고온다습한 환경을 요구한다. 사육장의 내부온도는 주간 29~30℃, 일광욕장소 35℃, 가장 온도가 낮은 지역은 27℃가 되도록 조성해주며, 습도는 80%가 적당하다. 야간에는 주간과 약 5℃의 온도편차를 주는 게 좋다. 사육장은 나중에 커질 것을 고려해 충분히 큰 것으로 준비해야 한다. 외국의 경우 방 하나를 아예 이구아나방으로 꾸며서 기르는 사육자도 많다.

일반적으로 현재 시판되고 있는 사육장은 그린 이구아나에게는 굉장히 좁은 편이므로 싱크대를 제작하는 공장에 직접 의뢰해 맞춤제작하거나, 길들여진 성체의 경우 시판되고 있는 커다란 고양이장형태의 철장에서도 기를 수 있다. 철장형태의 사육장인 경우 특히 습도유지를 위해 자주 몸에 분무를 해주는 것이 좋다. 최소한 가로 150cm, 폭 60cm, 높이 170cm 정도 크기의 사육장을 마련해줘야 하며, 이구아나의 건강과 복지를 위해서는 사육장의 크기는 크면 클수록 좋다는 점을 기억하자.

이구아나는 수상성 도마뱀이므로 사육장 상단부에 쉴 수 있는 장소를 만들어줘야 하며, 일광욕장소 또한 마련해줘야 한다. 앞서 언급했듯이, 성체 때 2m 가까이 자란다는 것을 감안하면 아예 방 하나를 이구아나 전용으로 꾸며주는 것도 좋은 방법이다. 사육장을 설치하는 장소도 될 수 있으면 바닥보다는 이구아나가 위에서 아래로 내려다볼 수 있는 높은 곳에 두는 것이 심리적으로 안정감을 주는 데 도움이 된다.

먹이의 종류와 먹이급여방법

많은 사육주가 그린 이구아나를 100% 초식성의 도마뱀으로 알고 있지만, 이는 전혀 잘못된 상식이며 그린 이구아나도 동물성 먹이를 필요로 한다. 어린 개체의 경우 동물성 먹이 30%, 식물성 먹이 70%의 비율로 급여하고, 성체로 갈수록 동물성 먹이의 비율을 줄여 동물성 먹이 10%, 식물성 먹이 90%의 비율로 급여한다. 야생에서는 작은 무척추동물이나 곤충류 심지어 작은 도마뱀을 먹기도 하지만, 식물의 어린 새싹이나 꽃, 풀, 열매 등을 주로 먹는다.

사육 시 이구아나의 먹이는 70%의 녹색채소(청경채, 배추, 무청, 치커리, 클로버, 민들레, 애호박), 20%의 과일(무화과, 사과, 배, 멜론, 망고, 파파야), 10%의 동물성 먹이(귀뚜라미, 슈퍼웜, 계란흰자)를 급여하거나 신선한 채소 50%와 더불어 이구아나 전용사료 50%를 급여한다. 특히 어린 이구아나에게는 UVB 조사와 함께 비타민D3가 함유된 칼슘과 비타민을 1주일에 2회 먹이에 더스팅해 급여하고, 수분을 충분히 보충해준다. 성체의 경우 1주일에 한 번 칼슘제와 비타민제를 급여하도록 한다.

최근 많은 사육주들이 이구아나에게 충분한 칼슘을 공급해야 한다는 사실과 UVB의 필요성도 잘 인지하고 있지만, 자칫 간과하기 쉬운 부분은 바로 수분급여에 관련된 것이다. 이구아나의 식단은 80% 이상이 식물성 먹이로 이뤄져 있어서 수분공급의 중요성을 잊는 경우가 많은데, 이는 큰 문제를 초래할 수 있

이구아나의 식단은 80% 이상이 식물성 먹이로 이뤄져 있어서 수분공급의 중요성을 잊는 경우가 많다.

원시의 아름다움을 느낄 수 있는 이구아나 성체 수컷

다는 점을 명심하도록 하자. 대사성 골질환을 염려한 과도한 칼슘급여와 더불어 부족한 수분공급은 체내에 쌓인 칼슘을 배출하지 못함으로써 결석 등을 유발할 수 있으며, 실제로도 많은 이구아나들이 이와 같은 이유로 병원을 찾게 된다. 이를 예방하기 위해서는 반드시 수분을 충분하게 공급해야 한다. 사육장 내에 깨끗한 물을 먹을 수 있는 물그릇을 항시 비치해두고, 직접 몸에 물을 자주 분무해주거나 몸이 완전히 잠길 수 있는 욕조 같은 곳에 물을 받아서 1주일에 2회 이상의 온욕을 시키면 수분공급에 도움이 된다.

암수의 구분과 번식

어린 개체는 암수를 구분하는 것이 어렵다. 1년 정도 지나면 수컷의 경우 페로몬분비기관인 서혜인공이 두드러지며, 목의 주름이나 목덜미의 갈기비늘이 암컷보다 발달한다. 야생의 이구아나는 소규모로 집단생활을 하고, 수컷은 각각의 영역을 가지며 몇몇의 암컷 이구아나를 거느린다. 현재 반려동물시장에서 유통되는 이구아나는, 야생에서 채집된 개체를 농장에서 넓은 부지에 울타리를 쳐서 자연번식시키는 팜브리딩(farm breeding) 방식으로 번식시킨 개체들이다. 사육 하에서 이구아나를 번식시키는 것은 일반 가정에서는 많은 무리가 따르며, 충분한 공간이 확보돼야 한다. 번식기 때의 수컷은 앞다리와 몸통이 밝은 주황색을 띠며, 주로 6~7월에 발정이 온다. 이때는 극도로 예민해지며 수컷의 공격성이 두드러지는데, 이러한 이유로 이구아나는 암수 모두 3살이 되면 불임수술을 해주는 것이 바람직하다. 이구아나 암컷은 무정란 생산으로 인한 알막힘(egg binding)이 발생할 위험이 있으며, 수컷 이구아나는 5살 이상이 되면 번식기 때가 아니더라도 공격성이 두드러지는 경향이 있기 때문에 수컷 또한 불임수술을 시키는 것이 좋다.

사육 시 주의할 점

이구아나의 긴 꼬리는 잡아당기거나 충격이 가해지면 끊어질 수 있기 때문에 핸들링을 할 때 주의해야 한다. 잘린 꼬리는 재생은 되지만 길이나 모양이 정상적으로 복원되지 않아 관상적 가치가 떨어지기 때문에 다룰 때 꼬리는 절대 잡지 않도록 하는 것이 좋다. 이구아나와 친해지기 위해서는 우선 사육주가 위험한 대상이 아니라는 것을 인지시키는 것이 중요하다. 잦은 스킨십으로 친해질 수 있는데, 대부분의 이구아나는 사람이 자신을 만지는 것을 별로 좋아하지 않고 또 이를 허락하지 않는다. 이렇게 예민한 이구아나를 주인의 손길에 익숙해질 수 있도록 길들이는 방법은 바로 분무를 이용하는 것이다.

분무는 이구아나의 긴장을 풀어준다. 예민하고 거친 이구아나라 할지라도 얼굴과 몸 쪽에 분무를 해주면, 고개를 쳐들고 눈을 감으며 그 상황을 즐기는 듯한 표정을 짓는다. 이때 목의 갈기 부분을 살살 만져주면서 사람의 손길에 익숙하도록 여러 번 반복하면 대부분의 이구아나는 더 이상 주인의 손길을 거부하지 않게 된다.

이구아나는 사람이 만지는 것을 좋아하지 않는데, 잦은 스킨십을 통해 사육주가 위험한 대상이 아니라는 것을 심어주면 주인의 손길을 거부하지 않게 된다.

그린 아놀

- **영　명** : Green anole
- **몸길이** : 12~18cm
- **수　명** : 6년, 최대 8년
- **활　동** : 주행성
- **학　명** : *Anolis carolinensis*
- **번　식** : 난생
- **서식지** : 미국 남동부
- **사육난이도** : 下

미국 남동부가 원산지인 그린 아놀은 태평양 및 카리브해의 섬에 유입된 아놀류로 나무 위에서 살아가는 수상성(tree-dwelling) 종이다. 체형이 날씬한 중소형 도마뱀으로서 그린 아놀 외에 여러 가지 이름으로도 불린다(Carolina anole, Carolina green anole, American anole, American green anole, North American green anole, Red-throated anole). 트렁크-크라운 에코모프(trunk-crown ecomorph; 에코모프는 종의 지역적 다양성을 이른다)이며, 녹색에서 갈색까지 여러 가지 음영으로 체색을 바꾸는 능력이 있다. 이 때문에 반려동물시장에서 아메리칸 카멜레온(American chameleon)이라는 이름으로 유통되기도 하는데, 진짜 카멜레온은 아니다.

외형적인 특징과 생태

미국에 서식하는 도마뱀이며, 유사종으로 브라운 아놀(Brown anole, *Anolis sagrei*)이 있다. 그린 아놀은 도마뱀부치류처럼 미끄러운 유리면에 붙을 수 있는 발을 가지고 있다는 것이 큰 특징이다. 몸에 비해 큰 머리, 청록색의 눈두덩과 작은 눈, 밝은 녹색의 피부, 청록색의 배, 흰색의 턱, 평소에 숨겨져 있으나 수컷이 과시행동을 할 때 나오는 부채와 같은 붉은 목주름 등 귀엽고 앙증맞은 외모를 가진 도마뱀이다. 이러한 특징 외에도 컨디션이나 감정에 따라 몸의 색상이 밝은 녹색에서 갈색으로 변할 수 있는 특성이 있으며, 온순하고 다루기 쉬워서 도마뱀을 처음 기르는 초보자도 쉽게 기를 수 있는 종이다.

적절한 사육장환경 조성

사육장의 형태는 열대우림형으로 세팅해준다. 가로 35cm, 세로 35cm, 높이 60cm 크기의 사육장에 수컷 1마리와 암컷 3마리를 사육할 수 있다. 더 작은 채집통이나 사육장에서도 얼마 동안의 사육은 가능하지만 건강하게 오래 기를 수는 없으며, 램프나 스폿 램프를 설치하기 위해서도 최소한의 크기가 보장돼야 한다. 사육장의 내부온도는 주간 27~28℃, 일광욕장소 30~32℃, 가장 온도가 낮은 지역은 27℃가 되도록 조성해주며, 습도는 70%가 적당하다. 도마뱀부치류처럼 벽에 붙을 수 있는 도마뱀종이므로 잎이 넓은 식물이나 유목 등을 비스듬히 세워두면 활동면적이 넓어진다. 바닥재는 원예용 상토와 피트모스를 혼합해 깔아주고, 상단은 이끼나 바크 등으로 마무리하면 좋다.

브라운 아놀(Brown anole, *Anolis sagrei*)

과시행동(디스플레이, display)을 보이고 있는 브라운 아놀 수컷

메이팅 중인 그린 아놀 암수 | 부적절한 관리로 인해 갈비뼈가 드러날 정도로 야윈 상태

먹이의 종류와 먹이급여방법

완전한 육식성 도마뱀이며, 곤충을 주식으로 한다. 납작하고 길쭉한 얼굴을 가지고 있으며, 체형 또한 날씬하다. 입의 크기도 다른 신체의 비율에 비해 큰 편이어서 꽤 큰 먹이도 삼킬 수 있지만, 도마뱀 머리 크기의 1/2 정도 되는 먹이를 급여하는 것이 바람직하다. 사육 시에는 작은 크기의 귀뚜라미나 슈퍼웜, 버팔로웜 등을 급여하며, 주행성 도마뱀이기 때문에 UVB 조사와 함께 비타민D3가 함유된 칼슘과 비타민을 1주일에 1회 먹이에 더스팅해서 급여한다. 수분이 충분히 공급돼야 하므로 낮은 물그릇에 항상 깨끗한 물을 담아 비치하도록 하고, 자주 분무를 해줘야 한다.

암수의 구분과 번식

외형적으로 수컷은 암컷보다 크고 머리가 발달해 있으며, 디스플레이(display: 과시행동) 행동을 할 때 목에 삼각형의 붉은 주름이 팽창한다. 번식은 사육장 안에서도 자연스럽게 이뤄지는데, 번식을 위해서는 소규모 그룹을 지어주는 것이 좋다. 보통 수컷 1마리에 암컷 3마리 정도를 그룹지어 사육할 경우, 수컷은 번식기가 되면 부채와 같은 아름다운 목의 주름을 펴고 머리를 흔들면서 암컷의 뒤를 쫓아다니며 구애한다. 산란은 가을쯤에 하며, 한 개의 알을 낳는다. 알은 주로 바닥의 유목 밑부분이나 이끼 사이에 낳으며, 습도 80%에 온도 26~29℃의 환경에서 인큐베이팅을 하면 약 4~6주 후에 부화된다.

사육 시 주의할 점

다른 도마뱀에 비해 작고 약한 그린 아놀은 작은 충격에도 꼬리가 쉽게 끊어질 수 있기 때문에 일상적인 관리 등을 위해 핸들링할 때 특히 주의해서 다뤄야 한다.

나이트 아놀

- **영 명**: Knight anole
- **몸길이**: 33~45cm
- **수 명**: 10~15년
- **활 동**: 주행성
- **학 명**: Anolis equestris
- **번 식**: 난생
- **서식지**: 쿠바, 북아메리카 산림
- **사육난이도**: 下

아놀류 중에서 가장 큰 종이며, 이로 인해 기사아놀(Knight anole)이라는 이름이 붙여졌다. 일반적으로 쿠반 나이트 아놀(Cuban knight anole or Cuban giant anole)로 불리며, 미국 플로리다에도 유입돼 토착화된 종이다. 나이트 아놀은 에퀘트리스 콤플렉스(Equestris complex; *A. baracoae, A. luteogularis, A. noblei, A. pigmaequestris A. smallwoodi*)로 알려진 쿠바산 아놀 그룹에 속하는 종이며, 이 그룹의 아놀은 전체적으로 유사하다(외양과 행동 모두 크라운-자이언트/crown-giant 에코모프에 속한다). 나이트 아놀은 쿠바, 히스파니올라, 푸에르토리코에서 발견되는 몇몇 종과 함께 데이롭틱스속(*Deiroptyx*)으로 분류되기도 한다.

외형적인 특징과 생태

체색은 밝은 녹색을 띠며, 간혹 갈색이나 짙은 녹색 반점을 가진 개체들도 있다. 양쪽 눈 밑으로 입 주변과 어깨 위에는 각각 두 개의 밝은 노란색 또는 흰색의 줄무늬가 자리 잡고 있다. 수컷의 목주름은 분홍색이다. 머리는 크고 주둥이는 뾰족하며, 입이 상당히 큰 편이다. 적으로부터 위협을 받을 때 큰 입을 벌려 상대를 위협하는 자세를 취하며, 공격적인 성향이 다른 종에 비해 상대적으로 높다. 야생에서는 대개 야자수의 수관부나 큰 나무 위에서 서식한다. 쿠바가 원산이지만 미국 플로리다에 유입된 종들은 곤충이나 작은 개구리, 친척인 그린 아놀이나 브라운 아놀을 잡아먹는다. 이러한 육식성 먹이 외에 식물성 먹이도 섭취하는데, 잘 익은 과일이나 나무의 여린 새싹 등을 먹는다.

적절한 사육장환경 조성

위로 긴 형태의 열대우림형 사육장이 좋으며, 일광욕장소와 쉴 곳은 사육장의 상단부에 위치하게 해줘야 한다. 사육장의 크기는 가로 60cm, 세로 45cm, 높이 60cm가 적당하다. 사육장의 내부온도는 주간 27~28°C, 일광욕장소 30~32°C, 가장 온도가 낮은 지역은 27°C가 되도록 조성해주며, 습도는 70%가 적당하다. 야간의 온도는 23°C 정도로 낮춰주는 것이 좋다. 바닥에서 먹이곤충을 잡아먹을 때 큰 입으로 바닥재를 같이 섭취함으로써 장폐색증에 걸릴 가능성이 높다. 따라서 바닥재는 피트모스와 모래를 5:5의 비율로 섞어 사용하도록 하고, 상단은 이끼로 마무리해주는 것이 바람직하다.

먹이의 종류와 먹이급여방법

잡식성 도마뱀으로 육식성 먹이 80%, 식물성 먹이 20%의 비율로 급여한다. 육식성 먹이로는 주로 귀뚜라미나 슈퍼웜을 급여하며, 가끔 핑키를 급여한다. 주행성 도마뱀이므로 UVB 조사와 함께 비타민D3가 함유된 칼슘과 비타민을 1주일에 1회 먹이에 더스팅해서 급여한다. 식물성 먹이로는 푸른잎 채소와 달콤한 과일류를 좋아하며, 사과나 바나나 등 달콤한 과일이나 아기이유식으로 나온 열대과일이유식에 칼슘과 비타민 등을 섞어 작은 접시에 담아줘도 좋다. 수상성 도마뱀으로 주로 고인 물보다는 나뭇잎에 맺힌 물을 핥아먹는 습성이 있으므로 아침저녁으로 사육장 내에 듬뿍 분무를 해주는 것이 좋으며, 더불어 낮은 물그릇에 항상 깨끗한 물을 담아 제공하도록 한다.

암수의 구분과 번식

암수를 구분하는 것은 비교적 쉽다. 수컷의 경우 암컷보다 크고 목 밑의 늘어진 볏을 관찰할 수 있다. 또한, 뒷다리에 페로몬분비기관인 서혜인공이 잘 발달돼 있어 이것으로도 구분이 가능하다. 야생에 서식하는 종은 10월부터 3월까지 번식하며, 사육상태에서는 봄에서 초여름에 번식에 들어간다. 사육 하에서 번식은 자연스럽게 이뤄지기도 하지만, 번식 계획이 있다면 쿨링을 시켜주는 것이 좋다. 쿨링이 끝난 후 발정이 오면 수컷은 암컷을 쫓아다니면서 목의 볏을 펼치고 머리를 까닥거리는(헤드 보빙, head-bobbing) 구애행동을 하며, 암컷은 대부분 처음에는 도망 다니다가 수컷을 받아들이게 된다. 수컷이 암컷의 목덜미를 물고 2~3차례 반복적으로 교미를 한다. 매주 1~2개의 알을 2주 간격으로 낳으며, 부화까지는 35~65일 정도 소요된다.

짝짓기 중인 나이트 아놀 암수. 수컷은 보통의 녹색에서 어두운 색으로 변한 상태다. 아직 탈피되지 않은 허물이 희끗무레하게 남아 있다. ⓒ CC BY-SA 4.0 Elwikieditor

사육 시 주의할 점

카멜레온처럼 몸의 색이 급격하게 밝아졌다 어두워졌다 하기도 하는데, 주로 스트레스를 받게 되면 어두운 색상으로 변한다. 현재 반려동물시장에서 유통되고 있는 나이트 아놀의 경우 대부분이 야생채집개체이므로 입양받은 후 구충을 실시하는 것이 필수적이다.

블랙 스파이니테일 이구아나

- **영 명** : Black spiny-tailed iguana
- **몸길이** : 70~100cm
- **수 명** : 8~10년
- **활 동** : 주행성
- **사육난이도** : 中
- **학 명** : *Ctenosaura similis*
- **번 식** : 난생
- **서식지** : 중앙아메리카의 멕시코에 서식하며, 미국의 플로리다에도 유입됐다. 주로 바위 해안가의 관목림 등에서 발견되며, 반건조지대에 서식한다.

일반적으로 블랙 이구아나(Black iguana) 또는 블랙 스파이니테일 이구아나(Black spiny-tailed iguana)로 알려져 있으며, 멕시코와 중앙아메리카, 카리브해와 태평양의 일부 콜롬비아섬에 서식하는 도마뱀이다. 플로리다주를 통해 미국에 유입됐다. 크테노사우라속(*Ctenosaura*)에서 가장 큰 종에 속하며, 1831년 영국의 동물학자 존 에드워드 그레이(John Edward Gray)에 의해 처음 기술됐다. 속명인 크테노사우라(*Ctenosaura*)는 '빗'을 의미하는 라틴어 '크테노스(Κτενός)'와 '도마뱀'을 의미하는 '사우라(σαύρα)'에서 유래됐다.

외형적인 특징과 생태

9종의 근연종이 있으며, 모두 특징적으로 가시가 난 꼬리를 가지고 있다. 이구아나류 중에서 가시가 돋은 듯한 꼬리로 많은 인기를 끌고 있는 무리이며, 국내에는 초기에 자주 수입됐으나 현재는 별로 수요가 없는 듯하다. 꼬리의 날카로운 가시 때문에 검은가시꼬리이구아나라는 이름이 붙었다. 갓 태어난 새끼는 회갈색이지만 곧 밝은 녹색으로 변하며, 성장함에 따라 몸의 색깔은 다시 회색으로 변하고 검은색의 가로막대무늬가 몸통에 나타난다. 길쭉한 얼굴형에 목부터 몸통까지 톱니같이 날카롭고 낮은 갈기가 나 있고, 꼬리에는 비늘이 가시처럼 각각 솟아 있다. 그린 이구아나와 달리 나무 위보다 주로 지상에서 지내며, 작은 무리를 지어 생활한다. 포식자로부터 위협을 받으면 몸을 부풀리고 가시가 솟은 긴 꼬리를 휘둘러 자신을 보호하는 모습을 볼 수 있다.

적절한 사육장환경 조성

사육장은 사막형과 열대우림형의 중간형으로 세팅해주면 좋다. 일단 바닥재는 모래와 피트모스를 5:5의 비율로 섞고, 마른 수태 등을 함께 섞어주는 것이 좋다. 야생에서는 거의

스파이니테일 이구아나의 종류(학명 / 영명)

- *Ctenosaura acanthura* / Mexican spiny-tailed iguana
- *Ctenosaura alfredschmidti* / Campeche spiny-tailed iguana
- *Ctenosaura bakeri* / Utila spiny-tailed iguana, Baker's spinytail iguana
- *Ctenosaura clarki* / Balsas armed lizard, Balsas spiny-tailed iguana
- *Ctenosaura defensor* / **Yucatán spiny-tailed iguana**
- *Ctenosaura flavidorsalis* / Yellow-backed spiny-tailed iguana
- *Ctenosaura hemilopha* / Baja California spiny-tailed iguana, Cape spinytail iguana
- *Ctenosaura melanosterna* / Black-chested spiny-tailed iguana, Honduran spiny-tailed iguana
- *Ctenosaura oaxacana* / Oaxacan spiny-tailed iguana
- *Ctenosaura oedirhina* / **Roatán spiny-tailed iguana**
- *Ctenosaura palearis* / Motagua spiny-tailed iguana
- *Ctenosaura pectinata* / Western spiny-tailed iguana(초기에 Mexican spiny-tailed iguana로 소개됨)
- *Ctenosaura quinquecarinata* / Five-keeled spiny-tailed iguana
- *Ctenosaura similis* / Black spiny-tailed iguana

지상에서 활동을 많이 하는데, 육지보다는 주로 바위나 해안가의 절벽 근처에서 서식하므로 사육 시 올라갈 수 있는 유목이나 돌 등을 넣어주도록 한다. 일광욕장소 또한 지면보다는 위쪽에 설치해주는 것이 좋다. 블랙 스파이니테일 이구아나가 서식하는 곳은 반건조지역이지만, 주요 서식지가 해안가이므로 고온다습한 환경을 요구한다. 일반적인 환경은 그린 이구아나와 비슷하지만, 일광욕장소의 온도는 약 40℃로 이구아나의 경우보다 더 높게 설정해줘야 한다.

먹이의 종류와 먹이급여방법

야생상태의 이구아나는 어린 새끼의 경우 육식을 즐겨하지만, 성체로 갈수록 초식을

주변을 경계하고 있는 야생의 블랙 스파이니테일 이구아나

하는 경향이 있다. 본종도 마찬가지이며, 야생에서는 작은 곤충류부터 작은 절지동물 및 소형 도마뱀류와 더불어 식물의 싹과 열매, 꽃 등을 먹는다. 사육 시에는 어린 개체의 경우 동물성 먹이 50%, 식물성 먹이 50%의 비율로 급여하며, 자랄수록 식물성 먹이 위주로 급여한다. 성체 시에는 동물성 먹이 5%, 식물성 먹이 95% 정도의 비율로 급여한다.

어린 개체의 주식은 귀뚜라미와 슈퍼웜이며, 핑키를 급여할 수도 있다. 핑키는 자주 급여하기보다는 보조식 개념으로 가끔 급여하는 것이 좋다. 식물성 먹이는 섬유질이 풍부한 녹색채소를 골고루 섞어주며, 민들레의 꽃을 즐겨 먹으므로 봄에 채집해서 주면 좋다. 다른 주행성 도마뱀들과 마찬가지로 UVB 조사와 함께 칼슘을 급여해 주도록 한다.

암수의 구분과 번식

성체 시 수컷의 덩치와 갈기가 암컷보다 크며, 몸의 색상 등이 더 밝다. 성체 수컷은 밝은 회갈색을 띠지만, 암컷은 갈기가 더 작고 진한 갈색을 띠는 것을 확인할 수 있다.

그린 바실리스크

- 영　명 : Green basilisk, Plumed basilisk
- 몸길이 : 60~70cm
- 수　명 : 7~10년
- 활　동 : 주행성
- 사육난이도 : 中
- 학　명 : *Basiliscus plumifrons*
- 번　식 : 난생
- 서식지 : 중앙아메리카의 남동부에 분포하며, 열대우림의 강가에서 산다.

유럽에서 전설의 동물로 알려져 있는 바실리스크는 사실 중앙아메리카대륙 열대의 강가에 서식하는 도마뱀이다. 매우 아름다운 도마뱀종이며, 물 위를 뛰어 건널 수 있는 도마뱀으로 잘 알려져 있다. 바실리스크종은 그린 바실리스크(Green basilisk, *Basiliscus plumifrons*)와 브라운 바실리스크(Brown basilisk, *Basiliscus vittatus*), 브라운 바실리스크와 흡사한 외모의 커먼 바실리스크(Common basilisk, *Basiliscus vittatus*)가 있다. 더블 크레스티드 바실리스크(Double crested basilisk), 지저스 크라이스트 리자드(Jesus Christ lizard)로도 불린다.

외형적인 특징과 생태

이구아나과(Iguanidae)에 속하는 그린 바실리스크는 꼬리와 다리가 잘 발달돼 있으며, 꼬리 끝으로 갈수록 갈색의 띠 모양이 두드러지는 것을 볼 수 있다. 수컷의 경우 머리와 등, 꼬리에 각각 골질의 가시로 지탱되는 잘 발달된 볏을 가지고 있다. 체색은 밝은 녹색이며, 대개 밝은 파란색과 흰색의 점무늬가 흩어져 있고, 홍채는 밝은 노란색을 띤다.

대부분 예민하고 겁이 많은 성격이기 때문에 야생에서 포식자를 피하기 위해 높은 나뭇가지 끝에서 잠을 자며, 적이 나타나면 물속으로 뛰어들어 강바닥에 몸을 숨긴다. 달리기 실력 또한 굉장히 뛰어나서 폭이 넓지 않은 강은 물 위로 달려서 건널 수 있다. 이러한 행동으로 예수도마뱀(Jesus Christ lizard)이라 불리게 됐으며, 그린 바실리스크를 유명하게 만든 특성이다. 예전에는 대부분 야생에서 채집된 개체들이 유통됐지만, 현재는 인공번식된 어린 개체들이 수입되고 있다. 야생채집된 개체의 경우 사육장 밖으로 탈출하기 위해 철망이나 유리 부분에 주둥이를 계속 문질러서까지는 경우가 종종 발생했는데, 어린 개체 때부터 사육환경에 적응하도록 기르면 사육이 어렵지 않은 도마뱀이다.

적절한 사육장환경 조성

중앙아메리카 열대우림의 강가에 서식하는 도마뱀으로 땅 위와 나무 위, 강가 등 복합적인 활동영역을 갖고 있다. 고온다습한 환경을 요구하며, 사육장의 형태는 넓이와 높이가 충분한 것이 적당하다. 성체 1쌍 기준으로 봤을 때 최소한 가로 90cm, 폭 50cm, 높이 60cm의 커다란 사육장이 필요하다. 그린 바실리스크는 주행성 도마뱀으로 사육 시 UVB램프는 필수이며, 스폿 램프로 일광욕장소도 마련해줘야 한

그린 바실리스크 성체 암컷

다. 사육환경은 그린 이구아나와 거의 같다. 대부분 나무 위에서 생활하므로 사육장 상단 부분에 유목 등을 이용해 일광욕장소와 휴식공간을 설치해주고, 바닥재로는 수분을 충분히 흡수할 수 있는 재질의 바크나 피트모스, 상토 등을 이용한다. 사육장을 세팅할 때 사육주의 개인적인 아이디어를 발휘해 반수생 사육장과 교목형 사육장을 접목해서 꾸며주는 것도 바람직하다.

먹이의 종류와 먹이급여방법

완전한 육식성 도마뱀으로서 야생에서는 작은 곤충과 더불어 크기가 작은 도마뱀을 주식으로 삼는다. 사육 시에는 비타민D3가 포함된 칼슘을 귀뚜라미나 슈퍼웜에 더스팅해서 주거나 것-로딩된 귀뚜라미와 슈퍼웜을 주식으로 급여하며, 비만을 예방하기 위해 일주일에 하루는 금식을 시킨다. 물은 몸을 완전히 담글 수 있는 커다란 그릇에 담아 제공하는 것이 좋으며, 하루에 두 번 이상의 분무로 수분을 충분히 섭취할 수 있도록 해준다.

암수의 구분과 번식

어릴 때는 암수를 구분하는 것이 거의 불가능하다. 성성숙에 다다르면 수컷은 머리 뒤쪽에 작은 볏이 도드라지게 되며, 완전 성체가 된 경우는 암컷과의 차이가 확연해진다. 야생 개체의 경우 성성숙에 다다르기까지 16~18개월이 소요되지만, 사육되는 개체의 경우 거의 1년 정도면 성성숙에 이르게 된다. 그린 바실리스크도 번식을 유도하기 위해서는 약간의 쿨링이 필요하다. 쿨링 시에는 주간의 온도는 평소와 같은 온도대로 설정하되 빛을 쬐는 시간을 8시간 정도로 줄이고, 야간의 온도를 20~22°C로 낮춰준다. 특히 야간에 분무를 듬뿍 해서 습도를 90~100% 정도로 높여주도록 한다. 이는 야생의 우기 때와 비슷한 상황을 연출해주는 것으로서 열대에 서식하는 대부분의 도마뱀이 우기가 지나서 번식에 들어가기 때문이다. 이러한 조건으로 두 달 간의 쿨링기간을 제공한 후 발정이 오게 되며, 메이팅을 하고 암컷은 임신하게 된다. 알은 4~18개 정도 낳으며, 처음 산란 때는 비교적 적은 수인 4~6개 정도의 알을 낳는다. 부화하기까지는 29~30℃의 온도에서 약 55~65일 정도 소요된다. 국내에도 번식에 성공한 사례가 있다.

사육 시 주의할 점

극도로 예민하고 겁이 많은 종이기 때문에 사육장 세팅 시 관상을 위한 정면을 제외하고 나머지 3면은 백스크린 등으로 막아주는 것이 바람직하다. 야생채집개체나 인공번식된 개체 모두 겁이 많고 갑자기 놀라 뛰쳐나가는 습성이 있는데, 사육장이 투명유리로 구성돼 있을 경우 벽을 인지하지 못하고 자주 들이받아서 주둥이 부분에 상처가 나고, 그로 인해 구내염이 발생할 수 있다. 구내염은 입안의 상처에 염증이 생기는 병으로 구내염에 걸리게 되면 정상적인 먹이섭취가 어려우며, 식욕을 잃고 영양실조가 되기 쉽다.

그린 바실리스크는 더블 크레스티드 바실리스크로도 불린다.

칼라드 리자드

- **영 명** : Collared lizard
- **몸길이** : 20~33cm
- **수 명** : 5~8년
- **활 동** : 주행성
- **학 명** : *Crotaphytus collaris*
- **번 식** : 난생
- **서식지** : 북아메리카 서부의 반건조지대
- **사육난이도** : 下

우리말로 목무늬도마뱀 또는 목걸이도마뱀으로 알려진 칼라드 리자드는 이스턴 칼라드 리자드(Eastern collared lizard), 오클라호마 칼라드 리자드(Oklahoma collared lizard), 옐로우 헤디드 칼라드 리자드(Yellow-headed collared lizard)라고도 불린다. 목과 어깨 부분에 나타나는 두 줄의 검은색 띠로 칼라드라는 이름이 붙여졌다. 얼굴형이 짧고 둥그스름하며, 귀여운 인상을 가지고 있다. 주로 건조한 바위투성이의 사막지역에 서식하며, 소규모로 무리를 지어 살고 수컷 한 마리가 여러 마리의 암컷을 거느리며 생활한다. 사육 시에도 수컷 1마리에 암컷 3마리 정도의 비율로 합사해 기르는 것이 좋다.

외형적인 특징과 생태

몸의 색은 매우 다양한데, 일반적으로 수컷의 경우 연한 회색 바탕에 밝은 푸른빛과 노란 빛을 띠며 밝은 색의 반점이 있다. 암컷은 수컷에 비해 수수한 색을 띤다. 또한, 서식하는 지역에 따라서 동부에 서식하는 종과 서부에 서식하는 종의 체색이 다르다. 동부종은 푸른빛을 띠며, 서부종의 경우 연갈색에 붉은빛을 띤다. 필자가 처음 사육한 도마뱀이 바로 이 종이다. 초창기 그린 이구아나 외에 다른 도마뱀이 선보이기 전, 한 수족관업체에서 비어디드 드래곤과 더불어 몇몇 애완파충류가 수입된 적이 있다. 처음에는 비어디드 드래곤을 입양하려고 그 수족관에 들렀다가 컬러풀한 색상과 귀여운 체형, 활발한 활동력을 보이는 칼라드의 매력에 빠져 원래 계획과는 달리 칼라드 리자드를 입양했다.

칼라드 리자드의 장점은 다른 도마뱀에 비해 활발한 활동성으로 기르는 재미가 있다는 것이다. 야생채집개체도 일정한 시간이 지나면 사람을 겁내지 않게 되는데, 먹이를 급여하기 위해 사육장 가까이 다가가면 밥을 달라고 사육장 앞으로 모여들 정도로 적응력이 뛰어나다. 이처럼 귀여운 외모와 더불어 굉장히 활발하고 겁이 없으며, 사육 시 쉽게 길이 드는 도마뱀으로서 예전부터 반려도마뱀으로 인기가 높은 편이다.

적절한 사육장환경 조성

사막지역에 서식하는 주행성 도마뱀인 칼라드의 사육장을 꾸밀 때 고려해야 될 부분은 바로 사육장 내 습도문제다. 사육장은 위로 높은 형태보다 바닥이 넓은 형태가 좋으며, 크기는 최소 가로 60cm, 폭 45cm, 높이 50cm 정도가 적당하다. 바닥재는 건조한 사막모래와 피트모스를 7:3의 비율로 섞어 깔아주고, 사육장의 천장 부분은 철망으로 덮어서 환기가 용이한 구조로 만들어 사육장 내의 습도가 50% 이상 넘어가는 것을 방지해야 한다. UVB램프와 스폿 램프를 이용한 일광욕 장소를 마련해줘야 하는데, 사육장 한구석에 넓적한 돌을 이용해 만들어주면 된다.

일광욕장소는 38~42℃ 정도의 고온, 이외의 사육장 온도는 27~30℃로 설정해주며, 야간에는 21℃ 정도로 낮춰줘야 한다. 또한, 암석과 유목을 많이 배치해 도마뱀이 오르내릴 수 있도록 해주고, 도마뱀이 숨을 수 있는 공간을 만들어주면 좋다. 매우 활발해서 건강해 보이지만 사육장 내의 습도가 너무 높으면 스트레스를 받게 되며, 장기간 높은 습도를 유지하며 사육할 경우 스트레스로 시름시름 앓다가 폐사할 위험이 있다.

먹이의 종류와 먹이급여방법

야생에서의 칼라드 리자드는 잡식성이며, 주로 곤충이나 꽃과 열매, 식물의 새싹, 자신보다 작은 도마뱀 등을 잡아먹고 산다. 사육 시에는 귀뚜라미나 슈퍼웜을 주식으로 한다. 야생의 척박한 환경에서는 수분보충을 위해 식물도 먹은 듯하지만, 수분섭취가 충분한 사육상태에서는 식물성 먹이를 선호하지 않는 경향이 있다. 주행성 도마뱀으로 비타민D_3가 함유된 칼슘과 비타민제를 1주일에 2회 정도 먹이에 더스팅해 급여하고, 수분보충을 위해 아침과 저녁에 한 번씩 분무해주는 것이 바람직하다. 물그릇을 넣어줄 경우 도마뱀이 물그릇을 엎거나 해서 사육장 내 습도가 올라갈 수 있으므로 좋지 않다.

암수의 구분과 번식

수컷이 암컷에 비해 크고, 더 화려한 색상을 가지고 있기 때문에 암수를 쉽게 구분할 수 있다. 현재 국내에서의 번식기록은 없으며, 외국에서는 흔히 이뤄지고 있다. 번식을 위해서는 쿨링이 필요하며, 2주 동안 낮의 길이를 서서히 짧게 해주고 온도를 15℃까지 서서히 내려준다.

쿨링에 앞서 충분한 먹이공급으로 적정 몸무게와 건강한 상태를 유지해야 하며, 쿨링에 들어가기 전 3일 동안은 먹이급여를 중단해서 뱃속을 완전히 비우는 것이 중요하다. 뱃속에

칼라드 리자드 암수 한 쌍

소화가 덜 된 먹이가 남아 있을 경우 낮은 온도로 인해 소화가 되지 못한 채 부패할 위험이 있다. 쿨링을 2개월간 시킨 후 2주간 평상시 온도로 서서히 맞춰주면 발정이 오는데, 암컷의 경우 목 주위와 몸에 붉은색의 혼인색을 띠게 된다. 수컷은 머리를 까딱이며 구애행동을 하다가 암컷과 교미를 하게 되고, 교미가 끝나고 한 달 후쯤 암컷의 배에 알의 형태가 나타난다. 출산이 임박해지면 먹이를 거부하고 땅을 파는 행동을 하므로 잘 관찰했다가 이러한 행동이 나타나면 준비해둔 산란상자로 옮겨주는 것이 좋다. 부화기간은 28~30℃의 온도로 인큐베이팅할 경우 40~60일이 소요된다.

사육시 주의할 점

외국에서 인공번식된 개체가 간혹 수입되는 경우도 있지만, 우리가 파충류를 가장 많이 수입하는 미국의 경우 자국에 서식하는 흔한 도마뱀이기 때문에 매해 봄철이 되면 많은 수가 야생에서 채집돼 세계 각지로 수출된다. 이 때문에 분양가가 저렴하고, 또 매우 활발해서 마니아들이나 처음 도마뱀을 기르고자 하는 초보사육자들에게 인기가 있다.

야생채집된 개체들이라서 구충은 필수다. 구충을 하지 않으면 사육 시 환경변화의 스트레스로 인한 기생충 이상증식으로 폐사되는 경우가 많으므로 입양 후 반드시 구충을 해야 한다. 그리고 자신보다 작은 도마뱀을 잡아먹기 때문에 성체를 작은 종의 다른 도마뱀이나 같은 종의 어린 개체와 합사시키는 것은 절대 삼가야 한다.

이구아나과 (Iguanidae)

데저트 이구아나

- 영 명 : Desert iguana
- 몸길이 : 15~30cm
- 수 명 : 10~12년
- 활 동 : 주행성
- 학 명 : *Dipsosaurus dorsalis*
- 번 식 : 난생
- 서식지 : 북아메리카 서부의 반건조지대 관목림이나 사막
- 사육난이도 : 下

데저트 이구아나는 미국 남서부와 멕시코 북서부의 소노란사막과 모하비사막 그리고 캘리포니아섬의 여러 만에서 발견되는 이구아나종이다. 1859년 '북미 파충류(North American Reptiles)' 목록에 스펜서 풀러튼 베어드(Spencer Fullerton Baird)와 찰스 프레데릭 지라드(Charles Frédéric Girard)가 크로타피투스 도르살리스(*Crotaphytus dorsalis*)라는 학명으로 처음 기술했고, 2년 후 에드워드 할로웰(Edward Hallowell)에 의해 디프소사우루스 도푸스 도르살리스(*Dipsosaurus dofus dorsalis*)로 재분류됐다. 디프소사우루스속에는 데저트 이구아나와 카탈리나 데저트 이구아나(Catalina desert iguana, *Dipsosaurus catalinensis*)가 포함된다.

외형적인 특징과 생태

튼튼한 몸통과 긴 꼬리, 작은 머리를 가지고 있다. 자잘한 과립형 비늘이 등을 덮고 있으며, 조금 더 큰 비늘이 척추를 따라 줄지어 있다. 피부의 무늬는 회색과 갈색, 분홍색 점들로 이뤄져 있고, 밝은 회갈색의 몸에 밝은 둥근 무늬가 몸 전체에 퍼져 있으며, 전반적으로 수수한 외모를 띤다. 다른 도마뱀보다 고온에 강하며, 하루 중 한낮의 가장 뜨거운 시간에도 활동한다.

적절한 사육장환경 조성

사육장을 세팅할 때는 칼라드 리자드의 사육장환경과 거의 동일한 조건으로 꾸며주면 된다. 다만 칼라드 리자드 사육장의 경우 돌 등을 많이 배치해서 세팅하는 편이지만, 데저트 이구아나는 좀 더 간략한 형태로 꾸며주는 것이 좋다.

먹이의 종류와 먹이급여방법

주로 초식성이 강하나 곤충이나 무척추동물, 썩은 고기나 심지어 자신의 배설물을 먹기도 한다. 사육 시에는 그린 이구아나의 식단과 마찬가지로 식물성 먹이 90%, 동물성 먹이 10%의 비율로 급여한다. 야생에서 민들레의 꽃을 무척 즐겨 먹으며, 사육 시에도 자주 급여하면 좋다. 또한, 이구아나 전용 사료로 길들일 수 있으며, 그린 이구아나와 달리 높은 습도를 요구하지 않으므로 아침과 저녁의 분무만으로도 수분을 충분히 섭취할 수 있다.

암수의 구분과 번식

암수의 색상은 거의 흡사하지만, 수컷은 암컷보다 밝은 색상을 띤다. 번식을 위해서는 쿨링이 필요하며, 사육 하에서의 번식은 가능할 듯하지만 번식의 사례가 별로 없는 도마뱀이다. 이는 현지 야생에서 흔한 편이고 수수한 외모로 반려도마뱀으로서의 지위가 그리 높지 않은 편이므로 번식을 유도하는 사육주가 그만큼 없기 때문일 것이다.

사육 시 주의할 점

저온이나 온도편차에 대한 적응력은 뛰어나지만, 습도가 높으면 쉽게 폐사에 이르는 도마뱀이기 때문에 사육장 내 습도가 높아지지 않도록 습도조절에 특히 주의해야 한다.

데저트 혼 리자드

- **영 명**: Desert horned lizard
- **몸길이**: 7~13cm
- **수 명**: 5~8년
- **활 동**: 주행성
- **학 명**: Phrynosoma platyrhinos
- **번 식**: 난생
- **서식지**: 네바다주, 텍사스의 건조한 사막지역
- **사육난이도**: 上

'뿔두꺼비(Horned toad)'라는 애칭이 있는 데저트 혼 리자드는 몸이 땅딸막하며, 둥글고 납작하다. 온몸이 뾰족한 뿔로 둘러싸인 독특한 이 도마뱀은 미국의 건조한 사막지역에 서식한다. 이구아나 그룹에 속하지만, 다른 구성원들과는 확연히 차이 나는 체형을 가지고 있다. 일단 이구아나류의 많은 종들이 몸의 2/3에 달하는 긴 꼬리와 잘 발달된 다리를 가지고 있지만, 데저트 혼 리자드의 꼬리는 몸에 비해 짧고 앙증맞은 것이 특징이다. 혼 리자드는 머리 뒤쪽에서 튀어나온 크고 뾰족한 비늘로 데저트 혼 리자드와 구분할 수 있는데, 이 비늘이 혼 리자드에게 마치 뿔이 있는 것처럼 보이게 한다.

외형적인 특징과 생태

체색은 대개 갈색이나 연한 모래색 또는 회색을 띠며, 붉은색 등이 혼합돼 있어 자갈과 비슷하게 보인다. 지면에서 확인하면 거의 흙색과 흡사하기 때문에 훌륭한 보호색이 된다. 또한, 피부는 가시와 같은 비늘로 뒤덮여 있는데, 이러한 피부는 물이 부족한 사막에서 습기를 효과적으로 취할 수 있게 해준다. 뿔과 같은 뾰족한 피부는 몸을 적으로부터 보호하는 효과뿐만 아니라 축축한 모래에 몸을 파묻고 모래에 있는 수분을 모세관 작용을 통해 피부를 따라 끌어올려 입으로 섭취를 하거나, 물웅덩이에 입을 대지 않고도 신체의 일부분만 물에 닿으면 피부를 따라 입으로 물을 취할 수 있게 해주는 작용을 한다.

낮 동안 너무 더울 때는 모래에 몸을 파묻고 머리만 내놓은 상태로 몸을 식히거나, 먹이를 기다리거나, 포식자로부터 몸을 숨기는 특징이 있다. 또 하나의 독특한 특징은 방어하는 방법인데, 자신보다 큰 코요테 같은 포식자에게 공격을 받을 경우 안구의 혈압을 상승시켜 혈관을 터뜨려서 냄새나는 피를 적의 얼굴에 뿌리는 독특한 방어기술을 가지고 있다.

적절한 사육장환경 조성

사육장은 사막형 비바리움으로 세팅하며, 사육장의 형태는 낮고 넓은 것으로 준비한다. 일광욕장소로는 평평한 바위 등을 배치하고, 높은 와트 수의 스폿 램프를 설치해 일광욕 장소의 온도가 45℃ 정도 되도록 높게 설정해준다. 일반적으로 사육장의 온도는 32℃ 정도, 가장 낮은 온도대의 지역은 26℃가 되도록 설정해주며, 야간에는 조명을 모두 끄고 23~25℃가 되도록 설정해준다.

바닥재로는 깨끗한 사막모래와 열대어수조용 자갈모래를 혼합해 이용하며, 습도가 30% 이상 넘지 않도록 건조한 환경을 조성해준다. 바위, 유목 등으로 숨을 수 있는 장소를 만들어줘야 하며, 물그릇은 따로 놓지 않고 아침에 사육장 한 부분에 분무해서 수분을 섭취할 수 있도록 해준다.

야생의 데저트 혼 리자드

먹이의 종류와 먹이급여방법

야생에서 개미를 주식으로 한다. 가끔 작은 딱정벌레나 거미 등의 다른 곤충도 섭취하기는 하지만, 주로 개미를 먹는다고 보면 된다. 바로 이러한 식성 때문에 사육에 어려움이 따르는 종이며, 국내에서도 초기에 귀여운 외모로 많은 이들의 사랑을 받았으나 먹이문제가 큰 걸림돌이 됐다. 작은 크기의 귀뚜라미로도 사육이 가능하지만, 오랫동안 건강하게 기르기는 힘들다. 국내에서는 귀뚜라미만을 먹여 2년 가까이 기른 마니아가 있었는데, 이는 특별한 경우라고 할 수 있겠다. 가끔 야생의 개미를 잡아 급여하고, 귀뚜라미를 급여하는 방법 외에는 다른 대안이 없는 듯하다.

암수의 구분과 번식

총배설강 근처에 위치한 고환의 유무로 암수를 구분하는 것이 가능하다. 또한, 암컷은 수컷보다 짧은 꼬리를 가지고 있기 때문에 암수를 대조했을 때 쉽게 구분이 된다. 사육상태의 번식은 극히 힘들며, 수입되는 개체는 대부분 야생채집개체다. 야생에서는 3~4월경에 교미를 하고, 6~7월에 2~16개의 알을 산란한다. 알은 50~60일이면 부화한다.

사육 시 주의할 점

데저트 혼 리자드는 사육이 매우 까다로운 도마뱀이며, 주식이 개미이기 때문에 오래 사육하는 것이 힘든 종이다. 필자 또한 좋아하는 도마뱀이지만, 실패의 경험을 맛보게 한 도마뱀이기도 하다. 사육 하에서의 주식은 귀뚜라미로 하되, 자주 개미를 급여할 것을 당부한다. 화단 등에 사는 5mm 정도 크기의 검정개미를 설탕물 등으로 유인해 채집해서 가끔 급여하는 것이 좋을 듯싶다. 또한, 사육장이 과습해지면 스트레스를 받으므로 환기가 용이한 사육장에서 기르는 것이 바람직하다.

이구아나과 (iguanidae)

라이노세로스 이구아나

- **영 명** : Rhinoceros iguana
- **몸길이** : 100~120cm
- **수 명** : 최대 20년 이상
- **활 동** : 주행성
- **학 명** : *Cyclura cornuta*
- **번 식** : 난생
- **서식지** : 히스파니올라섬
- **사육난이도** : 上

라이노세로스 이구아나는 카리브해의 히스파니올라섬(아이티와 도미니카공화국이 공유하고 있음)과 그 주변 섬에 분포하며, 건조한 바위가 많은 지역에 서식한다. 주로 땅 위에서 살며, 일정한 영토에서 한 마리의 수컷이 여러 마리의 암컷을 거느린다. 야생에서는 심각한 멸종 위기상태에 처해 있으며, 적은 개체 수로 인한 희소성과 더불어 굉장히 원시적인 외모로 많은 마니아들에게 선망의 도마뱀이 되고 있다. 하지만 사이테스 부속서 I로 지정돼 있어서 애완목적의 개인사육이 법적으로 금지돼 있다. 라이노세로스(rhinoceros; 코뿔소)라는 이름은 주둥이에 돌출된 비늘이 코뿔소의 뿔을 닮았다고 해서 붙여진 것이다.

외형적인 특징과 생태

성체 때의 몸무게가 5~10kg에 달하는 육중한 도마뱀으로 튼튼한 몸통과 다리, 커다란 머리와 두툼한 꼬리를 가지고 있기 때문에 체장은 그린 이구아나보다 짧지만 좀 더 큰 몸집을 가진 듯한 착각을 일으키게 한다. 코뿔소이구아나(Rhinoceros iguana)라는 이름에서 알 수 있듯이, 눈 위와 콧등에 뿔을 닮은 3개의 두툼한 비늘을 가지고 있다. 뿔은 성체 수컷에서 더욱 두드러지며, 눈 밑으로 입과 턱을 따라 돌출된 비늘이 특징이다. 두개골 뒤쪽에도 두 군데의 부풀어 오른 곳이 있으며, 목에는 목주름이 있다. 그린 이구아나와 달리 작은 갈기형 비늘이 목부터 꼬리까지 나 있다. 체색은 성체의 경우 몸 전체가 적회색을 띠지만, 어린 개체의 경우 연한 갈색 바탕에 진한 갈색 또는 흐릿한 하늘색의 가로줄무늬가 있다.

적절한 사육장환경 조성

라이노세로스 이구아나는 대형 도마뱀이기 때문에 충분히 고려한 후 사육장을 준비해야 한다. 사육장환경은 사막형 도마뱀에 준해 꾸며주며, 사육장 한구석은 습도가 충분하도록 세팅한다. 땅에서 서식하는 이구아나종으로 더욱 넓은 활동공간을 필요로 하는데, 대부분의 사육주들이 일정 기간까지는 사육장에서 기르다가 성체가 됐을 때 방 한쪽을 개조해 이구아나룸으로 꾸며 사육한다.

UVB램프와 스폿 램프를 이용한 일광욕장소를 제공해야 하며, 일반적으로 지면보다 높은 바위 위에 마련해준다. 일광욕장소의 온도는 30~35℃, 일반적인 온도는 27~29℃, 가장 낮은 온도대는 25℃로 설정해준다. 적정습도는 50~60%다. 바닥재로는 모래와 피트모스를 70:30 정도의 비율로 섞어서 깔아주거나, 아스펜 베딩 또는 먼지가 많이 나지 않는 건조한 타입의 바닥재를 깔아주도록 한다.

라이노세로스 이구아나의 가장 큰 특징은 부풀어 오른 두상이다.

먹이의 종류와 먹이급여방법

야생의 라이노세로스 이구아나는 열대 아메리카산 대극과 나무인 만치닐(Manchineel, *Hippomane mancinella*)과 플로리다독나무(Florida poison tree, *Metopium toxifemn*)의 열매 및 잎을 주로 먹는다. 이 나무들은 모두 독성 알칼로이드(alkaloid; 식물체에 들어 있는 질소를 가진 염기성 유기화합물)를 함유하고 있지만, 라이노세로스 이구아나는 독성에 적응돼 있기 때문에 무해하다. 사육 시에는 일반적인 푸른 채소류와 적은 양의 과일 등을 급여한다. 다른 이구아나종과 마찬가지로, 어린 개체는 육식성을 띠다가 성체로 자랄수록 초식성을 띤다.

암수의 구분과 번식

어린 개체의 경우 암수를 명확하게 구분하는 것은 어려운 편이다. 성성숙에 다다르는 기간이 4~5년으로 비교적 길며, 준성체 때부터 외형적으로 수컷은 코의 뿔이 발달하고 두개골 뒷부분이 부풀어 오르기 시작한다. 약 5~19개가량의 알을 낳는다.

사육 시 주의할 점

역시 어린 개체는 겁이 많으며, 탈출을 하려는 성질이 강하다. 특히 도망갈 때 꼬리를 잡게 되면 쉽게 잘릴 수 있기 때문에 항상 주의해서 다뤄야 한다.

베일드 카멜레온

- **영 명** : Veiled chameleon
- **몸길이** : 25~60cm
- **수 명** : 암컷은 최대 5년, 수컷은 최대 8년
- **활 동** : 주행성
- **사육난이도** : 中
- **학 명** : *Chamaeleo calyptratus*
- **번 식** : 난생
- **서식지** : 아라비아반도 남서쪽의 매우 습한 바닷가 저지대, 산기슭, 고원에 서식

일반적으로 예멘 카멜레온(Yemen chameleon) 혹은 베일드 카멜레온이라 불리며, 우리나라 마니아들에게는 베일드 카멜레온이라는 명칭이 더 익숙하다. 아라비아반도 남서쪽의 매우 습한 바닷가 저지대와 산기슭, 고원의 덤불에서 서식한다. 베일드 카멜레온은 다른 카멜레온종에 비해 체질이 강하고 스트레스에도 강한 편이어서, 처음 카멜레온 사육에 입문하고자 하는 마니아들에게 많이 추천되는 종이다. 공격성, 사회적 지위, 번식, 스트레스 등 여러 가지 요인에 의해 다양한 색의 변화가 일어나는 것으로 알려져 있다.

외형적인 특징과 생태

베일드 카멜레온의 가장 큰 특징은 머리 위로 높이 솟은 투구라 할 수 있다. 이 투구의 모양 때문에 가면을 쓴 것 같다는 이유로 가면카멜레온(Mask chameleon)이라고도 불리는데, 수컷의 경우 더욱 높게 솟은 투구를 볼 수 있다. 이 투구의 역할에 대해서는 투구와 앞으로 접힌 후두부의 피막이 아침이슬을 모아서 입으로 흘려보낸다는 가설이 있으며, 투구에 많은 양의 혈액을 보내서 체온을 식히는 역할을 하는 것으로도 알려져 있다.

많은 종의 카멜레온이 옆에서 눌린 모양의 폭이 좁은 몸통을 가지고 있지만, 이 종은 유독 더 두드러져서 커다란 나뭇잎 모양을 띤다. 체색은 어린 개체일 때는 밝은 녹색을 띠지만 자라면서 진한 녹색과 갈색의 무늬가 몸통에 나타나며, 등 쪽으로는 톱니 모양의 작은 볏이 등에서 꼬리까지 이어져 있다. 턱에서부터 총배설강까지도 톱니 모양의 볏이 이어져 있다. 두 종의 아종이 있는데, 북쪽에 사는 아종(Chamaafeo calyptratus calcarifer)의 투구는 남쪽에 사는 아종(C. calyptratus calyptratus) 수컷의 투구보다 높이가 낮다. 두 아종 모두 암컷은 수컷보다 투구의 높이가 낮고, 수컷의 경우 체색이 화려한 데 반해 암컷은 그다지 화려하지 않다.

적절한 사육장환경 조성

카멜레온은 넓은 사육장보다 높이가 높은, 위로 긴 형태의 사육장을 마련해주는 것이 바람직하다. 통풍과 온·습도에 민감하기 때문에 새장을 이용하거나, 마지막 부분(394쪽 카멜레온 기르기 사육장 부분)에서 필자가 제안하는 카멜레온장을 직접 제작해 사육하는 것이 좋다.

베일드 카멜레온 어린 개체

베일드 카멜레온 성체 수컷

베일드 카멜레온의 경우 다른 종에 비해 체질이 강한 편이어서, 여기서 소개한 환경과 완벽하게 맞아 떨어지지 않더라도 성체까지 자라는 경우가 많다. 하지만 이들 또한 기본적으로 요구하는 사육조건은 통풍이 잘 되며 고온다습한 환경이다. 사육장 내 적정온도는 27~30℃이며, 일광욕장소는 32~35℃, 가장 온도가 낮은 부분은 25℃가 적당하다. 카멜레온을 한 사육장에 한 쌍씩 기르는 사육주들이 많은데, 어린 개체일 때는 큰 무리가 없으나 성성숙에 다다르면서 암컷이 극심한 스트레스를 받게 된다. 따라서 처음부터 개체별로 사육장을 따로 마련해 사육하고, 평소에는 칸막이 등으로 가려주는 것이 좋다.

먹이의 종류와 먹이급여방법

야생에서는 기본적으로 곤충만을 먹는 완전한 육식성 동물이지만, 물이 부족환 환경 탓에 가끔 나뭇잎을 먹기도 한다. 주식으로는 귀뚜라미나 슈퍼웜 등을 급여하며, 플라스틱 그릇이나 유리그릇에 담아 손쉽게 먹을 수 있도록 사육장 중간의 눈에 잘 띄는 곳에 놔준다. 비타민결핍 시 턱이나 피부에 혹이 나는 경우가 많이 발생하는데, 이를 예방하기 위해 1주일에 한 번 먹이에 비타민제를 더스팅해서 주거나, 먹이곤충에게 비타민이 풍부한 먹이를 갓-로딩시켜서 급여한다. 또한, 카멜레온류의 모든 종이 살아 움직이는 먹이에 반응하므로 항상 신선한 곤충을 급여하도록 해야 한다. UVB 조사와 함께 비타민D3가 함유된 칼슘을 1주일에 2회 먹이에 더스팅해서 급여한다.

다른 도마뱀들과 달리 고여 있는 물을 먹지 않기 때문에 드리퍼 시스템(dripper system)을 이용해 물을 한 방울씩 떨어뜨려주거나, 사육장 내의 장식조화 또는 식물에 분무를 해서 맺혀 있는 물을 충분히 먹을 수 있도록 해줘야 한다. 드리퍼를 이용할 때는 물방울이 식물의 잎사귀 부분에 천천히 떨어지게 해서 카멜레온이 쉽게 먹을 수 있도록 해줘야 한다.

암수의 구분과 번식

암수구분은 매우 쉬우며, 아주 어린 개체 때부터 가능하다. 수컷의 경우 뒷발의 접히는 바깥 부분에 솟아 오른 돌기가 있으며, 암컷은 이와 같은 돌기가 없으므로 쉽게 구분된다. 성체 시의 수컷은 투구가 암컷보다 높으며, 더 밝고 노란색의 무늬가 몸 전체에 나타난다. 성체가 된 개체를 사육하다 보면 암컷에게 혼인색을 띠는 시기가 온다. 암컷의 투구 부분과 몸통에 푸른빛을 띠는 둥근 반점이 나타나며, 겨자색과 비슷한 밝은 색의 무늬가 몸통 부위에 전체적으로 나타나게 된다. 혼인색은 스트레스를 받았을 때 어두워지는 것과는 달리 한동안 그 상태를 유지하게 되므로 확실하게 구별할 수 있다.

번식을 유도하기 위해서는 우선 사육장을 나란히 두고 암수가 서로 바라볼 수 있도록 해준다. 바로 합사시키지 말고 암컷과 수컷의 사육장을 나란히 둔 채 상황을 살펴 서로 가까이 접근한 채 오랜 시간 머무르게 되면 그때 합사를 시키고, 교미가 끝나면 암컷과 수컷을 따로 분리해준다. 교미 후 암컷은 약 30~40일이 지나면 산란하게 된다. 산란이 임박해지면 배 부분이 부풀고 알의 모양이 육안으로도 확인되는데, 이때 산란용 사육장으로 옮겨주도록 한다. 암컷은 산란 직전에는 식욕이 눈에 띄게 줄고, 물을 더욱 많이 먹게 되므로 수분을 충분히 공급해준다. 깊이가 충분히 깊은 알자리를 제공해야 하는데, 알자리는 되도록이면 조용한 곳에 마련해 주도록 하며, 밤이 되면 약한 적외선등을 켜주고 검은 천 등으로 가려주는 것이 좋다.

산란은 주로 한밤중에 이뤄지는데, 산란이 끝나면 몸의 부피가 줄고 대부분 머리 부분에 알을 낳기 위해 팠던 흙이 묻어 있으므로 산란 여부를 쉽게 알 수 있다. 알을 낳은 후 암컷은 땅을 단단히 다져서 산란 흔적을 없앤다. 암컷은 수컷의 정자를 몸에 저장할 수 있는 능력이 있어서 다음 교미 없이도 약 3개월 후 다시 2차 산란을 하게 된다. 알은 대부분 구석 쪽에다 낳으며, 알의 개수는 25~80개라고 알려져 있으나 보통 25~50개 사이다. 부화하기까지는 25°C의 온도에서 150~200일 정도 소요된다.

사육 시 주의할 점

암수 분리사육이 기본이다. 간혹 식물도 먹으므로 살아 있는 식물로 사육장을 꾸밀 때는 독성이 없는 종류인지 확인한 후 배치하거나, 장식용 조화를 이용해 꾸며주도록 한다. 너무 어린 개체를 번식시키면 부화율이 떨어지고 암컷의 수명도 짧아지므로 6~8개월 이상 자라 영양적으로 충분히 건강한 상태에서 번식을 시도하는 것이 바람직하다. 처음부터 번식을 계획하고 있다면 한 곳에서 같은 크기의 새끼 한 쌍을 입양하는 것보다는 수컷을 먼저 입양한 후 다른 숍에서 입양을 한다든지, 조금 기다려 다음에 입하되는 개체를 입양한다든지 하는 것이 바람직하다. 대부분 비슷한 크기의 카멜레온들이 입하되는데, 이는 한 클러치(한배의 형제)의 개체일 경우가 많아 근친일 가능성이 있다.

살아 있는 식물로 사육장을 꾸밀 때는 독성이 없는 종류인지 확인해야 하며, 장식용 조화를 이용해 꾸며줘도 된다.

팬서 카멜레온

- **영 명** : Panther chameleon
- **몸길이** : 40~55cm
- **수 명** : 수컷 5~7년, 암컷 4~5년
- **활 동** : 주행성
- **학 명** : *Furcifer pardalis*
- **번 식** : 난생
- **서식지** : 아프리카 마다가스카르섬
- **사육난이도** : 中

팬서 카멜레온은 1829년 프랑스의 박물학자 조르주 퀴비에(Georges Cuvier)에 의해 처음 기술됐으며, 속명(*Furcifer*)은 '갈래로 갈라진'을 의미하는 라틴어 '푸르키(furci)'에서 유래했다. 카멜레온류 중에서 가장 다채로운 색상을 띠는 종으로 매우 아름답고 온순해서 반려카멜레온으로서 인기가 많다. 마다가스카르 해안가의 습하고 무성한 관목림 등에서 서식하며, 현재 유통되는 카멜레온은 야생채집개체가 아닌 인공번식개체들이다. 아름다운 외형과 독특한 습성을 지니고 있어서 충분히 매력적인 반려동물이 될 수 있다. 팬서 카멜레온은 필자에게 카멜레온 사육이 별로 어렵지 않다는 것을 느끼게 해준 종이기도 하다.

외형적인 특징과 생태

지역에 따라 색상이 다양하게 나타나며, 같은 종의 팬서 카멜레온이라도 붉은색이 많은 계열과 푸른빛을 많이 띠는 계열, 녹색이 주를 이루는 계열, 노랑이나 주황빛을 많이 띠는 계열 등 개체 차이가 다양하다. 지역 차에 따른 색상의 차이로 분류됐으나 다양한 컬러가 교잡돼 새로운 품종들이 계속 선보이고 있다. 많은 사육주들이 카멜레온을 기르면서 간과하기 쉬운 것이 합사와 관련된 문제다. 비교적 온순해서 넓은 사육장에 한 쌍의 사육도 가능하다고 하지만, 처음부터 단독으로 사육하는 것이 좋다. 카멜레온이 요구하는 기본적인 환경만 조성해준다면 충분히 오랫동안 기를 수 있는 도마뱀이며, 번식 또한 도전해볼 만하다.

적절한 사육장환경 조성

환기가 잘 이뤄지지 않는 유리사육장은 카멜레온을 폐사시키는 가장 큰 요인이므로 환기가 잘 되는, 위로 길쭉한 형태의 사육장이 필요하다. 또 높은 곳에 위치시켜야 카멜레온이 안정감을 느낄 수 있다. 사육장 내에 살아 있는 식물들을 배치해 습도와 신선한 공기를 제공하는 것이 일상적인 관리에 도움이 된다. 사육장 내 적정온도는 27~30℃이며, 일광욕장소는 32~35℃, 사육장 내 가장 온도가 낮은 부분은 25℃가 적당하다. 대기습도는 70~80% 정도가 적절하다. 야간에는 온도차를 줘서 25℃ 정도로 유지하는 것이 좋다.

먹이의 종류와 먹이급여방법

기본적인 보통의 카멜레온과 같이 곤충을 주식으로 한다. 칼슘은 1주일에 두 번, 비타민제는 1주일에 한 번 더스팅해서 급여해야 하며, 하루는 금식을 시키는 것이 바람직하다.

수분은 드리퍼를 이용해 급여하며, 한 번에 20분 정도 소요될 정도로 사육장 내 식물의 잎사귀에 물방울을 천천히 떨어뜨려 카멜레온이 물을 인식하고 먹을 수 있게 해준다. 분무 시 카멜레온의 몸에 직접적으로 분무하면 스트레스를 줄 수 있으므로 사육장 내 식물과 장식물에 흠뻑 뿌려주는 것이 바람직하다.

암수의 구분과 번식

수컷이 암컷에 비해 발색이 더욱 화려하고, 성숙한 수컷의 머리 뒤쪽에 두 개의 낮은 혹이 솟아 있다. 크기도 수컷이 암컷보다 좀 더 크다. 팬서 카멜레온의 번식을 계획하고 있다면, 암컷과 수컷 모두 성적으로 성숙한 10~14개월 이상의 개체를 번식프로그램에 포함시켜야 한다.

암컷은 성성숙에 도달하고 번식기가 되면 밝은 복숭앗빛 혼인색을 띠게 되는데, 이때 수컷을 사육장과 마주보게 해서 서로의 관심을 유도한다.

팬서 카멜레온 수컷의 아름다운 발색

수컷이 관심을 가지고 암컷 곁으로 다가갔을 때 암컷이 거부할 경우 색이 어두워지면서 입을 벌려 경고의 태세를 취하며, 자신이 사육장 구석으로 가게 된다. 만약 교미에 응할 의사가 있으면 수컷에게 자신이 잘 보이는 곳에 위치한다. 이때 수컷을 암컷 케이지에 합사하고 교미시킨다. 교미가 끝나면 수컷을 사육장에서 꺼내고, 다음날 반복해서 한 번 더 합사한다.

교미가 성공적으로 끝나면 암컷은 약 38~45일 이후 산란하게 된다. 15~50개 사이의 알을 낳으며, 일반적으로 30여 개 남짓의 알을 낳는다. 산란할 시기가 되면 30cm 이상 되는 깊이의 알자리를 마련해주는데, 암컷이 쉽게 팔 수 있는 부드럽고 축축한 재질의 원예용 상토나 모래, 피트모스를 50:50의 비율로 섞은 것을 사용한다. 알의 부화는 비교적 낮은 온도인 25℃의 온도에서 8~10개월이 소요되며, 간혹 14개월 가까이 걸리는 경우도 있다.

사육 시 주의할 점

앞서도 언급했듯이, 파충류 숍에서 단독사육이 어려운 관리여건상 수입초기에 많은 수가 폐사하게 되며, 이로 인해 사육이 어려운 도마뱀이라는 인식이 강해지고 있다. 대부분의 카멜레온종들이 그렇듯 수컷보다는 암컷이 이러한 환경적인 스트레스에 약하며, 수입 초기 많은 수가 폐사한다. 카멜레온을 기르다 보면 칼슘의 중요성은 인지하지만 비타민결핍으로 인한 위험성을 인지하지 못하는 경우가 많은데, 비타민이 부족하게 되면 피부에 농양 등이 발생하는 경우가 종종 있으므로 항상 주의해야 한다.

카멜레온과 (Chamaeleonidae)

파슨 카멜레온

- 영 명 : Parson's chameleon
- 몸길이 : 40~70cm
- 수 명 : 4~7년
- 활 동 : 주행성
- 학 명 : *Calumma parsonii*
- 번 식 : 난생
- 서식지 : 마다가스카르섬
- 사육난이도 : 中

파슨 카멜레온은 마다가스카르섬의 북부와 동부에 분포하며, 해발 2000m의 높은 산악지역 열대우림에서 서식한다. 마다가스카르에 서식하는 카멜레온과의 카멜레온 중 가장 큰 대형종으로서 아름다운 외모와 존재감으로 미국이나 일본에서는 인기가 높다. 국내에도 몇 번 소개된 적이 있지만, 높은 분양가와 사육이 까다로울 것이라는 이미지 때문에 거래가 활발하지 않고 인기도 높은 편은 아니다. 현재 사이테스 부속서 II에 등재돼 있어 거래가 규제된다. 마다가스카르의 대부분의 카멜레온종은 합법적으로 수출될 수 없지만, 제한된 수의 파슨 카멜레온이 본국에서 매년 합법적으로 수출되고 있다.

외형적인 특징과 생태

일반적인 색상은 터키옥과 같은 푸른빛을 띠는 녹색이며, 눈 주위가 노란색을 띠는 개체나 적갈색을 띠는 개체도 있다. 미묘한 색상의 조합 때문에 굉장히 아름다운 카멜레온종으로 알려져 있는데, 암컷은 수컷에 비해 수수하고 밝은 녹색이나 노란색을 띤다. 피부는 마치 코끼리의 피부처럼 큰 주름들이 나 있으며, 밝은 녹색 바탕에 진한 녹색이나 푸른빛의 줄무늬가 몸을 감싸고 있다. 수컷은 코 끝부분이 돌출된 독특한 특징을 가지고 있으며, 이 속에 속하는 다른 카멜레온종들과 마찬가지로 머리 위에 평평하고 코끼리 귀를 닮은 투구가 있다. 다른 작은 카멜레온과는 달리 주로 한낮에는 많이 움직이지 않는다.

적절한 사육장환경 조성

대형종에 속하는 카멜레온이므로 반드시 그에 맞는 큰 사육장이 필요하다. 예전에 세계 여러 나라를 돌며 특이한 취미를 가진 사람들을 소개하는 내용의 TV프로그램이 있었는데, 일본의 한 사육자가 거실 전체의 천장을 넝쿨식물로 꾸며놓고 파슨 카멜레온을 기르던 에피소드를 본 기억이 난다. 그때 화면에서 본 성체 파슨 카멜레온은 굉장히 아름다웠는데, 적절한 환경이 갖춰질 경우 매우 튼튼하고 수명도 7년 이상이나 된다고 한다.

움직임이 그리 활발한 종은 아니지만, 크고 육중한 파슨 카멜레온이 편안하게 생활할 만한 사육장을 마련한다는 것이 사실 쉽지는 않다. 커다란 새장이나 튼튼한 대형 고양이장을 2개 정도 이어 붙여서 사육장을 꾸며줄 수 있지만, 그만큼 자리를 많이 차지하게 된다. 하지만 다 자란 파슨 카멜레온의 모습은 그만한 노력과 투자가 아깝지 않을 만큼 매우 아름답다.

사육 시 기본적인 온도는 주간 27~30℃, 일광욕장소 32~35℃, 사육장 내 가장 온도가 낮은 부분은 25℃가 적당하며, 대기습도는 70% 정도가 적절하다. UVB램프는 필수이며, 하루 12시간씩

팬서 카멜레온은 미묘한 색상의 조합으로 인해 애호가들 사이에서 굉장히 아름다운 카멜레온종으로 알려져 있다.

코끼리의 피부와 흡사한 파슨 카멜레온의 독특한 피부

조사해 주도록 한다. 야간에는 온도차를 둬서 25℃ 정도로 유지해주는 것이 좋다. 기본적인 사육장의 세팅은 팬서 카멜레온이나 베일드 카멜레온과 큰 차이가 없다. 외국의 많은 브리더들이 카멜레온 사육에 있어서 특히 강조하는 부분은 살아 있는 식물을 이용한 세팅이다. 만약 먹어도 해가 없는 무독성 식물들로 사육장을 꾸며주고 드리퍼 시스템을 효과적으로 이용하며, 환기만 잘 신경 써준다면 크게 어려울 것이 없는 종이라고들 한다. 하지만 아쉽게도 국내에 수입됐던 어린 개체들은 수입 초기 스트레스와 적절치 못한 초기 사양관리로 인해 현재까지 기르고 있는 사육주가 거의 없는 실정이다.

먹이의 종류와 먹이급여방법

파슨 카멜레온은 완전한 육식성 도마뱀이다. 주식은 곤충류로서 주로 귀뚜라미와 슈퍼웜을 급여한다. 외국에서는 실키웜(누에)이나 먹이용 바퀴벌레 등도 급여하지만, 국내 실정에는 맞지 않는 먹이다. 귀뚜라미를 충분히 것-로딩해서 주거나 칼슘과 비타민을 더스팅해서 주는 것만으로도 쉽게 사육할 수 있다. 야생에서는 작은 새나 소형 설치류도 먹이범주에 들어가기 때문에 사육 시 가끔 핑키를 급여하기도 하는데, 핑키 위주의 식단보다는 주

기본적인 먹이급여방법 및 급수방법은 다른 종류의 카멜레온과 마찬가지이며, 특별히 까다롭지는 않다.

식은 곤충류로 하고 핑키는 보조식의 개념으로 가끔 급여하는 것이 좋다. 기본적인 먹이 급여방법 및 급수방법은 다른 종의 카멜레온과 마찬가지이며, 특별히 까다롭지는 않다.

암수의 구분과 번식

수컷이 암컷보다 크고 보다 밝은 색을 띠며, 성성숙에 도달하면 수컷은 코 부분에 두 개의 돌기가 돋아난다. 일 년에 두 차례 번식을 하며, 한배에 약 25~30개의 알을 낳는다. 알의 부화기간은 약 26℃의 온도에서 12~14개월 정도 소요된다.

사육 시 주의할 점

덩치가 큰 종으로서 그에 맞게 수분을 충분히 섭취해야 하므로 드리퍼 시스템의 용량을 큰 것으로 설치하거나 드리퍼 안의 물을 자주 보충해줘야 한다. 간혹 사육자들 중에는 습도를 높이기 위해 사육장 내부에 수중모터를 이용해 소형 폭포시스템을 설치하는 경우가 있는데, 이는 습도는 높여주지만 물이 쉽게 오염됨으로써 오히려 악영향을 끼치게 되므로 삼가도록 한다. 습도유지를 위한 가장 효과적인 방법은 살아 있는 식물을 넣어주는 것이다.

카멜레온과 (Chameleonidae)

잭슨 카멜레온

- **영 명** : Jackson's chameleon
- **몸길이** : 20~30cm
- **수 명** : 평균 3~5년
- **활 동** : 주행성
- **사육난이도** : 上
- **학 명** : *Trioceros jacksonii*(이전 *Chameleo jacksonii*)
- **번 식** : 난태생
- **서식지** : 아프리카 케냐와 탄자니아의 해발고도 1500~2000m에 있는 산림한계선 아래 산림에 서식

아프리카 케냐의 고산지역에 서식하는 카멜레온종이지만, 현재는 하와이와 미국의 캘리포니아에 유입돼 토착화된 종이다. 1972년 하와이의 한 애완동물 숍에서 애완용으로 수입한 잭슨 카멜레온이 오랜 기간 분양되지 않자 남은 12마리를 야생에 버렸는데, 이 개체들이 토착화된 것이다. 산악지역에 서식하는 뿔이 있는 혼 카멜레온(Horned chameleon) 중에서 가장 유명하고 아름다운 종이라고 할 수 있다. 마치 선사시대의 트리케라톱스(*Triceratops*)를 연상시키는 세 개의 뿔과 작은 투구가 매우 인상적이다.

외형적인 특징과 생태

잭슨 카멜레온은 잭슨 스리혼 카멜레온(Jackson's three-horned chameleon, *T. j. jacksonii*), 드워프 잭슨 카멜레온(Dwarf Jackson's chameleon, *T. j. merumontanus*), 엘로우 크레스티드 잭슨 카멜레온(Yellow-crested Jackson's chameleon, *T. j. xantholophus*) 등 3개의 아종이 있으며, 수컷은 큰 차이를 보이지 않으나 암컷의 경우 차이가 많이 난다. 아종 내에서도 연두색부터 진한 녹색까지 다채로운 피부색을 보인다. 수컷은 뿔을 이용한 공격으로 자신의 세력권을 지킨다.

높은 고도에 서식하며, 비교적 낮은 주변 환경으로 인해 몸에서 부화를 시켜 새끼로 낳는 난태생종이며, 암컷은 일 년에 두 번 새끼를 출산한다. 끈적끈적한 점막과 같은 태막으로 둘러싸인 새끼를 나무 위에서 낳는데, 새끼들은 이러한 점액질 때문에 땅으로 바로 떨어지지 않고 나무에 붙을 수 있으며, 곧 태막을 찢고 나와 나무에 바로 매달려 몸을 말린다. 국내에도 몇 번 소개됐고 아름다운 외형에 비해 비교적 분양가가 저렴하지만, 대부분 야생채집개체이며 수입 초기 스트레스와 적절치 못한 온도 관리로 인해 국내 마니아들 사이에서는 사육이 어렵다고 인식된 종이다.

적절한 사육장환경 조성

많이 크는 종은 아니지만 성체 때 가로 40cm, 세로 40cm, 높이 70cm의 사육장이 필요하다. 저온의 다습한 환경을 요구하므로 여름철에는 특별한 대책이 필요하다. 일광욕장소와 몸을 식힐 수 있는 장소를 명확하게 구분해줘야 하며, 고온에 장기간 노출되면 폐사되기 쉽다. 적정온도는 사육장 주간온도 18~23℃, 일광욕장소 27~29℃ 정도로 다른 종에 비해 비교적 낮으며, 야간에는 15℃ 정도로 낮춰줘야 한다. 또한, 75~80%의 높은 습도와 정체돼 있

잭슨 카멜레온은 저온다습한 환경을 요구하기 때문에 여름철에는 특별한 대책이 필요하다.

> **잭슨 카멜레온 아종**
>
> - Jackson's three-horned chameleon(*Trioceros jacksonii jacksonii*) : 수컷에게만 뿔이 있고, 몸의 색상은 진한 녹색에 올리브색 얼룩이 있다.
> - Yellow-crested Jackson's chameleon(*Trioceros jacksonii xantholophus*) : 수컷은 밝은 녹색에 배면에 밝은 노란빛이 돌지만, 암컷은 어두운 녹색과 올리브색이 혼합돼 있다. 암컷도 수컷과 같은 뿔이 있으나 더 작다.
> - Dwarf Jackson's chameleon(*Trioceros jacksonii merumontanus*) : 3종 중 가장 작은 종이며, 수컷은 밝은 녹색에 노란 투구와 뿔을 가지고 있고, 암컷은 코끝에 한 개의 뿔이 있다.

지 않은 신선한 공기를 요하므로 사육장 내에 살아 있는 식물화분을 넣어주는 것이 좋다. 카멜레온 사육장에 넣는 일반적인 식물로는 열대 무화과나무속(*Ficus*) 식물과 흔히 홍콩야자라고 불리는 쉐플레라속(*Schefflera*) 식물을 이용한다. 이런 식물들은 사육장 내의 습도를 유지하는 데 효과적이고 신선한 산소를 제공하며, 휴식과 이동에도 매우 유익하다.

먹이의 종류와 먹이급여방법

카멜레온에게 기본적으로 급여하는 먹이는 살아 있는 귀뚜라미다. 1주일에 두 번 비타민 D_3가 첨가된 비타민을 먹이에 더스팅해서 주고, 비타민제도 꼭 1주일에 한 번 급여하도록 한다. 모든 카멜레온을 사육할 때는 먹이를 먹기 용이하도록 대부분 그릇에 귀뚜라미나 슈퍼웜을 담아주는데, 이렇게 급여하면 죽은 귀뚜라미를 쉽게 제거할 수 있고, 카멜레온이 쉴 때 먹고 남아 있는 귀뚜라미로부터 공격받는 것을 예방할 수 있다. 카멜레온은 먹이가 활발히 움직일 때 반응한다. 슈퍼웜이나 밀웜의 경우 습도가 너무 높을 때 활동이 느려지고 쉽게 폐사하므로 주요 먹이는 귀뚜라미를 이용하거나, 아주 어린 개체의 경우 번식된 먹이용 과일초파리를 이용하는 것이 좋다.

암수의 구분과 번식

잭슨 카멜레온은 수컷의 뿔과 같은 외형상의 확연한 차이가 있고, 국내에 수입된 개체들은 거의 성체급이므로 암수를 구분하기가 매우 쉽다. 생후 5~7개월이면 성적으로 성숙하게 되지만, 건강한 번식을 위해서는 12개월이 지나 시도하는 것이 좋다. 번식을 위해서는 우선 건강한 한 쌍이라는 가정 하에 암수 케이지를 잘 보이도록 놔두고 서로를 인식하게

한 다음, 합사해서 암컷의 반응을 지켜보고 합사 여부를 결정짓게 된다. 합사했을 시 암컷이 수컷에게 공격적으로 반응을 한다거나 도망을 가면, 수컷을 암컷 케이지에서 바로 분리하고 1주일 후에 다시 합사를 시도하는 것이 좋다. 교미가 성공적으로 이뤄지면 약 7~9개월의 임신기간을 거쳐 5~30마리의 새끼를 낳는다. 암컷은 나무 위에서 새끼를 낳으므로 출산할 때 새끼카멜레온이 땅바닥에 바로 떨어지지 않도록 붙을 수 있는 잔가지가 많은 식물을 넣어주는 것이 좋다. 새끼가 다 나오면 어미와 따로 분리하도록 한다.

새끼의 사육장에는 매달릴 수 있는 작은 가지가 많은 화분을 넣어주며, 성체와 같은 조건으로 온도를 설정해준다. 크기가 아주 작으므로 먹이로는 작은 초파리 등을 급여하고, 드리퍼나 분무로 수분을 충분히 섭취할 수 있도록 해줘야 한다. 도마뱀 몸에 직접 분무하는 것은 절대 삼가고, 벽면이나 식물에 분무해 새끼들이 물을 핥아먹을 수 있도록 해준다.

사육 시 주의할 점

잭슨 카멜레온은 저온을 요구하는 종이며, 대부분 현지 야생에서 채집돼온 개체들이라 수입 초기 폐사율이 높기 때문에 아름답지만 기르기 힘들다는 인식이 강한 종이다. 따라서 입양 초기에 특별히 신경을 많이 써야 한다. 저온을 요구한다고 해서 분무를 너무 자주 해준다거나 바닥재에 물이 흥건한 환경에서 기르게 될 경우 배설물로 인해 박테리아가 활발히 발생하게 되며, 이는 카멜레온에게 치명적인 영향을 미칠 수 있기 때문에 주의해야 한다. 야생채집개체들이 많으므로 구충은 필수적이다.

비어디드 피그미 카멜레온

- **영 명** : Bearded pygmy chameleon
- **몸길이** : 3~5cm
- **수 명** : 3~5년
- **활 동** : 주행성
- **학 명** : *Rieppeleon brevicaudatus*
- **번 식** : 난생
- **서식지** : 아프리카 탄자니아숲
- **사육난이도** : 中

일반적으로 비어디드 피그미 카멜레온(Bearded pygmy chameleon) 또는 비어디드 리프 카멜레온(Bearded leaf chameleon)으로 알려져 있는 본종은 탄자니아 북동부와 케냐의 우삼바라 동부 및 울루구루산맥에서 발견되는 카멜레온이다. 입 아래쪽에 몇 개의 융기된 비늘로 이뤄진 '수염(beard)'이 있다는 점에서 리에펠레온속(*Rieppeleon*)의 다른 종들과 구별된다. 다 자란 몸길이는 8cm에 불과하며, 다른 카멜레온과 비교했을 때 다소 칙칙한 색을 띤다. 그러나 색을 바꿀 수 있는 능력이 매우 뛰어나며, 스트레스를 받으면 더 어두워진다. 또한, 몸을 옆으로 압축하고 옆구리를 따라 줄무늬를 만들어 죽은 잎사귀를 모방할 수 있다.

외형적인 특징과 생태

평균 크기가 5cm에 불과할 정도로 작고 앙증맞은 소형종인 본종은 탄자니아의 숲이나 인가 근처에서 흔히 발견된다. 수목 상층부를 주 서식처로 하는 다른 카멜레온종들과는 다르게 낮은 나무덤불이나 지면에서 가까운 곳을 주된 서식처로 한다. 다른 피그미종보다 옆으로 더 납작한 형태이며, 꼬리를 제외한 몸통만 보면 전체적으로 베일드 카멜레온과 유사한 체형을 지니고 있다. 신체적 특징이라면 비어디드(Bearded: 턱수염이 있는)라는 이름에서 알 수 있듯이, 턱의 끝 쪽에 염소의 수염 같은 작은 돌기가 있다는 것과, 다른 카멜레온에 비해 현저하게 짧은 꼬리를 지니고 있어 나무를 감을 수 없다는 점을 들 수 있다.

다른 카멜레온종에 비하면 굉장히 수수한 색상을 띠고 있으며, 거의 죽은 나뭇잎사귀 색과 유사한 밝은 갈색이나, 갈색을 기본 바탕으로 군데군데 진한 갈색의 줄무늬 또는 초록색의 반점이 섞여 있는 체색을 지니고 있다. 국내에는 2006년도에 처음 수입돼 독특한 외모와 더불어 저렴한 분양가로 인기가 많았지만, 다른 도마뱀종에 비해 상대적으로 낮은 활동성과 사육 초기의 적응실패로 폐사율이 높은 편이었기 때문에 현재는 그다지 수입이 활발하지는 않은 듯하다.

적절한 사육장환경 조성

소형종이므로 1자반(45cm) 크기의 사육장에 한 쌍을 기르거나 수컷 1마리에 암컷 2~3마리의 소규모 그룹으로 사육할 수 있다. 다른 카멜레온종과는 달리 여러 마리를 사육하는 것이 가능하며, 암컷끼리의 경쟁은 심하지 않지만 수컷끼리의 경쟁은 다른 카멜레온종과 마찬가지로 심하기 때문에 한 케이지에 수컷은 한 마리만 사육하는 것이 기본이다. 만약 두 마리 이상의 수컷을 사육할 경우 사육장은 더 넓어야 하며, 숨을 곳도 더 많이 만들어줘야 한다.

다른 카멜레온종들과는 달리 여러 마리를 합사하는 것이 가능하나 한 케이지에 수컷은 한 마리만 사육하는 것이 좋다.

야생에서 피그미 카멜레온류는 열대우림의 바닥이나 낮은 곳에 서식하는데, 이런 곳은 사실상 낮이라도 빛이 거의 닿지 않는 지역이 많으며 보편적으로 온도가 일정하다. 이러한 야생의 환경에 맞춰 별도의 일광욕장소나 UVB램프 없이 사육이 가능하며, 주간온도 23~26℃, 야간온도 18℃로 설정해주면 된다. 일반적으로 플라스틱 채집통이나 소형 어항을 사육장으로 이용하는데, 이는 환기가 어려운 구조이므로 최근 시판되고 있는 소형 파충류 전용사육장(양쪽이 철망 구조로 돼 있는)이 적합하다. 수분을 충분히 섭취할 수 있도록 피트모스와 모래의 비율을 50:50으로 섞은 바닥재가 적당하며, 위에는 살균된 낙엽과 살아 있는 이끼 등을 군데군데 깔아주는 것이 좋다. 사육장 내에 살아 있는 식물이나 가지가 많은 죽은 소형 나무들을 배치해 이동을 용이하게 하고 숨을 수 있는 곳을 마련해 주도록 한다.

먹이의 종류와 먹이급여방법

비어디드 피그미 카멜레온은 굉장히 작은 종이기 때문에 사육의 관건은 본종의 체구에 적합한 크기의 먹이를 급여하는 것이라고 할 수 있다. 사실 현재도 그렇지만, 먹이용 귀뚜라미의 수급이 안정되지 않았던 과거에는 더욱 많은 사육주들이 소형 귀뚜라미의 수급에 큰 어려움을 겪었다. 귀뚜라미는 크기에 상관없이 동일한 가격으로 구입하게 되지만, 피그미 카멜레온이 먹을 수 있는 크기의 귀뚜라미 유체는 성체 귀뚜라미에 비해 보관 중 폐사율이 높아 미처 먹이기도 전에 상당수가 폐사되거나, 급여하기도 전에 먹지 못할 정도의 크기까지 순식간에 성장해 버려 먹이로서의 역할을 하지 못하기 때문이다.

소형종 도마뱀을 기르고 있는 다른 사육자들과 마찬가지로, 필자 역시도 카멜레온의 크기에 적합한 크기의 먹이를 늘 구비해둬야 하는 것이 사육 중 가장 어렵게 느껴졌던 부분이었다. 먹이로 급여할 수 있는 먹잇감의 크기가 한정돼 있기 때문에 그로 인해 추가적인 사육비 지출 또한 늘었다. 작은 크기의 밀웜이나 버팔로웜의 경우 사육장의 습도가 높고 물이 닿으면 쉽게 죽기 때문에 적당한 먹이가 아니었다. 개인적으로 가장 적당한 먹이는 과일초

파리가 아닐까 생각되는데, 2006년 당시 배양된 과일초파리는 구하기가 힘들었다. 가끔 연구소에 있는 지인을 통해 구해서 먹이기도 했지만, 수급도 어려웠고 배양하는 법을 몰라 애를 먹었던 경험이 있다. 하지만 최근 다트 프로그(Poison dart frog, Dendrobatidae) 등 소형 양서류를 기르는 마니아가 늘면서 소형 동물을 위한 과일초파리와 배양용 전문사육 키트가 판매되고 있어 손쉽게 구할 수 있게

소형종인 경우 발가락이 작아서 미끄러지는 경우가 있으므로 핸들링 시 추락하지 않도록 각별히 신경 써야 한다.

됐다. 초파리와 작은 크기의 귀뚜라미를 먹이고, 1주일에 2회 비타민과 칼슘을 더스팅해 공급한다. 수분공급은 미스팅 시스템을 이용하거나 소형 델리컵에 구멍을 뚫어 공급한다.

암수의 구분과 번식

본종의 암수구분은 비교적 쉽다. 수컷은 암컷에 비해 날씬하고 몸 옆에 진한 색의 가로줄 무늬들이 있으며, 총배설강 부분이 튀어 나오고 암컷에 비해 꼬리가 길다. 암컷은 수컷에 비해 더 연한 색상을 띠고 체고가 더 높아서 낙엽과 더욱 비슷한 체형을 지니고 있으며, 꼬리가 수컷에 비해 짧다. 번식은 일 년 내내 이뤄지며, 대부분 수컷 한 마리에 두 마리의 암컷이나 세 마리의 암컷으로 사육할 수 있다. 주로 나무뿌리 근처에다 한 번에 2~4개의 알을 낳으며, 23℃의 온도와 85%의 습도로 맞춰주면 약 75~80일가량 지나 부화된다.

사육 시 주의할 점

사육 시 가장 주의할 점은 드리퍼나 잦은 분무로 인한 사육장의 과습과 환기가 용이하지 않은 환경이다. 드리퍼로 물을 떨어뜨릴 경우 과다한 물로 바닥이 질척거리고, 이로 인해 사육장 관리가 어려워지므로 물을 받을 수 있는 같은 크기의 물받이그릇을 비치하는 것이 좋다. 또한, 물받이그릇에 카멜레온이 빠져 익사하는 사고가 나지 않도록 그 안에 나뭇가지 등을 넣어서 카멜레온이 빠지더라도 잡고 나올 수 있도록 해줘야 한다. 바닥에 구멍을 뚫어 호스를 이용해 배수시키는 방법도 괜찮다.

카멜레온 기르기

카멜레온. 도마뱀 종류 중 가장 독특하고 매력적인 종이 바로 이 카멜레온이 아닐까 싶다. 필자 또한 좋아하고, 또 오랫동안 길렀던 도마뱀종이기도 하다. 독특한 외모와 몸짓 그리고 각 신체의 놀라운 능력은 어떤 도마뱀종보다도 특별하다는 것을 누구도 부인할 수 없을 것이다. 우리가 카멜레온에 대해 잘못 알고 있는 사실은 그들이 변신의 귀재, 즉 '몸의 색상을 자유자재로 바꿀 수 있다'는 것이다. 흔히 카멜레온이 주변 환경에 맞게 자유자재로 체색을 바꿀 수 있는 것으로 알려져 있지만, 사실은 전혀 그렇지 않다. 다만 자신의 기분에 따라 색이 밝아지거나 어두워질 수 있고, 경고의 색을 나타낼 수도 있다.

금붕어의 눈처럼 툭 튀어나온 우스꽝스러운 눈은 180° 각도의 사물을 볼 수 있으며, 양쪽 눈이 사물을 따로따로 볼 수 있는 경이적인 구조를 가지고 있다. 자신의 몸길이만큼이나 긴 혀로 순식간에 먹이를 낚아채는 카멜레온의 모습은 다른 도마뱀에게서 느낄 수 없는 묘한 흥분을 느끼게 한다. 벙어리장갑을 연상케 하는 뭉뚝한 집게형 발가락과 로프처럼 감을 수 있는 꼬리 등 우스꽝스러워 보이는 카멜레온의 몸은 정말 경이로우며, 이 모든 것들이 주변 환경에 맞게 과학적으로 진화돼왔음을 알 수 있다.

카멜레온은 기르기 까다롭다?

이처럼 대중적인 관심과 호의를 한몸에 받고 있는 매력적인 종이지만, 사육이 까다롭다는 인식이 지배적이기 때문에 마니아들 사이에서 카멜레온의 사육은 활발하게 이뤄지지 않고 있는 실정이다. 필자가 카멜레온을 처

카멜레온은 대중적으로 높은 관심을 받고 있지만, 사육이 까다롭다는 인식 때문에 사육인구는 적다. 사진은 팬서 카멜레온

음 실제로 접하게 된 것은 1999년 지인댁에서였다. 그때는 카멜레온은 물론이거니와 애완파충류란 개념이 거의 희박하던 무렵이었다. 당시 PC통신 천리안에서 파충류를 좋아하는 마니아들의 소모임이 있었고, 대부분 이구아나를 기르거나 그때 처음 국내에 수입됐던 육지거북을 기르는 것이 전부였다. 그 수 또한 많지 않았던 시절, 별거북(Star tortoise, Testudinidae)이나 블루텅 스킨크(Blue-tongued skink, *Tiliqua spp.*) 같은 국내에서 구하기 힘든 파충류를 기르는 마니아도 있었지만, 대부분 본인이 외국에서 생활하면서 기르던 애완동물을 데려온 경우였고 국내에서는 다양한 파충류를 접할 수 없는 상황이었다.

대학 졸업반에 가뜩이나 미래에 대해 심란한 상황이었던 그때, 우연찮게 참석한 파충류 마니아 모임에서 당시 정말 귀했던 카멜레온이라는 동물의 실체를 볼 수 있었다. 모임에 참석했던 마니아 중 한 분이 일본출장길에 애완동물 숍에서 분양받았다며 베일드 카멜레온 암컷 한 마리를 데리고 나왔다. 어떻게 국내로 들여올 수 있었는지는 모르겠지만, 그 카멜레온을 본 순간 필자의 머릿속에는 이솝우화의 '여우와 포도' 이야기가 떠올랐다.

'저 카멜레온은 진짜 기르기 힘들 거야, 날마다 귀뚜라미랑 곤충만 먹여야 한다는데 어떻게 구해서 먹이겠어. 괜한 생각 말자'며 카멜레온을 기를 수 없다는 당위성에 대해 스스로에게 다짐했던 기억이 있다. 그 후 진로에 대해 고민해야 할 시기에 짝사랑에 빠진 사춘기 소년처럼 한동안 카멜레온에 대한 상사병 아닌 상사병을 앓았었다. 후에 조금씩 다양한 파충류가 수입되고 카멜레온을 다시 접했을 때는 그때와는 달리 먹이용 귀뚜라미를 판매하는 곳도 생겨났고, 여러 가지 면에서 기르기 수월한 환경이었지만 여전히 고가의 기르기 까다로운 동물이었다. 왜 이렇게 카멜레온이 까다로운 동물로 인식됐을까.

일단 당시는 파충류전용제품이 거의 전무했다. 더욱이 카멜레온을 기르기 위해서는 통풍이 잘되는 형태의 사육장과 낮은 온도, 물을 한 방울씩 떨어뜨려서 먹을 수 있게 해주는 드리퍼 시스템을 갖춰야 했다. 초창기 시절 베일드 카멜레온을 기르던 지인 한 분은 원룸에서 카멜레온을 기르다 보니 카멜레온이 원하는 낮은 온도를 맞춰주기 위해 에어컨을 항상 켜두는 바람에 정작 본인은 늘 냉방병으로 고생했다고 한다. 이처럼 환경조성이 까다로울 것이라는 생각이 지배적인 동물이 바로 카멜레온이며, 그 편견은 지금도 여전히 존재하는 듯하다. 사실 이후 필자도 몇 종의 카멜레온을 길렀지만, 혼 카멜레온류처럼 고산지대에 서식하는 몇몇 종을 제외하고는 비교적 높은 온도에 수월하게 적응하는 것을 알 수 있었다.

카멜레온 사육을 꺼리게 되는 또 한 가지의 단점은 다른 파충류에 비해 비교적 짧은 수명을 가지고 있다는 점을 들 수 있다. 대부분의 도마뱀 수명이 10년 정도가 평균이라고 하면 카멜레온의 경우 암컷은 3~4년, 수컷은 5~7년 정도가 평균수명으로 알려져 있다. 짧은 수

팬서 카멜레온

피셔 카멜레온

명과 더불어 환경의 변화에 민감해 쉽게 폐사하는 경우가 발생하기 때문에 대부분의 마니아들이 분양가가 비싸고 사육이 어려우며, 더구나 수명도 짧은 동물이라는 생각에 망설이는 반응이었고 그 망설임은 현재까지도 여전한 듯하다.

그러나 단지 카멜레온의 수명이 짧아서 기르기 싫다는 사육자들의 말을 들으면 다소 어폐가 있다는 생각이 들기도 하며, 이들에게 필자는 늘 이렇게 되물었다. '그럼, 당신이 1년 이상 길러본 도마뱀은 몇 마리나 되나요?' 사실 그때도 마찬가지로 한때 호기심으로 잠깐 기르다가 도마뱀을 재분양하는 사람들이 많았기 때문에 했던 말이었다. 과연 3년이라는 시간이 짧은가? 군대에 갔다 온 분들이라면 군생활 2년도 정말 길었다고 느낄

베일드 카멜레온

것이다. 필자가 생각하기에는 카멜레온은 정말 충분한 매력이 넘치는 동물이며, 본인이 관심만 가지고 노력한다면 번식도 가능한 종이므로 이러한 편견 없이 도전해볼 만하다.

카멜레온의 사육환경

카멜레온을 잘 기르기 위해서는 어떤 환경이 필요할까? 전반적인 카멜레온의 사육법을 설명하자면 분명 환경적으로 요구되는 조건이 많으며, 다른 도마뱀에 비해 까다로운 것 또한 사실이다. 그러나 각각의 종마다 원하는 환경이 조금씩 다르지만 기본적인 사항은 거의 같다. 일단 카멜레온 사육에 있어서 가장 중요한 것은 사육장 내의 통풍이다. 환기가 자주 이뤄지지 않고 사육장 내에 공기가 침체된 경우 여러 가지 세균이나 박테리아의 감염이 쉽게 유발될 수 있으며, 이로 인해 카멜레온의 컨디션도 극도로 나빠지게 된다.

환기가 용이한 구조의 사육장이라 하더라도 실내에서 흡연을 하는 경우나 집 안 전체의 환기가 잘 이뤄지지 않아 공기가 오염된 상태라면, 오히려 이러한 환경에 노출되는 것이 카멜레온에게 더 안 좋을 수 있으므로 주의해야 한다.

두 번째는 습도와 온도문제다. 효율적인 환기와 더불어 60~70% 정도의 적절한 습도를 유지하고, 각 종에 적합한 적정사육온도까지 설정해주려면 굉장히 까다로운 것이 사실이다. 더구나 적정사육온도가 고온일 경우 온도를 높여주기는 비교적 쉽지만, 반대로 잭슨 카멜레온처럼 25℃ 미만의 낮은 온도를 선호하는 고산지대에 서식하는 종의 경우 여름철 사육장 내의 온도를 항시적으로 저온으로 유지해주는 것이 매우 어려운 일이다.

이러한 이유로 현재 시판되고 있는 유리사육장 형태의 밀폐형 사육장에서는 카멜레온을 건강하게 오랫동안 기르기 힘들다. 따라서 카멜레온 사육에 뜻이 있다면 사육장을 자작해서 카멜레온이 원하는 환경을 꾸며주는 것이 최선이라고 하겠다. 많은 사육주들이 카멜레온 사육 시 통풍을 고려해 일반 새장을 이용해 사육하며, 필자 또한 새장을 이용해서 카멜레온을 길렀다. 그러나 새장은 환기 면에서는 훌륭하지만, 습도유지 및 드리퍼를 설치해줄 때 번거로운 단점이 있다. 드리퍼는 링거처럼 물병에 물을 담아 한 방울씩 떨어뜨려주는 장치이며, 고여 있는 물을 먹지 않고 한 방울씩 떨어지는 물을 인식해 먹는 카멜레온의 습성상 꼭 필요하다. 그러나 튄 물에 의해 주위가 지저분해질 수 있고, 사육장 안에 물받이통을 넣어놓으면 작은 카멜레온의 경우 물받이통에 빠져 익사할 위험도 따른다.

이를 방지하기 위해서 꼭 물받이통 안에도 나뭇가지 등을 넣어 카멜레온이 빠져나올 수 있도록 조치를 취해줘야 한다. 만약 카멜레온이 물받이통에 빠져 익사하는 상황을 우려해 물받이통을 아예 넣지 않을 경우 새장 배변판에 그대로 물이 떨어지게 된다. 배변판은 새장의 넓이만큼 넓고 높이가 낮기 때문에 많은 양의 물을 받기가 힘들며, 자주 확인하지 않으면 넘치기 일쑤다. 또한, 배변판에 가득 찬 물을 비워줄 때 카멜레온의 배설물과 섞여 오염된 물이 흘러내린다는 단점이 있다.

하지만 카멜레온을 기를 만한 적당한 사육장이 시판되지 않는 상황이라 많은 사육주들이 여전히 새장에서 카멜레온을 기르고 있는 실정이며, 이 또한 카멜레온이 쉽게 대중화되지 못하는 장애요소라고 개인적으로 생각된다. 2004년도에 지인과 함께 인도네시아의 파충류 농장을

특이한 외모와 수수한 색상의 피그미 카멜레온

방문한 적이 있다. 여러 종류의 뱀과 도마뱀을
번식시키는 농장이었는데, 카멜레온 종류 중 팬
서 카멜레온을 번식하고 있었다. 그곳에서는 팬
서 카멜레온의 경우 가로 100cm, 높이 180cm,
폭 200cm 정도의 철망으로 된 커다란 사육장에
성체 카멜레온을 한 마리씩 넣어두고, 안에는
살아 있는 나무들을 심어서 자연과 거의 흡사한
환경을 꾸며주고 있었다. 또한, 갓 태어난 새끼
의 사육장에는 화분 하나에 모기장망 같은 망을
두르고 대여섯 마리의 베이비를 넣고 공중에 매
달아놨다. 망 안에 바나나 또는 잘 익은 과일들
을 함께 넣어뒀는데, 망 사이로 초파리들이 드
나들면서 새끼카멜레온의 먹이가 되는 광경을
보고 그 기발함에 감탄을 금치 못했다.

카멜레온 중 가장 화려한 모습의 팬서 카멜레온

그곳은 일단 카멜레온의 실외방사사육이 가능
한 기후이기 때문에 그렇게 해도 사육과 번식이 쉽게 이뤄지지만, 계절적 변화가 뚜렷한
우리나라에서는 현실적으로 적용하기 어려운 형태다. 그곳의 카멜레온 담당 사육사에 따
르면 카멜레온에게 가장 중요한 것은 습도와 통풍이며, 카멜레온을 사육하는 데 있어서
살아 있는 식물은 꼭 필요하다고 한다. 얼핏 들으면 어렵게 느껴지는 말이지만, 조금만 응
용하면 적정습도와 깨끗한 공기 그리고 급수 부분의 문제를 해결할 수 있다.

카멜레온 사육장의 형태

다음은 필자가 제안하는 카멜레온 사육장의 형태다. 그림처럼 화분과 같은 구조의 사각
수조를 제작해 살아 있는 식물로 테라리움을 꾸민 다음, 같은 크기의 철망 사육장을 제작
해 덮는 방식이다. 뒷면은 백스크린용으로 포맥스로 막고, 정면은 관상과 습도유지를 원
활하게 하기 위해 투명 아크릴이나 유리로 처리하며, 환기가 잘 되도록 위쪽과 양옆을 철
망으로 처리한 사육장을 덮어준다. 뒷부분은 포맥스로 처리해 한 면은 카멜레온이 안정감

을 느낄 수 있도록 가려준다. 그 부분은 우레탄폼이나 스티로폼을 붙여 검정색 실리콘을 잘 펴서 바른 후 피트모스를 뿌려서 자연스러운 절벽의 느낌이 나도록 만들고, 심어놓은 식물이 잘 활착할 수 있도록 해준다. 또한, 카멜레온이 잡기 편하도록 덩굴형태의 나뭇가지를 여러 개 넣어서 사육장 구석구석을 자유롭게 다닐 수 있도록 만들어준다.

이 사육장의 경우 드리퍼로 떨어뜨려주는 물은 사육장 내의 식물들에게 흡수되며, 식물들이 뿜어내는 산소와 습도, 드리퍼의 습도, 하루에 두 번 해주는 분무로 사육장 내에 신선한 공기와 더불어 다양한 습도대가 형성되는 데 이상적이다. 바닥에는 상토나 리치소일처럼 식물이 잘 자랄 수 있는 흙을 깔고, 위는 살아 있는 이끼로 마무리해준다. 카멜레온과 더불어 식물을 기르는 재미 또한 더해질 수 있고, 쉽게 분리되는 구조로 청소가 용이하며, 비바

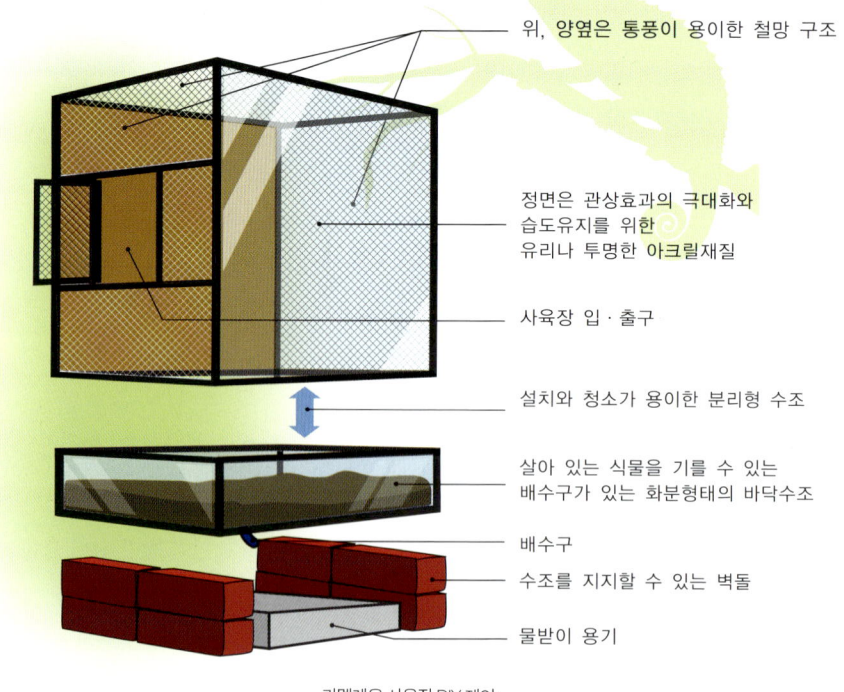

공기순환이 잘 이뤄지지 않고 내부의 공기가 침체돼 있는 사육환경은 카멜레온에게 극도의 스트레스를 주게 된다. 그러므로 사육장의 3면이 철망으로 된, 환기가 용이한 구조의 사육장을 준비해주는 것이 좋다.

위, 양옆은 통풍이 용이한 철망 구조

정면은 관상효과의 극대화와 습도유지를 위한 유리나 투명한 아크릴재질

사육장 입·출구

설치와 청소가 용이한 분리형 수조

살아 있는 식물을 기를 수 있는 배수구가 있는 화분형태의 바닥수조

배수구

수조를 지지할 수 있는 벽돌

물받이 용기

카멜레온 사육장 DIY 제안

리움을 다시 꾸밀 때도 손쉽다. 사육장은 손재주가 있는 사육주라면 직접 나무를 재단해 만들 수 있지만, 보다 깔끔한 마무리를 원한다면 방충망을 제작하는 알루미늄 새시 가게나 액자틀 등을 제작하는 곳에 의뢰하는 것도 좋다. 이런 형태의 사육장은 카멜레온뿐만 아니라 나무 위에 서식하는 수상성 도마뱀에게도 훌륭한 환경을 제공해줄 수 있다.

주의할 점은 아무리 사육장이 넓더라도 사육장 내 카멜레온은 암컷이든 수컷이든 단 한 마리만 있어야 한다는 것이다. 어린 새끼 때는 같은 크기의 새끼들과의 합사가 문제되지 않지만, 카멜레온은 성성숙에 다다를수록 영역성이 강해지므로 한 사육장에 한 쌍의 카멜레온을 기를 경우 너무 어린 나이에 암컷이 임신을 하거나 수컷의 집요한 구애 등으로 함께 있는 암컷이 굉장한 스트레스를 받게 되므로 번식기 때 이외의 합사는 피하는 것이 바람직하다.

드리퍼 시스템(dripper system)
물을 한 방울씩 떨어뜨려줌으로써 카멜레온이 물을 마실 수 있고 대기습도 또한 올려줄 수 있다.

배수구
바닥수조에 고인 물이 빠질 수 있는 배수구를 설치해 바닥이 과습해지지 않게 하고 살아 있는 식물을 기를 수 있는 화분과 같은 원리

카멜레온 사육장 꾸미기

그린 아메이바

- 영　명 : Green ameiva, Giant ameiva
- 몸길이 : 40~58cm
- 수　명 : 약 10~12년
- 활　동 : 주행성

- 학　명 : *Ameiva ameiva*
- 번　식 : 난생
- 서식지 : 남아메리카
- 사육난이도 : 下

사우스 아메리칸 그라운드 리자드(South American ground lizard) 또는 아마존 레이스러너(Amazon racerunner)라고도 불리는 그린 아메이바는 중앙아메리카와 남아메리카에서 가장 흔하게 볼 수 있는 도마뱀이다. 파나마 남부에서 아르헨티나 북부 및 안데스 동부까지 분포하며, 개간된 숲과 개활지의 도로 근처에 서식한다. 한때 세인트빈센트섬(Saint Vincent; 세인트빈센트와 그레나딘 제도의 주도)에서도 발견됐지만 현재는 사라졌다. 국내에도 자주 소개됐는데, 대부분 야생채집개체로서 수입 초기의 스트레스나 기생충감염으로 인한 높은 폐사율과 예민한 성격, 그다지 호감 가지 않는 외형 등의 이유로 큰 인기를 얻지는 못했다.

외형적인 특징과 생태

수컷의 경우 머리 부분은 갈색을 띠는 회색빛이 나며, 몸의 뒤쪽으로 갈수록 녹색빛이 돌고 꼬리 쪽에 다다라서는 녹색이 섞인 창백한 푸른빛이 도는 것을 볼 수 있다. 옆구리에는 갈색의 줄무늬와 창백한 푸른색이나 노란색 점들로 이뤄진 무늬가 있으며, 개체에 따라 변화가 심하다. 암컷은 화려한 수컷과는 달리 수수한 갈색의 발색을 띤다. 어린 개체는 성체보다 몸의 색깔이 선명하고 피부는 작은 과립형 비늘로 돼 있으며, 크고 독특한 형태의 뾰족한 삼각형 머리는 큰 갑판들이 덮고 있다. 위에서 내려다볼 때 뾰족한 삼각형 모양을 띠며, 측면에서 볼 때도 뾰족한 형태를 띠는 사각원뿔 모양의 머리를 가지고 있다.

경계심이 많은 성격이라 주변의 사소한 움직임이나 소리에도 위험을 감지해 빠르게 뛰어 달아나는 특징 때문에 정글 러너(Jungle Runner, 정글의 달리기선수)라는 별명으로도 불린다. 하지만 실제로는 움직이지 않고 가만히 앉아 일광욕하는 것을 즐긴다. 주로 작은 곤충류(메뚜기, 나비, 바퀴벌레, 딱정벌레, 흰개미, 곤충 유충 등)를 비롯해 작은 도마뱀을 잡아먹고 살며, 뱀이나 맹금류의 먹이가 되고 현지 원주민들 또한 덫을 놓아 잡아먹기도 한다.

적절한 사육장환경 조성

사육장은 열대바닥형으로 세팅해주는 것이 좋으며, 겁이 많은 종이므로 자신을 은폐할 수 있는 장식조화나 유목 등을 충분히 넣어줘서 은신공간을 제공하는 것이 좋다. UVA 스폿 램프와 함께 UVB램프를 하루 12시간 작동해주는 것이 필수적이다. 사육장은 바닥이 충분히 넓은 것을 제공하는 것이 좋으며, 활동성이 그리 뛰어난 종류의 도마뱀이 아니기 때문에 성체 1마리의 경우 가로 60cm, 폭 40cm, 높이 50cm 크기의 사육장이면 충분하다.

사육장 내에 일광욕장소와 더불어 온도가 낮은 곳을 설정해줘야 한다. 일광욕장소는 평평한 돌 등을 이용해 32~35℃가 되도록 설정해주고, 사

수수한 색상을 띠는 그린 아메이바 암컷

육장 구석의 가장 낮은 온도는 26℃가 되도록 설정해준다. 야간에는 5℃ 정도의 온도편차를 조성해 주도록 하며, 사육장 내 습도는 60~70%로 유지하는 것이 적절하다. 성격이 예민하고 움직임이 빠른 경향이 있으므로 사육장의 3면을 백스크린 등으로 가려줌으로써 안정감을 느낄 수 있도록 관리해주는 것이 바람직하다.

먹이의 종류와 먹이급여방법

사육 시 주된 먹이로는 귀뚜라미와 슈퍼웜, 핑키 등을 급여하면 된다. 1주일에 하루는 먹이를 주지 않는 금식일로 정하고, 1주일에 한 번은 칼슘과 비타민을 먹이에 더스팅해 급여한다. 물은 낮은 그릇에 담아 항상 먹을 수 있도록 비치해주며, 하루에 2~3차례 분무를 해서 사육장의 습도를 높여주고 수분이 충분히 보충될 수 있도록 한다.

암수의 구분과 번식

성체 때 수컷은 머리부터 몸통의 앞부분은 밝은 회갈색을 띠고 허리부터 꼬리 끝은 밝은 녹색의 화려한 발색을 보이는 반면, 암컷은 수수한 갈색의 색상을 지니고 있어서 쉽게 구분이 된다. 사육 하에서의 번식은 건강한 암수 한 쌍을 확보했다면 그리 어렵지 않으며, 매해 1~4개의 알을 낳고 29~30℃의 온도에서 약 75일이 지나면 부화한다.

사육 시 주의할 점

앞서도 언급했듯이, 그린 아메이바는 정글 러너라고 불릴 만큼 민첩하고 예민한 종이기 때문에 다룰 때 특히 유의해야 한다. 또한, 성격도 사나운 개체가 많으므로 사육환경에 충분히 적응할 수 있도록 해주고, 가급적이면 핸들링은 삼가는 것이 바람직하다.

카이만 리자드

- **영 명** : Caiman lizard
- **몸길이** : 90~110cm
- **수 명** : 약 10~30년
- **활 동** : 주행성
- **학 명** : *Dracaena spp.*
- **번 식** : 난생
- **서식지** : 남아메리카
- **사육난이도** : 上

워터 테구(Water tegu)로도 불리는 카이만 리자드는 매우 아름답고 이국적이며, 복합적인 매력을 지닌 종이다. 남아메리카 아마존강 유역의 늪과 지류 및 홍수림에 서식하고, 물과 나무 위를 번갈아가며 생활하는 도마뱀이다. 악어도마뱀(Caiman Lizard)이라는 이름에서 알 수 있듯이, 악어와 흡사한 외형을 지녔다. 비슷한 외모를 지닌 차이니스 크로커다일 리자드(Chinese crocodile lizard, *Shinisaurus crocodilurus*; Shinisauridae, 중국악어도마뱀과)와는 다른 경주도마뱀과(Teiidae)에 속하는 종이다. 개인사육이 이뤄지고 있기는 하지만, 까다로운 식성(주로 우렁이를 먹는다)과 높은 분양가 때문에 사육개체를 볼 기회가 많지는 않은 편이다.

카이만 리자드의 턱은 주식인 우렁이의 껍데기를 깨물어 부술 수 있을 정도로 매우 강한 힘을 지니고 있다.

외형적인 특징과 생태

얼굴은 테구나 유럽장지뱀류와 비슷하게 생겼으며, 몸에 악어처럼 울퉁불퉁한 용골이 솟아 있다. 꼬리 또한 악어의 꼬리와 아주 흡사하며, 수영하기에 알맞게 옆으로 납작한 형태를 띤다. 다리는 튼튼하고, 긴 발가락 끝에는 날카로운 발톱이 있어서 나무 위에 쉽게 오를 수 있다. 체색도 흥미로운데 머리 부분은 붉은빛의 주황색을 띠며, 목을 지나 몸으로 가면서 녹색의 색상을 띠고 꼬리로 갈수록 다시 연한 갈색으로 변한다.

식성 또한 매우 특이해 주식으로 삼는 먹이는 강에 서식하는 우렁이다. 소형 설치류나 조류, 조류의 알, 곤충도 섭취하지만 가장 좋아하고 즐겨 먹는 먹이는 바로 신선한 우렁이다. 턱의 힘은 우렁이의 껍데기를 깨부술 수 있을 만큼 강하며, 맷돌과 같은 이빨을 가지고 있다. 우렁이나 딱딱한 조개를 이빨로 깨부순 후 소화가 되지 않는 껍데기 조각을 혀로 골라서 뱉어내는 특이한 식습관 때문에 많은 사육주들이 사육 시 어려움을 겪기도 한다.

카이만 리자드는 사실 개체 자체도 희귀하고 분양가 또한 높아서 흔히 접할 수 있는 도마뱀은 아니다. 예전에 국내에 한 차례 전시목적으로 수입된 적이 있었는데, 먹이붙임이 매우 어렵고 수입 초기의 환경적응 실패로 인해 폐사했다고 한다.

적절한 사육장환경 조성

수상형과 반수생형이 접목된 사육장이 가장 알맞으며, 여의치 않을 경우 사육장 내에 도마뱀의 몸 전체를 쭉 뻗을 수 있을 정도 크기의 물그릇을 준비해줘야 한다. 이러한 제약 때문에 쉽게 기를 수 없는 종이기도 하다. 해외의 마니아들은 선룸(온실)의 한쪽 구석에 40~50cm 깊이의 얕은 풀장을 마련하고, 풀장 가운데에 커다란 유목이나 살아 있는 나무를 배치해서 도마뱀이 야생에서와 마찬가지로 물과 나무 위를 오갈 수 있도록 꾸며주는 경우가 많다.

주행성 도마뱀이므로 사육 시 UVB램프와 스폿 램프를 이용해 사육공간 한쪽 구석에 일광욕을 할 수 있는 장소를 마련해줘야 한다. 일광욕장소는 수면이나 지면보다 높은 사육장 내 상단부 나무 위쪽에 마련해주고, 일광욕장소의 온도는 32~35℃로 설정해 주도록 한다. 사육장의 일반적인 낮 동안의 온도는 27~29℃가 적당하다. 반수생형태가 접목된 사육장의 경우 수중히터를 이용해 수온은 26~28℃ 정도로 일정하게 설정해 주도록 한다. 도마뱀이 주로 물속에서 생활하고 또 먹이를 먹으면서 물을 먹게 되므로 배설물에 의해 물이 오염되지 않도록 저면여과기와 측면여과기를 함께 가동해 수질에도 신경 써야 한다.

먹이의 종류와 먹이급여방법

야생상태에서는 주로 우렁이나 무척추동물 등을 먹으며, 나무 위에 올라가 새의 알을 훔쳐 먹기도 한다. 사육 시에도 마찬가지로 신선한 우렁이를 수급해 주식으로 급여해야 하는 어려움이 따른다. 성체의 경우 죽은 마우스나 곤충류도 먹는다고 알려져 있지만, 우렁이만큼 선호도가 높지 못하다. 우렁이 외에도 민물조개나 가재 등을 먹는다.

사육 시에는 귀뚜라미나 슈퍼웜, 핑키 등의 기본 육식성 먹이와 민물조개나 민물우렁이, 식용달팽이 등을 급여하는 것이 좋다. 민물조개나 민물우렁이, 식용달팽이의 경우 야생에서의 먹이와 같이 기호성은 높지만, 사육주가 꾸준히 급여할 수 있는 여건이 되는지를 고려해야 한다. 또한, 먹이수급이 어려운 겨울철에 대체할 수 있게끔 평소에 핑키나 귀뚜라미에 먹이붙임이 되도록 노력해야 한다.

암수의 구분과 번식

암수를 구분하는 것은 비교적 쉬운 편이다. 수컷은 머리 부분이 더 진한 붉은빛의 색상을 띠며, 암컷은 보다 연한 주황색 빛깔을 띠고 수컷보다 체구가 더 작다. 산란하는 알의 수는 2개로 크기에 비해 적으며, 부화일수는 약 160일로 다른 도마뱀에 비해 긴 편에 속한다. 서식지파괴 및 희귀애완동물 포획으로 인해 개체 수가 줄고 있는데, 번식력이 높지 않은 것도 개체 수 감소의 한 요인인 것으로 보인다.

사육 시 주의할 점

일단 요구하는 환경이 까다로운 도마뱀종 중 하나이므로 사육을 계획할 때 충분한 공간과 안정적인 먹이의 확보 등 사전준비를 철저히 한 후 사육에 돌입해야 한다.

테구

- 영 명 : Tegu
- 몸길이 : 80~100cm
- 수 명 : 15~20년
- 활 동 : 주행성
- 학 명 : *Tupinambis*
- 번 식 : 난생
- 서식지 : 남아메리카
- 사육난이도 : 中

남아메리카에 서식하는 대형 도마뱀종으로, 테구라는 이름은 경주도마뱀과(Teiidae, 채찍꼬리도마뱀과)와 안경도마뱀과(Gymnophthalmidae)에 속하는 도마뱀을 일반적으로 지칭한다. 여러 아종 중 아르헨티나 블랙앤화이트 테구(Argentine black and white tegu, *Salvator merianae*)와 레드 테구(Red tegu, *Salvator rufescens*), 골든 테구(Golden tegu tegu, *Tupinambis teguixin*)가 가장 일반적으로 사육된다. 골든 테구는 파나마에서도 발생하지만, 주로 남아메리카에서 발견된다. 2012년에 많은 종이 투피남비스속(*Tupinambis*)에서 이전에 사용됐던 살바토르속(*Salvator*)으로 재분류됐다. 중남미가 원산으로 다양한 서식지를 차지하며, 큰 크기와 포식습관으로 유명하다.

외형적인 특징과 생태

아시아에 서식하는 모니터 리자드(Monitor lizard, *Varanus*)와 같은 대형종이며, 육식성 도마뱀이다. 하지만 모니터 리자드가 목이 길고 비교적 날씬한 체형을 가졌다면 테구류는 짧고 굵은 목을 가지고 있으며, 특히 나이가 많은 성체의 경우 아랫목 밑에 부풀어 오른 듯한 볼주머니 같은 목주름이 있다. 전체적으로 단단한 느낌의 체형을 가지고 있고, 스킨크류(Skinks)와 체형이 흡사하다. 야생에서는 모든 생물을 먹이로 삼는 활발한 포식자이며, 새와 악어의 알을 훔쳐 먹고 썩은 고기도 먹는 청소부 역할을 한다. 육상생활을 하는 도마뱀으로 다리가 길고 힘이 세서 달리는 데 알맞으며, 어린 개체의 경우 뒷다리만으로 달릴 수 있다. 위험에 처하면 길고 두툼한 꼬리를 채찍처럼 휘둘러 자신을 보호한다.

적절한 사육장환경 조성

테구류 또한 1m 가까이 자라는 대형종이므로 사육장을 될 수 있으면 크게 만들어 주도록 한다. 또는 성체 때 온도가 조절될 수 있도록 방 한쪽에 일광욕장소를 마련해주고 풀어서 기르는 방법도 있다. 어린 개체의 사육장은 온도와 습도가 높은 열대우림바닥형으로 조성해준다. 일광욕장소는 평평한 돌 등을 이용해 38~43℃가 되도록 설정해주고, 사육장 구석의 가장 낮은 온도는 26℃가 되도록 설정해준다. 야간에는 5℃ 정도의 온도편차를 주며, 사육장 내 적정습도는 60~70%다. 바닥재로는 습기를 충분히 머금을 수 있는 재료를 이용하는데, 주로 피트모스와 모래를 50:50의 비율로 섞은 바닥재 위에 스패그넘 모스(말린 이끼)나 낙엽등을 살짝 덮어 이용한다. 어린 개체의 경우 유목이나 은신처 등을 넣어줘야 한다.

1m 가까이 자라는 대형종이므로 사육장을 크게 만들어 주도록 한다.

먹이의 종류와 먹이급여방법

대체적으로 거의 완전한 육식성 도마뱀이지만, 야생에서 가끔 잘 익은 과일과 같은 식물성 먹이도 섭취한다. 사육 시

테구의 아종들(학명 / 영명)

- *Tupinambis duseni* - Yellow tegu
- *Tupinambis longilineus* - Rondonia tegu
- *Tupinambis merianae* - Argentine black and white tegu
- *Tupinambis quadrilineatus* - Four-striped tegu
- *Tupinambis palustris* - Swamp tegu
- *Tupinambis rufescens* - Red tegu
- *Tupinambis teguixin* - Golden tegu

블랙앤화이트 테구 / 골든 테구
레드 테구 / 블랙앤화이트 테구

에는 핑키나 크기에 맞는 마우스를 급여하지만, 사육주에 따라 삶은 계란이나 강아지용 통조림캔 등을 먹이기도 한다. 하지만 이런 먹이는 소화되기 어려운 성분을 포함하고 있어서 좋지 않은 영향을 미칠 수 있으므로 주로 마우스를 급여하고, 1주일에 1~2일은 금식의 날로 정해 비만이 되지 않도록 식단조절을 해야 한다. 금식의 날 이후 식물성 먹이인 바나나와 다진 청경채, 딸기, 망고, 파파야 등의 과일을 소량 급여한다.

도마뱀이 늘 먹을 수 있도록 넓고 튼튼한 재질의 물그릇에 항상 깨끗한 물을 담아둔다. 테구 역시 물통에 들어가 배설하는 경우가 많으므로 오염된 물은 빨리 교체해주는 것이 좋다. 하루에 1~2차례 정도 몸을 흠뻑 적실 정도로 분무해주는 것이 바람직하다.

암수의 구분과 번식

외형적으로 암수를 구분하는 것은 어렵다. 번식을 위해 완벽한 성성숙에 다다르려면 몸무게가 약 2kg 정도 나갈 크기가 돼야 한다. 건강한 성체의 암수가 준비됐다면 건강상태를 체크하고, 온욕을 통해 소화기관 내에 남아 있는 잔여음식물이나 내장의 배설물을 모두 배설하도록 유도해야 한다. 약 3달간 18℃의 온도에서 쿨링기간을 거친 후 교미를 하게 되며, 교미 후 3주가 되면 약 4~32개의 알을 낳는다. 알이 부화되기까지는 29~30℃의 환경에서 약 60일 정도 소요된다.

사육 시 주의할 점

대형종이지만 모니터 리자드에 비해 호전성이 덜하며, 어린 개체 때부터 꾸준한 핸들링으로 사람 손에 익숙하도록 길들이는 것이 중요하다. 사실 필자의 경우 파충류나 다른 동물들, 심지어 현재 기르고 있는 반려견의 경우도 뭔가 부자연스럽게 느껴져서 특별한 훈련을 시키거나 재주를 요구하지 않는 편이다. 하지만 테구와 같은 대형 도마뱀의 경우 야생의 습성이 그대로 남아 있다면, 이는 사육주뿐만 아니라 가족이나 다른 반려동물들에게 굉장히 위험한 요소가 될 것이다.

따라서 사람과 충분히 어울릴 수 있는 수준이 되도록, 최소한 공격적인 성향을 띠지 않도록 스트레스를 최소화하는 선에서 짧은 시간을 이용한 잦은 스킨십이 필요하다.

장지뱀과(Lacertidae)

장지뱀

- 영 명 : Lizard
- 몸길이 : 15~20cm
- 수 명 : 명확하지 않음
- 활 동 : 주행성
- 학 명 : *Takydromus aureralis*
- 번 식 : 난태생
- 서식지 : 한국
- 사육난이도 : 中

외형적인 특징과 생태

장지뱀은 한국 특산종으로서 전국적으로 분포를 하고 있지만, 개체 수가 비교적 적고 흔하게 발견되는 종은 아닙니다(한국종-뒤페이지의 아무르장지뱀, 줄장지뱀, 표범장지뱀 포함-은 대부분 포획금지종이라 수명이 명확하지 않다). 등은 적색을 띠는 회갈색이며, 옆면은 진한 적갈색, 배면은 적색을 띠는 흰색이다. 몸통의 비늘에는 6개의 줄이 규칙적으로 배열돼 있다. 항문의 비늘은 크고 뚜렷한 융기선이 있으며, 원칙적으로 1쌍이 있고 서혜인공은 좌우 한 쌍이 있다. 꼬리는 몸통 길이의 약 2/3에 해당하며, 전체적인 길이는 15~20cm 정도다.

적절한 사육장환경 조성

1자반(45cm)의 소형 수조로도 충분히 사육이 가능하다. 바닥재로는 피트모스와 모래를 60:40의 비율로 깔아주고, 작은 돌과 낙엽 및 마른 이끼 등을 군데군데 넣어준다. 일광욕장소는 넓적한 돌을 배치하고 거기에 낮은 와트 수의 스폿 램프를 비춰 32~35℃ 정도 되도록 설정해준다. 야간에는 25℃ 정도로 온도를 낮춰주도록 한다. 습도는 물그릇을 비치하고 아침저녁 분무로 약 60% 정도에 맞춰주는데, 너무 과습한 환경은 좋지 않다. 환기가 될 수 있도록 사육장 측면에 구멍을 뚫고 고운 철망으로 막아주며, 사육장 윗부분도 철망으로 막아주도록 한다.

먹이의 종류와 먹이급여방법

야생에서는 작은 날벌레와 거미 같은 절지류 및 지렁이 등과 같은 무척추동물을 잡아먹으며, 사육 시에는 작은 귀뚜라미나 버팔로웜, 밀웜 등을 급여하면 된다. 비타민D3가 함유된 칼슘을 1주일에 한 번 먹이에 더스팅해서 공급한다. 물은 작은 그릇에 담아 언제든지 먹을 수 있도록 해주며, 아침과 저녁에 바닥재가 살짝 젖도록 분무해준다.

암수의 구분과 번식

수컷의 경우 암컷에 비해 머리와 몸통이 더 크며, 색깔도 더욱 밝은 편이다. 보통 초여름에 주로 양지의 돌이나 낙엽 밑 그리고 모래흙속에 산란하며, 4주 정도 후에 부화한다. 산란하는 알의 수는 3~4개다.

사육 시 주의할 점

장지뱀류는 몸에 비해 꼬리가 길고 쉽게 끊어질 수 있으므로 다룰 때 특히 주의해야 한다. 또한, 사육장 내부 전체가 너무 과습해지면 좋지 않으므로 습한 부분과 몸을 말릴 수 있는 건조한 일광욕장소를 따로 준비해줘야 한다.

몸에 비해 꼬리가 길기 때문에 핸들링 시 주의해야 한다.

장지뱀과(Lacertidae)

아무르장지뱀

- 영 명 : Long-tailed lizard
- 몸길이 : 20cm
- 수 명 : 명확하지 않음
- 활 동 : 주행성
- 학 명 : *Takydromus amurensis*
- 번 식 : 난생
- 서식지 : 한국, 일본, 중국, 러시아
- 사육난이도 : 中

외형적인 특징과 생태

본종은 우리나라를 비롯해 일본과 중국, 러시아 등지에 서식하는 장지뱀류다. 우리나라에서는 전국적으로 분포하고 있으며, 국내에 서식하는 장지뱀류 중 비교적 개체군이 크고 쉽게 접할 수 있는 종이다. 등 부분에 세로로 된 8개의 줄이 있으며, 배 쪽에는 큰 장방형의 비늘판이 세로로 8줄, 가로로 22~28줄이 있다. 또한, 넓적다리 부근에 페로몬분비기관인 서혜인공을 3쌍 가지고 있다. 체색은 갈색이며, 옆구리 부분에 진한 흑색에 가까운 갈색의 띠가 있다. 일반적으로 수컷이 암컷보다 머리가 크며, 색깔이 더 밝고 선명하다.

주로 햇볕이 잘 드는 양지쪽의 능선이나 산과 밭, 모래땅으로 된 경작지에서 흔히 볼 수 있으며, 가끔 먹이를 잡기 위해 덤불이나 나무를 타기도 한다.

적절한 사육장환경 조성
1자반의 소형 수조로도 충분히 사육이 가능하다. 바닥재로 피트모스와 모래를 60:40의 비율로 깔아주고, 작은 돌과 낙엽 및 마른 이끼 등을 군데군데 넣어준다. 일광욕장소는 넓적한 돌을 배치하고 거기에 낮은 와트 수의 스폿 램프를 설치해 32~35℃ 정도 되도록 설정해준다. 야간에는 25℃ 정도로 온도를 낮춰주도록 한다. 습도는 물그릇을 비치하고 아침저녁 분무로 약 60% 정도에 맞춰주는데, 너무 과습한 환경은 좋지 않다. 환기가 될 수 있도록 사육장 측면에 구멍을 뚫고 고운 철망으로 막아주며, 사육장 윗부분도 철망으로 막아준다.

먹이의 종류와 먹이급여방법
자연상태에서의 먹이는 주로 작은 곤충류나 지렁이 등이다. 사육 시에는 소형 버팔로웜이나 밀웜, 소형 귀뚜라미를 급여한다. 1주일에 한 번 비타민D3가 포함된 칼슘을 먹이에 더스팅해서 주도록 한다. 야생에서 작은 거미나 파리 등을 잡아서 급여해도 된다. 물은 작은 그릇에 담아두고, 아침과 저녁에 분무기로 분무해 주도록 한다.

암수의 구분과 번식
서혜인공의 크기가 수컷의 경우 도드라지고 머리 부분이 암컷보다 수컷이 더 크며, 색상 또한 수컷이 밝다. 6~7월경에 길이 7mm, 너비 5mm 크기의 알을 3~4개 낳는데, 주로 양지쪽 돌 밑이나 낙엽 속 또는 바위 아래 모래질 흙속에 산란한다. 부화는 지역에 따라 약간의 차이는 있지만, 대부분 45~48일 정도 소요되며 8월경에 부화한다.

사육 시 주의할 점
스스로 꼬리를 자를 수 있는 종이므로 다룰 때는 몸통 부분을 살짝 잡아들어 올리는 것이 좋다. 야생에서 채집한 먹이를 급여할 경우 반드시 살충제나 다른 독성물질에 노출되지 않은 곳에서 채집한 것을 급여해야 한다.

장지뱀과(Lacertidae)

줄장지뱀

- **영 명**: Wolter lizard
- **몸길이**: 10~40cm
- **수 명**: 명확하지 않음
- **활 동**: 주행성
- **학 명**: *Takydromus wolteri*
- **번 식**: 난생
- **서식지**: 한국, 중국 북부
- **사육난이도**: 中

외형적인 특징과 생태

중국의 북동부 지역에 서식하며, 우리나라에는 중부 이남에만 분포한다. 전체적으로 밝은 갈색 바탕에 가운데로 약간 진한 갈색의 줄이 지나며, 옆구리 쪽은 고동색에 가까운 진한 색의 띠가 있다. 코부터 눈 밑을 지나 뒷다리까지 뚜렷한 회백색의 측선이 있다. 등 부분의 비늘은 보통 8줄이지만, 간혹 줄이 9개인 것도 있다. 양옆 아래쪽의 3~4줄은 약한 용골돌기로 돼 있다. 꼬리는 몸길이의 2.5배 정도 더 길어 약 40cm에 이르며, 우리나라에 서식하는 도마뱀류 중 가장 긴 종에 속한다. 넓적다리 안쪽에 각각 한 개씩의 서혜인공이 있다.

주로 저산지대의 잡초가 무성한 곳이나 산과 밭 등에 서식하며, 다른 장지뱀류에 비해 나무를 잘 탄다. 한국에는 개체 수가 그리 많지 않으나 중국에서는 비교적 흔하게 볼 수 있는 종이며, 말려서 약재로 쓰거나 채집해 반려동물로 분양하기도 한다.

적절한 사육장환경 조성
사육장은 2자(60cm) 크기의 수조가 필요하며, 바닥재로 피트모스와 모래를 60:40의 비율로 깔아준다. 살아 있는 풀이나 작은 화분 등으로 숨을 수 있는 곳을 만들어주고, 장지뱀이 오르내릴 수 있도록 꾸며준다. 일광욕장소로는 가지가 많은 마른 나무 등을 이용하고, 낮은 와트 수의 스폿 램프를 그 부분에 비춰서 32~35℃ 정도가 되도록 설정해준다. 야간에는 25℃ 정도로 온도를 낮춰주도록 한다. 물그릇과 아침저녁 분무로 습도를 약 60% 정도 되도록 설정해주되, 너무 과습한 환경은 좋지 않다. 환기가 될 수 있도록 사육장 측면에 구멍을 뚫고 고운 철망으로 막아주며, 사육장 윗부분도 철망으로 막아준다.

먹이의 종류와 먹이급여방법
야생에서는 작은 날벌레와 거미 같은 절지류 및 지렁이 등과 같은 무척추동물을 잡아먹으며, 사육 시에는 작은 귀뚜라미나 버팔로웜, 밀웜 등을 급여하면 된다. 비타민D3가 함유된 칼슘을 1주일에 한 번 먹이에 더스팅해서 공급한다. 물은 작은 그릇에 담아 언제든지 먹을 수 있도록 해주며, 아침과 저녁에 바닥재가 살짝 젖도록 분무해준다.

암수의 구분과 번식
서혜인공의 발달 정도나 크기로 암수를 구분하는 것이 가능하며, 몸체도 수컷이 암컷보다 크므로 이를 확인해 암수를 구별할 수 있다. 산란기는 7~8월경이며, 땅에 쌓인 낙엽 속에 4~5개의 알을 낳고, 알은 약 45일 정도면 부화된다.

사육 시 주의할 점
다른 장지뱀들보다 꼬리가 길고 쉽게 잘릴 수 있으므로 다룰 때 특히 주의해야 한다. 나무 타는 것을 좋아하므로 사육장에 나뭇가지 등을 넣어 오르내릴 수 있게 해주는 것이 좋다.

표범장지뱀

- **영 명** : Korean tiger lizard
- **몸길이** : 15~20cm
- **수 명** : 명확하지 않음
- **활 동** : 주행성
- **학 명** : *Eremias argus*
- **번 식** : 난생
- **서식지** : 한국, 몽고, 중국 북부
- **사육난이도** : 中

우리나라에 서식하는 장지뱀류 중 개체 수가 가장 적고 희소한 종으로 거의 멸종단계에 놓여 있다. 우리나라를 비롯해 몽고와 중국 북부의 건조한 지대에 서식하며, 국내에 서식하는 다른 장지뱀들과는 사뭇 다른 외형을 가지고 있다. 국내에서는 경기도 영중면과 태안의 신구리 해안사구 지역에서만 발견됐으며, 최근 4대강사업으로 이들의 서식지가 개발될 위험에 처해 멸종의 가능성이 더욱 높아진 종이기도 하다. 반면 중국에서는 비교적 흔하며, 매우 아름다워서 인기리에 분양되고 있는 종이다. 필자가 중국 유학시절, 귀여운 외모에 반해 여러 마리 기르다가 귀국할 때 데리고 왔던 적이 있다.

외형적인 특징과 생태

등의 비늘은 작고 알맹이 모양을 띠며, 등의 색상은 전반적으로 모래색과 비슷하다. 표범의 무늬와 비슷한 테두리는 어둡고, 안쪽은 밝은 베이지색의 점박이무늬가 목부터 다리, 꼬리시작 부분까지 일률적으로 퍼져 있다. 얼굴 옆부분에는 미세한 줄무늬가 있으며, 꼬리는 다른 장지뱀류에 비해 짧다. 또한, 서혜인공도 국내에 서식하는 다른 장지뱀류보다 많은 수인 좌우 11쌍을 가지고 있다. 성체 때의 전체길이가 약 15~20cm로 굉장히 앙증맞은 외형을 지닌 장지뱀이라고 할 수 있다. 주로 강변의 풀밭과 해안가의 모래사장, 돌 밑이나 흙속에 구멍을 파고 서식하며, 행동이 민첩하고 소형 곤충류를 잡아먹는다.

필자의 중국 유학 당시에는 중국 사막에 사는 도마뱀이라 소개받았고 중국에서 불리는 이름 또한 모래도마뱀이어서 본종의 정확한 이름을 몰랐는데, 전라도지방이 고향인 필자는 나중에 이 종이 국내에도 서식하는 종이고 귀한 보호종이란 걸 알고 놀라기도 했다. 활달한 성격과 사육 시에도 쉽게 길이 드는 장점이 있어서 별 까다로움 없이 길렀던 기억이 나는데, 국내에서는 개체 수가 감소해 멸종위기의 종이라고 하니 씁쓸한 마음이 든다.

적절한 사육장환경 조성

소형종이므로 작은 사육장에서도 충분히 사육이 가능하지만, UVB램프와 UVA 스폿 램프를 설치하기 위해서는 최소 2자(60cm) 크기의 사육장이 좋다. 바닥재는 모래와 피트모스를 70:30의 비율로 섞어서 깔아주고, 작은 돌이나 깨진 기왓장 등을 넣어 숨을 수 있는 곳을 마련해준다. 또 사육장 한구석에 스폿램프로 일광욕장소를 마련해준다.

본종은 국내에 서식하는 다른 장지뱀류보다 높은 온도를 요구하므로 일광욕장소의 온도는 약 35~40℃, 사육장의 제일 시원한 부분은 26℃ 정도가 되도록 설정해준다. 야간의 온도는 5℃ 정도 떨어뜨려 약 25℃ 정도가 될 수 있도록 설정해준다. 너무 과습한 환경에서는 피부질환에

걸리기 쉬우므로 환기문제도 고려해야 한다. 물그릇을 배치해 습도를 조절해주고, 아침에 일광욕장소와 반대편의 사육장 구석 한 부분만 살짝 습도를 조절해주는 것이 좋다.

먹이의 종류와 먹이급여방법

야생에서 주로 작은 곤충류를 먹으며, 조금 큰 먹이를 사냥할 경우에는 모니터 리자드가 먹이를 먹을 때처럼 제법 와일드한 모습을 보여준다. 먹이를 물어 바닥이나 주변 돌에 문질러서 기절시켜 죽인 다음, 삼키는 모습을 관찰할 수 있다. 너무 큰 먹이는 소화에 무리가 가므로 바로 삼킬 수 있는 작은 크기의 밀웜이나 귀뚜라미 유체를 급여하는 것이 좋으며, 1주일에 1~2회 정도 칼슘과 비타민을 먹이에 더스팅해서 주도록 한다. 물은 작은 물그릇에 담아서 급여하도록 하고, 아침에만 한 번 사육장 구석에 살짝 분무해주는 것이 좋다.

암수의 구분과 번식

수컷이 암컷보다 크며, 서혜인공이 더 발달돼 있다. 국내에서의 산란기는 7~8월경이며, 모래 속에다 4~5개의 알을 낳고 약 45일이 경과하면 부화된다.

사육 시 주의할 점

일광욕을 좋아하며, 국내 야생에서는 일찍 동면하는 종이다. 따라서 갑작스럽게 낮아지는 온도에 대한 적응력이 다른 장지뱀들보다 떨어지기 때문에 겨울철에 동면을 시키지 않고 사육할 경우 급작스런 온도쇼크를 예방해야 한다. 또 사육장이 절대 과습해지면 안 되므로 습도조절에 주의를 기울이도록 한다.

표범장지뱀의 알

표범장지뱀의 산란모습

유러피안 아이드 리자드

- 영 명 : European eyed lizard, Ocellated lizard
- 몸길이 : 60~90cm
- 수 명 : 약 25년
- 활 동 : 주행성
- 학 명 : *Timon lepidus*(이전 *Lacerta lepida*)
- 번 식 : 난생
- 서식지 : 유럽
- 사육난이도 : 中

남서부 유럽이 원산지로 이베리아반도(스페인, 포르투갈, 지브롤터) 전역에서 발견되며, 프랑스 남부와 이탈리아 북서부 끝자락에 고르게 분포한다. 이탈리아 북서부와 프랑스 남부, 스페인, 포르투갈의 개활지 숲이나 포도밭, 올리브나무 숲 등에서 비교적 흔하게 발견된다. 튼튼한 몸통에 잘 발달된 사지와 날카로운 발톱, 몸의 2/3에 해당하는 두껍고 긴 꼬리를 가지고 있다. 성체 때의 크기는 90cm에 다다르며, 유럽에 서식하는 장지뱀류 중 가장 큰 종에 속한다. 유러피안 아이드 리자드는 이처럼 큰 체형 외에도 아름다운 색상으로 유명한 도마뱀이다. 아름다운 종이지만, 국내에는 많이 알려지지 않았다.

외형적인 특징과 생태

어린 개체일 때는 황갈색에 테두리가 검은 하얀 반점이 있으며, 성체의 경우에는 머리 부분은 갈색빛을 띠는 회색이고 몸통은 밝은 녹색에 작은 검은 반점이 군복의 무늬처럼 흩어져 있다. 옆구리 부분에는 동그랗고 큰 밝은 푸른색의 무늬가 있다. 동그랗고 푸른 이 무늬 때문에 유러피안 아이드 리자드(European eyed lizard, 유럽눈알장지뱀)라는 이름으로 불리며, 아름답게 빛나는 이 무늬가 보석 같다고 해서 주얼리 리자드(Jewehy lizard), 보석장지뱀이라는 이름으로도 불린다. 비교적 건조한 지역의 숲속에서 서식하며, 작은 곤충류부터 달팽이나 지렁이, 소형 도마뱀류, 조류의 알이나 파충류의 알을 먹는다. 소형 설치류와 심지어 소형 뱀들도 사냥하며, 동물성 먹이 외에 잘 익은 과일 등도 좋아한다.

적절한 사육장환경 조성

성체 때의 크기를 고려해 충분한 크기의 사육장을 준비해야 하는데, 넓이가 넓은 형태의 것이 적당하다. 수컷끼리는 영역다툼을 심하게 하므로 한 마리나 한 쌍으로 사육하는 것이 바람직하다. 한 쌍의 경우 가로 120cm, 폭 80cm, 높이 60cm의 수조가 적합하다. 바닥재로는 모래와 피트모스를 70:30의 비율로 섞어 사용하거나, 열대어 수초용으로 주로 사용하는, 진흙을 구워 만든 세라믹 소일 등을 10~15cm 두께로 깔아 건조한 환경을 만들어주는 것이 좋다. 이들도 UVB램프와 스폿 램프를 이용해 일광욕장소를 마련해준다. 일광욕장소는 바위를 배치해 지면보다 높은 곳에 마련해주고, 온도는 32~35℃로 설정해준다. 일광욕장소를 제외한 사육장의 전체 온도는 27℃ 정도가 적당하며, 사육장의 가장 서늘한 곳의 온도는 24℃가 되도록 설정해준다. 사육장 내부에 유목과 작은 암석 등을 이용해 숨을 수 있고 오르내릴 수 있는 장소를 마련해준다.

먹이의 종류와 먹이급여방법

야생에서의 먹이 비율은 동물성 먹이가 90%이며, 식물성 먹이가 약 10%를 차지한다. 사육 시에는 어린 개체의 경우 주로 귀뚜라미와 슈퍼웜, 핑키 등을 급여하며, 성체 때는 작은 마우스까지 먹일 수 있다. 마우스를 먹일 경우 따로 칼슘제를 줄 필요는 없지만, 어린 개체의 경우 비타민D3를 포함한 칼슘과 비타민을 1주일에 1회 먹이에 더스팅해서 급여한다.

식물성 먹이는 1주일에 1회 정도 급여하며 잘 익은 딸기나 바나나, 살구, 사과, 포도 등을 소량 급여한다. 하지만 육식성 먹이가 풍족할 경우 식물성 먹이는 별로 즐겨하지 않는 경향이 있다. 물은 작은 그릇에 담아 제공하며, 아침에 사육장 한구석에 가볍게 분무해주는 것이 좋다.

암수의 구분과 번식

수컷이 암컷에 비해 크고, 옆구리의 푸른색 둥근 눈알무늬도 더 크다. 또한, 서혜인공의 경우도 수컷이 훨씬 발달돼 있다. 번식이 가

야생의 유러피안 아이드 리자드

능한 성성숙에 다다르는 데 걸리는 기간은 약 2~3년 정도이며, 사육 하에서 번식을 위해서는 쿨링기간이 필요하다. 쿨링 시 온도는 4~7℃로 2~3달간 시킨다. 쿨링이 끝나면 1~3주 안에 발정이 오고 메이팅을 하게 되며, 메이팅이 끝나고 3~4주 후 암컷은 산란을 한다. 알을 낳을 시기가 1주일 앞으로 다가오면 임신한 암컷은 사육장 여기저기를 파헤치며 알 낳을 장소를 물색하게 된다. 이때 알을 낳을 수 있는 산란상자로 암컷을 옮겨주고, 산란 여부를 매일 확인해야 한다. 암컷은 4~6개의 알을 낳는데, 산란된 알은 조심스럽게 인큐베이터로 옮기도록 한다. 알은 28~30℃의 온도에서 약 100~120일간 지나면 부화한다. 산란이 끝난 암컷은 수분을 충분히 공급해주고, 다른 사육장에 분리해 영양보충을 시킨 다음 원래 사육장에 다시 합사시키는 것이 바람직하다.

사육 시 주의할 점

장지뱀류 중 대형종에 속하므로 꼬리가 상하지 않게 핸들링 시 특별히 주의해야 하고, 사육주의 안전에도 유의해야 한다. 성체의 경우 야생에서 작은 새끼토끼를 사냥할 정도로 턱의 힘이 강하기 때문에 어린 개체 때부터 스트레스를 최소한으로 줄여주는 선에서 사람 손에 익숙해지도록 핸들링을 하는 것이 좋다.

블루텅 스킨크

- 영   명 : Blue-tongued skink
- 몸길이 : 50~60cm
- 수   명 : 약 20년
- 활   동 : 주행성
- 학   명 : Tiliqua spp.
- 번   식 : 난태생
- 서식지 : 아시아, 뉴기니
- 사육난이도 : 下

주로 인도네시아와 호주 등 오세아니아에 서식하며, 습도가 높은 밀림이나 건조한 사바나 지역에까지 다양하게 분포돼 있다. 호주에서는 블루텅 리자드(Blue-tongued lizard)로도 불리며, 간단하게 블루텅(Blue-tongue) 또는 블루이(Bluey)라고 부르기도 한다. 국내에는 2000년도에 처음 소개됐는데, 위협적인 외모와는 달리 온순하고 먹이도 가리지 않으며 기르기가 쉬워 처음 도마뱀 사육을 원하는 초보자나 마니아들 사이에서 꾸준히 인기가 있는 종이다. 블루텅 스킨크는 아종이 많은데, 주로 국내에 소개되는 종은 인도네시아의 밀림이 원산지인 인도네시안 블루텅 스킨크(Indonesian blue-tongued skink, *Tiliqua gigas*)다.

외형적인 특징과 생태

블루팅 스킨크는 파충류 마니아라면 누구나 알 만큼 유명한 중형종 도마뱀이다. 우리말로 풀이하면 '푸른 혀 도마뱀'으로 독특한 푸른색의 혀를 가지고 있다. 미끄러운 비늘로 덮인 뚱뚱한 몸통, 끝으로 가면서 가늘어지는 꼬리, 커다란 갑판이 붙은 넓은 머리가 특징이다. 몸에 비해 사지가 짧고, 발가락도 다른 도마뱀종에 비해 굉장히 짧은 편이다.

몸 색깔은 대개 연한 갈색이나 회갈색 바탕에 테두리가 짙은 진한 갈색의 가로줄무늬가 있다. 움직일 수 있는 눈꺼풀과 심술궂어 보이는 날카로운 눈에 홍채는 진한 갈색이다. 야생에서 위협을 받을 때 '쉿' 소리를 내며, 입을 벌려 푸른 혀를 내밀고 흔들어 상대를 위협해서 쫓는 행동을 취한다. 사육 시에도 다양한 환경에 적응을 잘해 도마뱀 사육의 입문종으로 많이 추천되는 종이다.

적절한 사육장환경 조성

많은 사육주들이 블루팅을 사육할 때 UVB램프의 필요성을 못 느끼고 설치를 생략하지만, 블루팅도 스폿 램프와 함께 반드시 UVB램프를 설치해주는 것이 바람직하다. 사육장은 바닥이 충분히 넓은 것이면 적당하며, 활동성이 그리 뛰어난 종이 아니기 때문에 성체 1마리의 경우 가로 60cm, 세로 45cm, 높이 45cm 크기의 사육장이면 충분하다. 사육장 내에 일광욕장소와 더불어 온도가 낮은 곳을 설정해줘야 하는데, 일광욕장소는 평평한 돌 등을 이용해 32~35℃가 되도록 설정해주며, 사육장 구석의 가장 낮은 온도는 26℃가 되도록 설정한다. 야간에는 5℃ 정도의 온도편차를 주며, 사육장 내 적정습도는 60~70%다.

아종에 따라 건조한 환경을 요구하거나 인도네시아에서 서식하는 블루팅 또한 건조한 환경에서도 잘 견디지만, 허물을 벗을 때 습도가 낮으면 깨끗이 벗지 못하고 남아 있는 경우가 생기므로 하루에 최소 한 번은 사육장에 분무를 해주는 것이 좋다. 바닥재로는 습기를 충분히 머금을 수 있는 것을 이용하는데, 주로 피트모스와 모래를

블루팅도 반드시 UVB램프를 설치해 주도록 한다.

야생에서 위협을 받을 경우 입을 벌려 푸른 혀를 내밀고 흔들어 상대를 위협해서 쫓는 행동을 취한다.

50:50의 비율로 섞은 바닥재 위에 스패그넘 모스나 낙엽 등을 살짝 덮어준다. 바닥재에 파고들기도 하므로 먼지가 너무 많이 발생되는 소재는 피하는 것이 좋으며, 바크는 먹이와 함께 먹어 장폐색증을 유발할 가능성이 있기 때문에 가능한 한 사용하지 않는 것이 바람직하다. 스패그넘 모스처럼 먹기 힘든 크기나 먹어도 탈이 안 나는 종류의 것이 좋다.

신문지나 종이타월 및 부직포 등도 바닥재로 흔히 이용되며, 먼지가 적은 아스펜 베딩이나 편백나무 베딩도 많이 사용된다. 사육 시 숨을 수 있는 은신처가 필요하다. 시판되고 있는 은신처를 사용해도 좋고, 벽돌 위에 나무판을 놓거나 돌에 깨진 기왓장을 걸쳐놓거나 깨진 화분 등을 이용해도 훌륭한 은신처가 된다. 은신처 근처에 넓고 무게감이 있는 튼튼한 물그릇에 항상 깨끗한 물을 담아 제공하도록 한다.

먹이의 종류와 먹이급여방법

블루텅 스킨크는 야생에서 잡식의 식성을 띠며, 잘 익은 달콤한 과일을 좋아한다. 인도네시아에서는 바나나도마뱀이라고 불릴 만큼 바나나를 무척 좋아한다. 잡식성 도마뱀으로

블루텅의 아종(학명 / 영명)

- *Tiliqua adelaidensis* / Adelaide pygmy blue-tongue skink
- *Tiliqua gigas* / Indonesian blue-tongued skink
- *Tiliqua gigas evanescens* / Merauke blue-tongued skink
- *Tiliqua gigas keyensis* / Key Island blue-tongued skink
- *Tiliqua sp.* / Irian Jaya blue-tongued skink
- *Tiliqua multifasciata* / Centralian blue-tongued skink
- *Tiliqua nigrolutea* / Blotched blue-tongued skink
- *Tiliqua occipitalis* / Western blue-tongued skink
- *Tiliqua rugosa* / Shingleback lizard, Sleepy lizard
- *Tiliqua rugosa rugosa* / Common shingleback
- *Tiliqua rugosa aspera* / Eastern shingleback
- *Tiliqua rugosa palarra* / Shark Bay shingleback
- *Tiliqua rugosa konowi* / Rottnest Island shingleback
- *Tiliqua scincoides* / Australian blue-tongued skink
- *Tiliqua scincoides scincoides* / Eastern blue-tongued skink
- *Tiliqua scincoides intermedia* / Northern blue-tongued skink
- *Tiliqua scincoides chimaerea* / Tanimbar blue-tongued skink

이스턴 블루텅 스킨크

동물성 먹이 60%, 식물성 먹이 40% 정도의 비율로 급여한다. 주로 당분이 높은 과일을 선호하지만, 섬유질과 비타민 등이 풍부한 푸른 채소를 잘게 다져 으깬 바나나 등에 섞어주는 것이 좋다. 동물성 먹이로는 달팽이나 귀뚜라미, 밀웜, 슈퍼웜, 핑키 등을 먹인다.

시각적 자극에 반응하기보다는 주로 후각에 의존해 먹이를 구분하며, 이 때문에 굳이 살아 있는 곤충이나 다른 동물을 급여할 필요가 없다. 죽은 먹이나 사료형태의 먹이에도 반응하고 잘 먹기 때문에 살아 있는 먹이동물에게 혐오감을 갖는 이들에게는 안성맞춤인 도

강아지캔이나 고양이캔을 급여하기도 하는데, 열량이 높아 쉽게 비만해지므로 급여에 주의하도록 한다.

마뱀이다. 많은 사육주들이 주로 간편하게 강아지캔 또는 고양이캔을 주거나 건사료를 물에 불려 급여하기도 한다. 하지만 이렇게 열량이 높은 먹이만을 제공하면 비만이 되기 쉬우므로 시판되고 있는 비어디드 드래곤(어린 개체용) 사료를 물에 불려 으깬 바나나와 잘게 썬 채소들을 섞어 급여하고, 1주일에 1회 비타민D3가 함유된 칼슘과 비타민제를 더스팅해서 급여한다. 어린 개체의 경우 1주일에 하루는 금식을 시키고, 성체 때는 이틀 정도 금식을 시키는 것이 좋다. 넓적한 그릇에 깨끗한 물을 담아 급여하고, 하루에 두 번 사육장에 분무를 해주도록 한다.

암수의 구분과 번식

블루텅 스킨크는 외형적으로 암수를 구분하기 힘든 종이다. 대부분 수컷이 머리가 더 크고 긴 꼬리를 가지고 있다고 하지만, 이러한 구분법이 모든 개체에게 해당되는 것은 아니다. 가장 확실하게 구분하는 방법은 뱀의 경우처럼 생식기를 끄집어내서 확인하는 방법인데, 잘못하면 도마뱀에게 무리를 주게 되므로 함부로 시도하지 않는 것이 좋다.

번식이 가능한 건강한 한 쌍의 성체가 준비됐을 경우, 마찬가지로 쿨링을 통해 발정기를 맞게 되고 배란이 촉진되므로 11월부터 쿨링에 들어가도록 한다. 쿨링 시에는 광주기를 하루 8시간으로 줄이고 온도를 16~18℃로 낮게 설정해주며, 습도를 높여준다. 그런 다음 두 달이 지나면 다시 온도를 높여주고, 합사에 들어가도록 한다. 블루텅 스킨크는 새끼를 낳는 난태생의 번식형태를 보인다. 임신기간은 약 90~110일 정도 되며, 한배에 2마리부터 최고 25마리의 새끼를 낳을 수 있지만, 보통 8~12마리 정도의 새끼를 출산한다.

사육 시 주의할 점

단단해 보이는 외모와는 달리 꼬리에 충격이 가해지면 끊어지기 쉬우므로 핸들링을 할 때 꼬리를 잡지 않도록 주의해서 다뤄야 한다.

레드 아이 아머드 스킨크

- 영 명 : Red-eyed armored skink, Red-eyed crocodile skink
- 몸길이 : 15~18cm
- 수 명 : 약 10~12년
- 활 동 : 야행성
- 학 명 : *Tribolonotus gracilis*
- 번 식 : 난생
- 서식지 : 인도네시아
- 사육난이도 : 下

붉은눈갑옷도마뱀(Red-eyed armored skink)이라는 이름에서 알 수 있듯이, 딱딱한 갑옷과 같은 튼튼한 네 줄의 등비늘이 가시처럼 돌출돼 있다. 이러한 특징 때문에 레드 아이 크로커다일 스킨크(Red-eyed crocodile skink, 붉은눈악어도마뱀)라고도 불린다. 머리는 삼각형이며, 눈은 머리에 비해 크다. 눈 주위에 붉은색이나 주황색의 테두리가 둘려져 있어 전반적으로 눈이 매우 커 보이기 때문에 아주 귀여운 인상을 가진 소형 도마뱀이다. 열대우림에 서식하는 뉴기니 고유종으로 1909년 넬리 드 루이지(Nelly de Rooij)가 처음 기술했다. 야행성 종으로 대부분의 시간을 낙엽더미와 같은 곳 밑에서 보낸다.

외형적인 특징과 생태

온몸이 딱딱한 비늘로 덮여 있으며, 머리는 어느 각도에서 봐도 삼각형이라 전체적으로 삼각뿔과 같은 형태를 띠고 있다. 피부색은 어린 개체의 경우 갈색을 띠며, 성체의 경우 전체적으로 검은색에 가까운 갈색을 띠고, 눈 주위의 색상도 나이가 들수록 붉은색에 가까워진다. 인도네시아의 이리안 자야와 뉴기니의 비교적 고도가 높은 곳의 산림지대 수로를 따라 서식하며, 야생에서는 흔히 물이 고인 코코넛더미 등에서 발견되기도 한다. 겁이 많고 야행성으로 주로 낮 동안은 작은 굴이나 빈 코코넛열매 껍질 안에 숨어 지내다가, 날이 어두워지면 나와서 작은 곤충류를 잡아먹는다. 다른 스킨크류와 전혀 다른 외모를 가지고 있으며, 사람 손에 잡히면 개구리처럼 '끽끽'거리는 울음소리를 내기도 하는 특이한 종이다.

레드 아이 아머드 스킨크는 비교적 국내에 일찍 수입됐고, 많이 알려진 종이다. 그러나 소심한 성격과 대부분의 야생채집개체들이 그렇듯 입수 초기 사육장에 대한 적응실패로 조기 폐사율이 높은 도마뱀이라서 크게 인기가 있는 종은 아니다. 야생채집개체의 경우도 확실한 구충 후 초기에 적응만 잘 시키면 반려도마뱀으로서의 장점이 굉장히 많은 도마뱀이다. 필자도 개인적으로 좋아하는 도마뱀으로 오랜 기간 기른 경험이 있다.

적절한 사육장환경 조성

가로 45cm의 소형 사육장에서 한 쌍을 사육하는 것이 가능하다. 높은 습도를 요구하는 종이므로 항상 축축한 상태를 유지할 수 있는 바닥재가 좋다. 일반적으로 노송나무뿌리 바닥재(나무뿌리를 결대로 찢은), 수태나 이끼, 피트모스와 모래를 반반 섞은 것을 사용하며, 낙엽을 혼합한 것도 괜찮다. 사육장의 가장 높은 온도대를 26°C 정도, 가장 낮은 온도대는 22°C로 설정해주며, 80~90%의 습도가 필요하다. UVB램프가 필요 없으며, 높은 습도와 비교적 낮은 온도를 요구하므로 살아 있는 식물과 이끼를 이용해 비바리움을 세팅하는 것도 좋다.

사육장 내에 은신처가 반드시 필요하며, 주로 코코넛껍질을 반으로 쪼갠 은신처를 이용한다. 몸을 완전히 담글 수 있는 낮고 커다란 물그릇을 비치해주거나, 사육장 한 부분에 웅덩이를 만들어주는 것이 좋다. 낮에는 별도의 조명이 필요 없지만, 겁이 많은 동물이라 움직이는 모습은 어두워진 후에나 볼 수 있으므로 야간에 관상이 가능하고 열발생률이 낮은 야간용 등을 설치해주는 것이 좋다.

먹이의 종류와 먹이급여방법

주로 귀뚜라미를 주식으로 급여하며, 그리 많은 양을 먹지 않으므로 상대적으로 관리하기가 쉽다. 성체의 경우도 귀뚜라미를 하루에 2~3마리 정도 급여하면 충분하다. 1주일에 한 번은 비타민과 순수 칼슘을 더스팅해서 급여하도록 한다.

암수의 구분과 번식

수컷이 암컷보다 머리나 체형이 더 크고, 결정적으로 수컷의 배 부분에 배꼽처럼 살짝 튀어나온 돌출부가 있으며, 뒷다리의 발가락 셋째와 넷째 마디에 굳은살과 같은 패드가 있어 구분이 가능하다. 레드 아이 아머드 스킨크는 비교적 번식이 까다로우며, 오랜 기간 사육하고 사육환경에 적응을 해야만 번식이 가능하다. 주로 봄부터 늦가을까지 산란하며, 한 번에 1개의 알을 낳는다. 부화는 24~26℃의 온도에서 약 65~70일 정도 소요된다. 번식주기는 약 70일 간격으로 먼저 산란한 알이 부화될 때쯤 2차 산란을 한다. 27℃ 이상의 온도에서는 알이 죽을 수 있으며, 적정부화온도는 25℃가 가장 안전하다.

사육 시 주의할 점

핸들링할 때 뛰쳐나가기 위해 곧잘 점프를 하므로 주의해야 한다. 단단해 보이는 갑옷과 같은 몸체를 가졌지만, 의외로 높은 곳에서 떨어지면 큰 충격을 받고 죽을 수 있으므로 핸들링 시에는 최대한 지면과 가깝도록 반드시 앉아서 시도하는 것이 바람직하다. 어린 개체의 경우 긴장하거나 스트레스를 받으면 곧잘 죽은 척을 한다. 외국의 포럼에 보면, 이러한 모습을 보고 죽은 걸로 착각해 살아 있는 새끼도마뱀을 그냥 쓰레기통에 버리는 경우도 있다고 한다. 만약 특별한 상황이 아닌데도 불구하고 갑자기 죽은 듯 행동을 취하면 사육장 안에 가만히 두는 것이 좋다. 다른 스킨크류와 마찬가지로 꼬리가 쉽게 끊어질 수 있으므로 꼬리를 잡는 것은 절대 금물이다.

파이어 스킨크

- **영 명** : Fire skink
- **몸길이** : 20~35cm
- **수 명** : 약 10~20년
- **활 동** : 주행성과 야행성을 모두 띤다
- **학 명** : Mochlus fernandi(이전 *Riopa fernandi*)
- **번 식** : 난생
- **서식지** : 서부 아프리카
- **사육난이도** : 下

트루 파이어 스킨크(True fire skink) 또는 토고 파이어 스킨크(Togo fire skink)라고도 불리는 파이어 스킨크는 스킨크류 중에서 상당히 큰 축에 속한다. 서부 아프리카의 기니, 자이르 앙골라, 우간다 지역에 서식하며, 전형적인 스킨크류의 체형에 탄탄하고 미끈한 사각형의 몸을 가졌다. 이름에서 알 수 있듯이, 파이어 스킨크는 불타는 듯한 진한 붉은색의 발색이 매우 아름다운 도마뱀종이다. 혹자는 아프리카대륙에서 가장 아름다운 종이라고도 말하는데, 스킨크류 중에서는 확실히 화려한 발색을 자랑한다. 땅을 파고 숨는 것을 좋아하는 일주성 도마뱀으로 비교적 수줍음이 많고 숨어 지내지만, 사육 하에서 길들일 수 있다.

외형적인 특징과 생태

등 부분은 황금빛이 도는 황갈색이고 배 옆면으로 붉은색의 무늬와 검은 무늬가 교차돼 있으며, 윗입술 부분은 붉은색이다. 턱 밑은 흰색과 검은색이 교차돼 있는 색상이며, 꼬리는 검은색이나 연한 하늘색의 점이 보석을 뿌려놓은 듯 흩어져 있다. 수컷의 경우 더욱 밝고 화려한 색상을 띤다. 주로 땅속에 굴을 파고 생활하며, 현지에서 인가 근처에서도 흔히 발견되는데, 현지인들은 이들의 화려한 색상을 보고 독이 있는 도마뱀이라 오해해 건드리지 않는다. 국내에도 여러 번 소개됐고 아름다운 색상으로 인기가 높은 종이지만, 거의 야생채집개체로서 철저한 구충 없이 오래 기르기는 힘들다.

적절한 사육장환경 조성

한 쌍 기준으로 가로 60cm, 세로 35cm, 높이 40cm의 2자 크기 사육장이면 충분하다. 바닥을 파고드는 습성이 있으므로 바닥재를 아주 두껍게 깔아줘야 한다. 거친 재질의 바닥재는 도마뱀이 파고들면서 피부에 상처를 입기 쉬우므로 피트모스와 모래를 50:50의 비율로 섞은 것 또는 코코넛껍질을 분쇄한 베딩을 사용하는 것이 좋다. 바닥재는 수분을 충분히 머금고 있어야 하며, 사육장 내부습도는 70%가 적당하다. 일광욕을 할 수 있도록 사육장 한구석에 일광욕장소를 마련해줘야 한다. 일광욕장소는 평평한 돌 등을 이용해 30~32°C가 되도록 설정해주며, 사육장 구석의 가장 낮은 온도는 26°C가 되도록 설정해준다. 야간의 온도는 23°C로 낮춰준다. 주로 땅을 파고 숨는 습성이 있기 때문에 따로 은신처는 필요 없지만, 넓적한 유목이나 나무껍질 혹은 깨진 화분이나 기왓장 등을 넣어주는 것이 좋다. 항상 물을 먹고 몸을 담글 수 있도록 큰 수반을 비치해 주도록 한다.

먹이의 종류와 먹이급여방법

육식에 가까운 잡식성으로 동물성 먹이 90%, 식물성 먹이 10%의 비율로 급여한다. 주로 살아 있는 귀뚜라미나 슈퍼웜을 선호하지만, 죽은 먹이도 잘 먹는다. 저지방의 고양이사료를 물에 불려 으깬 바나나와 소량의 채소를 섞은 다음 칼슘과 비타민을 더스팅해서 1주일에 한 번 급여하는 것이 좋다. 넓적한 물그릇에 깨끗한 물을 항상 준비해주고, 하루에 두 번 흠뻑 분무를 해주는 것이 좋다.

암수의 구분과 번식

수컷이 암컷보다 크고 색이 더욱 화려하므로 구분이 쉽다. 두 마리의 수컷이 있을 경우 맹렬히 싸우게 되므로 한 사육장에 한 쌍만을 사육해야 한다. 특별한 쿨링 없이 교미가 이뤄지며, 약 5~9개의 알을 낳는다. 알은 29℃의 온도에서 약 40~50일 사이에 부화한다.

사육 시 주의할 점

화려한 외형으로 많은 이들이 기르고 싶어 하는 도마뱀이지만, 대부분 야생채집개체이므로 구충을 철저히 해야 한다. 그렇지 않은 경우 먹어도 살이 찌지 않는다든가 안쪽 피부에 기생하는 기생충에 의해 피부가 울퉁불퉁해지는 현상이 발견된다. 이러한 증상이 나타나면 대부분 시름시름 앓다 죽게 되므로 오랫동안 사육하기 위해서는 반드시 구충을 한다.

파이어 스킨크를 핸들링하고 있는 모습

몽키테일 스킨크

- 영 명 : Monkey-tailed skink, Prehensile-tailed skink
- 몸길이 : 75~80cm
- 수 명 : 약25년
- 활 동 : 야행성
- 학 명 : *Corucia zebrata*
- 번 식 : 난태생
- 서식지 : 솔로몬제도
- 사육난이도 : 中

몽키테일 스킨크는 솔로몬제도에 있는 작은 섬들의 해안가 밀림에 서식하는 도마뱀으로 솔로몬 아일랜드 스킨크(Solomon Islands skink), 프리헨자일 테일 스킨크(Prehensile-tailed skink), 몽키테일 스킨크(Monkey-tailed skink), 자이언트 스킨크(Giant skink), 제브라 스킨크(Zebra skink), 몽키 스킨크(Monkey skink) 등 다양한 이름으로 불린다. 스킨크류(Skinks)의 다른 도마뱀들과 굉장히 다른 생활상을 가지고 있으며, 외형 또한 독특하게 진화돼온 도마뱀이다. 일반적으로 많은 종의 스킨크가 주로 지상생활을 영위한다면, 몽키테일 스킨크는 완벽하게 수상형 생활에 알맞도록 진화된 종이라고 할 수 있다.

외형적인 특징과 생태

튼튼해 보이는 삼각형의 머리와 스킨크류 특유의 번들거리는 큰 비늘을 가지고 있다. 날카로운 발톱이 있는 튼튼한 발, 회초리와 같은 기다란 꼬리는 카멜레온류와 마찬가지로 나뭇가지를 말아 잡을 수 있는 '제5의 발' 역할을 한다. 체형과 크기는 블루텅 스킨크와 비슷하지만 꼬리가 상대적으로 길며, 다리가 짧은 블루텅 스킨크와는 반대로 길고 튼튼한 다리와 크고 길쭉한 발가락을 가지고 있어서 나무 위에서 생활하는 데 적합하다.

체색은 전체적으로 어두운 올리브그린색을 띠며, 등 쪽에 진한 갈색의 무늬가 밴드형태로 가로질러져 있거나 갈색무늬가 깨져서 얼룩덜룩한 무늬를 띤다. 이러한 체색은 나뭇잎 사이에서 쉬고 있을 때 나뭇잎과 그늘, 나뭇가지와 절묘하게 어우러져서 눈에 잘 띄지 않아 보호색 역할을 한다. 완전한 초식성 도마뱀으로 주로 서식처의 나뭇잎과 과일 등을 섭취하며, 낮에는 그늘이나 나뭇구멍에서 휴식을 취하다가 밤이 되면 활발하게 먹이활동을 한다. 사회성이 강한 도마뱀으로 여러 마리가 한 나무에서 함께 생활하며, 출산 후 일정 기간 어미와 새끼들이 한 나무에 머물면서 생활한다.

적절한 사육장환경 조성

수상성 도마뱀으로 위로 긴 형태의 사육장이 적절하다. 사육장의 크기는 크면 클수록 좋은 것이 당연하지만, 최소한 가로 90cm, 세로 50cm, 높이 160cm 정도 규모라면 적당하다고 볼 수 있다. 야행성 도마뱀이지만 주간에도 활동을 하며, 나뭇가지에서 휴식을 취한다. 야생에서는 일광욕을 즐기는 도마뱀이므로 일광욕장소와 숨을 수 있는 장소를 마련해준다. 일광욕장소는 사육장의 상단부에 위치하도록 세팅한다. UVB램프와 스폿 램프를 설치하고 온도는 32~35℃, 가장 서늘한 곳의 온도가 26℃ 정도 되도록 설정해준다.

숨을 장소로는 현재 시판되고 있는 나무 재질의 앵무새용 둥지상자가 적당하다. 일반적으로 중형 앵무새용으로 제작된 가로 25cm, 세로 25cm, 높이 30cm 크기의 나무상자 안에 깔짚으로 스패그넘 모스를 넣어주는 것이 좋다. 앵무새 둥지를 그대로 사용하면 비바리움 제작 시 자연스럽지 못하므로 외부에 바크보드 등을 나무판에 붙여 자연스럽게 연출하는 것이 좋다. 기존의 앵무새용 나무상자 외에 동그랗게 말린 바크보드를 이용해 은신처로 사용할 수 있다. 습도는 60~70%가 적당하며, 하루에 두 번 정도 분무로 충분하다.

일광욕을 즐기고 있는 몽키테일 스킨크

사육장 내에 살아 있는 식물을 식재하거나 화분을 배치할 경우 독성이 있는 식물을 섭취해 탈이 날 수 있으므로 섭취가 불가능한 장식조화로 세팅해주는 것이 바람직하다.

먹이의 종류와 먹이급여방법

완전한 초식성 도마뱀으로 채소와 과일을 주식으로 한다. 하지만 당분과 수분이 많은 과일만을 주게 되면 성장에 장애가 생기거나 체내의 pH이상이 유발될 수 있으므로 다양한 푸른 채소 80%, 과일 20% 정도의 비율로 급여하고, 1주일에 3회 비타민제와 비타민D3가 포함된 칼슘을 첨가해서 급여하도록 한다. 수분을 충분히 섭취할 수 있도록 넓고 튼튼한 그릇에 깨끗한 물을 담아 비치해둔다.

암수의 구분과 번식

수컷이 대체적으로 암컷보다 더 크며, 더 큰 머리와 더 날씬한 체형을 가지고 있다. 2년 이상 지나야 번식이 가능한 성성숙에 다다르며, 난태생으로 임신기간은 약 6~8개월 정도 된다. 대체로 약 11cm 정도 되는 큰 새끼를 1~3마리 낳는다.

사육 시 주의할 점

너무 건조한 사육환경을 조성하거나 물기가 많은 과일 위주의 식단을 급여하면 건강에 악영향을 끼치고 스트레스를 가중시키게 되므로 관리와 급여에 주의를 기울여야 한다.

샌드피시 스킨크

- **영 명** : Sandfish skink
- **몸길이** : 12~16cm
- **수 명** : 약 6~10년
- **활 동** : 주행성
- **학 명** : *Scincus scincus*
- **번 식** : 난태생
- **서식지** : 아프리카 북부 사막지역, 아라비아반도 남부와 스텝지역
- **사육난이도** : 中

외형적인 특징과 생태

커먼 샌드피시(Common sandfish)로도 불리는 샌드피시 스킨크는 매끄러운 비늘로 덮여 몸통이 반짝인다. 뾰족한 머리와 작은 눈, 잘 발달된 다리를 지니고 있으며, 밝은 회색의 몸통에 밝은 노란색의 넓은 가로줄무늬가 있다. 지표면 바로 아래 잠수하듯이 들어가 모래 속을 다니다가 곤충의 움직임을 감지하면 위로 달려 나와 잡아먹는다. 국내에는 근래에 소개돼 독특하고 귀여운 외모로 처음에는 인기를 끌었지만, 주로 모래 속에 몸을 숨긴 채 살아가는 습성 때문에 사육의 재미를 쉽게 느끼기 어려워 인기가 시들해졌다.

적절한 사육장환경 조성

사막의 모래 속에 사는 도마뱀으로 습도가 낮은 환경을 요구하므로 건조한 사막의 환경을 재현해준다. 시판되는 사막모래 중 비교적 입자가 고운 형태의 것을 사용하며, 쉽게 파고들 수 있는 환경을 조성해준다. 관상을 위해 바닥재를 얇게 까는 경향이 있는데, 이는 습성상 도마뱀에게 스트레스 요인이 되므로 약 10cm 정도로 두텁게 깔아주는 것이 좋다.

사육장에는 UVB램프와 함께 100W 정도의 스폿 램프를 한쪽 구석에 설치해 온도가 높은 구역을 설정해줘야 한다. 그곳의 온도는 35~43℃ 정도로 높게 설정하고, 낮은 구석의 온도는 26~29℃가 될 수 있도록 설정한다. UVB는 반드시 설치해야 한다. 야간의 온도는 열원을 꺼 약 23℃가 될 수 있도록 해준다. 사육장 내 적정습도는 25% 정도로 건조한 환경이 요구되며, 특히 물그릇을 뒤집어 사육장 내의 습도가 올라갈 수 있으므로 도마뱀이 쉽게 뒤집지 못하는 사기재질이나 유리로 된 재질의 물그릇을 단단히 고정시켜주는 것이 좋다.

먹이의 종류와 먹이급여방법, 암수의 구분과 번식

사육 시 주로 귀뚜라미나 슈퍼웜을 급여하며, 비타민D3가 함유된 칼슘을 먹이에 더스팅해서 1주일에 2~3회 급여한다. 물은 작고 무게가 나가는 그릇에 담아 넣어준다. 외형상 암수구분이 매우 어려운데, 수컷이 암컷보다 조금 더 크며 색상과 무늬도 더 진하다. 번식은 난태생, 즉 새끼를 출산하며, 국내의 경우 사육 하에서 번식된 사례는 알려진 바 없다. 수입 시 야생채집개체들 중 임신개체가 수입돼 출산한 사례가 있다.

사육 시 주의할 점

샌드피시 스킨크를 사육할 때 주의할 점은 사육장의 과습과 사육주의 무관심이다. 파충류 숍에 가보면 한 사육장에 많은 수의 도마뱀이 합사돼 있고, 뒤집어진 물그릇이나 도마뱀들로 인해 과습되는 경우가 많다. 과습은 스트레스와 더불어 피부질환을 유발시키며, 결국 폐사에 이르게 하는 주요 요인이 된다. 많은 사육자들이 샌드피시 스킨크에게 쉽게 흥미를 잃는다는 것도 눈여겨봐야 한다. 입양 시에 비교적 저렴한 분양비와 독특한 외모로 호기심을 유발하는 종이지만, 주로 모래 속에 파묻혀서 대부분을 지내는 특성상 쉽게 흥미를 잃고 방치하는 경우가 많으므로 꾸준히 관리해줄 수 있는지 충분히 고려해야 한다.

싱글백 스킨크

- 영 명 : Shingleback skink, Shingleback lizard
- 몸길이 : 30~35cm
- 수 명 : 약 25~30년
- 활 동 : 주행성
- 학 명 : *Tiliqua rugosa*
- 번 식 : 난태생
- 서식지 : 호주
- 사육난이도 : 下

싱글백 스킨크는 호주의 건조한 남부 사막과 관목 숲에서 서식하는 도마뱀으로 블루텅 스킨크와 같은 속에 속하는 종이다. 일반적으로 싱글백 리자드(Shingleback lizard) 또는 슬리피 리자드(Sleepy lizard)로 알려져 있다. 커먼 싱글백(Common shingleback, *Tiliqua rugosa rugosa* - 호주 서부), 이스턴 싱글백(Eastern shingleback, *Tiliqua rugosa aspera* - 호주의 동부), 샤크 배이 싱글백(Shark bay shingleback, *Tiliqua rugosa palarra* - 웨스턴 오스트레일리아), 로트네스트 아일랜드 싱글백(Rottnest Island shingleback, *Tiliqua rugosa konowi* - 로트네스트섬) 등 4종의 아종이 있으며, 아종별로 크기와 체색에 있어서 변이를 보인다.

외형적인 특징과 생태

블루텅 스킨크와 비슷하면서도 다른, 굉장히 독특한 외모를 가지고 있다. 통통하고 긴 몸에 짧고 뭉툭한 꼬리, 삼각형의 넓적한 머리 그리고 매우 짧은 다리와 반대로 매우 큰 비늘이 각각 솟아 있다. 비늘은 하나하나가 도드라지는 형태를 띠며, 그 모양이 솔방울의 모양과 흡사하다 해서 솔방울도마뱀(Pinecone lizard)이라는 이름이 붙여졌다.

싱글백 스킨크는 독특한 외모로 인해 붙여진 이름이 많은 종이다. 스텀프테일 스킨크(Stump-tailed skink, 나무토막도마뱀)라는 또 다른 이름이 있는데, 이도 마찬가지로 잘린 듯 뭉툭한 꼬리를 보고 붙여진 것이다. 싱글백의 특징적인 꼬리는 짧고 동그래서 얼핏 보면 각각 두 개의 머리가 달린 듯한 착각을 일으키는데, 적에게 공격을 받을 때 적의 집중력을 분산시키는 교란목적으로 이런 꼬리를 가졌다는 설이 있다. 하지만 적을 만나게 되면 블루텅 스킨크와 마찬가지로 소리를 내며, 큰 입을 벌리고 푸른색 혀를 보여주는 위협적인 행동을 나타낸다. 또 슬리피 리자드(Sleepy lizard, 잠자는 도마뱀)라는 이름으로도 불리는데, 활동 시 움직임이 굼뜨고, 주로 가만히 일광욕을 즐기거나 거의 움직임 없이 잠을 자는 등 조용하고 활동적이지 않은 평소 습성 때문에 이와 같은 이름이 붙여진 것이다.

싱글백 스킨크는 암수 간의 의리가 강한 종으로도 유명하다. 대부분의 도마뱀이 일부다처의 번식체제를 이루는 것과는 달리 이들은 한번 짝이 정해지면 봄에 2~3달간 같이 지내면서 교미를 하고 헤어지며, 다시 이듬해에 같은 짝과 만나 같은 암수가 번식을 하는 일부일처의 도마뱀으로 알려져 있다. 이러한 관계가 20년 넘게 유지되는 경우도 있다고 한다. 현지에서는 도로에서 일광욕을 하다가 많은 수가 차에 치어 죽는 사고를 당하게 되는데, 종종 죽은 짝 옆에서 나머지 한쪽이 그 곁을 오랫동안 지키는 경우가 발견되기도 한다.

로드 킬(road kill) 외에도 호주에서 서식하는 싱글백을 먹이로 삼는 다른 파이손(Python)이나 모니터 리자드(Monitor

싱글백은 일부일처의 도마뱀종으로 암수 간의 의리가 상당히 강한 것으로 유명하다.

lizard), 맹금류와 호주에 유입된 여우 및 야생화된 고양이 등에 의해 많은 수가 죽임을 당하고 있다. 이로 인해 개체 수가 점점 줄어들고 있기 때문에 호주에서 적극적으로 보호하는 도마뱀종이기도 하다. 자국의 동물수출을 제한하는 호주의 정책상 거래되는 수가 적어 굉장히 고가의 도마뱀이지만, 독특한 외모로 인해 희귀종을 선호하는 많은 마니아들 사이에서 인기가 상당히 높다. 국내에는 아직 소개된 적이 없다.

적절한 사육장환경 조성

야생에서 건조한 곳에 서식하는 종으로서 건조한 사막형태의 사육장을 꾸며줘야 한다. 사육장은 면적이 넓으면 넓을수록 좋은데, 성체 1쌍의 경우 가로 90cm, 세로 50cm, 높이 40cm 정도면 적당하다. 일광욕을 즐기는 도마뱀으로 UVB램프와 스폿 램프를 설치해주고, 사육장 한쪽 구석에 평평하고 넓적한 돌을 놓고 그 위에 스폿 램프를 설치해 일광욕장소를 마련해줘야 한다. 일광욕장소의 온도는 35~40℃ 정도 되도록 설정해주고, 사육장의 평균온도는 32℃, 사육장의 가장 서늘한 곳은 27℃가 되도록 세팅한다. 건조한 형태의 바닥재가 알맞으며, 주로 모래와 피트모스를 70:30으로 섞은 바닥재나 먼지가 적은 아스펜 베딩을 사용한다. 몸을 숨길 수 있는 은신처를 마련해줘야 하며, 습도가 높아지지 않도록 통풍이 용이한 철망재질의 사육장 덮개를 이용한다. 사육장의 가장 서늘한 부분에 작은 물그릇을 배치해주는 것이 좋다.

먹이의 종류와 먹이급여방법

야생에서 척박한 환경과 굼뜬 행동 때문에 주로 죽은 동물의 사체, 식물이나 꽃, 과일, 달팽이나 소형 절지동물 등을 먹는다. 사육 시에는 블루텅 스킨크와 마찬가지로 동물성 먹이 60%와 식물성 먹이 40% 정도의 비율로 급여하며, 주로 당분이 높은 과일을 선호하지만 섬유질과 비타민 등이 풍부한 푸른 채소를 잘게 다져서 으깬 바나나 등에 섞어 급여하는 것이 좋다. 동물성 먹이로는 달팽이나 귀뚜라미, 밀웜, 슈퍼웜, 핑키 등을 먹이며, 비어디드 드래곤(어린 개체용) 사료와 으깬 바나나 및 잘게 채 썬 채소들을 섞고 1주일에 1회 비타민D3가 함유된 칼슘과 비타민제를 더스팅해서 준다. 고양이사료를 물에 불려서 바나나와 비타민 칼슘을 섞어 부드러운 죽형태로 급여하거나, 고양이나 강아지용 캔사료 등을 가끔 급여하는 것도 좋다. 수분공급은 넓적한 그릇에 물을 넣어주는 것으로 충분하다.

암수의 구분과 번식

외형상 암수의 차이가 드러나지 않아 성별을 구분하는 것이 어렵다. 블루텅 스킨크와 마찬가지로, 새끼를 출산하는 난태생의 도마뱀으로 약 6개월간의 임신기간을 거쳐 2~3마리의 새끼를 출산한다. 임신된 새끼의 무게는 어미 몸무게의 1/3에 달하며, 이는 사람으로 치면 세 살 된 아이를 뱃속에 넣고 다니는 것과 같다고 한다. 태어난 새끼는 어미 곁에 약 1년여를 머물다가 새로운 영역을 찾아 흩어진다.

사육 시 주의할 점

싱글백 스킨크는 사육 시 사육장의 습도가 높아지면 호흡기질환에 걸리기 쉬우므로 사육장 내 습도가 50% 미만으로 유지될 수 있도록 습도 관리에 각별히 신경 써야 한다.

수단 플레이티드 리자드

- 영 명 : Sudan plated lizard, Great plated lizard
- 몸길이 : 40~50cm
- 수 명 : 약 10년 이상
- 활 동 : 주행성
- 학 명 : *Broadleysaurus major*
- 번 식 : 난생
- 서식지 : 아프리카
- 사육난이도 : 下

웨스턴 플레이티드 리자드(Western plated lizard), 그레이트 플레이티드 리자드(Great plated lizard), 브로들리 러프스케일 플레이티드 리자드(Broadley's rough-scaled plated lizard)라고도 불린다. 아프리카 중부와 동부 및 남부에 분포하며, 사바나지역의 작은 돌산이나 절벽 틈 등지에서 작은 무리를 지어 생활하는 도마뱀이다. 국내에 비교적 일찍 수입돼 파충류 마니아 사이에서 대중적으로 많이 알려진 종이지만, 수입된 개체 대부분이 야생채집개체였고 햇빛을 받았을 때와는 달리 일반 조명에서는 색상이 수수해서 그다지 큰 인기를 끌지는 못했다. 사육이 까다롭지 않고 체질이 강해 초보자도 쉽게 기를 수 있는 종이다.

외형적인 특징과 생태

전체적으로 등은 갈색이고 진한 색의 세로줄무늬가 있으며, 배는 노란색이다. 좁은 바위 틈에 잘 기어들어갈 수 있도록 사각형의 납작하고 탄탄한 몸통을 가졌다. 비늘은 딱딱하고 사각형이며, 용골(龍骨, keel)이 기왓장을 쌓아놓은 모양처럼 갑옷과 같이 겹쳐져 있다. 머리는 삼각형이며, 눈이 크고 큰 귓구멍이 외부로 드러나 있다. 플레이티드 리자드(Plated lizard, 도금한 도마뱀)라는 이름에 걸맞게 갑옷과 같은 딱딱한 비늘은 태양빛을 받으면 금으로 도금한 듯한 금속광택을 낸다.

적절한 사육장환경 조성

건조한 지역에 서식하는 도마뱀이므로 건조한 형태의 사육장을 조성해주는 것이 좋다. 야생에서 가족 단위로 지내는 도마뱀으로 수컷 1마리에 암컷 2~3마리를 함께 기를 수 있다. 바위에서 일광욕을 즐기다가 자신들을 주로 사냥하는 맹금류과의 천적이 나타나면 재빨리 바위틈으로 숨는다. 야생에서는 아무래도 감시하는 눈이 여러 개인 편이 자신을 보호하는 데 유리하기 때문에 이러한 사회적인 생활상을 갖는 것으로 알려져 있다.

사육장은 넓이가 넓고 충분한 공간이 있어야만 건강하게 살아갈 수 있다. 수컷 1마리에 암컷 2마리를 기를 경우 가로 90cm, 폭 50cm, 높이 60cm 정도 크기의 사육장이 필요하다. 땅을 파는 습성도 있으므로 미세먼지가 많은 바닥재는 적합하지 않으며, 굵은 강모래와 피트모스나 상토를 70:30의 비율로 섞어 깔아주는 것이 좋다.

사육장의 일반적인 온도는 27~28℃ 정도로 설정해주며, 일광욕장소는 넓적한 바위 위에 스폿 램프를 조사해 비교적 높은 38~

40℃ 정도가 되도록 설정해준다. 야간에는 23℃ 정도까지 낮춰주도록 한다. 넓적하고 평평한 돌 사이사이에 작은 돌을 받쳐서 겹겹이 쌓아주거나, 깨진 기왓장을 어긋나게 겹쳐서 숨을 곳을 만들어주는 것이 좋다.

먹이의 종류와 먹이급여방법

야생에서는 작은 곤충부터 식물의 싹이나 과일까지 먹는 잡식성 동물이지만, 먹이의 많은 부분을 동물성 먹이가 차지하는 육식성향이 강한 잡식성 도마뱀이다. 사육 시에는 귀뚜라미와 슈퍼웜을 주식으로 급여하고, 1주일에 한 번은 바나나, 사과, 청경채 등의 식물성 식단을 공급하도록 한다. 식물성 식단을 제공할 때는 하루 금식을 시키고 그 다음날 급여하는 것이 좋다.

육식성에 가까운 잡식성 도마뱀의 경우 대부분 동물성 먹이가 풍족하면 주로 동물성 먹이만을 섭취하려고 한다. 따라서 도마뱀의 건강을 위해 하루는 금식을 시킨 다음 배가 고플 때 식물성 먹이를 급여하면 별 거부감 없이 먹게 된다. 비타민D3가 포함된 칼슘과 비타민제는 귀뚜라미나 핑키에 더스팅해서 1주일에 한 번 정도 급여하는 것이 좋다. 물은 낮고 넓적한 그릇에 담아주며, 분무는 아침에 한 번 정도 살짝 해주는 것으로 충분하다.

암수의 구분과 번식

어린 개체의 경우 암수를 구분하는 것이 어려우며, 성체 때 수컷이 암컷보다 크고 서혜인공이 잘 발달했다. 번식을 위한 쿨링은 15℃의 온도에서 3~4주 정도면 적당하다. 쿨링 후 암수는 메이팅을 하며, 약 3주 후에 2~4개의 알을 낳는다.

사육 시 주의할 점

수단 플레이티드 리자드는 사납지 않고 움직임 또한 빠르지 않은 편이라서 다루기가 쉬우며, 특별한 주의사항이 없어 쉽게 기를 수 있는 도마뱀 중 하나다.

선게이저

- **영 명** : Sungazer, Giant girdled lizard
- **몸길이** : 35~40cm
- **수 명** : 약 20년
- **활 동** : 주행성
- **학 명** : *Smaug giganteus*(이전 *Cordylus giganteus*)
- **번 식** : 난태생
- **서식지** : 남아프리카
- **사육난이도** : 中

뾰족한 가시와 같은 비늘로 둘러싸인 선게이저는 갑옷도마뱀과(Cordylidae)에 속하는 도마뱀들 중 가장 아름답고 독특한 종이라고 평가되고 있으며, 크기도 가장 크다. 남아프리카공화국의 건조한 사바나지역 초원에 서식한다. 입자가 곱고 배수가 용이한 실트질(silty soils; 모래진흙)의 지면에 깊은 굴을 파서 생활하며, 소규모 단위로 무리지어 생활하는 사회적인 습성이 있다. 여러 마리가 함께 굴 입구에서 태양을 향해 머리를 쳐들고 앞다리를 뻗어 몸의 앞부분을 들어 올리는 특징적인 모습을 볼 수 있다. 이러한 모습 때문에 '태양을 바라보는 자'라는 뜻의 선게이저(Sungazer)라는 이름이 붙어졌다.

외형적인 특징과 생태

등 쪽은 어두운 갈색이나 검은색이며, 양옆은 연한 갈색이나 노란색을 띤다. 외형적인 특징이 뾰족한 가시로 뒤덮여 있다는 것인데, 비늘이 가시와 같은 형태의 도마뱀은 많지만 선게이저의 비늘은 띠를 이뤄 몸을 감싸고 있다. 비늘 하나하나가 크고 잘 발달돼 있어 가시가 더욱 돋보이며, 후두부에 투구의 모양처럼 잘 발달한 비늘이 서양의 용을 축소해놓은 듯한 모습이다. 천적이 나타나면 가시투성이인 꼬리를 휘둘러 자신을 방어한다.

독특하고 아름다운 외형 때문에 항상 마니아들이 기르고 싶어 하는 도마뱀 순위 상위권에 속하는 종이며, 반려동물시장에서는 꽤 고가로 거래된다. 야생에서는 서식지파괴와 애완 목적의 포획으로 개체 수가 점점 감소하고 있다. 국내에도 몇 차례 소개됐으나 워낙 비싼 분양가로 인해 그다지 대중적이지는 못하며, 사육역사도 극히 짧은 편이다.

적절한 사육장환경 조성

건조한 지역에 서식하는 도마뱀으로 건조한 형태의 사육장이 좋으며, 넓이가 넓고 충분한 공간이 있어야만 건강하게 살아갈 수 있다. 한 쌍을 기를 경우 가로 90cm, 폭 50cm, 높이 60cm 정도 크기의 사육장이 필요하다. 사회적인 도마뱀이고 수컷끼리도 영역의식이 특별히 강하지 않아서 한 사육장에 여러 마리를 함께 사육할 수 있다. 바닥재는 건조한 스타일의 것을 사용하는데, 모래나 세라믹 소일 등을 이용하거나 모래와 피트모스 또는 상토를 70:30의 비율로 섞어주는 것이 좋다. 역시 땅을 파는 습성이 있으므로 바닥재를 15cm 정도로 두껍게 깔아주는 것이 좋다.

사육장의 일반적인 온도는 27~28℃ 정도 되도록 설정해주며, 일광욕장소는 넓적한 바위 위에 스폿 램프를 설치해 비교적 높은 40~45℃ 정도 되도록 설정해준다. 야간에는 23℃ 정도까지 낮춰주

건조한 지역에 서식하는 도마뱀이므로 건조한 형태의 사육환경을 조성해준다.

도록 한다. 숨을 수 있는 은신처를 마련해줘야 하는데, 서식지환경과 비슷하게 크고 작은 돌 등을 쌓아 오르내리거나 몸을 숨길 수 있도록 해준다. 시판되는 은신처 제품 또는 깨진 화분을 이용하거나, 넓적한 돌이나 유목 등을 구석에 쌓아 숨어 쉴 수 있는 장소를 마련해 주도록 한다.

선게이저는 거친 외모와 달리 핸들링도 쉬우며 온순한 종이다.

먹이의 종류와 먹이급여방법

야생에서는 곤충류와 소형 척추동물 등을 사냥한다. 사육 시에는 귀뚜라미와 슈퍼웜, 핑키 등을 급여하며, 비타민D3가 포함된 칼슘과 비타민제는 귀뚜라미나 핑키에 더스팅해서 1주일에 한 번 정도 급여하는 것이 좋다. 물은 낮고 넓적한 그릇에 담아 제공하도록 하며, 분무는 아침에 한 번 정도 살짝 해주는 것으로 충분하다.

암수의 구분과 번식

암수는 3년 이상 지나 성적으로 성숙한 시점에서 구분되며, 수컷의 경우 체형이 암컷에 비해 날씬하고 좀 더 크다. 또 앞다리 관절 부분의 비늘이 발달해 갑옷을 걸친 듯한 모습을 띤다. 새끼로 출산을 하는 난태생 도마뱀이며, 2년에 1회 1~2마리의 새끼를 출산한다.

사육 시 주의할 점

선게이저를 사육해본 마니아의 말에 의하면, 도마뱀 사육 입문종이라 불리는 비어디드 드래곤보다 오히려 온순하고 기르기 쉽다고 한다. 사람에게 쉽게 길이 들고 손으로 먹이를 줘도 받아먹을 정도로 온순한 도마뱀이기 때문에 사육 시 특별한 어려움이 따르지 않는 종이다. 하지만 환기가 잘 이뤄지지 않거나 사육장 내부가 과습되면 스트레스를 받고 약해지므로 통풍에 특히 신경을 써야 한다.

무족도마뱀과(Anguidae)

유러피안 글라스 리자드

- 영 명 : European glass lizard, Sheltopusik
- 몸길이 : 100~120cm
- 수 명 : 20년 이상
- 활 동 : 주행성
- 학 명 : *Pseudopus apodus*(*Ophisaurus apodus*)
- 번 식 : 난생
- 서식지 : 유럽의 발칸반도부터 카스피해까지 분포
- 사육난이도 : 下

유러피안 글라스 리자드는 팔라스 글라스 리자드(Pallas's glass lizard) 또는 유러피안 레그리스 리자드(European legless lizard)라고도 불리며, 유럽에 서식하는 무족도마뱀 중 가장 큰 종이다. 체색은 올리브색이나 황갈색 또는 짙은 갈색이며, 머리는 연한 색이다. 유럽의 발칸반도에서 카스피해까지 분포하며 터키, 시리아와 코카서스, 중앙아시아 산림지대의 건조하고 바위가 많은 경사지에서 많이 발견된다. 주로 황혼녘이나 새벽 무렵에 활발하게 활동하며, 곤충을 비롯해 작은 도마뱀과 소형 설치류까지 잡아먹고 산다. 다리는 거의 구분이 안 되고 뱀처럼 생겼지만, 귀와 눈꺼풀 및 복부의 비늘로 뱀과 구별할 수 있다.

외형적인 특징과 생태

큰 사각형 비늘로 덮여 있으며, 옆구리에는 작은 비늘로 이뤄진 주름이 있다. 겉모습은 뱀을 닮았지만 머리는 전형적인 도마뱀처럼 생겼으며, 눈꺼풀과 귓구멍이 움직인다. 몸이 유연하지 못해 뱀처럼 부드럽고 우아하게 움직일 수는 없다. 현재 필자가 기르고 있는데, 볼 때마다 '참 독특하게 생겼구나'라고 느끼는 종이기도 하다. 총배설강을 자세히 들여다보면 뒷다리의 흔적이 남아 있는 것을 확인할 수 있다. 성격은 그리 온순한 편은 아니며, 위급할 때면 '쉭' 하는 위협음을 내고 머리를 뱀처럼 곧추세우는 특징이 있다. 이처럼 독특한 외모 때문에 마니아들에게 인기를 얻고 있는 종이다.

적절한 사육장환경 조성

뱀과 같은 형태의 몸을 가졌지만 뱀처럼 몸이 유연하지 못하므로 충분한 크기의 사육장이 필요하다. 가로 60cm, 폭 45cm, 높이 45cm 정도의 크기가 적당하다. 사육장 한 곳에 체온을 높일 수 있는 일광욕장소를 마련해주며, 신진대사 및 뼈의 성장을 위한 자외선을 필요로 하지 않기 때문에 UVB램프는 켜주지 않아도 된다. 먹이를 소화시킬 수 있도록 사육장 한 곳을 27~29℃로 따뜻하게 설정해주고, 사육장 반대 구석은 24~26℃로 낮은 온도대를 형성해 주도록 한다. 온도편차는 백열등을 이용하거나 저면 바닥히터를 이용해 설정해주며, 락 히터와 같은 제품을 사용하는 것도 좋다. 야간에는 21℃ 정도로 낮춰준다.

바닥재의 선택도 중요하다. 일반적으로 먼지가 적은 아스펜 베딩이나, 깨끗한 모래와 피트모스 또는 코코넛 베딩을 70:30의 비율로 섞어 모래가 더 많은 형태의 바닥재를 깔아주도록 한다. 두께는 6cm 정도가 적당하다. 또한, 돌이나 유목, 가지가 많은 나무 토막 등을 넣어 다양한 활동이 가능하도록 조성해준다. 몸을 담글 수 있는 크기의 물그릇과 몸을 숨길 수 있는 바크보드 조각 등을 넣어주면 좋다. 사육장의 적정습도는 약 50%로 높은 습도를 요구하지 않는다. 따라서 따로 분무를 해주기보다는 물그릇을 배치해 물그릇 주변의 습도와 사육장 다른 곳의 습도에 차이를 두는 것이 좋다.

먹이의 종류와 먹이급여방법, 암수의 구분과 번식

사육 시에는 주로 퍼지(fuzzy)나 하퍼(hopper) 정도의 마우스를 급여하며, 급여횟수는 3~4일에 한 마리 정도가 적당하다. 먹이고 나서 배설을 확인하고 하루 정도 지난 후에 다시 먹이를 급여하는 것이 좋다. 외형상으로 드러나는 암수의 차이는 명확하지 않으며, 주로 수컷이 암컷에 비해 더 붉은빛을 띠는 것으로 알려져 있다. 그러나 이것도 명확한 구별방법은 아니다. 야생상태에서 약 8~10개의 알을 낳으며, 일반적인 도마뱀류와 달리 어미가 알을 품는 것으로 알려져 있다. 알의 부화에는 약 60일이 소요된다.

사육 시 주의할 점

뱀과 같은 체형을 지녔지만 도마뱀이며, 꼬리의 비율이 몸 전체길이 중 거의 절반을 차지한다. 기본적으로 예민하고 사나운 편이며, 꼬리가 끊어질 수 있으므로 핸들링은 최소화하는 것이 바람직하다.

무족도마뱀의 아종(학명 / 영명)

- *Pseudopus apodus* / Scheltopusik
- *Ophisaurus attenuatus* / Slender glass lizard
- *Ophisaurus buettikoferi* / Borneo glass lizard
- *Ophisaurus ceroni* / Ceron's glass lizard
- *Ophisaurus compressus* / Island glass lizard
- *Ophisaurus formosensis* / Formosan glass lizard
- *Ophisaurus gracilis* / Burmese glass lizard
- *Ophisaurus hainanensis* / Hainan glass lizard
- *Ophisaurus harti* / Chinese glass lizard or Mud dragon
- *Ophisaurus incomptus* / Plain-neck glass lizard
- *Ophisaurus koellikeri* / Moroccan glass lizard
- *Ophisaurus mimicus* / Mimic glass lizard
- *Ophisaurus sokolovi* / Pink lizard
- *Ophisaurus ventralis* / Eastern glass lizard
- *Ophisaurus wegneri* / Sumatra glass lizard
- *Ophisaurus sagget* / Sagged lizard

차이니스 크로커다일 리자드

- **영 명** : Chinese crocodile lzard
- **몸길이** : 40~45cm
- **수 명** : 약 10년
- **활 동** : 주행성
- **학 명** : *Shinisaurus crocodilurus*
- **번 식** : 난태생
- **서식지** : 중국 남부의 후난, 광시, 귀주성 고산지역의 개울가
- **사육난이도** : 上

중국 남부와 베트남 북동부에 서식하는 희귀하고 특이한 이 도마뱀은, 1928년 독일의 한 학자에 의해 발견됐다. 빗물로 석회암이 녹아 내려 형성된 카르스트지형의 작은 연못, 물의 흐름이 완만한 강의 풀이 우거진 낮은 물가, 돌이 많은 산간의 계곡에 주로 서식한다. 대부분의 시간을 얕은 물이나 돌출된 나뭇가지와 초목에서 보내며, 이곳에서 곤충, 달팽이, 올챙이, 지렁이를 사냥해 먹는다. 차이니스 크로커다일 리자드는 미국이나 일본 쪽에서는 인기가 많은 종이지만, 사육환경이 까다롭고 스트레스로 인한 폐사가 빈번하게 발생하기 때문에 국내에서는 그다지 선호되지 않는 도마뱀이다.

외형적인 특징과 생태

두툼하고 짧은 듯한 얼굴과 튼튼한 턱을 가지고 있으며, 눈은 동그랗고 홍채는 밝은 노란색을 띤다. 피부 전체에는 울퉁불퉁한 용골이 솟아 있으며, 꼬리로 갈수록 악어의 꼬리처럼 Y자 형태로 용골이 합쳐진다. 몸은 전체적으로 길쭉하며, 반수생종이지만 악어처럼 물갈퀴가 발달돼 있지는 않다. 수컷의 경우 등 쪽은 진한 고동색을 띠며, 얼굴과 목 부분은 밝은 주황색이나 붉은색을 띤다. 어린 개체일 때는 주황색이지만, 나이가 들수록 진한 붉은색을 띠게 된다. 암컷의 경우 배 부분은 밝은 갈색이고, 등 쪽은 녹색빛을 띠는 갈색이다. 성체 때의 크기는 약 40~45cm로 수컷이 암컷보다 조금 더 큰 편이다.

야생에서 작은 무척추동물과 작은 도마뱀, 곤충, 어류 등을 먹는 완전한 육식성 종이다. 가끔 중국으로 밀무역을 하는 상인들을 통해 국내에 소개된 적이 있는 도마뱀이다. 한때 꽤 많은 수가 수입됐으며, 임신이 된 개체들도 들어와 국내에서 번식된 사례도 있지만 현재까지 기르고 있는 사람은 없는 듯하다. 사실 CITES II로 지정돼 있는 도마뱀으로서 현재 중국에서 보호동물로 지정돼 보호받고 있기 때문에 정식수입이 불가능하다. 미국이나 다른 나라에서 사육 하에 번식된 개체는 수입이 가능하지만, 분양가가 매우 높으며 기존의 밀수로 비교적 싼 가격에 분양이 된 터라 추후 정식수입이 될지는 불확실하다.

차이니스 크로커다일 리자드는 필자가 개인적으로 가장 매력적인 도마뱀이라고 생각하는 종이기도 하다. 중국 유학시절 자주 들르던 동물 숍에서 처음 이 도마뱀을 보고 한눈에 반해 1쌍을 구입해서 유학시절 내내 애지중지 길렀다. 얼핏 육식공룡을 닮은 형태의 얼굴, 악어의 몸과 도마뱀의 몸을 적절히 섞어놓은 듯한 매우 원시적인 외모를 가졌으며, 물속에서 유유히 유영하는 모습이나, 크기가 크지 않아서 악어와 달리 큰 사육장이 아니더라도 충분히 기를수 있다는 점에서 굉장히 매력적인 도마뱀이라고 할 수 있다.

적절한 사육장환경 조성

반수생종으로서 일반적으로 물과 육지의 비율을 7:3 정도로 조성해주고, 일광욕장소를 육지영역에 만들어줘야 한다. 또한, 주행성 도마뱀이므로 UVB설치를 권장한다. 얼핏 생각하면 사육환경이 까다로워 보이지 않는데, 여기에 함정이 숨어 있다. 본종의 서식지역은 중국의 남쪽과 베트남의 북부 경계선상으로 기온이 높은 편이지만, 서식하는 곳은 고도가

물 밖에서 휴식을 취하고 있는 차이니스 크로커다일 리자드

높고 강의 수온도 낮은 편이라서 더운 육지와 차가운 물을 오가며 생활한다. 따라서 사육 시 수온이 일반적인 열대어수조의 경우처럼 28℃ 이상의 온도로 유지되면 스트레스를 받아 점점 약해지게 되므로 20~22℃의 수온을 유지하는 것이 적정하며, 최대 25℃를 넘지 않아야 한다. 30℃ 이상의 고온에 하루만 노출돼도 쉽게 폐사하게 되므로 사육장의 온도 관리에 신경 써야 한다. 단, 일광욕장소는 도마뱀이 언제든지 체온을 올릴 수 있도록 30~32℃ 정도로 설정해줘야 한다.

사실 한 사육장 안에서 높은 온도의 일광욕장소와 25℃ 이하의 수온을 동시에 유지하기란 쉽지 않다. 따라서 가능한 한 3자 이상 되는 사육장에 유목 등을 이용해 중간 정도에 일광욕장소가 위치하도록 세팅하고, 여름에는 에어컨 가동과 더불어 컴퓨터용 냉각팬 등을 수조의 물 쪽을 향해 틀어줌으로써 환기와 동시에 수온을 낮게 설정해주는 것이 바람직하다. 수질에도 민감한 편인데, 수질이 악화되면 곰팡이성 피부병에 잘 걸리므로 잦은 환수와 사육장 내 환기에도 신경을 써야 한다.

먹이의 종류와 먹이급여방법

사육상태에서 주로 핑키나 귀뚜라미, 물고기를 급여한다. 귀뚜라미를 급여하는 경우 배설을 하면 채 소화가 안 된 키틴질의 분비물이 떠다니게 됨으로써 수조가 쉽게 더러워지는 단점이 있다. 또 물고기를 급여할 경우 물속에서의 사냥은 그다지 잘하지 못하므로 주로 핑키를 급여하면 된다. 살아 있는 먹이의 움직임에 반응하며, 죽은 먹이는 먹으려 하지 않는다. 핑키처럼 고단백의 먹이를 줄 경우 매일 급여하기보다는 이틀에 한 번꼴로 급여하는 것이 적당하다. 1주일에 한 번 정도 파충류용 비타민을 묻힌 소형 열대어를 급여하는 것이 바람직하며, 이때 핀셋을 이용하면 편리하다.

암수의 구분과 번식

성체 때 수컷은 화려한 붉은 색상을 띠게 되므로 암수가 쉽게 구별된다. 아성체의 경우라

도 수컷은 옆구리 부분에서 붉은색이 나타나게 되므로 구분이 쉽다. 야생에서 동면을 하는 도마뱀종이며, 11월부터 이듬해 3월까지 동면에 들어간다. 사육 시 15℃로 2달간 쿨링해주는 것이 좋다. 동면에서 깨어나 교미를 하고, 임신기간은 약 8~12개월로 긴 편이다. 임신이 된 상태로 포획된 개체가 종종 출산하는 모습이 목격되기도 하는데, 임신한 개체를 관리할 때 수온이 높으면 사산하는 경우가 있으며, 이때 죽은 새끼를 배출하지 못하고 있다가 모체도 같이 폐사하는 경우가 많다.

2~8마리 정도의 새끼를 출산한다. 새끼는 태어나자마자 바로 능숙하게 수영을 할 수 있지만, 육지에 쉽게 오를 수 있도록 경사가 완만하고 낮은 물을 준비해줘야 한다. 대부분의 난태생 도마뱀이 그렇듯 일정기간 어미와 새끼가 같이 머무는데, 수컷과는 분리해야 한다. 새끼들은 작은 크기의 귀뚜라미나 소형 열대어를 급여하며, 이때 물그릇은 낮고 물고기의 등이 물 밖으로 드러날 정도의 수위가 적당하다. 물고기가 움직이는 모습에 반응해 먹는다.

사육 시 주의할 점

사육 시에는 온도와 더불어 합사에도 주의를 기울여야 한다. 한 마리나 한 쌍만을 사육해야 하며, 수컷 1마리에 다수의 암컷을 복수사육하거나 한 수조에 두 마리의 수컷을 같이 기를 경우 맹렬히 싸우며, 싸움에 진 개체는 스트레스로 죽게 된다. 필자도 실제로 본종을 기르면서 이러한 경험을 한 적이 있다. 암컷끼리도 영역의식이 강해 수컷 못지않게 맹렬히 싸우는데, 사실 싸우더라도 크게 상처가 나거나 하지는 않는다. 대부분 싸움을 시작함과 동시에 승패가 판가름 나기 때문에 서로 심하게 물어뜯는다거나 하지 않고, 쫓고 쫓기는 장면만 연출될 뿐이다. 약한 개체를 바로 분리해 사육해도, 싸움에 진 개체는 신기하게도 외상이 전혀 없는데 먹이를 거부하고 시름시름 앓다가 죽는 경우가 많다.

이렇듯 굉장히 성질이 예민하고 주의가 필요한 도마뱀이다. 또한, 호전적인 성향이 강하므로 다룰 때는 부드럽게 목 뒤쪽을 잡아서 물리지 않도록 주의하는 것이 좋다. 필자도 한 번 물린 경험이 있는데, 턱 힘이 굉장히 강해 펜치로 살을 집는 듯한 고통이 느껴졌다. 또 자절능력은 없으나 꼬리가 쉽게 끊어지므로 다룰 때 꼬리를 잡지 말아야 한다.

워터 모니터

- **영 명** : Water monitor
- **몸길이** : 150~200cm
- **수 명** : 20~25년
- **활 동** : 주행성
- **학 명** : Varanus salvator
- **번 식** : 난생
- **서식지** : 동남아시아
- **사육난이도** : 上

남아시아와 동남아시아가 원산지인 대형 모니터 리자드로 인도 북동부 해안, 스리랑카, 동남아시아 본토에서 물 가까이에 사는 인도네시아섬에 이르기까지 아시아에서 가장 흔하게 볼 수 있다. 동남아시아 열대우림의 강가나 바닷가, 심지어 도시나 인가 근처에도 서식하는 대중적인 종이며, 같은 모니터 리자드류 중에서도 비교적 흔하게 볼 수 있다. 영리해서 사람을 별로 두려워하지 않고, 먹이가 풍부한 인가나 도심의 하수구 등에서도 발견된다. 기다랗고 뾰족한 머리와 잘 발달된 기다란 목, 튼튼한 네 개의 다리와 강한 발톱이 있는 발, 튼튼하고 질긴 가죽과 뱀처럼 끝이 갈라진 혀를 지니고 있다.

외형적인 특징과 생태

어린 개체의 경우 회갈색에 밝은 베이지색의 둥그런 무늬가 가로로 이어져 있으며, 얼굴 부분 또한 밝은 베이지색이고 눈 옆으로 검은색의 긴 무늬가 있다. 성체로 갈수록 밝은 색의 무늬는 흐려지며, 전체적으로 어두운 빛깔을 띠게 된다. 후각이 매우 발달한 모니터 리자드류는 생태계에서 중간 포식자로서의 역할을 수행하며, 죽은 사체나 썩은 고기도 섭취함으로써 청소부 역할도 한다. 또한, 발달된 후각을 이용해 조류의 알, 모래 속에 묻혀 있는 바다거북이나 악어의 알도 훔쳐 먹는다. 특히 본종의 경우 야생의 개체 수가 많으며, 흔하게 접할 수 있다. 이름에서 알 수 있듯이, 물과 굉장히 밀접하고 훌륭한 수영솜씨와 잠수실력을 가지고 있으며, 섬에 서식하는 종의 경우 먹이를 구하기 위해 인근 섬으로 이동하기도 한다.

지능 또한 다른 도마뱀에 비해 높으며, 굉장히 기회주의적인 성격을 띠는 도마뱀종이다. 본종의 지능과 행동패턴에 대해 연구한 학자들의 연구결과에 따르면, 도심에 서식하는 종의 경우 수산시장에서 손질하고 남은 물고기의 내장이나 뼈 등의 부산물을 얻어먹기 위해 부산물을 버리는 시간을 파악하고, 매일 같은 시간에 많은 수의 도마뱀이 출몰한다고 한다. 또 상인들이 먹이를 건네주는 시간이 지나면 각자 먹이를 먹고 흩어지는 행동양식을 보이며, 심지어 먹이를 주는 수산시장의 상인과 먹이를 주지 않는 일반인을 구별할 정도로 지능이 높은 도마뱀으로 알려져 있다. 본종이 이렇게 지능적이며 기회주의적이라는 연구를 뒷받침하는 사례는 사육하는 과정에서도 종종 발견된다. 익숙한 주인과 낯선 이를 구별해 행동양식을 취하거나, 간혹 탈출을 하게 되면 사육장 내의 취약한 부분을 기억하

고 늘 같은 방법으로 탈출을 시도하는 등 뛰어난 기억력을 가진 도마뱀이다.

왕도마뱀류 중 가장 먼저 국내에 들여온 종으로 2000년도에 처음 소개됐으며, 야생성이 느껴지는 외모와 행동으로 많은 마니아들의 사랑을 받고 있다. 그러나 크기가 매우 큰 대형종으로 성격이 사납고, 사육 시 충분히 몸을 담글 수 있는 물통과 공간이 충분한 사육장을 마련해줘야 하

워터 모니터의 아종(학명 / 영명)

- *Varanus salvator salvator* / Asian water monitor
- *Varanus salvator andamanensis* / Andaman Islands water monitor
- *Varanus salvator bivittatus* / Two-striped water monitor
- *Varanus salvator komaini* / Black water monitor
- *Varanus salvator macromaculatus* / Southeast Asian water monitor
- *Varanus salvator nuchalis* / Yellow-headed water monitor

블랙 워터 모니터

아시안 워터 모니터

며, 먹는 양과 배설량이 워낙 많아서 일상적인 관리에 손이 많이 가는 등 전반적으로 여러 가지 제약이 따르는 종이다. 따라서 사육 전에 충분한 계획과 각오를 다져야 한다.

적절한 사육장환경 조성

일반적으로 모니터 리자드류의 경우 사육장은 최대한 심플하게 세팅하는 것이 좋다. 굉장히 활동적이고 힘 또한 세서 비바리움의 경우 금방 파헤쳐버려 오히려 지저분해질 수 있다. 사육장 내에 여러 가지 장식물을 설치할 경우 공간이 좁아져서 활동에 방해가 되므로 도마뱀이 오르내릴 수 있는 적당한 크기의 유목 정도만 설치해주는 것이 좋다. 또 작은 사육장에서 기를 경우 쉽게 스트레스를 받으며, 공격적인 성향을 띠게 되므로 충분한 운동이 가능한 공간이 필요하다. 특히 살아 있는 먹이를 줄 경우, 먹이를 물고 흔들어 완전히 죽인 다음 먹는 습성 때문에 사육장이 금세 지저분해지며, 바닥재가 깔린 경우 먹이에 바닥재가 붙어 같이 삼킬 수 있기 때문에 대부분의 마니아들이 신문지나 아스펜 베딩을 이용한다.

본종은 먹이를 통째로 섭취해 칼슘을 충분히 공급받기 때문에 비타민D3를 추가로 공급할 필요가 없다고 알려져 있지만, 어린 개체의 경우 성장과 발색을 위해 UVB램프를 설치해주는 것이 바람직하다. 일반적으로 사육장 내의 적정온도는 26~29℃이며, 일광욕장소의 온도는 32~35℃가 적당하다. 몸을 담글 수 있는 커다란 물그릇이 필요한데, 대부분 물그릇 안에서 배설을 하므로 물을 갈아주기 손쉬운 구조의 사육장이 좋다. 물통에 두 개의 구멍을 뚫고 입수구와 배수구를 설치해 물을 채우거나, 물을 빼기 용이하도록 호스를 연결하면 편리하다. 사실 본종을 성체까지 사육장을 제작해 기른다는 것은 현실적으로 무리다. 대부분 집에서 사용하지 않는 목욕탕에 풀어서 사육하거나 베란다를 개조해 사육하며, 창틀 유리새시를 이용해 작은 방과 같은 구조의 사육장을 만들어 사육하는 경우도 있다. 대형의 동물은 먹이 수급뿐만 아니라 배설물의 양도 많으므로 철저히 준비가 된 후 계획적인 사육이 필요하다.

먹이의 종류와 먹이급여방법

완전한 육식성 도마뱀이므로 동물성 먹이를 급여한다. 어린 개체는 곤충류와 작은 금붕어 및 핑키 등을 급여하고, 성체의 경우 다 자란 성체 마우스를 급여한다. 이러한 육식성 먹이에 가끔 비타민제를 더스팅해서 주도록 한다. 먹이는 1주일에 3회 정도 급여하는 것이 적당하며, 먹이를 먹고 배설하고 난 후 급여하는 것이 바람직하다. 상대적으로 큰 크기와 좁은 사육장으로 인해 쉽게 비만해지므로 반드시 계획적으로 먹이를 급여해야 한다.

암수의 구분과 번식

모니터 리자드류는 스킨크류와 마찬가지로 외형적으로 암수를 구분하는 것은 어렵다. 성숙한 수컷의 경우 배설할 때 간혹 반음경이 돌출되기 때문에 이를 확인해 알 수 있으나, 성숙하기 전에는 병원에서 엑스레이나 내시경으로 구분이 가능하다. 번식은 2년 정도 자란 성숙한 개체일 때부터 가능하며, 너무 어린 개체가 번식을 시도할 경우 성공률이 낮다. 워터 모니터는 3~25개의 알을 낳으며, 평균 15개 정도 산란한다. 부화일수는 200~300일가량 소요되며, 평균 240일 정도가 소요된다.

사육 시 주의할 점

워터 모니터는 다른 도마뱀에 비해 배설물이나 물통 등에서 살모넬라균이 특히 많이 검출되므로 사육장 위생에 신경 써야 하며, 동시에 만지거나 사육장을 청소한 후 뜨거운 물에 비누로 손을 깨끗이 씻어 살균하는 등 사육주의 위생관리에도 철저히 신경 써야 한다. 특히 핸들링 시 물거나 할퀼 수 있으므로 상처를 입지 않도록 장갑을 착용하는 것이 바람직하다. 공격적인 개체의 경우 위험한 상황이 연출될 수 있으므로 특히 주의해야 한다.

화이트 스롯 모니터

- **영 명** : White-throated monitor
- **몸길이** : 190~210cm
- **수 명** : 12~20년
- **활 동** : 주행성

- **학 명** : *Varanus albigularis albigularis*
- **번 식** : 난생
- **서식지** : 아프리카 동부와 남부
- **사육난이도** : 上

외형적인 특징과 생태

화이트 스롯 모니터는 아프리카 동부와 남부의 사바나지역에 서식하며, 성체 때 크기가 2m 이상 자라는 대형 모니터 리자드다. 그린 이구아나도 2m 가까이 자라지만, 이구아나류의 경우 몸길이에 비해 꼬리가 더 긴 반면 모니터 리자드류는 몸통도 길쭉한 형태이며, 꼬리는 몸길이만큼 길기 때문에 시각적으로 훨씬 커 보이고 무게 또한 더 많이 나간다. 주둥이 부분이 뾰족한 형태의 다른 모니터 리자드류와 달리 콧등 부분이 부풀어 오른 듯한 형태로 매 부리코 같은 인상을 주며, 더욱 강인한 인상을 풍긴다. 머리가 짧고 몸 색깔은 회갈색이며,

테두리가 검은 연노란색 무늬가 있다. 나무를 잘 오르며, 야생에서는 흰개미 탑 등에 오르거나 굴을 파서 휴식을 취하고 다른 동물들을 잡아먹는다. 먹이와 짝을 찾기 위해 먼 거리를 이동하며, 적을 만나게 되면 육중한 꼬리를 채찍처럼 휘둘러 자신을 보호한다. 턱의 힘이 굉장히 세서 물리면 심각한 상처를 입을 수 있지만, 어린 개체 때부터 꾸준하게 핸들링을 하면 사람에게 쉽게 길이 드는 종이기도 하다. 하지만 잠재적인 위험을 늘 내포하고 있으므로 조심해야 한다. 특별한 영역을 가지지 않고 넓은 거리를 배회하는 도마뱀류로 많은 에너지를 필요로 하며, 사육 시 운동부족으로 인해 금세 비만해질 수 있기 때문에 충분한 사육공간 확보와 꾸준한 운동 및 먹이급여에 신경을 써야 한다.

적절한 사육장환경 조성

대형으로 자라는 종으로서 사육장 내에 장식물을 넣어 기르기는 힘들다. 어린 개체의 경우 사육장 안에서 일정 기간 기를 수 있지만, 성체의 경우 집 안에 풀어서 기르는 경우가 많다. 사육장의 적정온도는 평균 26~29℃이며, 일광욕장소의 온도는 32~35℃ 정도로 설정해 주도록 한다. 사육장 내의 습도는 약 60~70%가 적당하고, 어린 개체의 경우 하루에 한 번 정도 분무를 해주는 것이 좋다. 단, 과습되면 사육장에 여러 가지 불결한 냄새가 나고 박테리아가 쉽게 번성하게 되므로 컴퓨터용 소형 팬 등을 이용해 자주 환기를 해주도록 한다. 바닥재로는 먼지가 적은 아스펜 베딩 등을 사용하는 것이 바람직하다.

먹이의 종류와 먹이급여방법

야생에서 자신이 삼킬 수 있는 소형동물이라면 무엇이든 닥치는 대로 먹어치우는 대식가로 곤충류부터 작은 설치류, 도마뱀이나 심지어 독사, 조류, 여러 동물의 알 등을 먹는다. 사육 시에는 어린 개체일 경우 주로 핑키나 크기에 따라 하퍼 또는 마우스를 먹이며, 성체일 경우 중간 크기의 랫을 먹이기도 한다. 먹이를 잘 먹는다고 자주 급여하면 쉽게 비만해지므로 성체 때는 먹이를 먹이고 배설을 확인한 후 하루 정도 지나 다시 먹이를 주는 것이 좋다. 자주 절식을 시키는 것이 오히려 건강에 도움이 된다. 물은 튼튼하고 넓적한 물그릇에 급여하며, 높은 습도를 요구하지는 않지만 1주일에 한 번 정도 온욕을 시키는 것이 바람직하다.

암수의 구분과 번식

모니터 리자드류의 경우 암수 모두 외형상 특별한 차이점을 보이지 않기 때문에 외형만 보고 정확한 판단을 내리기가 어렵다. 가장 확실한 방법은 동물병원에 가서 X-ray검사를 실시해 확인하는 것이다. 암컷은 약 8~50개 사이의 알을 낳으며, 평균 20개 정도의 알을 낳는다. 부화기간은 약 180일 정도 소요된다.

사육 시 주의할 점

화이트 스롯 모니터를 사육할 경우 가장 유의할 점은 비만이 되지 않도록 충분한 운동을 꾸준히 시킬 것과 사육주의 안전을 위한 대비를 철저하게 해야 한다는 것이다. 비교적 길이 잘 드는 편이기는 하지만, 대형이고 무는 턱 힘이 강해 완벽하게 안전하다고 할 수 없으므로 다룰 때 항상 주의를 기울여야 한다. 만약 현재 본종을 기르고 있는데 너무 공격성이 없고 대부분 잠을 자고 움직이기 싫어한다면, 이미 비만이 진행되고 있는 것이다.

풀어서 기를 경우 대리석 등 너무 미끄러운 재질의 바닥은 오히려 도마뱀의 관절에 무리를 줄 수 있으므로 인공잔디매트나 푹신한 재질의 어린이용 충격방지매트 등을 깔아주는 것이 좋겠다. 날씨가 화창한 날 하네스(harness; 몸통 줄)를 채워 가까운 공원이나 야외로 산책을 나가서, 흙을 파거나 걸을 수 있도록 해주는 것이 도마뱀의 건강에 큰 도움이 된다. 또 자연광에 노출시키는 것이 피부살균에도 도움이 된다.

화이트 스롯 모니터의 아종(학명 / 영명)

- *Varanus albigularis albigularis* / White-throated monitor
- *Varanus albigularis angolensis* / Angola white-throated monitor
- *Varanus albigularis microstictus* / Tanzanian white-throated monitor
- *Varanus albigularis ionidesi* / Black-throated monitor

그린 트리 모니터

- **영 명** : Green tree monitor, Emerald tree monitor
- **몸길이** : 80~100cm
- **수 명** : 15~20년
- **활 동** : 주행성
- **학 명** : *Varanus prasinus*
- **번 식** : 난생
- **서식지** : 뉴기니
- **사육난이도** : 下

에메랄드 트리 모니터라고도 불리는 그린 트리 모니터는 뉴기니의 열대우림과 코코아농장의 대규모 경작지 등지에서 서식하는 수상성 도마뱀이다. 모니터류 중에서도 소형에 속하며, 굉장히 아름다운 외형을 가지고 있다. 녹색에서 청록색까지의 음영으로 구성된 특이한 채색으로 유명하며, 위쪽에 어두운 가로줄무늬가 있다. 이와 같은 색상은 서식지에서 위장하는 데 큰 도움이 된다. 국내에도 많은 수가 수입됐던 종이며, 분양가가 꽤 높지만 꾸준한 사랑을 받고 있다. 필자 또한 왕도마뱀과에서 유일하게 반려파충류로서 가치가 뛰어난 종이라 생각하며, 초보자에게도 권할 수 있는 종이기도 하다.

외형적인 특징과 생태

그린 트리 모니터(Green tree monitor)라는 이름에서 알 수 있듯이, 밝은 에메랄드빛 녹색의 몸에 검은색의 얇은 무늬가 등을 가로질러 나타나며, 목 주변에도 검은색의 얇은 무늬가 있다. 밝은 녹색과 검은색의 무늬는 나무에 몸을 숨기기에 알맞으며, 검은색의 무늬는 나뭇잎과 그늘에 적절한 조화를 이뤄 눈에 잘 띄지 않도록 보호색 역할을 한다. 아종에 따라서 밝은 노란색에 가까운 녹색부터 진한 파란색 혹은 완전히 검은색을 가지는 개체도 볼 수 있다. 다른 모니터 리자드류가 새끼 때는 밝은 색의 무늬와 색상을 띠다가 자라면서 흐려지는 것과는 달리 본종의 성체는 어릴 때의 밝고 선명한 체색을 유지한다.

완전한 수상성 도마뱀종으로 크기가 작고 몸체가 가늘어 상대적으로 더 작아 보인다. 물건을 붙잡을 수 있는 길고 가는 꼬리는 나무 위에서 이동 시 나뭇가지를 붙잡고 몸을 지탱해주는 역할을 한다. 다른 모니터 리자드류에 비해 야생의 거친 매력이나 체질적인 튼튼함이 느껴지지는 않지만, 오히려 그러한 이유로 많은 마니아들에게서 꾸준한 사랑을 받고 있다.

적절한 사육장환경 조성

본종은 소형 모니터 리자드로 성체 때 크기가 1m에 이르지만, 이는 긴 꼬리에 의해 측정된 길이이며 비교적 작은 사육장에서 기를 수 있는 종이다. 모니터 리자드류 중 비교적 사회적인 종으로 한 사육장 내에 수컷 1마리에 암컷 2~3마리의 합사도 가능하다. 하지만 성공적인 번식을 위해서는 암수 한 쌍을 사육하는 것이 바람직하다. 또한, 수상성이므로 위로 긴 형태의 사육장이 필요하다. 사육하는 마릿수에 따라 사육장의 크기가 달라져야 하며, 숨을 수 있는 장소도 더 많이 필요하다. 한 쌍을 사육할 경우 기본적으로 필요한 크기의 사육장은 가로 120cm, 세로 90cm, 높이 150cm가 적당하다. 나무 등을 비스듬하게 걸쳐 도마뱀이 상층부에 머물 수 있도록 해주는 것이 좋다. 조명은 스폿 램프와 UVB램프를 상단부에 설치한다. 사육장 내 적정온도는 26~29℃이며, 일광욕장소의 온도는 35~40℃가 되도록 설정해주고, 야간의 온도는 25℃ 정도로

그린 트리 모니터는 모니터 리자드 중에서도 굉장히 날렵한 체형을 가지고 있는 종이다.

낮춰줘야 한다. 습도는 비교적 높은 70~80%로 유지하고, 야간에는 분무를 통해 90% 정도로 올려줘야 한다. 살아 있는 식물이나 조화 등을 이용해 숨을 수 있는 장소를 만들어주는데, 심리적인 안정감을 느끼도록 녹색의 식물 등을 배치하는 것이 좋다. 사육장 내 온도가 높아 살아 있는 식물을 세팅할 경우 쉽게 말라버릴 수 있으므로 조화 등을 이용하는 것도 좋겠다. 바닥재는 피트모스와 모래를 50:50의 비율로 섞어서 깔아주고, 수분을 충분히 머금을 수 있도록 바크 등의 바닥재를 그 위에 덮어준다. 야생에서 썩은 나무 구멍 등에서 휴식을 취하므로 상단부에 앵무새용 둥지상자를 이용해 숨을 수 있는 장소를 마련해 주도록 한다. 둥지상자 안에 부드러운 스패그넘 모스 등을 넣어주는 것이 좋다.

먹이그릇도 사육장 중간 부분에 비치함으로써 먹이를 먹을 때 바닥재에 의해 먹이가 오염되거나 바닥재를 같이 먹을 위험성을 덜어주는 것이 좋다. 먹이그릇으로는 반려견용 스테인리스 걸이식 그릇이나 플라스틱 그릇을 이용하는데, 스테인리스 그릇의 경우 소형 드릴 등을 이용해 밑부분에 작은 구멍을 여러 개 뚫어주거나, 플라스틱 그릇의 경우 밑을 잘라내고 작은 체와 같은 형태로 입자가 미세한 철망 등을 덧대어 만들 수 있다. 이렇게 하면 분무를 자주 해줄 경우나 미스팅 시스템을 이용할 경우, 먹이그릇에 물이 차서 먹이인 귀뚜라미나 슈퍼웜 등이 익사하는 걸 예방해준다.

먹이의 종류와 먹이급여방법

그린 트리 모니터 또한 완전한 육식성이며, 나무 위에 서식하는 종이다. 먹이의 많은 부분을 차지하는 동물은 작은 곤충류이며, 야생에서는 작은 곤충과 새, 새의 알, 어린 새나 작은 설치류 등을 잡아먹는다. 사육 시에는 어린 개체의 경우 귀뚜라미와 슈퍼웜, 핑키 등을 급여하며, 성체의 경우는 귀뚜라미와 하퍼 크기의 마우스를 급여하도록 한다. 1주일에 1회는 비타민제를 먹이에 더스팅해서 급여하고, 몸을 담글 수 있는 물그릇과 잦은 분무로 수분을 공급해 주도록 한다.

암수의 구분과 번식

그린 트리 모니터 역시 외형으로 암수를 구분하는 것은 어렵다. 다른 모니터 리자드류와 마찬가지로 2년 이상 성숙한 수컷의 경우 배설 시 반음경이 외부로 돌출되는 경우나, 손으로 총배설강 주위의 미근부를 압박했을 때 반음경이 돌출되는 것이 수컷이다. 성숙한 한 쌍이 준비됐다면 수컷의 경우에는 일년 내내 교미할 준비가 돼 있지만, 가장 중요한 것은 암컷의 발정이다. 암컷의 발정은 야생의 우기와 같이 습도를 높이고 사육장 온도를 낮춰주는 사이클링을 통해 이뤄진다. 암수의 교미가 이뤄진 다음 약 30일이 경과한 뒤에 2~6개의 알을 낳는다. 부화기간은 27~30℃의 온도에서 약 148~215일 정도 소요된다.

사육 시 주의할 점

그린 트리 모니터는 수상성 도마뱀으로서 모니터 리자드류 중에서도 작고 온순한 종에 속하며, 성격이 소심하기 때문에 충분히 숨을 수 있는 공간이 필요하다. 또한, 사육장 내 습도가 높으므로 배설물이나 먹다 남은 먹이를 바로 치워 유해박테리아가 발생하지 않도록 위생에 신경 써야 한다.

크로커다일 모니터

- 영 명 : Crocodile monitor
- 몸길이 : 250~300cm
- 수 명 : 10~15년
- 활 동 : 주행성
- 학 명 : Varanus salvadorii
- 번 식 : 난생
- 서식지 : 아시아
- 사육난이도 : 上

파푸아 모니터(Papua monitor), 살바도리스 모니터(Salvadori's monitor)라고도 불리는 크로커다일 모니터는 파푸아뉴기니 열대우림 상단부의 나무 위에서 주로 생활하는 수상성 모니터 리자드다. 대부분의 모니터들이 어린 개체일 때 동종의 성체들을 피하기 위해 나무 위에서 잠시 동안 서식하는 것과는 달리, 이들은 250cm가 넘는 거구가 돼도 나무 위를 능숙하게 오르며 먹이활동을 한다. 이구아나류처럼 몸의 2/3에 해당하는 기다란 꼬리를 지녔으며, 잘 발달한 사지와 날카로운 발톱을 이용해 능숙하게 나무에 오를 수 있다. 나무타기 외에 헤엄치기에도 능숙하며, 다재다능한 사냥꾼이다.

외형적인 특징과 생태

대부분의 모니터에 있어서 주둥이 부분이 뾰족한 것과는 달리, 본종은 오리처럼 주둥이가 뭉툭하면서 넓적하다. 목이 길고 체형이 날씬하며, 몸에서 꼬리가 차지하는 비율이 높아서 몸길이는 길지만 무게는 같은 크기의 워터 모니터보다 적게 나간다. 크로커다일 모니터의 이러한 체형은 나무 위를 오르는 데 적합하다. 청색이 도는 검은색의 몸에 밝은 노란색의 동그랗고 큰 무늬가 일률적으로 배열돼 있어 매우 아름답다. 대부분의 모니터들이 어린 개체 때 화려한 색을 띠다가 점차 성장하면서 색이 흐려지는 반면, 본종은 성체가 돼도 아름다운 무늬를 지니고 있기 때문에 '아름다운 대형 도마뱀'으로 인기가 높은 편이다. 땅과 나무 위와 물을 오가면서 먹을 수 있는 소형의 동물은 닥치는 대로 사냥하는 유능한 사냥꾼이며, 주로 작은 설치류와 조류, 조류의 알, 소형 파충류 등을 사냥한다.

모니터 리자드 마니아들 사이에서는 고가로 거래되는 희귀종이지만, 일반 가정에서의 사육은 굉장히 어렵다. 국내에는 비교적 일찍 소개됐으며 몇몇 마니아가 기르기도 했지만, 비싼 분양가와 더불어 적절한 사육환경을 제공해주기가 힘들며, 다른 모니터 리자드류에 비해 더욱 예민하고 호전적인 성격으로 인해 반려동물로는 적절치 못하다는 이미지가 강해져서 현재는 거래가 많이 감소한 추세다. 더구나 야생에서 열대우림의 캐노피(Canopy, 숲의 나뭇가지들이 지붕 모양으로 우거진 것) 부분에서 주로 생활하는 이들은 꽤 높은 위치까지 오르는 걸 즐기며, 높은 곳에서도 서슴없이 점프를 하기도 한다. 이러한 습성 때문에 사육 시 오르내릴 수 있는 나무 등이 높은 위치에 배치된 대형의 케이지가 필요하다.

환경조성의 어려움도 있지만, 사육의 가장 큰 걸림돌은 바로 호전적인 성격이다. 평소에는 온순한 듯하다가 갑자기 호전적으로 돌변하기도 하며, 동작 또한 굉장히 날쌔기 때문에 특히 어린아이가 있는 가정이라면 절대 사육해서는 안 될 위험한 도마뱀이다. 앞장에서 도마뱀 사육 시 따르는 위험성에 대해 이야기하면서 잠깐 언급했지만, 필자의 지인도 이 크로커다일 모니터를 기르다가 왼쪽 손을 물리는 아찔한 사고를 당한 적이 있다. 사고를 당한 지인이 기르던 크로커다일 모니터는 평소에는 사람이 만지거나 껴안아도 공격반응이 없을 정도로 온순해서 크로커다일 모니터답지 않게 너무 순하다고 자랑해 마지 않던 개체였다. 그러던 놈이 어느 날 지인이 청소를 하기 위해 사육장 문을 열자 순간적으로 돌변하더니 달려들어 손을 물어버린 것이다.

호전적인 성격이 강해서 특히 어린아이가 있는 가정이라면 절대 사육해서는 안 될 위험한 도마뱀이다.

대형 모니터 리자드가 더욱 위험한 이유는 공격차원에서 그냥 한번 깨물고 마는 것이 아니라, 먹이사냥 시 먹이를 빨리 죽이기 위해 취하는 행동처럼 물면서 머리를 심하게 좌우로 흔들어대기 때문이다. 다행히 그 지인은 상처를 12바늘 꿰매는 정도로 끝났지만, 만약 조금만 더 지체됐다면 인대가 상해 왼손을 구부리지 못할 상황까지 일어날 뻔했던 아찔한 순간이었다고 한다. 이러한 위험성은 대부분의 대형 도마뱀이 가지고 있는 공통적인 문제이기도 하지만, 특히 본종은 단순히 아름다운 외형에 반해 가벼운 마음으로 사육을 결정할 만한 도마뱀이 절대 아니라는 것을 명심해야 한다.

적절한 사육장환경 조성

수상성 도마뱀이므로 높이 올라갈 수 있는 나무 등을 설치해주는 것이 좋다. 성체 때 3m 가까이 자라는 대형종에게 운동이 가능한 충분한 크기의 사육장을 조성해주는 것은 일반 가정에서는 무리가 따른다. 아예 방 하나를 도마뱀을 위한 사육공간으로 마련해주거나, 사용하지 않는 베란다를 개조해 사육장으로 꾸며줄 수 있다. 또한, 방 안에 유리새시로 공간을 분할해 도마뱀이 안전하고 편하게 지낼 수 있는 공간을 꾸며줄 수도 있다. 사육장 내 적정온도는 26~29℃이며, 일광욕장소의 온도는 32~35℃가 적당하다. 습도는 70% 정도 되도록 유지하는 것이 좋으며, 이를 위해 분무와 더불어 도마뱀이 들어갈 수 있는 크기의 수조나 고무대야 혹은 시중에 판매되는 반신욕조를 이용하는 것도 괜찮다. 특히 반신욕조의 경우 배수구가 있기 때문에 물을 채우고 빼는 데 편리하다.

먹이의 종류와 먹이급여방법

완전한 육식성 도마뱀이며, 동물성의 먹이를 급여한다. 어린 개체는 곤충류와 핑키 등을 급여하고, 성체의 경우 다 자란 성체 마우스나 중간 크기의 랫, 병아리, 달걀 등을 급여한다. 이러한 육식성 먹이에 가끔 비타민제를 더스팅해서 주도록 한다. 먹이는 1주일에 3회 정도가 적당하며, 먹이를 먹고 배설한 후에 급여하는 것이 바람직하다. 상대적으로 큰 크기와 좁은 사육장으로 인해 쉽게 비만해지므로 반드시 계획적으로 먹이를 급여해야 한다.

암수의 구분과 번식

성체 때 수컷의 두상이 암컷에 비해 더 넓적하고 크다. 이외에도 고환의 발달 유무로 암수를 확인할 수 있지만, 도마뱀이 비만인 경우라면 육안으로 확인하기가 어렵다. 가장 확실한 방법은 X-ray검사나 혈액검사를 실시해 확인하는 것인데, 수컷은 암컷에 비해 남성호르몬(testosterone, 테스토스테론)이 10배가량 많으므로 혈액검사로 구분할 수 있다. 교미 후 약 4~6주 지나서 10~17개가량의 알을 낳으며, 부화기간은 28~30℃에서 약 6~8개월 정도로 긴 편이다. 부화는 2주간에 걸쳐 이뤄진다.

사육 시 주의할 점

무엇보다도 사육주의 안전에 특히 주의를 기울여야 하며, 만약 다 자란 성체 도마뱀과 접촉을 해야 할 경우 혼자서 도마뱀을 꺼내거나 옮기지 말고 필히 2인 이상이 함께 하는 것이 안전하다. 필자가 너무 억지스럽게 과장해 본종에 대해 폄하한다고 느껴질 수 있겠지만, 본종에 의해 교상을 입은 사고사례가 국내에서만도 여러 차례 있었으므로 만일의 경우 큰 사고가 일어날 것을 대비해 미리 예방하는 것이 우선이라 생각된다.

왕도마뱀과(Varanidae)

알거스 모니터

- **영 명** : Argus monitor
- **몸길이** : 120~140cm
- **수 명** : 12~15년
- **활 동** : 주행성
- **학 명** : *Varanus panoptes*
- **번 식** : 난생
- **서식지** : 오세아니아
- **사육난이도** : 中

옐로우 스포티드 모니터(Yellow-spotted monitor)라고도 불리는 알거스 모니터는 호주 북서부와 뉴기니 남부에 서식하고, 주로 지상을 배회하며 생활한다. 두 종의 아종이 존재하며, 호주에 서식하는 종(*Varanus panoptes rubides*)과 뉴기니에서 서식하는 종(*Varanus panoptes hornii*)이 있다. 국내에 들어온 종은 대부분 뉴기니에서 서식하는 바라누스 파놉테스 호르니(*Varanus panoptes hornii*)이며, 혼 모니터(Horn's monitor)라고도 불리는 종이다. 건조한 사바나나 초원등지를 배회하면서 먹이가 되는 작은 동물들을 사냥하는데, 후각이 발달해 땅 속에 숨은 먹이를 파헤쳐 사냥하곤 한다.

외형적인 특징과 생태

알거스 모니터는 다른 모니터 리자드류에 비해 비교적 날렵한 외모를 가지고 있다. 특히 인상적인 부분은 머리형태라고 볼 수 있는데, 두껍고 긴 목에 비해 작은 머리를 가지고 있으며 뾰족한 형태를 띤다. 얼핏 장지뱀류의 얼굴형태와 비슷하며, 얼굴 옆은 밝은 노란색에 눈과 입술 부분에 진한 색의 띠가 이어져 있어 더욱 날렵해 보이는 인상을 풍긴다. 붉은 빛이 도는 흑갈색 바탕에 밝은 색의 아름다운 점박이무늬가 등에 나타난다.

트라이 포딩(Tripoding)이라고 하는, 두 발로 서는 행동을 나타내는데, 이는 경계를 하거나 먹이를 찾기 위한 행동이라고 알려져 있다. 트라이 포딩은 목을 부풀리고 단단한 꼬리를 지면에 고정한 채 뒷다리와 척추의 힘으로 마치 직립한 듯한 모습을 보이는 것으로, 흡사 두 발로 직립하는 공룡의 모습과 닮아 있다. 알거스 모니터 또한 비교적 국내에 일찍 소개됐으며, 깔끔한 외모와 작은 사육공간에서도 잘 적응하는 습성으로 많은 마니아들의 사랑을 받고 있다. 현재 국내에서 브리딩에 성공한 종이기도 하다.

트라이 포딩을 하고 있는 모습

적절한 사육장환경 조성

지상에서 배회하며 생활하는 도마뱀으로 사육장의 형태는 높이보다 넓이가 충분한 것이 좋다. 성체 한 마리를 기를 경우 최소한 가로 150~200cm, 폭 60cm, 높이 70cm 크기의 사육장이 필요하다. 야생에서 땅을 파헤치는 습성이 있기 때문에 바닥재를 깔아주면 좋지만, 바닥재를 깔아줬을 경우 미세먼지가 날리게 되고 파헤쳐진 바닥재가 물통에 들어가 식수가 쉽게 오염되므로 최대한 심플하게 사육장을 꾸미는 것이 관리 면에서 오히려 편하다. 일반적으로 사육장 내 적정온도는 26~29℃이며, 일광욕장소의 온도는 32~35℃가 적당하다. 야간의 온도는 25℃ 정도로 낮춰주도록 한다. 일광욕장소는 넓적한 돌 등을 배치해주고, 은신처로는 어린 개체일 경우 깨진 화분이나 유목 등을 넣어주면 좋다. 비교적 건조한 지역을 선호하는 종으로 적정습도는 60% 정도이며, 너무 과습하면 오히려 스트레스를 받게 되므로 사육 시 따로 분무하지 말고 사육장 내에 물통만 배치해 주도록 한다.

먹이의 종류와 먹이급여방법

야생에서는 주로 작은 설치류와 절지류, 소형 뱀이나 도마뱀, 새의 알이나 새의 새끼 등을 사냥하는데 사냥감을 쫓아 빠른 속도로 달릴 수 있다. 사육 시에는 이처럼 살아 있는 먹이 외에도 반려견용 통조림사료나 신선한 쇠고기, 달걀 등을 먹이로 제공하기도 하며, 먹이 붙임도 쉽게 되는 편이다. 하지만 알거스 모니터에게 가장 이상적인 먹이급여방법은 소형

다른 대형의 모니터 리자드와 마찬가지로 호전적인 성향이 강하기 때문에 다룰 때는 항상 조심해야 한다.

설치류를 뼈까지 통째로 섭취시키는 것이며, 사육 시 주로 마우스나 적당한 크기의 랫을 급여하는 것이 바람직하다. 이렇듯 마우스를 통째로 급여할 경우 뼈와 내장에 포함된 칼슘과 여러 가지 비타민을 섭취해 따로 칼슘을 더스팅해줄 필요는 없지만, 부족할 수 있는 비타민의 섭취를 위해 1주일에 한 번은 비타민제를 먹이에 더스팅해서 급여하는 것이 건강에 도움이 된다. 물은 항상 먹을 수 있도록 커다란 물통에 담아 비치해준다.

암수의 구분과 번식

외관상으로 암수를 구분하는 것은 어렵다. 최근 국내에서 알거스 모니터의 번식에 성공한 사례가 나오기는 했지만, 그렇다고 번식이 그리 쉬운 종은 아니다. 번식에 성공한 브리더는 필자

소형 설치류를 통째로 섭취시키는 것이 가장 좋은 먹이급여방법이다.

와도 친분이 두터운 마니아다. 그의 말에 의하면, 특이하게도 특별한 쿨링 없이 교미가 이뤄졌으며 성공적으로 부화까지 마쳤다고 한다. 약 6~13개의 알을 낳고, 30℃의 온도에서 140~150일간 인큐베이팅 과정을 거친 후 부화된다.

사육 시 주의할 점

알거스 모니터 또한 다른 대형의 모니터 리자드와 마찬가지로 호전적인 성향이 강하기 때문에 잘 길들여졌다 하더라도 다룰 때 항상 조심해야 하며, 충분히 넓은 사육장을 마련해 줘야 한다. 또한, 많이 먹는 만큼 배설량도 많으므로 항상 사육장 청결에 신경 써야 한다.

사바나 모니터

- **영 명** : Savannah monitor
- **몸길이** : 80~110cm
- **수 명** : 12~15년
- **활 동** : 주행성
- **학 명** : Varanus exanthematicus
- **번 식** : 난생
- **서식지** : 아프리카
- **사육난이도** : 下

사바나 모니터는 아프리카가 원산지로 토고와 가나, 자이르, 세네갈의 건조한 사바나지역에 서식하는 중간 크기의 모니터 리자드다. 프랑스의 과학자 루이스 보스크(Louis Bosc)가 이 종을 처음 기술한 이래로 유럽에서는 보스크 모니터(Bosc's monitor)로 불리고 있다. 늘씬한 체형을 지닌 물가에 서식하는 종들과 달리 좀 더 뭉툭하고 단단한 느낌의 체형을 지녔으며, 체색 또한 황갈색으로 모래와 비슷한 색상을 띤다. 일반적으로 다른 모니터 리자드에 비해 목이 짧고 머리가 상대적으로 큰 편이어서, 얼핏 보면 테구(Tegu)와 닮은 듯한 외형을 지녔다. 종종 화이트 스폿 모니터와 혼동되기도 하지만, 형태학적으로 차이가 뚜렷하다.

외형적인 특징과 생태

연한 갈색 바탕에 테두리가 진한 회백색의 무늬가 있으며, 주황색의 홍채를 가진 눈 옆으로 흐릿하게 진한 갈색의 줄무늬가 나타나 있다. 어린 개체일 때는 진한 황갈색이었다가 자라면서 회색에 가까운 갈색으로 변한다. 튼튼한 네 다리와 날카로운 발톱으로 단단한 흰개미집을 파헤칠 수 있다. 대형종이기는 하지만 모니터 리자드 중에서 쉽게 길이 들고 건조한 환경에서 서식하는 도마뱀으로서, 환경조성 시 몸을 담글 수 있는 커다란 수조를 배치해줘야 하는 반수생성 모니터 리자드보다 사육이 용이하기 때문에 많은 마니아들에게 꾸준한 사랑을 받고 있는 종이다. 비교적 분양가도 저렴해 모니터 리자드 사육의 입문종으로 추천할 수 있다.

적절한 사육장환경 조성

대형으로 자라기 때문에 사육장 내에 장식물을 넣어 기르기는 힘들다. 어린 개체의 경우 사육장 안에서 일정 기간 기를 수 있지만, 성체의 경우 많은 마니아들이 집 안에 풀어 기른다. 사육장의 적정온도는 평균 26~29℃이며, 일광욕장소의 온도는 32~35℃ 정도로 설정해 주도록 한다. 사육장 내 습도는 약 60~70%가 적당하며, 어린 개체의 경우 하루에 한 번 정도 분무를 해주는 것이 좋다. 단, 과습되면 사육장에 여러 가지 불쾌한 냄새가 나고 박테리아가 쉽게 번성하게 되므로 컴퓨터용 소형 팬 등을 이용해 자주 환기를 해주도록 한다. 바닥재로는 먼지가 적은 아스펜 베딩 등을 사용하는 것이 바람직하다.

먹이의 종류와 먹이급여방법

완전한 육식성 도마뱀으로 살아 있는 먹이나 죽은 먹이나 가리지 않고 다 잘 먹는다. 어린 개체 때는 주로 귀뚜라미와 슈퍼웜, 핑키 등을 급여하며, 성체 때는 마우스나 작은 랫 등을 급여한다. 간혹 삶은 계란이나 반려견용 통조림사료, 건조사료를 물에 불려 급여하기도 하지만, 장기간 급여 시 건강에 좋지 않으므로 신선한 마우스 등을 주요 식단으로 제공하는 것이 좋다. 본종 또한 비만이 되기 쉬운데, 현재 사육되고 있는 개체 중 거의 대부분이 비만이거나 비만에 가까워지고 있는 상황이다. 공간의 제약으로 인해 야생에 비해 현저히 떨어지는 운동량과 정기적으로 섭취하는 고영양식단으로 쉽게 비만이 될 수밖에 없는 실정이므로 철저한 먹이급여 계획이 필요하다. 될 수 있으면 먹이를 충분하게 주고, 배설하고 나서 하루 굶긴 후 다음 먹이를 주는 것을 권장한다. 한 번에 급여하는 먹이는 대략 사육개체 머리의 2/3 정도 크기의 양이면 적당하다. 늘 마실 수 있도록 넓적한 물그릇에 항상 물을 제공해주며, 1주일에 한 번 정도 미지근한 물로 온욕을 시켜주는 것이 좋다.

암수의 구분과 번식

거듭 언급하지만, 모니터 리자드류의 경우 암수 모두 외형상 특별한 차이점을 보이지 않기 때문에 외형만 보고 정확하게 판단을 내리는 것이 어렵다. 가장 확실한 방법은 동물병원에 가서 X-ray검사를 실시해 확인하는 것이다.

사육 시 주의할 점

각 도마뱀종의 사육법에 대해 서술하면서 가장 고민됐던 종들이 바로 모니터 리자드류였다. '과연 이들이 애완파충류로 적합한 동물인가.' 대형으로 자라고 공격성이 강한 도마뱀종이기 때문에 이 물음이 늘 필자의 머릿속에 맴돌았으며, 또한 그들 역시 좁은 사육공간 안에서 인간과 더불어 살아가는 것 자체가 하루하루 고난의 연속은 아닐까 하는 생각도 들었다. 어쩌면 우리의 이기심을 사랑이라는 감정으로 포장시켜 그들을 학대하고 있는 것은 아닌지 필자 또한 다시금 반성이 든다.

모니터 리자드는 31종의 대부분이 야생성이 강하고, 공격적인 성격을 띠는 종이 많아서 애완으로 사육할 경우 길러지는 도마뱀이나 기르는 사육자 모두에게 자칫 곤란하거나 위험한 상황이 발생할 수 있다. 모니터 리자드를 사육하는 마니아들 사이에서 사육개체에게 물리는 사고를 당했다는 이야기가 심심치 않게 들려오고 있고, 다행히 심각한 상황까지는 아니었지만 상당히 위험한 상황까지 갈 뻔한 경우도 종종 발생하는 것이 사실이다.

사바나 모니터 어린 개체

따라서 모니터 리자드는 야생동물이고 언제든지 공격적으로 변할 수 있는 동물이라는 것을 항상 명심하도록 하자. 이들을 사육하고자 할 때는 항상 신중한 결정이 필요하다고 다시 한번 당부하고 싶다.

모니터 리자드는 대다수의 종들이 야생에서 청소부 역할뿐만 아니라 중간포식자 혹은 서식지에 따라 상위포식자에 속하는 그룹이며, 대부분 1m를 넘는 대형종이 많다. 다른 도마뱀종에 비해 야성적인 카리스마

사바나 모니터는 모니터 리자드 중에서 가장 온순한 편에 속하며, 대중적으로도 사랑받고 있는 종이다.

가 넘치는 종들이고, 이러한 매력 때문에 많은 마니아들이 모니터 리자드의 사육에 흥미를 느끼는 건지도 모르겠다. 하지만 덩치가 큰 도마뱀들인 만큼 사육환경을 최소한으로 마련해준다 하더라도 일반 가정에서는 많은 공간을 차지하게 되며, 여건상 여러 가지 무리가 따르게 마련이다. 대부분 기본체질이 강하고 환경에 잘 적응하는 종들이라서 좁은 사육공간이나 아주 기본적인 장비가 없는 열악한 환경에서도 무난하게 성장하기 때문에 기르기 쉽다는 안일한 생각을 갖게 될 수 있다. 하지만 사실 이와 같은 최소한의 환경은 그들에게는 늘 고통스러운 생명연장의 나날을 제공할 뿐이라는 것을 기억하자.

우리가 그들을 기르면서 심리적인 만족감과 안정감을 느낀다면 우리 또한 그들에게 적절한 환경을 제공해줘야 할 의무가 있지 않을까 생각한다. 만약 새끼 때의 귀여운 모습에 반해 기르기 시작했다면 이들은 곧 여러분에게 여러 고민거리를 안겨줄 것이며, 결국 끝까지 책임지지 못하고 재분양하는 경험을 하게 될 것이다. 사실 국내에 유통되고 있는 모니터 리자드 대부분이 안타깝게도 여기저기로 재분양되다가 생을 마감하는 경우가 많다.

공격적인 성격, 큰 덩치와 더불어 굉장히 영악한 도마뱀종으로서 그들의 생태에 대해 철저하게 이해하고 꾸준히 관찰해야 한다. 물론 모니터 리자드가 이렇게 단점만을 가지고 있는 것은 아니다. 소형 도마뱀종보다 지능이 높아 사육 시 사육주를 알아보고, 미약하나마 친근감을 표시하기도 하는 영리한 동물이다. 따라서 사육주가 최선을 다해 정성껏 기른다면 다른 도마뱀들이 주지 못하는 기쁨을 주는 도마뱀종이기도 하다.

힐라 몬스터

- 영　명 : Gila monster
- 몸길이 : 40~60cm
- 수　명 : 약 20년
- 활　동 : 주야 모두 활동
- 사육난이도 : 上
- 학　명 : *Heloderma suspectum*
- 번　식 : 난생
- 서식지 : 미국 남부 유타주의 건조한 초원지역과 사막지역, 멕시코의 시날로아 북부에 분포

독을 가진 도마뱀으로 가장 널리 알려진 종이다. 멕시칸 비디드 리자드(Mexican beaded lizard, *Heloderma horridum*)와 근연종이며, 외형과 습성 모두 흡사하다. 주로 소노란사막 근처에 많이 서식하며, 멕시코 북부까지 분포돼 있다. 두 종류의 아종이 있으며, 좀 더 북쪽에 서식하는 스트라이프 힐라 몬스터(Striped gila monster, *H. s. cinctum*)와 남쪽에 서식하는 래티큘레이티드 힐라 몬스터(Reticulated gila monster, *H. s. suspectum*)가 있으며, 스트라이프 힐라 몬스터가 좀 더 무늬가 뚜렷하다. 물릴 경우 극심한 고통을 수반하는 독을 가지고 있다.

외형적인 특징과 생태

멕시칸 비디드 드래곤과 서식지가 일정부분 겹쳐진다. 두 종 다 비슷한 외모와 생활습성, 독을 가진 것 또한 비슷하지만, 힐라 몬스터의 경우 더 작은 체형과 더 둥글고 넓적하고 짧은 머리를 가지고 있다. 색상도 더 명확한 검정색과 노란색이나 살구색, 분홍빛의 무늬를 가지고 있으며, 이는 자신이 아주 위험한 동물임을 강렬하게 경고하는 것이다.

뱀과 달리 독선이 아래턱에 있고 아주 날카로운 이빨을 가지고 있으며, 한번 물게 되면 잘 놓지 않는 성질 때문에 더욱 위험하다고 한다. 힐라 몬스터의 독은 콜라겐과 격막정맥을 차단해 극심한 고통과 염증을 유발하며, 사람을 죽일 만큼 강하지는 않다고 알려져 있으나 어린이나 허약한 사람의 경우 성인이라도 쇼크로 인해 사망할 수 있으므로 각별히 조심해야 한다.

멕시칸 비디드 리자드

야생에서 주로 작은 먹이를 사냥하는 힐라 몬스터의 독은 사냥이 목적이라기보다는 자신을 보호하기 위한 방어수단으로 이용된다. 비디드 리자드와 마찬가지로 동그랗게 솟은 피부가 빽빽이 겹쳐져 있으며, 아주 단단하다. 주행성과 야행성을 모두 띠며, 시각보다는 잘 발달된 후각으로 작은 곤충을 비롯해 설치류, 조류나 조류의 어린 새끼 또는 알 등을 사냥해 먹는다. 뱀의 혀처럼 양쪽으로 갈라진 혀를 공기 중에 연신 날름거려 입천장 안에 있는 야콥슨기관(Jacobson's organ)을 이용해 냄새를 식별한다. 한낮에 열기가 뜨거울 때는 땅속의 굴에서 몸을 식히고, 주로 저녁이나 선선한 오전시간에 활발하게 활동한다.

야생에서의 개체 수가 감소함에 따라 세계에서 유일하게 독이 있는 희귀도마뱀 무리로 보호받고 있지만, 인공번식 또한 많이 이뤄지고 있다. 야생의 힐라 몬스터는 척박한 환경 탓에 1년에 3~4번만 먹이를 먹는데, 한 끼에 자신의 체중의 1/3에 달하는 양을 먹는다. 먹이를 먹지 않는 기간에 에너지를 보전하기 위해 인슐린을 만드는 췌장기능이 쇠퇴했다가 먹을 때 다시 회복된다. 최근 이러한 점에 착안해 힐라 몬스터의 독을 이용한 당뇨병 치료제를 개발했다고 한다.

워낙 독특한 외모를 지닌 도마뱀이라 인공번식된 개체의 경우 외국의 많은 파충류 마니아들이 기르고 있고 또 기르고 싶어 하는 종이지만, 독과 호전적인 성격 때문에 사실 반려반충류로서는 부적합하다고 볼 수 있다.

적절한 사육장환경 조성

힐라 몬스터는 활동성이 뛰어난 도마뱀은 아니기 때문에 작은 사육장에서도 사육이 가능하기는 하지만, 최소한 가로 90cm, 세로 50cm, 높이 50cm 크기의 넓은 사육장을 준비해주는 것이 좋다. 또한, 사막의 건조한 곳에 서식하는 도마뱀종이므로 체온을 높이고 내릴 수 있도록 일광욕장소와 서늘한 장소를 만들어줘야 한다. 일광욕장소의 온도는 35~40℃ 그리고 서늘한 장소의 온도는 25~26℃ 정도로 설정해주고, 야간에는 5℃ 정도의 온도편차를 줘서 21~24℃로 유지되도록 한다. 습도는 50%로 비교적 낮은 수준을 요구하므로 일반적인 주행성 사막형 도마뱀의 사육장을 기준으로 꾸며주면 된다. 대부분 육식만 하고 쥐를 통째로 먹는 주행성 도마뱀의 경우 UVB램프가 필요 없다고 말하지만, UVB램프를 설치해 조사해주는 것이 성장과 건강에 도움이 된다.

먹이의 종류와 먹이급여방법

야생에서는 곤충류를 비롯해 작은 파충류, 소형 설치류, 조류, 조류나 다른 파충류의 알 등을 먹지만 사육 시 주로 도마뱀 크기에 맞는 마우스나 핑키를 급여하며, 1주일에 하루는 금식을 시키는 것이 좋다. 건조한 곳에 사는 도마뱀이지만, 원할 때마다 항상 마실 수 있도록 깨끗한 물을 제공해야 한다.

암수의 구분과 번식

외형상으로 암수를 구분하는 것은 어렵다고 알려져 있지만, 성체의 경우 암컷이 조금 더 넓적한 듯한 몸을 가지고 있다. DNA 감별법을 시행해 구분하는 것이 가장 정확하다고 알려져 있다.

야생의 척박한 환경 탓에 오랜 기간 먹이를 먹지 않고도 꼬리에 축적된 지방으로 버틸 수 있다.

힐라 몬스터도 번식을 위해서는 쿨링이 필요하다. 야생에서는 주로 11월부터 3월까지 쿨링기간을 가지지만, 사육 시에는 15℃의 온도로 2개월이나 3개월의 쿨링기간을 거친다. 쿨링 시에는 항상 물을 마실 수 있도록 사육장 내에 물그릇을 비치해줘야 한다. 쿨링 후 메이팅이 이뤄지고 두 달 정도 지나면 2~11개의 알을 산란한다. 인큐베이팅은 다른 도마뱀에 비해 습도를 낮게 유지해야 하며, 습도가 높을 경우 알에 쉽게 곰팡이가 피고 금세 상하게 된다. 약 50~60%의 습도와 25~27℃의 온도에서 약 100~120일의 부화기간이 소요된다.

사육 시 주의할 점

국내에 반려목적으로 들여올 수 없는 종으로서 개인이 반려파충류로 기를 수는 없는 도마뱀이다. 동물원이나 전시장에서 전시용도로 수입된 개체를 사육하는 경우에는 꼭 보호장갑을 착용하고 핸들링을 해야 한다. 기본적으로 한 케이지에 한 마리만 사육할 것을 권장한다. 행동이 굉장히 굼뜨며 느리게 움직이는 도마뱀이지만, 공격할 때는 움직임이 상당히 빠르기 때문에 다룰 때 각별히 주의해야 한다.

멕시칸 비디드 리자드

- **영 명**: Mexican beaded lizard
- **몸길이**: 70~100cm
- **수 명**: 약 20년
- **활 동**: 주야 모두 활동
- **학 명**: *Heloderma horridum*
- **번 식**: 난생
- **서식지**: 중앙아메리카
- **사육난이도**: 上

멕시칸 비디드 리자드는 힐라 몬스터와 더불어 유일하게 독이 있는 도마뱀종이다. 태평양 연안을 따라 과테말라에서 멕시코 북부 소노라주까지 분포돼 있으며, 힐라 몬스터와 서식지가 겹치고 행동양식이나 외형 또한 굉장히 흡사하다. 힐라 몬스터가 짧고 더 통통한 이미지라고 한다면, 멕시칸 비디드 리자드는 힐라 몬스터를 길게 늘려놓은 듯한 외모를 지녔다. 구슬도마뱀(beaded lizard)이라는 이름에 걸맞게 피부에 동그란 과립형 비늘이 솟아 있어 마치 작은 구슬을 온몸에 빽빽이 박아놓은 듯하다. 이는 힐라 몬스터도 마찬가지다.

힐라 몬스터가 목이 짧고 머리에 비해 두상이 큰 비율을 차지하지만, 멕시칸 비디드 리자드는 목이 더 길고 몸에 비해 머리가 작다는 것이 두 종의 큰 차이점이다. 색상 또한 힐라 몬스터가 경고의 검은색과 분홍색의 강렬한 대비를 이루고 있는 반면, 멕시칸 비디드 리자드는 전반적으로 흐린 황갈색에 선명하지 않은 어두운 갈색의 얼룩무늬가 있다. 멕시코 남부 쪽에 서식하는 종의 경우 몸에 무늬가 없고 짙은 갈색인 개체도 볼 수 있다. 성체 때 1m 가까이 자라는 종이며, 이는 힐라 몬스터의 두 배에 달하는 크기다.

힐라 몬스터와 마찬가지로 턱 아래쪽에 독샘이 있어 먹이를 사냥하거나 자신을 보호하는 데 이용한다. 본종의 독은 다른 동물에게는 치명적이지만, 동종의 수컷과 싸울 때는 사용하지 않는다. 서로 깨물거나 해서 상처를 입히지 않고, 껴안거나 레슬링을 함으로써 힘의 세기를 겨루는 등 무시무시한 생김새와는 달리 비교적 평화로운 방법을 사용한다. 멕시칸 비디드 리자드는 힐라 몬스터에 비해 외모가 수수하기 때문에, 많은 마니아들이 독이 있음에도 기르고 싶어 하는 힐라 몬스터와는 달리 외국에서 반려동물이나 관상동물로서의 가치는 낮게 평가되고 있다.

멕시칸 비디드 리자드와 힐라 몬스터는 외모나 습성이 굉장히 흡사하며, 사육관리법은 힐라 몬스터에 준하면 된다. 사실 두 종 모두 사육 시에도 환경에 특별히 민감하다거나 특별한 먹이만을 고집하는 종이 아니기 때문에 사육이 쉽다고 볼 수 있지만, 독이라는 위험요소로 인해 사육난이도를 上으로 표기했다.

〈참고서적〉

- 양서·파충류 동물대백과10(1992)
  T.R Halliday, K.Adler 편저 / 윤일병 감수/ 아카데미서적

- 꿈꾸는 푸른 생명 거북과 뱀(2001)
  심재한/다른 세상

- 兩棲.爬蟲 動物世界(1984)
  上野洋一郞 張京文 著 / 觀賞魚雜誌出版社

- LIZARD CARE FROM A TO Z
  R.D.Bartlett & Patricia Bartlett / BARRON'S

- General Care and Maintenance of Bearded Dragons
  Philippe de Vosjoli & Robert Mailloux / The Herpetocultural Library

- SNAKES & Reptiles
  Barbara Taylor & Mark O'Shea / HERMES HOUSE

〈도움 주신 분들〉

- 대상수족관 김석순님
- 랩타일시티 Mr.Don, 김두환님
- 한국생명과학연구소 이태원님
- 밀레펫 심준희님
- 그린트리펫 문장훈님
- 꼬마시튼 문영식님
- 탑펫 전준철님
- 서초동물병원 심용희 원장님
- 우성동물의료센터 최영민 원장님
- 그린아이스손정석님
- 게코홀릭 고이관님
- 바타비아 김형배님
- 허프코리아 김응하님
- 줄스 이동형님
- 모글리펫 백인선님
- 펫샵플러스 박다영님
- 최신혜님, 박수민님, 김현태님, 박성준님, 김상훈님, 노환영님, 김우형님, 김동현님, 김용진님, 이치훈님, 김태형님, 윤인규님, 김경호님, 정홍기님, 사사키 노리아키님, 이병걸님

낯선 원시의 아름다움 도마뱀

2011년 9월 15일 초판 1쇄 펴냄
2022년 7월 15일 초판 4쇄 펴냄

제작기획 | 씨밀레북스
책임편집 | 김애경
지은이 | 문대승・정성곤
펴낸이 | 김훈
펴낸곳 | 씨밀레북스
출판등록일 | 2008년 10월 16일
등록번호 | 제311-2008-000036호
주소 | 서울시 서대문구 충정로53 골든타워빌딩 1318호
전화 | 02-3147-2220 **팩스** | 02-2178-9407
이메일 | cimilebooks@naver.com
웹사이트 | www.similebooks.com

ISBN | 978-89-97242-00-9 13490

이 책은 저작권법에 따라 보호받는 저작물이며,
무단전재와 무단복제는 법으로 금지돼 있습니다.
※값은 뒤표지에 있습니다.
※잘못된 책은 바꿔 드립니다.